依霖"家庭式"混龄

"抛接球问题导向"

研究与实践（上）

主　审　徐　刚

主　编　王佳颖

副主编　钟娜曼

编　委　熊冬梅　周海英　刘　娟

　　　　乔丽华　谢晓梅　熊金萍

　　　　张天菊　郁朵朵

江苏大学出版社

JIANGSU UNIVERSITY PRESS

镇　江

图书在版编目（CIP）数据

依霖"家庭式"混龄"抛接球问题导向"研究与实践 / 王佳颖主编. -- 镇江 : 江苏大学出版社，2025. 3.
ISBN 978-7-5684-2484-4

Ⅰ. G61

中国国家版本馆CIP数据核字第2025TH1156号

依霖"家庭式"混龄"抛接球问题导向"研究与实践
Yilin "Jiatingshi" Hunling "Pao-jieqiu Wenti Daoxiang" Yanjiu Yu Shijian

主　　编/王佳颖

责任编辑/张　冠　徐　文

出版发行/江苏大学出版社

地　　址/江苏省镇江市京口区学府路 301 号（邮编：212013）

电　　话/0511-84446464（传真）

网　　址/http://press.ujs.edu.cn

排　　版/镇江文苑制版印刷有限责任公司

印　　刷/镇江文苑制版印刷有限责任公司

开　　本/718 mm×1 000 mm　1/16

总 印 张/46.5

总 字 数/846 千字

版　　次/2025 年 3 月第 1 版

印　　次/2025 年 3 月第 1 次印刷

书　　号/ISBN 978-7-5684-2484-4

总 定 价/128.00 元（全二册）

如有印装质量问题请与本社营销部联系（电话：0511-84440882）

序 言

依霖"家庭式"混龄"抛接球问题导向"
教学方式值得推广

徐 刚

人这一辈子，不是在解决问题，就是走在解决问题的路上，这一状态亘古未变。

《依霖"家庭式"混龄"抛接球问题导向"研究与实践》，是在《"依霖混龄"课程研究》《幼儿园混龄社会性实践课程》《混龄日记中的教育启示》等研究成果正式出版并获奖的基础上，又历经十年持续研究的结晶。

现代科技发展如此之快，未来人最重要的并不是掌握具体知识，而是具备探究发现问题与解决问题的能力。经过二十年对"家庭式"混龄"抛接球问题导向"的教学研磨，依霖团队终于探索出适合学龄前幼儿身心发展的学习方式。

婴幼儿阶段，是大脑认识世界的重要阶段，也是探索知识与事物之间联系的关键期。婴幼儿处于好奇、好问、好探究的感性认知阶段，随着对世界认知的逐步积累，其大脑从感性认知阶段向理性认知阶段过渡。

二十年来，"依霖人"通过"我爱我的家"等八大主题，深入分析研讨幼儿提出的千余个问题。研究发现，2~3岁幼儿开始有意识地提问，但不大会使用完整的提问句；4~5岁幼儿提出的问题最多，"为什么？为什么？"基本成了他们的口头禅，此时他们逐渐学会使用提问句，但更多是单项提问，不太会推理式提问；5~6岁幼儿提问的次数相比4~5岁幼儿虽有所减少，但他们会推理式提问，呈现出从中班量变到大班质变的变化特征。这一变化也验证了幼儿从感性认识世界逐渐转为理性认识世界通常仅需1~2年，关键期很短。

如在开展"春天的脚步"主题教学前，混龄班的12组"家庭"，三个不同年龄段的36名幼儿，仅通过一次"抛接球"活动，就针对主题"春天的脚步"提问160多次，涉及7个方面。其中，3~4岁幼儿（老三）提问44次，4~5岁幼儿（老二）提问71次，5~6岁幼儿（老大）提问50次。又如在开展"人体的秘密"主题教学时，3~4岁幼儿（老三）提问25次，4~5岁幼儿（老二）提问116次，5~6岁幼儿（老大）提问139次。周而复始，幼儿的提问能力在不断提高，他们逐渐养成主动发现问题和思考如何解决问题的习惯。

那么，为什么会提出依霖"家庭式"混龄"抛接球问题导向"教学方式呢？

人类面对的所有问题，都能找到一个简单且合理的解决之道，而对我们生活影响最大的，莫过于我们所提出的各种问题了。

提出问题的能力和解决问题的能力，是我们终其一生都需要的能力。尤其随着机器人时代的到来，往往旧问题还未解决，新问题又不断出现。认识世界、提升认知，无一例外都从问题出发，最后回归到解决问题上。

其实，一次有效的教学如同一场精彩的球赛，在"抛球"和"接球"中不断解决问题、发现新问题。教师努力帮助幼儿解决学懂的问题，幼儿则尽力解决自己感到迷惑的问题，如此循环，无限延伸。通过"抛接球问题导向"的教学方式，师生在教学活动中产生共振，在你来我往的"抛球—接球"中，探寻解决问题的方法，达成目标。小孩子观察、学习大孩子，大孩子引领小孩子，"家庭式"混龄"抛接球问题导向"教学方式，真正实现了"三人行，必有我师"。

教学中"抛球"的主动权一般由教师掌握，但不能仅仅局限于教师，否则就是"一言堂"。如果教师不预设幼儿会产生哪些联想和想象，那么教学效果大概率是不佳的；如果正确答案并非幼儿通过讨论得出，而是由教师引导总结而来，那么孩子的学习兴趣大概率也没那么浓厚。在"抛接球问题导向"教学过程中形成的科学准确的结论，是属于幼儿自己的成果，会让幼儿获得成就感。反之，幼儿只能被限制在"授人以鱼"的环境中被动获取知识，而不是在"授人以渔"的环境中主动探究知识。

预设问题时，教师既要思考 3~6 岁不同年龄段幼儿的认知特征，又要考虑因每个人思考角度不同而产生的不同问题。如果教师大概知道幼儿的提问范围，就能更好地应对当下的教育对象及教育现场，随机应变，总结幼儿的意见，并把"球"抛回去继续引导幼儿讨论，将一个个问题如同剥笋一样剥开。当然，教育效果也是可想而知的。在科技知识快速更新的时代，教师更需要与时俱进，否则将难以应对现代幼儿的成长需要。

现在的幼儿见多识广，对单一问题不感兴趣，更想知道事物之间的联系。比如，仅告诉他们墙上的黑影是灯光照射产生的影子，大多数幼儿并不会就此感到满足，于是会有一连串"为什么"如球一样向你抛过来。例如，"影子怎么会到墙上去呢？""什么地方还有影子？""晚上有影子，那么白天会有影子吗？""影子会不会移动？"等。因此，"孩子王"在课堂教学中面临诸多问题：如何提问？如何有效提问？如何通过问题的来回"抛接"，巧妙渗透有价值的知识信息？如何提高幼儿推理的兴趣，保护幼儿求证的天性？如何摒弃课堂"霸权"？如何把学习空间和环境还给幼儿，把学习主动权交给幼儿？一系列问题如同一扇扇厚重的古门，在研究探索中难以突破。我们认为，要想让幼儿教育更具活力与启发性，"抛接球问题导向"教学不失为一种值得尝试的有益方式。

我们对"抛接球问题导向"的研究始于 20 世纪 80 年代中期，适逢上海申花足球队对阵北京国安足球队的那场冠亚军决赛。申花队赛前的预案十分完美，结果上场 2 分钟，就被对方的破门打乱节奏，申花队瞬间乱了阵脚。这种状况和我们的教学活动极为相似。即便预案设计得很好，教师一旦在课堂上突然遭遇意想不到的问题，也容易不知所措。

想要赢得足球比赛，除了需要努力，还要解决"抛接球"的问题，即"用脑子踢球"。这里的"用脑子"，指的是对如何解决突如其来的问题的思考。谁能在毫秒之内解决问题，谁就能赢得战机。

从儿童心理学角度分析，幼儿大脑发育有 8 个关键期，且每个关键期都十分短暂。6 岁前，幼儿正处在好奇心最强烈的年纪。好奇心是引发求知欲的关键，是创造力的原始动力。好奇心引发问题，求知欲需要正确答案。

一场足球比赛，意外为我们带来了"抛接球问题导向"教学研究新思路。我们认为，教学活动中师生关系应该是"教师亦教练，幼儿亦球员，有时需要互换角色。教练要培养球员在球场上运用大脑的能力，而不是使之成为课堂上的耳朵"。一旦步入人生的"足球场"，不用大脑只用耳朵，就是瞎掰，做无用功。

在二十年的"抛接球问题导向"实践探索中，我们始终秉持着日积月累、与时俱进的态度去发现问题、提出问题、解决问题。我们欣喜地看到，智慧的教师与聪慧的幼儿在来回"抛接球"中，取得了显著的进步。

要想使教育有趣又有效，各类教学活动就一定要建立在问题之上，建立在"提问→指导→指导语"这一过程中。只有师生双向奔赴，幼儿才会有兴趣去探索求证，教学活动才会有效。

"抛接球问题导向"对幼儿大脑的发育起助力推动作用。婴幼儿大脑发育始于神经元（呈点状），幼儿的绘画也从点开始，幼儿提出的问题同样从某一点开始。大脑神经元相互传递信息，产生连接，形成突触。突触是信息传递的关键部位，它使大脑逐渐实现从点状到线状再到面的连接，在神经系统的发育中起着至关重要的作用。大脑受到的刺激越多（即问题越多），突触连接就越频繁、越密集，大脑也就越会思考、越聪明。

提问，即抛出问题；

指导，即提供方法、途径；

指导语，即给出科学的正确答案。

幼儿喜欢并接受"抛接球问题导向"教学方式，因为这种教学方式是点、线、面的输出。幼儿的大脑需要"抛接球问题导向"的刺激，而不只是充当接收器。从点出发，幼儿通过自我探索、自我发现、自我观察，逐渐形成线的连接，在共同讨论后，能从"条条道路通罗马"的更广阔的面上看问题。只有这样才会催发幼儿产生更多的多巴胺和大脑内啡肽。反之，若幼儿大脑神经元突触连接不够多，久而久之，幼儿就会习惯性只接受传授式的答案，而关闭独立思考之门。

其实，人类有一种约定俗成的生存法则，即面对问题并解决问题。无论年老还是年少，我们每天都处于解决问题的过程中，或是正走在解决问题的道路上。例如，我们为什么要打开家门走到户外？我们为何很累还是要工作？我们为什么要吃饭睡觉？我们之所以二十年如一日坚持不懈地研究"抛接球问题导向"教学方式，正是因为我们始终在努力探索如何在教育过程中让幼儿回到他们的童真世界，遵循其身心发展的规律。

研究混龄"抛接球问题导向"，能够为我们这些立志一辈子做好"孩子王"的人开拓新路径，从而更好地帮助幼儿在"学做人、学生活、学学习"的过程中，构建发现问题和解决问题的思维通道。

"家庭式"混龄"抛接球问题导向"教育教学如何才能取得实效，可谓见仁见智。依霖"孩子王"们表示："我们的初衷不是让别人具体模仿，能够给学前教育的同行们提供不一样的思维方式就已足够。"

2024 年 11 月

CONTENTS
目录（上）

主题 我爱我的家

主题 金色的秋天

寒冷的冬天

主题 快乐的新年

"抛接球问题导向"研究阅读说明

依霖"家庭式"混龄"抛接球问题导向"课程研究组

教学教案的设计改革

不破不立,我们秉持滴水穿石的信念,打破以往的教案设计思路。20年来,怀着"走进孩子,只想静静地为孩子们做点事"的深切感受,我们让"小人世界"在真正意义上成为"小人"们的世界。在遇到困难和怀疑时,依霖团队依然坚定地匍匐前行,将点点滴滴的教学改革思路和操作理念,脚踏实地地付诸实践。教育研究各抒己见,唯有不同的出发点。站在"我和孩子一样高"的立场,追随幼儿探寻的轨迹和渴求的目光,教师才能知道他们的诉求,帮助他们。

以下是我们20多年来研究成果的一部分,愿与同行们继续共同探索,精益求精。

一、"抛接球问题导向"

"抛接球问题导向"教学方式形象而生动,它借助"问题=球"的概念,巧妙地将师生的学习关系定位在"接球"与"抛球"之间。保障学龄前幼儿成长的八大关键期极为重要,尤其是他们好问、好奇、好学的天性。在帮助幼儿建立起"好奇→好问→好探求→好学习→好讨论→好思考→好解决问题"的行动实践与问题思维之间的智慧连接时,还需要一条十分重要的路径来支持:"孩子王"→孩子←"家庭孩子王"。

二、"抛接球问题导向"教学方案设计思考

(一)目标确定

严格执行教育部颁布的《3-6岁儿童学习与发展指南》。

严格依据《上海市幼儿园办园质量评价指南(试行稿)》各领域要求进行落实与管理。

严格依据幼儿的学习特征和心理成长规律,陪伴、帮助并满足他们在

"学—学做人、学—学生活、学—学学习"方面的正能量需求。因为,"小人世界"是一个独特的世界,他们既渴望独立,又需要帮助。

(二)随机应变,严谨准备

1. 前期经验准备

教学的有效性必须建立在知己知彼的基础上。为什么要实施这次教学活动?采用怎样的教学方式或途径来实施?这次活动能给3~6岁三个年龄段的幼儿带来哪些收获?我们认为,有效优质的教学活动必须建立在调查研究、知己知彼的基础上。幼儿的问题是我们开展活动的根本,所以就有了"前期经验准备"。

2. 教具学具准备

教学活动的有效性还必须建立在"兵马未动,粮草先行"的理念上。如何帮助幼儿认识事物之间的关系,解决他们提出的问题,寻找到正确答案,需要根据他们学习的特点,"我听见了,我忘了,我看见了,我知道了,我做了,我懂得了",来开展教学活动。

在教学活动开始之前,既要准备好教师示范的教具,也要准备好幼儿的操作学具。

3. 活动流程思考

教学活动有效的关键在于教学流程的设计。一般情况下,可考虑设计三个或四个流程。以"会笑的鲨鱼"的教学流程为例。

第一个流程:"我眼中的鲨鱼"。为什么是"我眼中的鲨鱼"而不是"你眼中的鲨鱼"呢?一个"我"字与一个"你"字,反映出教师的儿童观和立场。在前期经验准备中我们已经知道,三个年龄段的幼儿都认识鲨鱼,但他们看到的和讲述的内容必然不尽相同。虽然他们会各执己见,但也可以互相取长补短。他们都需要一个表达自身认知的平台。

第二个流程:"爱笑的鲨鱼"。选择幼儿特别好奇、有探索和学习欲望,又很想知道为什么的问题,比如"爱笑的鲨鱼"。只有弄清鲨鱼会笑的成因,教学才能紧扣幼儿的兴趣,挖掘出鲨鱼"笑"背后浅显易懂且抽象的环保理念。

这部分教案设计的文本顺序是:提问—指导—指导语,但教师在设计思考时的顺序应该是:提问—指导语—指导。原因如下:

人类清晨睁开眼睛的第一件事往往是自问,例如"我是先刷牙还是先喝水?"答案(指导语)可能是先刷牙,也可能是先喝水。接着问题又来了，喝水要下楼，刷牙就在隔壁刷，可要是口渴得厉害呢？于是为了得到正确答案，就开始选择方法和途径。所以，教师的思维导图为：提问（幼儿的问题）—指导（方法和途径的选择，可随机应变）—指导语（正确答案）。

"提问"，即事先收集和选择出幼儿需要解答的问题。

发问必须有效，杜绝一问一答或无选择性地发问。发问对象不限。例如，"巧克力豆是圆形的吗？""巧克力是咖啡色的吗？""你们喜欢吃巧克力吗？"此类问题会让儿童无须思考便陷入死胡同。

教师提出的问题要能激发幼儿大脑"异想天开"，让幼儿结合生活经验有话可说，有话抢着说，发散思维，可讨论并迁移诸多问题，如"巧克力糖都是圆形的吗？""你见过哪些东西是用巧克力做的？"

"指导"，即"教学方式或途径"。

在认识教学"指导"这一问题上，我们认为可以采用"条条道路通罗马""教无定法"的思维方式，鼓励幼儿通过各种方式和途径去寻找答案。教无定法，教学应如灵动活水般千变万化，能够因时制宜，体现创新与创造。以"咖啡豆"教学活动为例。

指导 1，"抛问题"，引起讨论。激发幼儿想象，回想生活中还有哪些事物也被称为"豆"。

指导 2，"抛问题"。采用看图片或视频拓展法，激发幼儿联想，思考为什么这些东西能用"豆"来称呼。

指导 3，开展"送豆子回家"游戏，进行分类操作。让幼儿将混在一起的木珠、水晶粒、小鹅卵石与黄豆、黑豆、蚕豆、豌豆等区分开。

方法应灵活多样，不能千篇一律。条条道路通罗马，我们既可以寻找直线距离最近的一条路，也可以选择距离最远的一条路，还能在路上设置一些小障碍。

"指导语"，即"正确答案"。

"正确答案"就是教师要传递给幼儿的正确的、科学的知识。例如，豆类食物包括大豆、红豆、蚕豆、豌豆等，它们之所以都被称为豆类，是因为它们都是豆科类植物。指导语要正确，切忌大白话。

在教学中，教师不仅仅要给幼儿"一滴水"，更要让自己拥有一桶与时俱进的"'活'的水"。依霖"家庭式"混龄"抛接球问题导向"教学方法研究中的主题教学系列与"抛接球社会性实践主题大活动研究"相辅相成，始终贯穿"抛接球问题导向"的教学思想。"依霖人"的改革,始终围绕着"走进孩子,只想静静地为孩子们做点事"的初心展开。

作为我国首先在课程改革创新中实施依霖"家庭式"混龄"抛接球问题导向"教学方法的"依霖人",我们不仅始终坚守"教育不是教师独享的权力"的理念,还提出"教师是'孩子王'→幼儿←家长是'家庭孩子王'"携手共助的家园共育合作模式。

三、"抛接球问题导向"教学方法的具体操作程序

首先,每一个主题教学活动的启动都是"抛接球问题导向"的展开,教师应收集幼儿对该主题感兴趣的问题。

其次,对问题进行归类排序,分析判断出三类难易程度不同的问题。

最后,编制主题网络图。如下页图示,由一个圆圈、若干个三角形、箭头、方形图示四组点线编制完成。其具体意义为:脑袋(圆)→神经元(箭头)→大脑各区域(三角形)→神经元/突触(箭头连接)→大脑各部位功能组织(正方形)。

四、"社会性实践大活动"助力主题教学

"依霖混龄社会性实践课程研究"内容含有 6 大方面:感恩、劳动、新闻、社会实践、智力大冲浪、亲子大活动。教师根据需要,选择教参中相应的活动方案作为参考、拓展和创新。

在每一次教学活动主题的尾声,我们精心设计了"智力大冲浪"环节。这不仅是一个简单的收尾活动,也是儿童成长路上的关键助力。在"智力大冲浪"中,孩子们将以前学的知识化为工具,勇敢迎接挑战。通过趣味互动,孩子们在解决问题的过程中不断获得成就感,自信心也随之逐步增强,真正做到巩固旧知、探索新知、温故而知新。

千条河流归大海,不同形式的教育的目标都是"为将来生存和发展得更好做准备"。

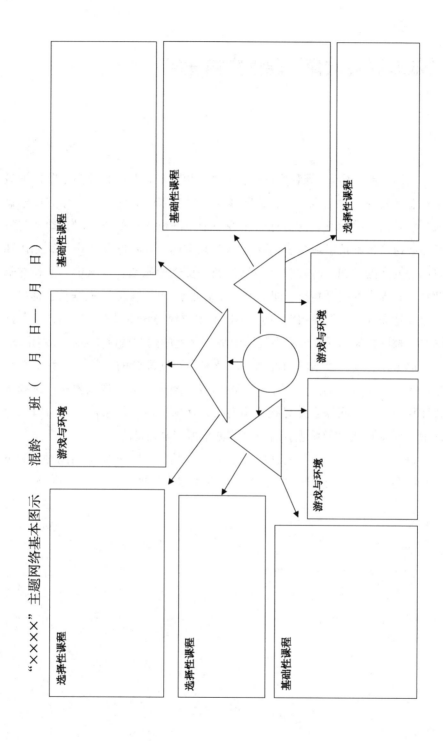

"×××××"主题网络基本图示　　混龄　　班（　月　日—　月　日）

"依霖混龄教育"课程实施途径

"依霖混龄教育"课程实施途径变革了以往"以教师预设为主"的旧教学观念，实现了"走进孩子，追随孩子，通过家园共同配合协作完成学做人、学生活、学学习"的目标。在每一个主题进入初始阶段时，幼儿与家长一起讨论，家长了解孩子对该主题感兴趣的问题；在集体中，幼儿讲述自己想要问的问题，教师整理归纳问题并反馈给家长；在家中，家长与幼儿针对其提出的问题制作新闻报道；在幼儿园，"一家人"根据自己提出的问题商量完成"问题海报"；幼儿不间断地讲述与该主题有关的新闻。与此同时，教师根据幼儿提出诸多问题中最感兴趣的问题编制主题教育网络图，月、周工作计划，教学活动计划，以及家园协同配合的"家园共育指南"；选取孩子喜闻乐见的、生活中常见的内容，经过筛选后选入教材；选择多种途径与幼儿共同探索并寻找正确答案；在主题活动结束前，以"智力大冲浪"活动形式（教研组）评估幼儿的学习和发展情况。

每一个主题教学时间一般在 45 天左右，其中可用约 10 天时间过渡到下一个主题，在此期间新旧主题的教学活动可以交替进行。

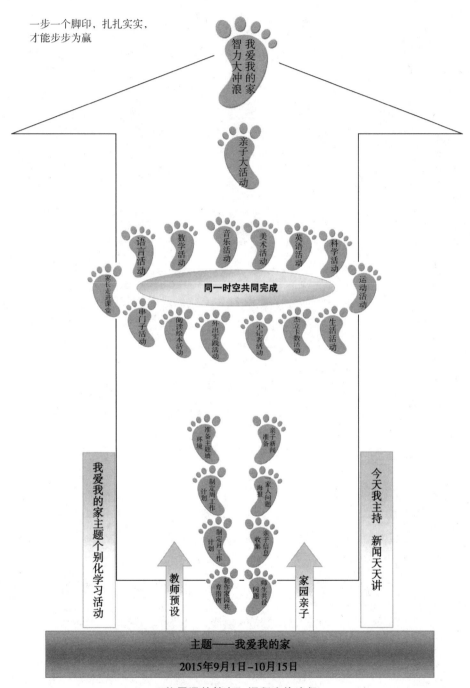

一步一个脚印，扎扎实实，才能步步为赢

我爱我的家 智力大冲浪

亲子大活动

语言活动　数学活动　音乐活动　美术活动　英语活动　科学活动

家长走进课堂

同一时空共同完成

运动活动

串门子活动　阅读绘本活动　外出实践活动　小记者活动　杰立卡数活动　生活活动

准备主题墙环境　亲子新闻准备

制定周工作计划　家人问题海报

制定月工作计划　亲子信息收集

制作家园共育指南　师生共设问题

我爱我的家主题个别化学习活动

教师预设

家园亲子

今天我主持　新闻天天讲

主题——我爱我的家

2015年9月1日-10月15日

"依霖混龄教育" 课程实施途径

主题　我爱我的家

"我爱我的家"主题幼儿提问收集归类

关于"我爱我的家"主题，混龄一班幼儿在第一次"抛接球"活动中，提出/追问 105 个问题，涉及 6 个方面。其中，老大提出 32 个问题；老二提出 50 个问题；老三提出 23 个问题。

·家—每个家庭（共 19 个问题）

老大（共 5 个问题）

为什么台风来了，家里的窗户都会发出很响的声音？为什么楼（屋）顶上有避雷针？为什么家很坚固？为什么爸爸妈妈这么爱我？为什么我在家里觉得很自由？

老二（共 9 个问题）

为什么家能挡住暴风雨和台风？为什么有些人的家被台风吹倒了？为什么家可以挡雷电？为什么每个人的家都不一样，里面不一样，外面（外观）也不一样？为什么家是用砖头做的？为什么有的家会漏水？为什么家里能洗澡，高楼淋浴器里面的水是从哪来的？为什么每个家里都有爸爸妈妈？为什么爸爸妈妈没时间陪我玩？

老三（共 5 个问题）

为什么台风不会吹到我家里来？为什么雨下不到家里来？为什么家可以挡太阳？为什么家里有电灯？为什么爷爷奶奶很喜欢我？

·关于幼儿园（共 14 个问题）

老大（共 3 个问题）

为什么幼儿园有很多玩具？为什么新来的弟弟妹妹喜欢跑来跑去？为什么我们的幼儿园要上延时班，我好朋友乐乐那边的幼儿园就不用上呢？

老二（共 6 个问题）

为什么幼儿园这个家这么大，我自己的家那么小？为什么幼儿园里的椅子是小的，我家里的是大的？为什么幼儿园里有很多区域？我们幼儿园有几个班呢？为什么有些班级会有新老师？为什么每天幼儿园都要先打扫干净才让我们进来呢？

老三（共5个问题）

为什么幼儿园里有那么多的好吃的？幼儿园的灯有的没坏，有的坏了，坏了的谁来修？为什么我们的操场很大呢？为什么幼儿园里没有爸爸妈妈呢？为什么幼儿园有很多笔？

· 家—上海（共21个问题）

老大（共10个问题）

上海为什么叫上海？上海有没有代表上海的旗？为什么上海那个拼图在中国地图拼图上很小？上海最高的建筑是东方明珠吗？上海有哪些城市？为什么上海有很多好吃的？为什么上海有那么多人？上海有几条河？上海有多少座桥？谁来管理上海？

老二（共6个问题）

上海很大吗？为什么上海有很多地铁？为什么夏天的上海很热？为什么上海人说的是上海话和普通话？为什么高架上也堵车？上海有什么好玩的（地方）？

老三（共5个问题）

为什么上海会下雨？上海的车子是最多的吗？为什么上海有台风？东方明珠是谁发明的呢？上海有多少幼儿园呢？

· 家—中国（共19个问题）

老大（共8个问题）

为什么中国吃的东西和外国吃的不一样？中国有哪些旅游的地方？为什么只有中国才有东方明珠？中国有多少个省？为什么中国有国旗？为什么香港有迪士尼乐园？有哪些中国产的汽车？为什么外国人的皮肤有黑的、白的，而中国人的皮肤是黄黄的？

老二（共10个问题）

为什么江西和上海都有图书馆？为什么中国有很多的人？为什么中国有这么多的房子，房子是谁发明的，又是怎么造的？为什么中国有很多车子？香港是不是中国的？为什么有些国家的代表花是郁金香，中国的就不是？为什么中国的首都是北京？中国有多少个卖汽车的地方？为什么中国有很多飞机场，都在哪里？为什么中国有很多城市？

老三（共 1 个问题）

为什么中国有这么多的高高的楼房？

·家—地球（共 24 个问题）

老大（共 4 个问题）

为什么海水是咸的？为什么地球上有台风呢？为什么地球上有很多国家？为什么人在太空里面能漂浮，在地球上就不能？

老二（共 16 个问题）

为什么地球上有空气，别的地方没有？为什么被污染的水不能用来洗衣服？如果多放水的话，水会不会就没了？为什么海里有垃圾？地球上没有水了该怎么办？为什么地球上有河水和海水？为什么地球上要有水呢？为什么日本和韩国比较容易发生地震呢，是不是因为它们都在那条线上面？为什么地球没有眼睛、鼻子、嘴巴呢？地球是转得很快很快的，还是很慢很慢的呢？为什么地球不是别的形状，一定是圆的呢，是不是因为它要滚呢？为什么地球会转？为什么地球在转，人却一点都感觉不到地球在转呢？为什么地球上有很多家？为什么地球（仪）上有不同的颜色？为什么地球那么大？

老三（共 4 个问题）

为什么垃圾丢在海里会变黑？把垃圾扔在大海里，鱼会死吗？为什么要把垃圾丢进垃圾桶里？为什么地球上有很多人？

·其他问题（共 8 个问题）

老大（共 2 个问题）

为什么每个国家的国歌都不一样？我们国家有哪些东西是外国没有的？

老二（共 3 个问题）

为什么每个国家都有国旗？为什么每个国家的国旗都不一样？为什么每个国家都有城市？

老三（共 3 个问题）

为什么每个国家都有商店？为什么奥运会颁奖的时候都会升国旗放国歌？为什么世界各地的水果都不一样？

"我爱我的家"主题网络

"我爱我的家"主题生活与运动内容、措施

班级：_____ 日期：_____年_____月_____日—_____月_____日

混龄学生活	混龄学运动
内容： ● 帮妈妈做事情 ● 我的小脸最干净 ● 我会穿衣裤 ● 我会正确洗手 **措施：** ● 讨论："在家可以帮助妈妈做哪些事情"，激发幼儿帮助妈妈做事情的兴趣 ● 通过家园互动表，完成"帮妈妈做事"的小任务，培养幼儿做力所能及的事情的能力 ● 观察：擦脸方法。讨论：这样擦脸对吗？为什么 ● 在日常擦脸环节中，加强对幼儿的引导和关注 ● 通过儿歌，孩子们进一步掌握穿脱衣裤的方法 ● 哥哥姐姐能自主穿脱衣裤，弟弟妹妹能尝试自主穿脱衣裤 ● 提醒弟弟妹妹主动学习洗手前卷袖子、拉袖子 ● 关注年龄和个性差异，加强个别指导	**内容：** ● 基本动作练习（走、跑、投掷、钻、爬、跳跃） ● 安全教育：可怜的鼻子、保护膝盖 ● "游泳"我最爱 **措施：** ● 在体育锻炼中遇到突发状况，能做出反应，保护好自己 ● 在活动中注意个体差异，鼓励幼儿大胆尝试 ● 观察幼儿是否喜欢玩新游戏，如竹竿游戏、跳圈游戏 ● 观察幼儿是否能主动向老师寻求擦汗帮助，并到旁边休息 ● 提醒兄弟姐妹互相关心，看到其他人摔倒时主动去帮助、安慰 **游戏：** ▲ 小兔钻山洞 ▲ 打怪兽 ▲ 青蛙跳荷叶 ▲ 打野鸭子 ▲ 写"王"字 ▲ 猫捉老鼠 ▲ 月球、地球和太阳

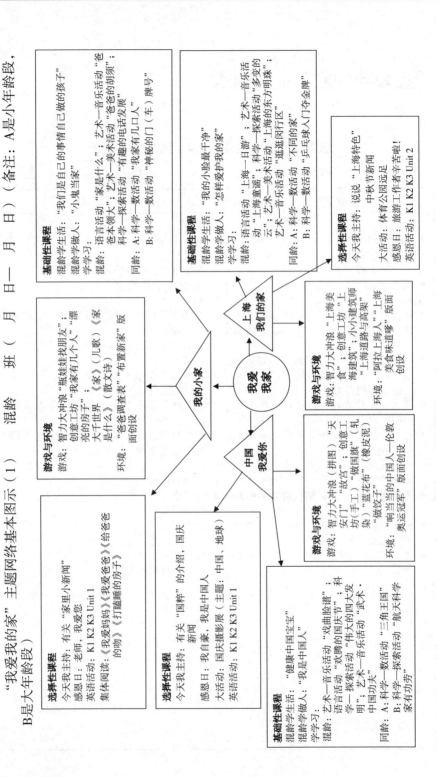

"我爱我的家"主题网络基本图示(1) 混龄 班(月 日— 月 日)(备注:A是小年龄段,B是大年龄段)

选择性课程

今天我主持:有关"家里小新闻"的介绍,我爱您
感恩日:老师,我爱您
英语活动:K1 K2 K3 Unit 1
集体阅读:《我爱妈妈》《我爱爸爸》《给爸爸的吻》《打瞌睡的房子》

基础性课程

混龄学做人:"健康中国宝宝"
混龄学习:
  语言活动"戏曲脸谱";科学—探索活动"伟大的四大发明";艺术—音乐活动"武术—中国功夫"
同龄:A:科学—数活动"三角王国" B:科学—探索活动"航天科学家有功劳"

选择性课程

今天我主持:有关"国粹"的介绍,国庆新闻
感恩日:我自豪,我是中国人
大活动:国庆摄影展(主题:中国、地球)
英语活动:K1 K2 K3 Unit 1

游戏与环境

游戏:智力大冲浪(拼图)"故宫";"创意工坊手工"做国旗"(橡皮泥)"蓝花布";"轧染架"做饺子"
环境:"响当当的中国人—伦敦奥运冠军"版面创设

游戏与环境

游戏:智力大冲浪"瓶娃娃找朋友";"创意工坊创意的房子"亮的房子"大千世界"是什么?《家》(儿歌)《给爸爸的吻》(散文诗)
环境:"爸爸调查表""布置新家"版面创设

基础性课程

混龄学生活:"我们是自己事情自己做的孩子"
混龄学做人:"小鬼当家"
学学习:
混龄:语言活动"家是什么";艺术—音乐活动"爸爸的胡须";艺术—美术活动"爸爸发展";科学—探索活动"有趣的电话"
同龄:A:科学—数活动"我家有几口人" B:科学—数活动"神秘的门(车)牌号"

选择性课程

今天我主持:说说"上海特色"
中秋节新闻
大活动:体育公园远足
感恩日:旅游工作者辛苦啦!
英语活动:K1 K2 K3 Unit 2

基础性课程

混龄学生活:"我的小脸最干净"
混龄学做人:"怎样爱护我的家"
学学习:
混龄:语言活动"上海—日游";科学—探索活动"上海的东方明珠";艺术—美术活动"多变的上海的家";艺术—美术活动"不同的家";艺术—音乐活动"乒乓球入门夺金牌"
同龄:A:科学—数活动"上海旅行区" B:科学—数活动"上海人门夺金牌"

游戏与环境

游戏:智力大冲浪"上海美食";"创意工坊"上海建筑";小小建筑师"上海道路与高架"
环境:"阿拉上海人""上海美食味道噹"版面创设

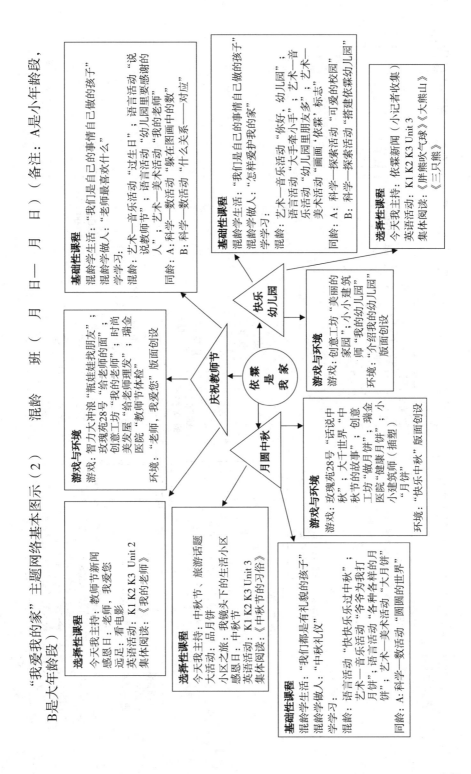

"我爱我的家"主题网络基本图示（2）　混龄班（ 月 日— 月 日）（备注：A是小年龄段，B是大年龄段）

中心：依恋是我家

三角：庆祝教师节　快乐幼儿园　月圆中秋

基础性课程（快乐幼儿园）
混龄学生生活："我们是自己的事情自己做的孩子"；
混龄学做人："怎样爱护我的家"
学学习：
混龄：艺术—音乐活动"大手牵小手"；艺术—音乐活动"幼儿园里朋友多"；艺术—美术活动"画画'依恋'标志"
同龄：A：科学—探索活动"可爱的校园"
　　　B：科学—探索活动"搭建依恋幼儿园"

选择性课程
今天我主持：依恋新闻（小记者收集）
英语活动：K1 K2 K3 Unit 3
集体阅读：《胖熊吹气球》《大熊山》《三只熊》

游戏与环境
游戏：创意工坊"美丽的家园"；小小建筑师"我的幼儿园"
环境："介绍我的幼儿园"版面创设

基础性课程（庆祝教师节）
混龄学生生活："我们是自己的事自己做的孩子"；
混龄学做人："老师最喜欢什么"
学学习：
混龄：艺术—音乐活动"过生日"；语言活动"说说我的老师"
同龄：A：科学—数活动"躲在图画里的数"
　　　B：科学—数活动"什么关系——对应"

游戏与环境
游戏：智力大冲浪"瓶娃娃找朋友"；玫瑰苑28号"给老师的面"；创意工坊"给我的老师"；美发屋"给老师理发"；医院"教师节体检"
环境："老师，我爱您"版面创设

选择性课程
今天我主持：教师节新闻
感恩日：老师，我爱您
远足：看电影
英语活动：K1 K2 K3 Unit 2
集体阅读：《我的老师》

基础性课程（月圆中秋）
混龄学生生活："我们都是有礼貌的孩子"
学学习：
混龄：语言活动"快快乐乐过中秋"；艺术—音乐活动"爷爷为我打月饼"；语言活动"各种各样的'大月饼'"；艺术—美术活动"圆圆的世界"
同龄：A：科学—数活动

游戏与环境
游戏：玫瑰苑28号"话说中秋""大千世界""中秋节的故事"；创意工坊"做月饼"；医院"健康月饼"；小小建筑师（捏塑）"月饼"
环境："快乐中秋"版面创设

选择性课程
今天我主持：中秋节、旅游话题
大活动：品月饼
小区之旅：我镜头下的生活小区
感恩日：中秋节
英语活动：K1 K2 K3 Unit 3
集体阅读：《中秋节的习俗》

"我爱我的家"主题网络基本图示（3） 混龄 班（ 月 日— 月 日）（备注：A是小年龄段，B是大年龄段）

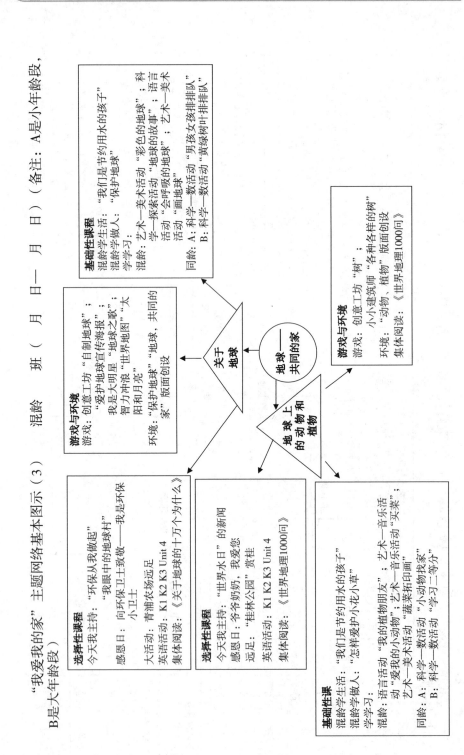

游戏与环境

游戏：创意工坊"自制地球"；
"爱护地球宣传海报"；
我是大明星"地球之歌"；
智力冲浪"世界地图""大
阳和月亮"

环境："保护地球""地球、共同的
家"版面创设

基础性课程

混龄学生活："我们是节约用水的孩子"
混龄学做人："保护地球"
学学习：
混龄：艺术—美术活动"彩色的地球"；科
学—探索活动"地球的故事"；语言
活动"会呼吸的地球"；艺术—美术
活动"画地球"
同龄：A：科学—数活动"男孩女孩排排队"
B：科学—数活动"黄绿树叶排排队"

选择性课程

今天我主持："环保从我做起"
"我眼中的地球村——我是环保
小卫士
感恩日：向环保卫士致敬——我是环保
小卫士
远足：青浦衣场远足
大活动：
英语活动：K1 K2 K3 Unit 4
集体阅读：《关于地球的十万个为什么》

关于
地球

地球—
共同的家

地球上
的动物和
植物

游戏与环境

游戏：创意工坊"树"
小小建筑师"各种各样的树"
环境："动物、植物"版面创设
集体阅读：《世界地理1000问》

选择性课程

今天我主持："世界水日"的新闻
感恩日：爷爷奶奶，我爱您
远足："桂林公园"赏桂
英语活动：K1 K2 K3 Unit 4
集体阅读：《世界地理1000问》

基础性课

混龄学生活："我们是节约用水的孩子"
混龄学做人："怎样爱护小花小草"
学学习：
混龄：语言活动"我的植物朋友"；艺术—活
动"爱我的小动物"；艺术—音乐活动
艺术—美术活动"蔬菜拓印画"
同龄：A：科学—数活动"小动物找家"
B：科学—数活动"学习二等分"

"我爱我的家"主题家园共育指南

我爱我的家

班级：混龄＿＿＿＿＿＿班 ＿＿年＿月＿至＿＿年＿月＿日

家，像一个宁静的港湾，常常是一个人一生中魂牵梦萦的地方；

家，是孩子们最亲近、最熟悉、最有安全感、最能感到温暖的地方；

家，是很多小伙伴在一起嬉戏玩耍，学做人与学生活的乐园；

家，是当五星红旗在天安门城楼升起时，我们自豪地说："我是中国人。"

问题收集

在"我爱我的家"主题开展前的探讨活动中，很多大年龄段幼儿说出了自己理解中的"家"，如家庭、幼儿园、上海、中国、地球等。我们收集了来自大小孩子们的100多个问题，例如，"为什么爸爸妈妈这么爱我？""为什么家很坚固？""为什么幼儿园有很多玩具？""幼儿园有几个班呢？""为什么上海有很多地铁？""为什么上海会堵车？""上海最高的楼是东方明珠吗？""为什么中国有很多城市？""为什么地球上会有台风？""为什么海里有垃圾？"等。

这些问题充分表明幼儿对"我爱我的家"主题活动感兴趣，对不同的"家"有很强的探索欲。在与去年"我爱我的家"主题中收集的问题作比较后，我们发现孩子们的许多问题都是不重复的，角度更新更全。由此可见，幼儿的全新提问是"我爱我的家"主题活动内容的活水源头与途径调整的切入点。

释疑解惑1

在书写目标、内容等方面，家园需达成统一。针对目标和内容制订书写数字，无论是从群体还是个体考虑，针对每个幼儿的设计都是独一无二的。

教学目标和内容从来都不可能划分得很清楚,而教学内容一旦与"学做人、学生活、学学习"融为一体,就会自然而然地产生化学反应,互相渗透。所以,我们要改变传统"一刀切"模式,寻找培养幼儿综合素养的最佳方式。混龄教育便是其中之一。

传统教育目标必须按顺序排列。教师教一句,幼儿学一句,幼儿没有独立思考和发散思维的可能,更没有结合生活经验、想象和联想去激活大脑内啡肽的可能。我们认为幼儿时期大脑吸收大于消化,因此,应给予幼儿更多独立思考和想象的机会,哪怕出错也没关系,因为试错本身就是一种进步。

释疑解惑 2

整套书基本不用数字排列顺序。因为,经过近 20 年的实践,我们发现,教学现场如同足球赛场,刻意安排好的程序,在现场也许会瞬间被搅乱。所以,如果严格按数字排列顺序,那么教育预案就经常会束缚师生间的互动,阻碍师生间主动相互转换角色,使其很难碰撞出新的火花。那种"本本主义"的预案就会将课堂固化成结构不变的"一言堂"。

教育目标

• 丰富幼儿体验,使幼儿喜欢幼儿园,知道自己长大后要上幼儿园学本领。

• 尝试采用多种方式鼓励幼儿关注和收集身边信息,了解自己的家。

• 浸透爱的教育意义,让幼儿感受爱,明白爱是尊重,从而促使幼儿与"家庭孩子王"交流情感,融洽相处。

• 通过各种活动,幼儿知道幼儿园的环境设施,熟悉幼儿园生活场所及日常活动的各个环节。

• 直观了解上海的地理位置和特点,了解上海著名景点的分布位置。

• 通过了解上海的不同建筑,体会作为一名上海人的快乐与骄傲。

• 讲讲上海方言,进一步激发幼儿热爱上海的情感。

• 介绍奥运会上的中国运动员,回顾伦敦奥运会的激情赛事,激发幼儿作为中国人的自豪感。

• 知道世界地球日是哪一天,帮助幼儿建立环保意识,增强其保护环境的责任感。

释疑解惑 3

每个主题学习时间一般在 45 天左右，当主题学习进行到一个月左右，下一个主题的前期检验学习已经介入，如提问收集、资料查阅等。

主题内容的选择是通过分析幼儿提问的数量，并结合当今社会新闻信息或科学信息筛选确定的；考虑三个年龄段幼儿的学习特征，如老三（小班）"跟随、模仿、窥视式"的学习特征，老二（中班）"半吞半吐式"的学习特征，老大（大班）"反刍式"的学习特征，提出问题（提问）；指导（途径/方法）；以指导语（科学的正确答案）为主线，在师生互动中鼓励幼儿答题、提问、讨论、讲述、肯定，不怕顺序颠倒，也不因幼儿文不对题、答非所问而去批评，伤及幼儿的积极性，教师打破一板一眼、不能前后颠倒的定式，只要问题（提问）与正确答案（指导语）匹配，就不会存在误导幼儿的嫌疑。

教育内容

"家是什么""欢腾的国庆节""上海一日游""爸爸本领大""彩色的中国""大中国""爬长城""爸爸的胡须""上海的东方明珠""京剧脸谱""我的老师""多变的云""伟大的四大发明""神舟九号飞船""说唱脸谱""我的家有几口人""镜子里的排序游戏""乒乓球入门夺金牌""量的比较""男孩女孩排排队""躲在图画中的数"等。

释疑解惑 4

在依霖"家庭式"混龄"抛接球问题导向"教学研究过程中，为解决成人与幼儿关系固化导致的服从、被动、低估儿童智慧与其对新生事物的吸收能力，认为成人是正确的一方等问题，我们在与幼儿共同学习的过程中，需要调整、培养成人正确的儿童观和教育观。在与幼儿共同学习时，父母的角色为"家庭孩子王"；在带领幼儿"学做人、学生活、学学习"时，教师的角色是"孩子王"。在平等和互相尊重的基础上，我们共同通过各种方式寻找正确答案。

依霖"家庭式"混龄"抛接球问题导向"教学研究，沿着不断遇到问题、发现问题、解决问题这样一条螺旋式上升的轨道向前发展，得到了专家和同行基本一致的评价：依霖幼儿眼睛发亮，嘴角扬着微笑，精神振奋，是健康大方儿童的模样。

释疑解惑 5

家长经常抱怨，不知幼儿在幼儿园的学习内容、学习情况，若问孩子，孩子总是一问三不知,甚至干脆不作答。这也是家长焦虑的一个起因。有的家长甚至会因为焦虑在晚上10时之后给教师打电话,不顾及教师的休息。这种现象在幼儿教育中普遍存在。

"家园共育指南",及时明确幼儿园主题教学的学习内容,指出家长可利用旅游、外出活动、家庭生活等与幼儿园携手同步,这样幼儿也会与家长交流、有话说。

学习放手,把幼儿推在前面,"孩子王"们提醒提示,帮助幼儿做能力所不及的工作,如用电脑查资料、外出考察、制作新闻播报主题、参与幼儿园的亲子活动等。

"家庭孩子王"提示/陪伴孩子共同"玩"成

序号	内容	时间/数量	评价反馈
1	配合班级做好幼儿的入学引导工作,帮助幼儿了解上幼儿园的好处,使幼儿乐意上幼儿园	第一周	
2	让幼儿向同伴介绍自己的家人、父母的职业	第二周	
3	陪幼儿一同观看国家热点新闻	第三周	
4	和幼儿一起了解中国历史和传统文化	不限	
5	带幼儿进行上海一日游,帮助幼儿感受上海,并将精彩照片带到班级分享	第四周	
6	和幼儿讲讲上海的老故事	不限	
7	带幼儿品尝上海特色小吃	不限	
8	收集教师节、国庆节、中秋节相关新闻	第五周	
9	和幼儿一起聊聊在幼儿园里发生的趣事,在幼儿园里学到的本领	每周2~3次	
10	收集环保新闻	1次	
11	与孩子共同阅读故事《地球的呼吸》《地球之舞》	每天10~15分钟	

说明:在"评价反馈"一栏,请家长对自己是否是好爸爸、好妈妈做出评价。如做到了给自己一个☆,反之就是✕。

"我爱我的家"具体科目教学内容

语言活动

中国有五十六个民族

设计思路

我国是一个统一的多民族国家。历史上虽然出现过短暂的分裂割据局面，但是统一始终是我国历史发展的主流。这次开展"中国有五十六个民族"活动的目的在于让幼儿了解我国是由 56 个民族共同组成的。56 个民族中包含占人口绝大多数的汉族与 55 个少数民族。在和幼儿的一次聊天中，我们发现他们对 56 个民族的认知较浅薄。幼儿问：我们国家为什么有 56 个民族？都由哪些民族组成呢？少数民族和汉族有哪些地方不一样呢？……既然幼儿有兴趣了解，那我们就组织一次教学活动吧！

活动目标

① 采用"抛接球问题导向"方式讨论交流，知道中国是一个由 56 个民族组成的大家庭，重点认识傣族、维吾尔族的服饰。

② 知道 56 个民族是一家人，一家人要相亲相爱，彼此尊重，平等友善，互助互爱。

活动准备

① 前期经验准备：大年龄段幼儿对中国的 56 个民族有一定的了解，知道中国是一个由汉族和 55 个少数民族组成的大家庭，其中包括傣族和维吾尔族。

② 教具学具准备：汉族、傣族、维吾尔族服饰图片，歌曲《爱我中华》，一块小黑板，一台电脑。

▶ 活动流程

听听歌曲《爱我中华》→我们的大汉民族→了解傣族、维吾尔族民族服装的特点→我们都是中国人。

▶ 阅读指导

阅读绘本《民族故事绘本》《傣族竹楼（上）》。

▶ 活动过程

· 听听歌曲《爱我中华》

提问 － 为什么说 56 个民族兄弟姐妹是一家呢？

－ 为什么 56 个民族都说一句话？都说哪一句话呢？

指导 － 欣赏歌曲《爱我中华》，引导幼儿认真聆听，听一听歌词唱了什么，听完以后说说自己的感受。

指导语

56 个星座，56 支花，56 族兄弟姐妹是一家；56 种语言，汇成一句话，爱我中华，爱我中华，爱我中华。

· 我们的大汉民族

提问 － 说说汉族服饰有什么特点？

指导 － 出示汉族服饰图片，引导幼儿初步认识汉族服饰文化。

－ 出示汉族女子头饰，引导幼儿梳各种发髻，并配上装饰品。

指导语

古代汉族服饰的特点：交领/右衽/束腰。绳带系结给人洒脱飘逸的感觉。

· 了解傣族、维吾尔族民族服装的特点

提问 － 你们知道中国有哪些少数民族？

- 能不能说出他们服装的特点呢？
- 你们知道维吾尔族的民族特点吗？
- 汉族人是中国人吗？

指导　－ 出示著名舞蹈家杨丽萍的《雀之灵》剧照。

－ 出示傣族、维吾尔族服饰照片。

－ 出示图片，让幼儿了解维吾尔族是个爱花的民族。

指导语

人们戴的是绣花帽，穿的是绣花衣服、绣花鞋，扎的是绣花巾，背的是绣花袋，衣服上绣的纹样都同鲜花相关。

> **· 我们都是中国人**

提问　－ 那么多少数民族，都是中国人吗？

－ 我们应该怎么和他们相处呢？

指导　－ 教师可以轻唱、慢唱《爱我中华》这首歌，幼儿可以拍手打节奏或跟唱。

指导语

歌曲《爱我中华》告诉我们，无论是汉族还是少数民族都是中国人，是一家人。因为，我们名字前面都带有"中国"两个字。只要我们团结在一起，中国就会更加强大。

活动延伸

本周在幼儿来园、离园时，都播放《爱我中华》这首歌曲，让幼儿在潜移默化中理解歌词内容，受到艺术熏陶。

奥运会的故事

设计思路

在"了不起的中国人"小主题提问中,幼儿问到了关于奥运会的问题。"奥运会几年举办一次啊?""奥运会是专门进行体育比赛的吗?""什么样的人能参加奥运会呢?""奥运会是全世界的运动员在一起比赛吗?"……幼儿的小嘴巴像放鞭炮一样不停地提问,提出一串串的问题。

我国在 2008 年举办过一届奥运会,并且 2022 年冬季奥运会也申办成功。有机会和幼儿就这一话题聊聊天,一定会很有趣。

活动目标

① 知道奥运会的全称是"奥林匹克运动会";了解奥运会每 4 年举办一次,并能说出下一届奥运会的举办地点;了解或知道奥运会包含哪些运动项目。

② 知道中国运动员在 2008 年奥运会中取得了哪些运动项目的金牌,树立民族荣誉感,学会关心国家大事。

活动准备

① 前期经验准备:在亲子对话前,幼儿对奥运会有一定了解,知道举办奥运会的意义,了解奥运会的宗旨(和平、友谊、进步)。

② 教具学具准备:奥运五环图片、奥运会会旗、2008 年奥运会相关图片和视频、中国运动员比赛的图片、一块小黑板、一张世界地图或一个地球仪(标明五大洲)。

活动流程

说说你知道的奥运会→观看北京奥运会视频剪辑→畅想 2022 年北京冬奥会的场景。

▶▶ 阅读指导

奥运会的宗旨：和平、友谊、进步。

奥运会期间每天的新闻报道，幼儿分工合作对其进行专题跟踪报道。

▶ 活动过程

· 说说你知道的奥运会

提问　– 有谁知道奥运会的全称是什么？

– 奥运会几年举办一次呢？

– 奥运会会旗是什么样的呢？

– 奥运五环代表什么意思？

根据幼儿的现场反应，可用"抛接球"的方式确定回答问题者。

指导　– 引导幼儿仔细观察图片，大胆说出其知道的关于奥运会的知识。

指导语

奥运会的全称是"奥林匹克运动会"，奥运会每 4 年举办一次，五环代表五大洲（亚洲、非洲、欧洲、美洲、大洋洲）团结。

· 观看北京奥运会视频剪辑

提问　– 在刚才播放的视频里，你们看到了哪些运动项目？有谁知道乒乓球的比赛规则？

– 有没有看到中国运动员？他们参加的是什么运动项目？

– 这些运动员里，有你认识的吗？能叫出他们的名字吗？

指导　– 播放 2008 年北京奥运会视频，激发幼儿的观看兴趣；

– 引导幼儿仔细观察视频中有哪些运动项目；

– 引导幼儿找一找中国运动员；

– 鼓励幼儿大胆说出自己喜欢的运动项目。

指导语

乒乓球是中国的强项，在乒乓球这一项目上，中国运动员获得过很多奖牌。姚明是篮球运动员，是世界篮球明星；刘翔是 110 米栏大满贯的世界第一人，大家叫他"飞人"。这些运动员平时刻苦练习，关键时刻为祖国争光，我们要向他们学习，将来长大了也为国家做贡献。

> · 畅想 2022 年北京冬奥会的场景

提问 — 请问谁知道下一届奥运会的举办时间？

— 我们一起来畅想一下，下一届冬季奥运会的场景会是什么样？

— 在我们国家下一次举办奥运会的时候，我们能做点什么事情呢？

指导 — 了解中国 2015 年成功申办冬季奥运会的故事；知道 2022 年冬奥会在北京举行。

指导语

2022 年，北京将举行冬季奥运会，我们要好好观看运动员的比赛，当好新闻小主播，把自己看到的觉得有意思的新闻记录下来；我们还可以发宣传单，告诉腾冲路上的商家、行人要为冬奥会做贡献，比如不乱丢垃圾……我们再想想，讨论一下，还有哪些事情是我们小孩子能为冬奥会做的？

活动延伸

以"家园共育指南"的形式将幼儿在园里提出的关于奥运会的问题，下发到班级微信群，让"家庭孩子王"们带领孩子一起观看 2008 年北京奥运会开幕式和闭幕式及感兴趣的运动项目比赛，培养幼儿热爱体育的精神。

聪明的中国人

▶ 设计思路

最近幼儿很喜欢玩"指方向"的游戏。在户外自由活动时，经常能看到他们自发分组玩"指方向"游戏。这个游戏让我们联想到指南针，于是就有了关于中国的四大发明之———指南针的教学活动。

▶ 活动目标

① 知道指南针是中国的四大发明之一；了解指南针在生活中的用途；学习在不同环境中辨别方向"南"，逐渐形成对指南针的认识。

② 树立"中国人很聪明"这一民族自豪感，知道中国的四大发明有哪些，为"我是中国人"而骄傲。

▶ 活动准备

① 前期经验准备：预先让大年龄段幼儿认识中国的四大发明，周末可在父母的帮助下温故而知新。

② 教具学具准备：12个指南针，四大发明的图片（带文字）。

▶ 活动流程

找"南"不难→我们的四大发明。

▶ 阅读指导

阅读绘本《指南针的故事》《四大发明》。

▶ 活动过程

· 找"南"不难

提问 — 小朋友已经认识了上下前后左右，那么东南西北如何分辨呢？

　　　　－ 这个是什么？它是用来做什么的呢？

　　　　－ 你是怎么找到方向"南"的，为什么能这么快找到？

　　　　－ 什么时候需要用指南针？是谁发明了指南针？

指导　－ 引导幼儿大胆交流，寻找东南西北中的"南"。

　　　　－ 出示指南针，激发幼儿的好奇心和兴趣；引导幼儿分组，
　　　　　利用指南针寻找"南"；鼓励幼儿变换地方、变换方向寻找
　　　　　"南"；鼓励幼儿大胆交流运用指南针寻找到"南"的方法。

指导语

　　这个是指南针，是中国的四大发明之一。航空、航海及迷路的时候
都会用到指南针。

　　· 我们的四大发明

提问　－ 你们知道中国的四大发明除了指南针还有什么吗？

指导　－ 帮助幼儿了解中国的四大发明，使其能仔细地看图片，并
　　　　　大胆提出自己的问题。

指导语

　　指南针、造纸术、印刷术、火药都是中国古代科学家最早发明的。

▶▶ **活动延伸**

　　在科学探索区投放绘本《指南针的故事》《四大发明》等。

【小资料】

　　· **指南针（司南）**

　　最早有记载的司南源于战国时期，其实际年代因记载内容不足而不可
考，其发明者也难以查寻（可能是百姓在生活中发现的）。东汉时，王充
在他的著作《论衡》中对司南的形状和用法做了明确的记录（应当算是最
早的比较完整的记录）。宋朝的沈括在《梦溪笔谈》中也记录了造磁的方
法（较接近现代的指南针）。

· **火药**

火药发明于隋唐时期，源于炼丹术（带有相当的偶然性），其发明者也同样不可考（不知道是哪个道士在炼丹时无意炼出来的），最早比较完整记载火药配方的是孙思邈的《丹经内伏硫黄法》。

· **造纸术**

造纸术发明于东汉时期，发明者是蔡伦，发明地点在洛阳。

· **活字印刷术**

开始于隋朝的雕版印刷，经宋仁宗时期毕昇发展、完善，产生了活字印刷。

实际上，明确四大发明的年代（细化到某年）是不太现实的，由于古代信息的流通性相当差，存在记载和现实脱节的现象，文字记载难以完全反映出当时的实际情况。同时因为四大发明强调的是其对文化和文明的影响，所以并不局限于某个人的发明，像指南针和火药的发现就来源于生活，也无法考证是谁首先发现的。

国旗红红的

设计思路

五星红旗是我们国家的代表，每一个中国人都应当认识、尊敬我国的国旗。在每天升国旗、奏响国歌的时候，有一些小朋友总是不能站直行注目礼。对于国旗的尊敬，我们从小就应当培养，所以设计这次活动的目的是带领幼儿认识国旗，学会尊敬国旗，从而激发幼儿的爱国情怀。

活动目标

① 能说出国旗上五颗红星的象征意义；愿意和同伴一起认真欣赏诗歌《国旗红红的》，初步理解诗歌内容并主动与同学分享自己的看法。

② 在欣赏诗歌和谈话过程中，激发幼儿对国旗的尊敬之情。

活动准备

① 前期经验准备：有参加升旗仪式的体验，知道升国旗时要站直行注目礼。

② 教具学具准备：诗歌《国旗红红的》、大白板、笔。

活动流程

谈谈升国旗时的感受→红红的国旗→欣赏诗歌《国旗红红的》。

阅读指导

阅读绘本《我们的国旗》。

活动过程

· 谈谈升国旗时的感受

提问 －每天早上升国旗时，我们应该做些什么？

– 升国旗有哪些环节？

– 升国旗时，我们的眼睛看哪里，表情是什么样的，心里是怎么想的？

指导 – 聊聊升国旗的体验及对升国旗的认知。

指导语

升国旗的时候，我们每一个人都必须站立，以表示对为中国献出生命的英雄们的尊敬；眼睛盯着冉冉升起的五星红旗，心里默默地告诉祖国，我们是中国人，我们非常热爱中国。

- 红红的国旗

提问 – 中国国旗是什么颜色？

– 国旗上有什么？有几颗星星？

– 星星是什么颜色？这些星星一样大吗？

– 几颗大星、几颗小星？这几颗星星是怎样排列的？

– 升旗时，人们是怎样表达对国旗的尊敬的？

指导 – 阅读绘本《国旗红红的》，观察国旗的外观，小年龄段幼儿能主动回答，大年龄段幼儿能完整描述国旗图案。

指导语

国旗是红色的，上面有五颗黄色的五角星，一颗大星、四颗小星。四颗小五角星围着一颗大五角星。在升旗的时候，国旗下的人们注视着冉冉升起的国旗，不乱动，不说话，以表示对国旗的尊敬。

- 欣赏诗歌《国旗红红的》

提问 – 诗歌名是什么？（出示字卡"国旗"）

– 诗歌是怎样描述国旗的颜色的？（出示字卡"红""的"）

– 诗歌是怎样描述五颗星星的颜色的？（出示字卡"金"）

– 国旗升到空中是怎样的？（出示字卡"高"）

– 我们看到国旗时心中有怎样的感受？

指导 – 教师朗诵诗歌《国旗红红的》。

– 幼儿完整欣赏诗歌，并说出自己听到的词语。

指导语

国旗国旗红红的，五颗金星黄黄的，升在天空高高的，我们心中甜甜的。

活动延伸

在阅读区投放与中国国旗有关的绘本；在美工区画国旗并涂色；在手工区学剪五角星。

欢腾的国庆节

设计思路

现在，中国与世界接轨越来越紧密，西方的节日与中国的节日一样丰富多彩。幼儿的好奇心又被激发了，他们对西方的节日很感兴趣，而逐渐忽略了中国的节日。国庆节是中华人民共和国的诞生日，是伟大祖国的生日。幼儿需要知道 10 月 1 日是祖国妈妈的生日，是全国为祖国妈妈庆祝的日子，他们要有为祖国妈妈过生日的激情。

活动目标

① 知道 10 月 1 日是中华人民共和国的诞生日，是祖国妈妈的生日；能使用连贯、清楚的语言较完整地讲述各自在国庆节的经历或见闻。

② 学习用自己的方式过国庆节，并在这一过程中收获幸福与自豪。

活动准备

① 前期经验准备：知道自己是中国人；亲子讨论国庆节的由来。

② 教具学具准备：歌曲《今天是你的生日》的视频，小红旗若干。

活动流程

今天是你的生日，我的祖国→共和国的生日。

阅读指导

熟悉歌曲《今天是你的生日》的歌词。

活动过程

· 今天是你的生日，我的祖国

提问 - 每年的 10 月 1 日是什么节日？

  – 你们有没有发现马路上、公园里、商场内、幼儿园大门口等地方有什么变化?

  – 为什么会发生这些变化?

  – 为什么要庆祝祖国妈妈的生日?

指导 – 让幼儿讲述他们的发现,总结幼儿的讲述。

  – 播放歌曲《今天是你的生日》的视频,幼儿边看视频边手摇小红旗。

指导语

  我们的国庆节一是为了纪念为新中国牺牲的英雄,永远不要忘记他们;二是为了提醒我们一定要珍惜和平;三是为了告诉我们这个世界上还有各种战争,我们要好好学本领,不仅要珍惜和平,长大了还要保卫和平。

·共和国的生日

提问 – 小朋友们,你们的生日是哪一天啊?

  – 有谁知道我们祖国妈妈的生日是哪一天吗?

  – 你们知道祖国妈妈的孩子们是谁吗?

  – 你们会怎样庆祝祖国妈妈的生日呢?

指导 – 倾听幼儿的讲述。

  – 引导幼儿积极思考,组织幼儿讨论。

  – 积极参与幼儿园"庆祝共和国妈妈生日"的大活动。

  – 老大、老二已有关于红旗的认识,故提问的时候以老三为主,鼓励他们多多参与。

  – 在幼儿讨论的时候,先提问大年龄段幼儿,再鼓励老三以哥哥姐姐为榜样说出自己知道的信息。

指导语

  1949 年 10 月 1 日是中华人民共和国成立的日子,从那一天开始,我们就把 10 月 1 日定为中国的国庆节。每年国庆节全国 56 个民族的人们都会为祖国妈妈庆祝生日,街上张灯结彩,五星红旗随风飘扬。

▶▶ **活动延伸**

国庆节期间，幼儿和爸爸妈妈一起观看全国人民欢度国庆的电视节目或观看阅兵式表演；和爸爸妈妈外出旅游，看看中国的大好河山，拍一些照片，回幼儿园后在新闻播报时向老师和小伙伴介绍。

家是什么

设计思路

家对于幼儿来说,是心灵栖息的港湾,是意义非同一般的感情寄托点。那里有和他朝夕相处的亲人,有他们熟悉的生活内容。但由于幼儿当下生活状态的特殊性,他们在行为或感情上,往往会忽略身边人对自己的关爱,习惯了得到,而忘记了付出。基于这一现象,我们希望通过教育让幼儿懂得尊重身边的每个人,关心身边人,从而使其逐渐从对自我的关注过渡到对他人的关心,学会与人平等相处。

活动目标

① 欣赏散文诗《家是什么》,初步理解诗歌内容;感受家的温暖与诗歌所表现的优美情景。

② 尝试用比喻的方法来形容自己的家,表达自己对家的情感。

活动准备

① 前期经验准备:幼儿有自制"我的家里有什么"记录表的经验。

② 教具学具准备:一幅温馨家园的图片,例如,图片中有一盏灯、屋檐、一张柔软的床、爸爸和妈妈的笑;音频文件《我的家》。

活动流程

说说家里有什么→欣赏散文诗《家是什么》→表演《家是什么》。

阅读指导

阅读散文诗《家是什么》。

活动过程

·说说家里有什么

提问 — 有谁愿意来说一说自己在"我的家里有什么"记录表上记录了什么?

— 除了这些,你家还有什么呢?

指导 — 出示记录表,引导幼儿回忆记录表上的内容并说说自己家里有什么。

— 进一步启发幼儿,家里除了有记录表上记录的东西以外,还有什么。

指导语

大家都介绍了自己的家,请你们也来听听我介绍自己的家吧!我的家里有灯,有柔软的床,还有爸爸妈妈、外婆外公、爷爷奶奶对我的爱。

·欣赏散文诗《家是什么》

提问 — 在散文诗里,你听到了什么?

— 还有谁听到了不一样的内容?

— 你们在图片里看到了什么?(出示图片)

— 看到这些图片,你想起了散文诗里的哪一句话?

指导 — 教师伴随轻音乐《我的家》朗诵散文诗《家是什么》,幼儿静听并欣赏。

— 出示图片,带着幼儿一起仔细观察图片并回忆刚才听到的散文诗里的句子。

指导语

联系日常生活,讨论为什么散文诗里说家是一盏灯、一个屋檐、一张柔软的床,家里有爸爸和妈妈欢乐的笑容。

·表演《家是什么》

指导 — 引导幼儿跟着教师一起在做出表情和手势的同时朗诵散文诗。

指导语

每个人的家都不一样，我们回家听爸爸妈妈讲讲他们小时候的家是什么样子的，好吗？

 活动延伸

家园指南要求，爸爸妈妈和幼儿一起讲讲自己小时候的家。

将散文诗《家是什么》投放至阅读区，供幼儿继续学习。

在自由活动时间反复播放轻音乐《我的家》和教师朗诵的散文诗《家是什么》。

开学典礼

设计思路

开学啦，幼儿背上小书包高高兴兴地来到了幼儿园。相信这些幼儿中有开心的宝贝，也有处在分离焦虑期的新来的宝贝。为了帮助幼儿尽快适应幼儿园的集体生活，更好地激发幼儿的集体归属感，举行隆重而又快乐的开学典礼是非常有必要的。

活动目标

① 知道新学期已经开始了，原老三升级为老二，成了哥哥姐姐，原老二升级为老大；培养新老大和新老二的责任感，帮助新入园幼儿尽快适应幼儿园生活。

② 在"我长大了"思想的激励下，进一步激发幼儿的集体归属感和集体荣誉感。

活动准备

① 前期经验准备：老大、老二之前参加过幼儿园的开学典礼；老三在家与父母一起观看过开学典礼的相关视频。

② 教具学具准备："家庭"成员的集体照片。

活动流程

我的"家庭"成员→开学典礼→参观幼儿园。

阅读指导

阅读绘本《小鱼去上学》《为什么要上学》。

活动过程

· 我的"家庭"成员

提问 - 来了这么多新生,我们怎样才能知道他是我的家人?

- 你的"家庭"成员分别叫什么名字?

指导 - 出示"家庭"成员卡,帮助幼儿认识自己的"家庭"成员。

- 鼓励老大依据"家庭"成员卡上的名字积极主动地找出自己家的老二、老三,并相互做自我介绍,认识彼此。

指导语

新学期开始,由于原来的老大毕业上小学去了,新老三又来到了我们的班级,我们要建立新的"家庭"。建立了新的"家庭",我们就是"一家人"了,兄弟姐妹要相亲相爱,互相关心、爱护。

· 开学典礼

提问 - 为什么我们要这么隆重地举行开学典礼?

- 长大了的小朋友们会用哪些行动来表示自己长大了呢?

指导 - 组织幼儿参加幼儿园的开学典礼。

指导语

我们长大了,要开始学习新的本领了。怎样当好老大?要做弟弟妹妹的好榜样。怎样当好老二?既要向老大学习,当好老大的助手,又要当好老三的哥哥姐姐。怎样当好老三?不懂的地方就大胆地问哥哥姐姐,向哥哥姐姐们学习。

· 参观幼儿园

提问 - 参观幼儿园的时候,怎样才能让别人一看就知道我们是混龄班的宝宝呢?

- 如果路遇其他班级的老师、阿姨或不认识的人,我们应该怎样打招呼,做个有礼貌的好孩子呢?

指导 - 组织幼儿"一家人",老大在右,老二在左,老三在中,手牵着手地参观幼儿园。

指导语

"一家人"手牵手，老大、老二一起牵着老三的小手，做得很好。老三听哥哥姐姐的话，哥哥姐姐也很爱护、照顾老三，不愧是"一家人"。

▶▶ **活动延伸**

在美工区内画一画我们的幼儿园；回家与爸爸妈妈分享今天参观幼儿园的经历。

快快乐乐过中秋

设计思路

中秋节是我国自古以来的团圆佳节,它不仅仅是一个团圆的节日,更是一种文化传承。中秋节的习俗延承着我们中华民族几千年的历史智慧。临近中秋,幼儿对中秋节已经有了粗浅的认识,知道中秋节要吃月饼,知道中秋节是一个团圆的节日。但是这远远不够,幼儿还需要了解更多的中秋节习俗。我们希望通过开展有关中秋节的教育活动,让幼儿感受到浓厚的节日气氛,在他们的潜意识中扎下中国根。

活动目标

① 通过谈话活动,初步认识并了解中国的传统佳节中秋节;知道传统节日中秋节在每年的农历八月十五;了解中秋节的来历及吃月饼、赏月的习俗。

② 能自信大胆地在同伴面前讲述、展现,体验分享的快乐。

活动准备

① 前期经验准备:与幼儿一起布置活动室,悬挂月亮变化图。

② 教具学具准备:有关月亮的图片、动画、故事传说;月饼、水果、贺卡、小黑板;歌曲《爷爷为我打月饼》。

活动流程

猜猜谜→我知道的中秋节→快快乐乐过中秋。

阅读指导

欣赏故事《嫦娥奔月》、歌曲《爷爷为我打月饼》。

活动过程

·猜猜谜

提问 － 请大家猜一猜这是什么："有时落在山腰，有时挂在树梢，有时像只圆盘，有时像把镰刀。"（谜底：月亮）

－ 月亮挂在天上，每天都是一个样子吗？

指导 － 出示月亮变化图，引导幼儿观察并讲述月亮的变化规律。

指导语

月亮是会变化的。从初一到十五，月亮变得越来越圆；从十六到三十，月亮变得越来越小，像镰刀，像月牙。弯弯的月亮，圆圆的月亮。

·我知道的中秋节

提问 － 在故事里，你听到了什么？

－ 为什么嫦娥要在农历八月十五这天奔向月亮呢？

指导 － 教师介绍中秋节的来历，幼儿能安静地聆听欣赏故事《嫦娥奔月》。

－ 引导幼儿围绕《嫦娥奔月》大胆表达自己的想法。

指导语

一年分四个季节，农历八月叫"仲月"，八月十五是这个月中间的一天，所以叫中秋节。这天晚上，月亮最圆最亮，人们吃月饼、赏月，希望生活像月亮一样圆圆满满。有的时候，十五的月亮十六圆，那是为什么呢？我们以后再学习。

·快快乐乐过中秋

提问 － 你们准备怎样过中秋节呢？

－ 有谁知道还有什么方式庆祝中秋节吗？

指导 － 请幼儿讲讲人们是怎样过中秋的。

－ 出示相关资料（人们过中秋），帮助幼儿进一步了解月饼是怎么做的，知道每一个地方庆祝中秋节的方式都不一样。

－ 请幼儿向大家介绍自己带来的月饼品名，进行"同类型合并"游戏，即把相同品名的月饼放在同一个盆子里。

- 一边欣赏歌曲《爷爷为我打月饼》，一边分享月饼，体验
　　与同伴、教师一起过中秋节的快乐。
指导语
　　中秋节这一天是中国家家户户团圆的日子。在这天晚上，家人朋友
们会一起赏月、吃月饼、作诗、朗诵、歌唱。

▶▶▶ 活动延伸

　　鼓励幼儿回家自制中秋节月饼和祝福贺卡，送给亲人、小伙伴和帮助
过自己的人。

马背上的摇篮

设计思路

抗日战争时期有幼儿园吗？这是老二提出的一个问题。是啊，战争离这一代的孩子很远，幼儿并不了解什么是战争，也体会不到战争给人们带来的伤害。但是随着主题的开展，他们开始有了情感的迁移。我们可以上幼儿园，那时候的小朋友有幼儿园上吗？这个问题给爱国主义教育带来一个非常好的契机。为了让幼儿更多地了解战争时期的孩子和战争时期马背上的幼儿园，我们就接下了这个由老二抛来的"球"。

活动目标

① 能够倾听故事，并乐意表达自己的想法；通过倾听和观看，简单了解故事内容；在倾听和谈话中，初步感受故事情节，体验故事中的军民鱼水情。

② 通过观看短片《马背上的摇篮》，激发幼儿对和平生活的珍惜之情。

活动准备

① 前期经验准备：了解抗日战争的信息，了解阅兵仪式。

② 教具学具准备：短片《马背上的摇篮》、《爷爷为我打月饼》的音视频、一台电脑、一块小黑板。

活动流程

讨论"抗日战争时期有没有幼儿园"→观看短片《马背上的摇篮》→香甜的月饼。

阅读指导

倾听故事《马背上的摇篮》。

活动过程

> · 讨论"抗日战争时期有没有幼儿园"

提问 — 在抗日战争时期有没有幼儿园？

— 马背上能办幼儿园吗？

指导 — 引导幼儿通过联想、想象来解答以上问题。

— 教师不予否定也不予肯定，只是接住幼儿抛过来的"球"，即问题。

> · 观看短片《马背上的摇篮》

提问 — 那时候有没有幼儿园？

— 幼儿园在哪里？

— 这些小朋友上的幼儿园和我们一样吗？

— 哪里不一样？

— 谁更加幸福？

指导 — 引导幼儿观看短片《马背上的摇篮》，一一解答以上提问，让幼儿有所感受和触动，从而更珍惜现在的幸福生活。

指导语

"马背上的摇篮"就是这些小朋友的幼儿园，因为打仗经常需要转移，不像我们现在这样有固定的建筑，有漂亮的教室，有很多的玩具。但是他们一样是快乐的，因为有叔叔阿姨们用生命保护和爱护他们，而且他们非常勇敢。

> · 香甜的月饼

提问 — 爷爷在做什么呢？

指导 — 观看视频《爷爷为我打月饼》，引导幼儿体会爷爷坚持到生命最后一刻也要给孩子们做月饼的伟大的爱和情感。

指导语

　　那个时候是战争时期，大家团结在一起，期望战争快点结束，家家可以早日团圆。所以即使死亡来临，爷爷仍用他的爱和信念，坚持为孩子们做月饼。因为他相信，中国大家庭能团圆，未来的孩子能够吃到又香又甜又圆的月饼。

活动延伸

　　在空闲或游戏时间，继续播放《爷爷为我打月饼》和《马背上的摇篮》，放映关于抗战英雄的视频，让幼儿更多地了解抗战时期的故事。

三只小猫头鹰

设计思路

绘本《三只小猫头鹰》是一本非常优秀的幼儿读物。书里的故事内容如下:因为猫头鹰妈妈的离开,三只小猫头鹰中最大的那只忽然间就成了大家长,要照顾更小的猫头鹰,也就是它的弟弟妹妹。这个故事中的家庭组合模式非常符合混龄"家庭"组合模式。

活动目标

① 能初步理解故事内容,感知《三只小猫头鹰》的意义,感受照顾他人的情感;体会故事中三只小猫头鹰间的兄弟姐妹情及其对猫头鹰妈妈离开的悲伤之情;敢于想象,引导幼儿从故事中习得怎样做一名老大。

② 培养幼儿愿意聆听故事的习惯;能大胆积极表演《三只小猫头鹰》的故事情节。

活动准备

① 前期经验准备:混龄"家庭"中的每个成员都有被哥哥姐姐照顾的经验。

② 教具学具准备:PPT"三只小猫头鹰",三个猫头鹰头饰。

活动流程

《三只小猫头鹰》的故事→勇敢当老大→我愿意做一个好老大。

阅读指导

阅读绘本《三只小猫头鹰》。

活动过程

·《三只小猫头鹰》的故事

提问 – 故事的名字叫什么？

– 故事里发生了一件什么事情？

– 故事里哪只猫头鹰是老大呢？你是怎么知道的呢？

指导 – 播放 PPT，引导幼儿带着问题去观看《三只小猫头鹰》的故事。

– 继续分段播放《三只小猫头鹰》的故事，激起幼儿的同理心。

指导语

《三只小猫头鹰》讲述了三只小猫头鹰失去妈妈之后，在老大的带领下，勇敢、坚强地活下去的故事。

·勇敢当老大

提问 – 故事里的猫头鹰老大是怎样照顾老二和老三的？

– 最大的猫头鹰有没有惊慌？

– 弟弟妹妹有没有哭呢？为什么没哭？

– 最后妈妈回来了吗？

指导 – 再次播放《三只小猫头鹰》的故事，让幼儿进一步带着问题去理解故事内容。

指导语

猫头鹰老大是最棒的哥哥，在妈妈没有回来的时候，努力照顾着弟弟妹妹，使弟弟妹妹有安全感，是一个了不起的老大。

·我愿意做一个好老大

提问 – 你的弟弟妹妹希望你成为什么样的老大呢？

– 请新老大讲讲自己准备如何当好一个老大，做弟弟妹妹的好榜样？

指导 – 请愿意说一说的"一家人"分享自己的想法。

– 幼儿协同创作故事情节。

-"一家人"戴上猫头鹰的帽子,扮演三只小猫头鹰,并勇
敢地在集体面前表演。

指导语

老师相信,爸爸妈妈也相信,还有弟弟妹妹也相信,这一届的老大
一定都能成为猫头鹰老大那样有担当的好老大。

活动延伸

在语言区投放绘本《三只小猫头鹰》;在表演区投放猫头鹰帽子和相关
音频,供幼儿自由表演;在日常活动中,提醒新老大要当猫头鹰哥哥(姐
姐),照顾好弟弟妹妹。

上海一日游

在"我爱我的家"主题中，我们融入了"爱家乡"小主题，体现了小主题与园本主题课程相结合的理念，让幼儿熟悉家门口的景色，关心上海著名景点，激发幼儿热爱上海的情感。

活动目标

① 在说说、听听、写写活动中，了解上海的著名景点；从关心居住地附近的景点到关注上海的著名景点。

② 鼓励老二、老三积极参与，大胆讲述，表达对上海的热爱之情。

活动准备

① 前期经验准备：幼儿生活在上海，对居住地附近的景点和上海著名景点有一定的了解；事先在家和爸爸妈妈一起阅读了上海一日游小地图。

② 教具学具准备：上海城隍庙、东方明珠、金茂大厦等著名建筑物的图文PPT。

活动流程

我想当导游→我们都是导游。

阅读指导

阅读上海一日游小地图。

活动过程

· 我想当导游

提问 — 今天老师请你们来当实习小导游,你们猜猜客人要到上海的哪些景点去游玩呢?

— 你知道自己家附近有哪些景点吗?请介绍一下。

— 上海有哪些好玩好看的景点呢?也请大家介绍一下。

指导 — 请实习小导游们玩个游戏,游戏过关就可以领取导游证。游戏以"家庭"为小组,可以自主选择做哪个游戏。游戏开始,请小导游们先听录音介绍上海景点,边听边把听到的景点勾出来或写出来,并说说听到了上海的哪些景点。

游戏棋规则:

以"小汽车"为棋子,以上海各著名景点为棋盘,幼儿边玩边说出上海的景点。说对,跳一格;说错,停一次。

名词连接:如杨浦—大桥,东方—明珠……

照片介绍:该照片是在什么地方拍的,作出简单介绍,写出地名。

图书介绍:《孙悟空游上海》,看看、说说有哪些景点,唱唱儿歌《游上海》。

制作导游图:

第一层次:将与所选的上海景点相关的图片剪贴在纸上,注明先后顺序,并能说出各景点名称。

第二层次:将与所选的上海景点相关的图片剪贴在纸上或者将与所选的上海景点相关的文字写在纸上,注明先后顺序,能读出汉字并能简单介绍景点。

· 我们都是导游

提问 — 介绍你们实习小导游组今天游玩了哪些景点?

— 你最喜欢的景点是什么?为什么?

指导 — 请实习小导游组的老大上台,代表全家大胆讲出自己"家庭"游玩的景点的名称。例如,我带着我们"家庭"去了城隍庙,我们做了××事情。

指导语

今天大家都当了实习导游，游览了很多景点并能准确说出景点名称，还制作了上海一日游地图。以后有客人来，我们就可以当一名正式的导游了，带领客人游遍上海。

活动延伸

将绘本和自制导游图《这里是中国·上海》投放至阅读区。

新"家庭"的诞生

设计思路

混龄班是处于滚动模式的班级,每个新学期、新学年都会送走一批老大,迎来一批老三。在新学期到来之际,老三们懵懵懂懂地进入了新环境,老大、老二欢呼雀跃,他们终于熬走了原来的老大,升级了,可以当哥哥姐姐了。新组建的"一家人"如何能够在最短的时间里熟悉彼此、了解彼此、接纳彼此呢?

活动目标

① 愿意并能用普通话连贯大方地介绍自己,说出自己的喜好,挥起小手向大家打招呼。

② 能够聆听他人的自我介绍,并能热情地融入新的"家庭"。

活动准备

① 前期经验准备:老大、老二准备一段简短的自我介绍和表演节目。

② 教具学具准备:收集全体幼儿的个人照,预先设计"一家人"展示版面,准备轻音乐、话筒。

活动流程

数一数新班级一共有多少人→猜猜他(她)是谁→我来表演节目,欢迎新朋友。

阅读指导

欣赏绘本《汤姆上幼儿园》。

活动过程

· 数一数新班级一共有多少人

提问 — 我们班级有多少个新老大？

— 我们班级有多少个新老二？

— 我们班级有多少个新老三？

指导 — 按顺序请老大、老二、老三依次站起来，大家一起数一数人数。

— 大家说出总人数后，答案一定是不对的，因为还要加三个人（两位任课老师和一位生活老师），老师是"孩子王"。

指导语

我们新班级一共有××人。过几天我们要组建新"家庭"。新"家庭"有老大、老二和老三，还有三位"孩子王"。

· 猜猜他（她）是谁

提问 — 他（她）是谁？

指导 — 请幼儿观察设计好的"一家人"展示版面，指着照片，说出照片中的人。

— 请被指到或点到的幼儿站起来做自我介绍，介绍的先后顺序是教师、老大、老二、老三。

指导语

大家好，我是××老师，你们的"孩子王"，我今年××岁，我喜欢唱歌、跳舞、讲故事，还喜欢玩各种游戏。希望在新的学期我们能够玩得开心，谢谢大家！

大家好，我是××老师……；孩子们好，我是管理生活的××老师……我们是和你们一起"学做人、学生活、学学习"的"孩子王"。

· 我来表演节目，欢迎新朋友

提问 — 班级里来了新朋友，原来的老二、老三也晋升为哥哥姐姐了，我们用什么方法来庆祝一下呢？

指导 — 幼儿相互讨论交流"用什么方法庆祝"；

　　　　– 教师先用唱歌跳舞的方式来庆祝新"家庭"的成立；
　　　　– 请愿意上来表演的哥哥姐姐、弟弟妹妹上来表演；
　　　　– 最后播放音乐《找朋友》，然后全班同学互相找朋友。

指导语

　　从现在开始，我们都是混龄×班的孩子，是一个团队，是"一家人"了。"一家人"应该怎么相处呢？新老大要做好榜样，新老二要协助新老大一起照顾新老三，新老三要以哥哥姐姐为学习的好榜样。

▶▶ **活动延伸**

　　日常活动中，教师观察分析幼儿，根据幼儿的性格、动作能力、语言能力等逐步组建一个新"家庭"，并逐渐将其调整到最佳状态。

温情的狮子

▶ **设计思路**

在相处中，混龄"一家人"彼此关爱，但又会相互拒绝。"怎样让'一家人'更深层次地感受爱与被爱的幸福？""如何帮助幼儿深入理解爱与被爱？"等问题一直困扰着我们。

大小幼儿都爱看班级图书角的绘本《温情的狮子》，这引起了依霖"家庭式"混龄"抛接球问题导向"课程研究组成员的注意。如果幼儿是因为《温情的狮子》中的故事情节接近他们的生活而引起共鸣，我们为何不顺水推舟，借由绘本故事，有效推动"一家人"情感的递进，让他们在故事绘本中体会什么是爱与被爱，懂得爱与被爱是一件非常幸福的事情呢？

▶ **活动目标**

① 能仔细观察画面，愿意表达且能大致说出画面内容；能大胆、完整地讲述自己对画面的理解。

② 理解狗妈妈和小狮子之间的爱，感受生活中"一家人"彼此关爱的意义。

▶ **活动准备**

① 前期经验准备：谈话"我的哥哥姐姐/弟弟妹妹"；收集"一家人""学做人、学生活、学学习"的照片及小故事。

② 教具学具准备：PPT"温情的狮子"、背景音乐、"一家人"的照片若干。

▶ **活动流程**

故事《温情的狮子》→小狮子哆哆得到狗妈妈的照顾→狗妈妈摇篮曲→哆哆与狗妈妈的爱→饲养员的子弹→相亲相爱的"一家人"。

▶▶ **阅读指导**

　　阅读绘本《温情的狮子》，欣赏"一家人"在一起"学做人、学生活、学学习"的照片。

▶▶ **活动过程**

　　◦ 故事《温情的狮子》

　　提问　– 我们可以怎样帮助可怜的小狮子哆哆？

　　　　　　– 小狮子哆哆和狗妈妈会成为"一家人"吗？

　　指导　– 播放狗妈妈和小狮子哆哆初见的画面。

　　指导语

　　虽然狮子和狗不是同类，但它们认识了，并决定生活在一起，成为"一家人"。我们的老大、老二、老三来自不同的家庭，现在也组成了小"家庭"，决定在一起生活和学习。我们是不是也成了"一家人"了呢？答案是肯定的。我们是相亲相爱的"一家人"。

　　◦ 小狮子哆哆得到狗妈妈的照顾

　　提问　– 1. 如果你是狗妈妈，你会怎么照顾哆哆？

　　　　　　– 2. 狗妈妈是怎样照顾哆哆的？

　　指导　– 播放狗妈妈照顾哆哆的画面。

　　　　　　– 结合提问"1"，请幼儿大胆完整讲述"一家人"相互照顾的小故事。

　　　　　　– 结合提问"2"，鼓励幼儿观察并讲述图片内容。

　　指导语

　　哥哥姐姐就像狗妈妈一样，照顾、关心、爱护、帮助弟弟妹妹，而弟弟妹妹就像小狮子哆哆一样，信任、依赖着哥哥姐姐，这就是"一家人"，相亲相爱的"一家人"。

　　总结画面内容：

　　　　狗妈妈为哆哆准备美味的食物；

　　　　狗妈妈和哆哆一起做游戏；

　　　　狗妈妈每天都会给哆哆一个深情的拥抱；

狗妈妈教会了哆哆许多本领。

· 狗妈妈摇篮曲

指导 － 播放狗妈妈为哆哆唱摇篮曲、哆哆成为雄狮的画面。

－ 教师富有感染力地讲述画面内容。

指导语

狗妈妈和哆哆在一起很甜蜜、很幸福，过得很快乐。哆哆一天天长大了，长高了，现在的哆哆长成了威风凛凛的雄狮，而狗妈妈却一天一天变老了。

· 哆哆与狗妈妈的爱

提问 － 每天晚上夜深人静的时候，哆哆会怎么样呢？（预设问题：那狗妈妈呢？）

指导 － 播放哆哆离开狗妈妈、哆哆在马戏团生活的画面。

－ 幼儿跟随教师仔细观察图片，有感情地讲述画面内容。

指导语

哆哆想念狗妈妈的摇篮曲，想念狗妈妈的爱，想念自己和狗妈妈在一起的点点滴滴和快乐时光。

· 饲养员的子弹

提问 － 饲养员为什么开枪？

－ 哆哆死了吗？为什么？

指导 － 播放哆哆找妈妈的画面，教师讲述。

－ 播放并观察饲养员开枪的画面，猜测结果。

－ 播放哆哆和妈妈相拥的画面，教师讲述。

指导语

哆哆和狗妈妈彼此关心、爱护，相亲相爱，幸福快乐地生活在一起了。

· 相亲相爱的"一家人"

提问 － 你们"一家人"是怎么相亲相爱的呢？

指导 ─ 播放"一家人"收集编制的绘本视频，幼儿欣赏绘本，倾听教师的讲述。

　　　　─ 在温暖的背景音乐中，滚动播放"学做人、学生活、学学习"的照片，"一家人"温暖拥抱。

指导语

我们老大、老二、老三在一起，也是相亲相爱的"一家人"。

▶▶▶ **活动延伸**

回家给爸爸妈妈讲讲故事，说说"一家人"在一起发生的愉快的小故事。

伟大领袖毛泽东主席

设计思路

虽然现在是和平社会，但世界上仍然还有不少地域战争。我们今天的安宁和平生活是老一辈革命先烈用鲜血和生命换来的。我们子孙后代要牢记先辈，缅怀他们。伟大领袖毛主席是我们永远都不能忘记的。希望幼儿能通过这次国庆庆祝活动，了解伟大领袖毛主席的一些故事。

活动目标

① 能认真聆听毛主席的故事；能够将自己听到的故事转述给其他人；乐意与同伴讨论故事情节。

② 通过毛主席的故事，对毛主席产生热爱和敬佩之情。

活动准备

① 前期经验准备：认识毛主席，知道毛主席是新中国的开国领袖。

② 教具学具准备：毛主席指挥打仗的视频、毛主席的个人简介、毛主席的画像、一块小黑板。

活动流程

伟大领袖毛泽东主席→我心中有毛主席→毛主席的故事。

阅读指导

阅读绘本《故园——毛泽东与韶山的故事》。

活动过程

·伟大领袖毛泽东主席

提问 － 天安门城楼上挂的是谁的照片？

－ 有谁听说过毛主席的故事？

指导 – 出示毛主席的画像,引导幼儿仔细观察毛主席的脸部特征。

– 播放视频《人民领袖毛泽东》第一集(共8集,在两周内播放完)。

指导语

毛泽东主席是中国人民的伟大领袖,是新中国的开国领袖。毛主席是湖南韶山人,特别喜欢读书、游泳,是一个爱人民、为人民的好领袖。

· 我心中有毛主席

提问 – 在这段视频中你听到了、看到了什么?

– 在视频里,你看到了哪些情景,记住了哪些感动的画面?

指导 – 播放与毛主席有关的短视频,引导幼儿仔细观看视频,并说出自己的想法。

指导语

毛主席是为人民服务的伟大领袖,他为中国的解放事业作出了巨大贡献。没有毛主席,就没有新中国。我们今天的和平美好生活都是毛主席带领中国人民推翻了压迫人民的敌人才得来的。

· 毛主席的故事

指导 – 在这一主题月里,邀请依霖"悦读·越爱·阅成长"社团的老师们和故事团的小故事员到各班循环演讲毛泽东主席的故事。

指导语

我们今天的幸福生活,都是毛泽东主席和伟大的革命先烈们用生命换来的。我们现在的任务就是好好读书,好好学本领,长大了也为祖国建设服务,为人民服务!

▶▶ **活动延伸**

回家听爸爸妈妈讲讲毛泽东主席的故事。

我是三军总司令

设计思路

2015 年 9 月 3 日是抗战胜利 70 周年纪念日，在纪念日这一天我们国家举行了盛大的阅兵仪式。幼儿对阅兵仪式非常感兴趣，于是我们设计了这节课，让他们能够从图文中加深对军人的印象，初步了解海陆空三军在和平年代执行任务的情况，进而产生崇敬之情和爱国之心。

活动目标

① 能初步理解诗歌的内容，并用自豪的语气完整朗诵诗歌；老大、老二尝试选择对应的内容仿诵诗歌。

② 能将小动物的形态和生活习性同现实中的战斗武器联系起来，发挥小动物的作用。

活动准备

① 前期经验准备：幼儿事先与父母对话，了解海陆空的相关知识，谈论简单的军事知识；周末与父母一起观看阅兵式视频。

② 教具学具准备：PPT"我是三军总司令"，军舰、坦克、飞机的图片，解放军执行任务的图片。

活动流程

猜猜他是谁→欣赏儿歌→朗诵儿歌→仿编诗歌→了解海陆空三军在和平年代执行任务的情况。

阅读指导

欣赏 PPT"我是三军总司令"，阅读绘本《一封鸡毛信》《我爸爸是军人》。

活动过程

·猜猜他是谁

提问 — 小朋友，图片中的人物是谁？

— 这三位分别代表哪几个军种？

— 你们知不知道海军、陆军、空军是谁领导的？

指导语

这些都是人民解放军。他们分别是海军、陆军、空军的代表，每个军种的服装都是不一样的。这些解放军都是由司令员来领导的，司令员是军队中最大的长官。

·欣赏儿歌

提问 — 小朋友，诗歌中鱼妈妈、龟妈妈、鸟妈妈是怎么问"我"的？"我"是怎么回答的？

— 为什么小鱼可以做我的军舰？

— 为什么小龟可以做我的坦克？

— 为什么小鸟可以做我的飞机？

指导 — 播放 PPT"我是三军总司令"。

— 引导幼儿跟着教师、跟着 PPT 中的音频一起大声朗诵诗歌内容。

— 引导幼儿从小动物的形态及生活习性上描述三军的不同战斗武器。

指导语

鱼妈妈问我："我的小鱼哪儿去了？"我说："小鱼做了我的军舰。"龟妈妈问我："我的小龟哪儿去了？"我说："小龟做了我的坦克。"鸟妈妈问我："我的小鸟哪儿去了？"我说："小鸟做了我的飞机。"因为小鱼会游泳，所以总司令就请小鱼做了军舰；小龟的龟壳可以抵挡敌人的入侵，于是总司令就请小龟做了坦克；小鸟可以在天上飞，于是总司令就请小鸟做了飞机。

· 朗诵儿歌

提问 － 老大们，你们谁来试试做三军司令？谁做海军司令？谁做空军司令？谁做陆军司令？

指导 － 引导幼儿用自豪的语气大声、完整地朗诵诗歌。
－ 引导幼儿选择其扮演的角色，并能在集体面前大胆地朗诵诗歌。

指导语

现在老师来扮演鸟妈妈、龟妈妈、鱼妈妈，并问你们；你们扮演"总司令"来回答三位妈妈的问话，好吗？

我们在朗诵这首诗歌时要注意语气，要用自豪的语气来朗诵。我们要为自己当司令，当海军，当陆军，当空军而感到骄傲自豪。

· 仿编诗歌

提问 － 小鱼做了军舰、小龟做了坦克、小鸟做了飞机。它们可开心了！老师这里来了好多其他动物，它们也想去。如果你是总司令，你会如何根据小动物的形态和生活习性，来发挥它们的作用呢？
－ 为什么你认为这些小动物可以做海军、陆军、空军的武器呢？

指导 － 出示图片，引导幼儿讨论这些动物可以当什么武器。例如，松鼠——降落伞，鲨鱼——潜水艇，长颈鹿——大炮，大象——消防车……
－ 根据幼儿（老大、老二、老三）讨论的内容来仿编诗歌。例如，象妈妈问我："小象哪儿去了？"我说："小象做了我的消防车。"
－ 鼓励老大将自己想象的军事象征物按照诗歌的结构仿编成诗歌（幼儿可以借助教师的图片示范，编出相应的象征物），并与小朋友们一起大声朗诵。

指导语

"总司令"们,你们真棒,都按照这些小动物们的形态及生活习性来发挥它们的作用,它们可开心了!看,它们正在执行任务呢!

· 了解海陆空三军在和平年代执行任务的情况

提问 — 从这些图片中你们都看到什么?他们在做什么?(出示PPT)

指导 — 引导幼儿讲述解放军在抗洪、抗雪、抗震等。

指导语

解放军叔叔们在这和平的年代里也要保卫祖国,保卫人民。从2008年到现在,中国发生了许多灾害,先是雪灾,再是地震,然后是洪灾,还有特大泥石流。每当灾害发生时,我们最可爱的解放军叔叔们都会马上执行任务,抢救我们人民的生命,帮助我们重建家园。

解放军叔叔是我们尊敬的亲人,让我们一起向解放军叔叔敬礼,向他们致敬!

▶▶ **活动延伸**

鼓励幼儿回家和爸爸妈妈分享诗歌《我是三军总司令》,并有感情地大声朗诵给爸爸妈妈听。

【小资料】

现代的"三军"是指陆、海、空三军。在中华文化中,"三军"的说法起源于春秋时期骑马打仗的前、中、后三个兵种,这与现代陆、海、空三军的实质意义完全不同。空军的服装是天空蓝,海军的服装是浪花白,陆军的服装是橄榄绿,分别代表蓝天、大海、绿地。空军、陆军的服装在设计上大体一致,分为多种,如作训服、礼服、冬装、夏装、春秋装等,分别根据不同的场合、时间选择穿着,佩戴帽徽、肩章、领花等。海军的服装在设计上很有特色,因为海军经常要去他国访问,所以海军的服装基本和世界接轨,袖口、领口的布块上分别有四条深色条纹,代表我国的四大海域。

附：

我是三军总司令

鱼妈妈问我："我的小鱼哪儿去了？"

我说："小鱼做了我的军舰。"

龟妈妈问我："我的小龟哪儿去了？"

我说："小龟做了我的坦克。"

鸟妈妈问我："我的小鸟哪儿去了？"

我说："小鸟做了我的飞机。"

三位妈妈一起问我："你是谁？"

我说："我是海陆空三军总司令。"

做爱国守法的小公民

设计思路

3~6岁年龄段的幼儿正处在建构社会规则秩序的敏感期,在集体中已有规则和秩序的意识。前面已通过"我爱我的家"中的"我爱中国"小主题,帮助幼儿初步感知社会主义核心价值观(富强、民主、文明、和谐、自由、平等、公正、法治、爱国、敬业、诚信、友善),本节课旨在引导幼儿学做爱国守法的小公民。

活动目标

① 大胆谈论在幼儿园集体中,什么事情能做,什么事情不能做;建立是非意识,在遇到问题时,会辨析是非对错。

② 能够辨别图片中所述事情的对错;能简单理解社会主义核心价值观中部分词语的含义;能有意识地遵守社会规则。

活动准备

① 前期经验准备:对生活中的一般常识有分析和辨认能力,知道对错。

② 教具学具准备:有关社会主义核心价值观的简笔画、视频。

活动流程

我来说说看→小小法官来判定→学习社会主义核心价值观。

阅读指导

老大阅读社会主义核心价值观小资料,在生活实践中能辨别对和错。

活动过程

·我来说说看

提问　－在日常生活中，你们看到过哪些事情是别人做错的？

　　　－在日常生活中，你们看见过哪些事情是别人做对的？

指导　－引导幼儿回忆身边的所见所闻，集体讨论，判断错与对。

　　　－出示简笔画，请幼儿观察哪些行为是对的，哪些行为是错的，并说明为什么。

　　　－鼓励小年龄段幼儿勇敢表达，要求大年龄段幼儿用完整的句子表述，教师给予帮助或补充。

·小小法官来判定

提问　－你觉得图片上的他在干什么？他这样做是对还是错？

　　　－那你觉得他应该怎样做才是正确的？你能帮他想想办法吗？

指导　－放映图片，引导幼儿（主要帮助老三）判断是非对错。

　　　－引导老大、老二讲讲错误的行为应该怎样解决，老大可以帮自家的老大、老二补充完整。

　　　－教师规范幼儿用语，指出图片中哪些行为是对的，哪些行为是错的，鼓励幼儿在日常生活中做对的事情，学习好榜样。

指导语

"三人行必有我师"，弟弟妹妹要向哥哥姐姐学习，对于弟弟妹妹做得对的地方，哥哥姐姐也要向弟弟妹妹学习。哥哥姐姐要当好弟弟妹妹的榜样。每个人都要做对的事情，争做爱国守法的好孩子。

·学习社会主义核心价值观

提问　－社会主义核心价值观有哪些内容？

指导　－引导幼儿倾听社会主义核心价值观的内容，并说出主要词语。

　　　－积极鼓励老大、老二说说部分词语的含义。

指导语

社会主义核心价值观包括：富强、民主、文明、和谐、自由、平等、公正、法治、爱国、敬业、诚信、友善。

活动延伸

幼儿回家问问爸爸妈妈，知道社会主义核心价值观吗？拿出社会主义核心价值观小资料给爸爸妈妈看，亲子阅读、交流讨论。

科学·探索活动

纯净的空气与生命链

设计思路

空气与我们的生命息息相关，世间万物都依靠空气生存。幼儿在植物角写观察记录时，发现水里的土有气泡，纷纷好奇围观。"泥土在水里为什么会有气泡？""你的眼镜为什么会变成白色？"……幼儿的好奇心又被激发了，小嘴巴忍不住巴拉巴拉地问个不停，这又是一次极好的教育契机。

活动目标

① 激发幼儿探索空气的兴趣；引导幼儿进一步感知空气的存在；能用简单的语句描述空气对人和动植物生存的重要性。

② "一家人"一起玩抓空气的游戏，享受快乐。

活动准备

① 前期经验准备：幼儿初步知晓空气的存在。

② 教具学具准备：操作工具包，包括泥土、一瓶水、气球、吸管、大中小号食品袋等（数量按"家庭"准备）；空气探索记录表、记号笔（老大专用）。

活动流程

猜谜语→找空气→空气有什么用→保护空气。

阅读指导

阅读绘本《空气的奥秘》《气候变暖很可怕》《是谁偷走了空气》。

活动过程

· 猜谜语

指导 – 猜谜语：看不见，摸不着，不香不臭没味道。说它宝贵到
处有，动植物和人都离不了。(谜底：空气)

· 找空气

提问 – 空气在哪里？

– 你们能用什么方法抓住空气？

– 你们抓住的空气都一样多吗？为什么？

– 老师的食品袋更大，为什么没有抓住空气呢？

– 空气在食品袋里有颜色吗？

指导 – "一家人"一起玩抓空气的游戏。

规则：一个"家庭"领取三个塑料袋。大号交给老大，中号交给老
二，小号交给老三。"一家人"在老大的带领下，探索如何抓住空气。

– 教师用大号的有破洞的食品袋抓空气。

– 拿一张白纸与食品袋里的空气比较颜色。

– 玩抛接"塑料袋空气球"游戏。

指导语

空气无色无味，看不见，抓不住，是透明的。空气是流动的。

· 空气有什么用

提问 – 我们在植物角发现水里的泥土会冒泡泡，这是怎么回
事呢？

– 空气存在于哪些地方？

指导 – "一家人"领一套操作工具包，在老大的组织下进行实验
探索。

– 老大按照自己以往的经验，进行探索记录。

___号"家庭"	哪些地方也有空气的存在			

– 大年龄段幼儿展示自家的记录表，介绍各自"家庭"发现哪些地方也有空气。

指导语

通过探索发现，我们的周围到处都是空气。如果没有空气，人就会失去生命。小动物、小花和小草，还有土地都需要空气。

可是有的工厂排放出来的黑黑的气体，污染了我们的空气，影响了我们的身体健康，我们该如何保护纯净的空气呢？

· 保护空气

提问 – 我们该怎样保护纯净的空气，不让空气受到污染呢？

指导 – 师生以"抛接球问题导向"的方式共同讨论如何保护好空气。

– 教师在引导前必须熟知保护空气的要点，在过程中以你来我往"抛接球问题导向"的方式互动。例如：

为什么要发明电动汽车？

为什么要垃圾分类？

为什么要减少汽车的使用，提倡绿色出行？

为什么要种植绿植？要植树造林？

为什么要参加环保活动？

为什么要加强大气监测？

为什么室内要通风换气？

为什么要使用空气过滤网？

为什么要避免在室内抽烟？

指导语

空气纯净与否，关系到地球上所有人、动物、植物的生存。

▶▶ **活动延伸**

家园共育指南任务：探索空气污染的主要原因；探索清洁能源的使用与空气污染的关系；探索改善室内空气质量的方法。

地球的故事

设计思路

国庆过后，大小幼儿都对中国国旗有了基本的了解和认识，但仅仅了解中国国旗还不能满足他们的好奇心和求知欲。在老师的鼓励和家长的帮助下，幼儿在假期中收集了各国国旗图案。经了解，大多数幼儿家里有地球仪，也有插国旗的玩具，有的还有《世界国旗地图册》。大年龄段幼儿还和父母一起从网上下载了许多国旗图片。在这一过程中，幼儿对地球上的国家、七大洲、四大洋逐渐熟悉起来。

活动目标

① 知道一种国旗代表一个国家，大年龄段幼儿初步知道每个大洲的代表性国家。

② 在游戏互动中，激发幼儿的求知欲，进一步培养其探索问题、独立思考和动手操作的能力。

活动准备

① 前期经验准备：幼儿对一些常见的国旗、国家已经有了一定的了解，如中国、美国、加拿大、英国、俄罗斯、巴西、澳大利亚等。

② 教具学具准备：世界地图，地球板块图，七大洲分布图，每个"家庭"一份小世界地图，每个"家庭"一面中国、美国、加拿大、英国、俄罗斯、巴西、澳大利亚等国家的小国旗。

活动流程

国旗的秘密→探索地图七大洲。

阅读指导

在地球仪上找一找七大洲、四大洋的位置。

阅读绘本《那么大！地板书——畅游七大洲》，学习儿歌《我们有一个家》。

活动过程

·国旗的秘密

提问 － 这是哪个国家的国旗？你们在哪里见过？（小年龄段幼儿）

－ 大家还见过哪些国家的国旗？在哪里见到的？（小年龄段幼儿）

－ 这些地方为什么要挂国旗呢？（国旗代表国家）（大年龄段幼儿）

－ 你还知道哪些国家？这些国家的国旗是什么样的？（大年龄段幼儿）

指导 － 用中国国旗引出话题，帮助幼儿回忆各国国旗。

指导语

中国的国旗是五星红旗，美国的国旗是星条旗，加拿大的国旗是枫叶旗，日本的国旗是太阳旗……每个国家的国旗都代表着不同的含义。

·探索地图七大洲

提问 － 地球上有几大洲？它们的名字分别是什么？

指导 － 出示世界地图，引导幼儿仔细观察，帮助幼儿了解地球的组成。

－ 出示地球板块图，用讲故事的形式帮助幼儿理解七大洲与地球的关系。（七大洲从属于陆地，陆地从属于地球）

－ 启发幼儿以"家庭"为单位，在小世界地图上找出七大洲，并尝试把每个大洲的代表国家的小国旗准确插在小世界地图上。

－ 大年龄段幼儿找对应的国旗，小年龄段幼儿负责插国旗。

指导语

地球由陆地和海洋组成，一共七个大洲。这七大洲分别是亚洲、欧洲、大洋洲、非洲、北美洲、南美洲、南极洲。

活动延伸

在科学探索区域活动中，继续玩"插国旗"游戏和地球仪。

【小资料】

我们有一个家

我们有一个家,不区分你我他,七大洲四大洋是一家;

我们有一个家,不区分你我他,蓝天与大海是一家;

这个叫地球的家,保护着万物长大,我们爱她,不伤害她;

我们有一个家,不区分你我他,请一起爱她。

地球的好朋友——太阳和月亮

▶▷ **设计思路**

太阳和月亮是常见的星体。为让幼儿积极主动地探索月亮与太阳之间的关联，我们通过实验操作进一步催发幼儿的好奇心和探究欲。

▶▷ **活动目标**

① 初步了解太空有许多星球，它们都是朋友；引导幼儿探索物体之间的关联；能用简单的语句描述物体之间因相互关联而产生的现象。

② 引导哥哥姐姐带动弟弟妹妹一起交流、一起分享自己的点滴经验；感受"一家人"共同探索、交流讨论和观察的乐趣。

▶▷ **活动准备**

① 前期经验准备：大年龄段幼儿已经有 1~2 年参与此类活动的经验。

② 教具学具准备：小地球仪若干，手电筒若干，放大镜若干，黑色纸片若干，一张宇宙图或有关宇宙的 PPT。

▶▷ **活动流程**

观看图片，寻找太阳和月亮→介绍太阳，观看实验→介绍月亮，参与实验。

▶▷ **阅读指导**

阅读绘本《太阳和月亮》。

▶▷ **活动过程**

· 观看图片，寻找太阳和月亮

提问 – 你们知道在神秘的太空中有什么吗？

– 在太空中有那么多的星球，其中谁是地球的好朋友，是我们每天都能看见的好朋友呢？为什么？

指导 – 引导幼儿仔细观察图片，并说出图片上有什么。

指导语

白天我们能看到太阳，晚上我们又能看到月亮。因为，月亮离地球最近，一直围绕着地球转，地球又围绕着太阳转，它们一直都不分离。

・**介绍太阳，观看实验**

提问 – 你知道地球围绕太阳转一圈要多长时间吗？（一年）

– 你知道为什么会有白天和黑夜吗？（教师运用地球仪和手电筒进行实验操作）

– 在日常生活中，我们可以利用太阳光做哪些事情？

指导 – 引导幼儿观看小实验一：昼夜之分。

– 引导幼儿观看小实验二：利用太阳光使纸燃烧，介绍光的作用——加热。

指导语

地球围绕太阳转动时，自己也在转。地球朝向太阳的一面是白天，背向太阳的一面是黑夜。太阳光的威力很大，我们可以利用太阳光做太阳灶、太阳船、太阳能热水器，太阳能还可用来发电。

・**介绍月亮，参与实验**

提问 – 月亮也是地球的好朋友，它围绕着地球不停地转。晚上，我们可以看到皎洁的月亮，那么月亮自己会发光吗？

指导 – 引导幼儿说说自己知道的月亮，再说说为什么白天看不见月亮，晚上才能看见。

指导语

月亮本身不会发光，它像一面镜子一样反射太阳的光。请老大带领老二、老三一起模拟太阳、地球、月亮的运行，了解它们之间的关系。

▶▶**活动延伸**

　　广阔的宇宙中还有许多星球，幼儿继续探索金星、水星、木星等；发放"家园共育幼儿探究习惯养成评价记录表"，请家长利用周末配合行动并如实填写，完成后幼儿带至幼儿园。

【小资料】

家园共育幼儿探究习惯养成评价记录表

幼儿姓名：		年　　月　　日
观察内容：月亮的变化	观察记录	行为习惯获几颗星
善于观察，积极主动提出观察		
能够积极观察地球仪或地图		
能对观察情况做出大胆猜想和提问		
能够独立收拾好操作材料		
行为养成记录说明 幼儿被动/主动/积极的学习态度可用☆/☆☆/☆☆☆表示		

多变的云

设计思路

平时，我经常为幼儿讲述有关自然科学的故事，目的是引导幼儿观察自然现象，培养他们喜欢和善于观察的习惯。在户外散步时，我们经常一起观察天空的运动变化，根据云的形状去想象。幼儿渐渐地对云产生了兴趣，只要一到户外，就会有意识地抬头看云，并围着我询问关于云的问题。例如，云是哪里来的？为什么有的云是白色的，有的云是黑色的？它们怎么一会儿是这样，一会儿又变了样子？……他们的好奇心特别强烈，因此有必要让他们了解有关云的知识。

活动目标

① 在观察云的颜色、形状变化过程中，引导幼儿提问，互相讨论；能用简单的语句描述天气变化对云朵产生的影响。

② 小年龄段幼儿愿意跟随哥哥姐姐一起看云；幼儿愿意说说自己的发现；体验"一家人"共同观察云朵变化的乐趣。

活动准备

① 前期经验准备：幼儿对云的变化有初步认识。

② 教具学具准备：选择一个多云的日子，在幼儿园的足球场草地上看云；小画板、彩笔若干，"七色云彩"背景板，棉花，蓝色的纸，白色颜料，彩色玻璃纸灯，有关云的音乐。

活动流程

看云→摘云→七色云彩→游戏"我们是会变化的小云朵"。

阅读指导

阅读绘本《超有趣的云科学》。

活动过程

·看云

提问 — 你们看到的云是什么形状、什么颜色的？

指导 — 躺在草地上，听着与云有关的音乐，静静地观察天上的云的变化。

— 大年龄段幼儿要使用连贯、完整的句子描述自己看到的云。教师归纳幼儿交流的词句，进行小结。

指导语

今天天空上的云朵很少（多），有的云朵是……颜色的，有的云朵像……

有一个"家庭"的老二说他看到的那朵云有点白，像棉花；老三说，今天天上灰色的云很多……

·摘云

提问 — 我们如何才能把现在这片天空上的云摘下来？

— 云朵的颜色都是我们今天看到的颜色吗？能不能把云变成七色的呢？

指导 — 幼儿讨论，可以"异想天开"。

— 给每个"家庭"发彩色玻璃纸（可轮流调换），幼儿把纸罩在眼睛上，看看云的色彩。

— 让幼儿拿起写生板，把自己看到的云彩画下来。

·七色云彩

提问 — 我们摘下来的云可以放在哪里呢？

— 在"七色云彩"背景板上，我们还可以加一些什么东西，使它更漂亮呢？

指导 — 师生一起布置"七色云彩"背景板。

指导语

云彩的形状被风推着变化，云的颜色变化多端，除了七色的太阳光，云也有七色的。从今天开始，你们试着用爸爸妈妈的手机拍一拍，看一看云的形状和颜色变化，好吗？

• 游戏"我们是会变化的小云朵"

游戏规则：

启发幼儿把自己想象成一片云，在草地上任意飘来飘去。当教师说"风来了，云变了"时，幼儿马上摆出另一种姿态，并大声告诉伙伴，"我变成了一片××样子的云"。

游戏时，可请个别老大带领孩子和"孩子王"们扮演云朵，一起游戏。

▶▶ 活动延伸

将彩色玻璃纸发给幼儿并让其带回家，和爸爸妈妈一起观看彩色的云。

伟大的四大发明

设计思路

　　培养幼儿对科学探索的兴趣，提高幼儿的科学素质，已经成为学前教育的重要目标。本次教学就是用幼儿能够接受的方式，通俗易懂地向幼儿介绍中国古代的四大发明，让幼儿了解并能够看一看、说一说四大发明，从而使其了解中国人的勤劳、聪明等品格，并为自己是中国人而骄傲。

活动目标

　　① 知道中国古代四大发明；学习在不同环境中辨别方向"南"；逐渐形成对指南针的认识。

　　② 了解中国古代四大发明的发展历程。

活动准备

　　① 前期经验准备：教学开始之前，在阅读区投放与中国古代四大发明相关的绘本；在家园共育指南中，提示家长和幼儿讨论"我们现代人该怎样继承和应用古代的四大发明"。

　　② 教具学具准备：与四大发明相关的视频、图片、资料、挂图，指南针若干。

活动流程

　　中国古代四大发明→四大发明的小故事→找一找幼儿园大门对准的方向。

阅读指导

　　阅读绘本《四大发明》。

活动过程

·中国古代四大发明

提问 － 有谁能讲出中国古代的四大发明吗?

指导 － 根据幼儿的讲述,出示四大发明的图文资料。

－ 观看视频《中国的四大发明》。

指导语

古代中国人有很多发明,其中造纸术、火药、印刷术、指南针这四大发明推动了整个世界的进步和发展。

·四大发明的小故事

提问 － 造纸术、火药、印刷术、指南针都是谁发明的?

指导 － 出示图片,介绍造纸术。

在纸出现前,古代人写字写书都用竹简,很不方便。竹简不便于阅读和携带,而且容易被虫蛀。东汉时期,一个叫蔡伦的人在麻纸的基础上经过多次试验,造出了又薄又轻又便于收藏和携带的纸。

－ 出示图片,介绍印刷术。

活字印刷术是毕昇发明的。毕昇长期在杭州书籍铺做雕版刻工,专事手工印刷。雕版印刷较为艰难,为减少成本、提高排版效率,毕昇发明了活字印刷术。

－ 出示图片,讲述发明火药的小故事。

火药最早是中国炼丹家在炼丹过程中无意发明的,孙思邈在总结前人经验的基础上进一步发展和完善了制造火药的配方,提出了硫黄伏火法。

－ 出示实物,讲述有关指南针的小故事。

指南针的发明最早可以追溯到战国时期,这是一种利用天然磁石制成的指向仪器,可以指示方向。有了指南针,无论走路还是打仗,都不会迷失方向。

指导语

中国的这四大发明为世界进步作出了很大贡献，显示了中国人的勤劳和智慧。

・找一找幼儿园大门对准的方向

提问　－你们猜猜我们幼儿园的大门是对着哪个方向的？北面、南面、西面还是东面？

指导　－出示指南针，帮助幼儿认识指南针。
　　　　－老大代表"一家人"领取一个指南针，与弟弟妹妹仔细观察指南针的表面有什么。
　　　　－老大带领弟弟妹妹去幼儿园门口找一找大门对准的方向。

指导语

从古代中国发明的指南针到今天中国的北斗卫星，科学技术一直在进步、发展。现在，中国人出行有北斗卫星导航系统给我们指方向。

▶▶▶ 活动延伸

幼儿回去继续和爸爸妈妈讨论：什么是北斗卫星导航系统？看看爸爸妈妈的车里和手机里是否有北斗卫星导航系统。

可爱的大熊猫

设计思路

　　大熊猫是中国的国宝，全世界的大人小孩都喜欢其憨态可掬的模样。在"一家人"研究探索国宝大熊猫时，孩子们纷纷表示有话要说。希望老三可以通过这次活动初步认识大熊猫的外形特点；老二能够初步了解大熊猫的生活习性；老大能够懂得动物、兽类和大熊猫的关系，学会归类，并学习用比喻句、形容词来描述大熊猫的形态。

活动目标

　　① 能仔细观察大熊猫的外形特点（黑白色、圆溜溜、黑眼圈）；了解大熊猫的生活习性（最爱吃竹子，动作缓慢）；学习用比喻句、形容词来描述大熊猫游戏时的调皮动作。

　　② 知道大熊猫是中国特有的珍稀动物，增强幼儿关心和保护大熊猫的意识。

活动准备

　　① 前期经验准备：和爸爸妈妈一起收集有关大熊猫的资料；亲子动物园之旅——观察大熊猫；观看大熊猫活动的视频（如大熊猫进食等）；举行大熊猫讲新闻系列活动；开展分组谈话活动"我知道的大熊猫"。

　　② 教具学具准备："认识大熊猫"PPT，大熊猫的生活视频。

活动流程

猜谜语→黑眼圈的大熊猫→爱吃竹子的大熊猫→我们要珍爱大熊猫。

阅读指导

阅读绘本《大熊猫来我家》《哇！大熊猫》《竹林里的大熊猫》。

活动过程

· 猜谜语

提问 — 请大家猜一猜这是什么动物：像熊比熊小，像猫比猫大，
竹笋当粮食，竹林里安家。(谜底：大熊猫)

— 为什么大家都猜这是大熊猫呢？

指导 — 重点回答对象：小年龄段幼儿。

指导语

谜底：大熊猫。

· 黑眼圈的大熊猫

提问 — 大熊猫的头长什么样？身上有什么？(外形特征)

— 你们知道大熊猫每天怎么生活，都在干什么吗？

— 为什么全世界的人都喜欢大熊猫？

指导 — 教师在总结大熊猫的外形特征和生活习性时，一定要用表
扬的语气来总结幼儿们刚才的讲述。

指导语

大熊猫的毛色：头部和身体的毛色黑白相间，但黑非纯黑，白也不
是纯白，而是黑中透褐，白中带黄；

大熊猫的皮肤：最厚处达10毫米；

大熊猫的视觉：极不发达；

大熊猫的生活习性：每天除去一半进食的时间，剩下的一半时间多
数是在睡梦中度过；

大熊猫的性情特点：通常情况下十分温顺，懒散、害羞；

大熊猫最可爱的特点：体型肥硕，丰腴富态，头圆尾短，胖嘟嘟，
走路内八字，慢吞吞。

· 爱吃竹子的大熊猫

提问 — 我们人类饿了吃饭，大熊猫饿了吃什么？(嫩竹、盆盆奶、
窝窝头、玉米杆、水果……)

— 大熊猫会吃肉吗？(会)

— 你知道大熊猫生活在什么地方吗？

指导 - 引导"一家人"自由交谈。
- 教师讲解大熊猫生活的相应区域——"四川卧龙国家级自
然保护区",让幼儿知道大熊猫是杂食动物。

指导语

部分大熊猫生活在"四川卧龙国家级自然保护区"。大熊猫体色黑
白相间,有着圆圆的脸颊、大大的黑眼圈和胖嘟嘟的身体。大熊猫最初
是吃肉的,经过进化,大多数都吃竹子了,但牙齿和消化道还保持原
样,因此仍然被划分为食肉目。

·我们要珍爱大熊猫

提问 - 大熊猫为什么是我们中国的国宝?

指导语

大熊猫是我们中国特有的珍稀动物,全世界其他国家都没有。如果
想要,只能向我们借。

大熊猫的数量很少。大熊猫妈妈每次只生1~2只宝宝。刚出生的大
熊猫宝宝很轻,体重通常在51~225克,平均体重约为120克。两年后,
大熊猫宝宝就离开妈妈自己独立生活了。大熊猫的寿命在20~30岁。

活动延伸

幼儿在美工区用各种材料自制大熊猫形状的装饰;周末爸爸妈妈带幼
儿到上海西郊公园去看看大熊猫。

巧运乒乓球

设计思路

每逢奥运会、亚运会、世界乒乓球锦标赛等，幼儿都十分关注这些比赛。他们很喜欢看比赛，有时候还会饶有兴趣地聚在一起交流。小年龄段幼儿已认识乒乓球，知道乒乓球是圆形的，会滚动，会弹跳。既然当下幼儿在关注乒乓球，那就让我们进一步了解一下乒乓球的特性吧！

活动目标

① 乐于参加科学探究活动，对变化的科学现象感兴趣；能充分利用多种材料、多种方法巧运乒乓球，感受方法的多样性。

② 体验"一家人"创造性地解决问题的喜悦。

活动准备

① 前期经验准备：老大已有记录经验，老二有探索时要记录的意识。

② 教具学具准备：每个"家庭"四个小篮子（其中两个装有乒乓球）；一个托盘，装有材料：小勺、吸管、毛茛、硬纸板、小剪刀、橡皮泥、筷子、叉子；每个"家庭"一份记录表、一支笔；操作台；一张大记录表；"√""×"磁性卡片若干。

活动流程

乒乓球能怎么玩→"一家人"探索实验→交流分享实验经过。

阅读指导

阅读绘本《乒乓和乒乓钓大鱼》《不可思议的乒乓球》。

活动过程

· 乒乓球能怎么玩

提问 － 这是什么呀？你们玩过乒乓球吗？

－ 你是怎么玩乒乓球的？谁来说一说？

指导 － 引导幼儿结合生活说一说玩乒乓球的经验。

－ 引导大年龄段幼儿使用连贯、完整的语句描述自己的经
验，激发幼儿对探索活动的兴趣。

－ 归纳幼儿的讨论内容。

指导语

你们的玩法真多！今天我们要来试一种新的玩法：巧运乒乓球。
瞧！我已经为你们准备了这么多材料，这是勺子、吸管……今天我们要
用这些材料，把乒乓球从这个篮子运到对面的篮子。在运的过程中，我
们的手不能碰到乒乓球，也不能拿起篮子。

· "一家人"探索实验

提问 － 有多少种不同的运球办法？

－ 在这么多的材料中，你认为哪些材料能成功运送乒乓
球呢？

指导 － 引导幼儿操作，并交流操作成功与否；

－ 介绍材料和记录表，请老大带领"一家人"根据实验材料
进行有趣的探索；

－ "一家人"一起探索有多少种不同的运球办法。

－ 引导幼儿每探索一种方法就记录一次，成功的在"记一
记"这一栏里画"√"，失败的画"×"。

－ 建议"一家人"在操作开始前，要商量好谁做记录、谁做
实验等，帮助"一家人"明确操作任务。

指导语

其实，这些材料都有可能成功运球，只要你在操作时耐心一点、细
心一点，就一定会成功。现在老师再给一次机会，对照你的记录表，再
去试一试之前不成功的方法。

· 交流分享实验经过

提问　－你们"家庭"用了什么好办法运球呢？

　　　　－你是用什么方法把实验结果记录下来的呢？

指导　－展示各"家庭"的记录表，与幼儿一起交流讨论运球、记

　　　　录的方法。

指导语

刚才你们用了 3 种方法运球，我们就用数字 3 记录下来，如果你有更多的方法也可以记下来。老大带领老二继续探索实验。老三可以离开结束活动，如愿意参与哥哥姐姐的探索，也可以留下。

活动延伸

生活中还有很多材料可以运球，也有很多种运球方法，回家后幼儿可以和爸爸妈妈继续探索。

神舟九号飞船

设计思路

　　神舟九号飞船的成功发射在一段时间内成为全国上下关注的热点。科研人员来到幼儿园给孩子们讲故事，还送了神舟六号飞船的小模型。孩子们表现出对航天员、科学家的敬佩。教育部《幼儿园教育指导纲要（试行）》中明确指出：从生活或媒体中幼儿熟悉的科技成果入手，引导幼儿感受科学技术对生活的影响，培养他们对科学的兴趣和对科学家的崇敬。

活动目标

　　① 知道甘肃酒泉是我国的卫星发射基地之一；观察我国飞船和火箭的特征，粗浅了解神舟九号飞船的外形特征和航天员在飞船里的一些生活状态。

　　② 乐意与同伴交流自己收集到的关于神舟九号的信息，萌发对科学家的崇敬之情。

活动准备

　　① 前期经验准备：观看过航天飞船升往太空的视频，大年龄段幼儿已有记录的经验。

　　② 教具学具准备：神舟九号飞船小模型，神舟九号飞船发射的图片若干，操作包和绘画材料。

活动流程

　　载人飞船神舟九号发射成功→我们心中的宇宙飞船和航天员英雄→"我们想当小小航天员"作品展示。

阅读指导

　　阅读绘本《了不起的航天员》。

活动过程

· 载人飞船神舟九号发射成功

提问 － 你们听说过神舟九号飞船的故事吗？分享一下你这些天收集到的信息。

－ 神舟九号飞船现在在哪里？

－ 搭载神舟九号的火箭上有什么标志？

－ 神舟九号飞船上有哪几位航天员？（刘洋、景海鹏、刘旺）

指导 － 观看神舟九号飞船升空的视频。

－ 浏览、观看神舟九号飞船最近的图片信息和视频信息。

· 我们心中的宇宙飞船和航天员英雄

提问 － 航天员乘坐在飞船的哪个部位？

－ 在飞船里，航天员是怎样生活的？怎样行走的？穿的服装是怎样的？物品是怎样摆放的？

指导 － 请小年龄段幼儿根据逐一出示的神舟九号飞船发射图片说一说飞船是怎样升空的。

－ 请大年龄段幼儿具体描述航天员工作生活的片段。

· "我们想当小小航天员" 作品展示

提问 － 我们能不能把自己看见的或心里想到的宇宙飞船和小小航天员用图画记录下来？

指导 － 幼儿观摩壁板上的图片和实物，可以天马行空地自由创作，画出宇宙飞船和火箭的主要特征即可。

－ 教师一边巡回指导，一边及时把幼儿完成的图画记录在壁板上，供大家欣赏。

活动延伸

在阅读区投放关于太空的绘本《嫦娥家族奔月啦》《我们的太空》《太空大冒险》。

说唱脸谱

▶▶ 设计思路

京剧是中国影响力最大的戏曲剧种之一，被誉为"国剧""国粹"，许多外国人来中国都会看京剧。我国京剧中有各种各样的脸谱，我们一起来认识一下这些脸谱。

▶▶ 活动目标

① 粗浅了解歌曲《说唱脸谱》独有的韵味；感受京剧的特点和魅力，知道京剧中有各种各样的脸谱，知道不同颜色的脸谱代表着不同的人物性格，对京剧有些许兴趣。

② 知道京剧是中国的国粹。

▶▶ 活动准备

① 前期经验准备：部分幼儿对脸谱略知一点。

② 教具学具准备："京剧脸谱"PPT，歌曲《说唱脸谱》。

▶▶ 活动流程

认识京剧脸谱→说说京剧脸谱不同颜色代表的不同意义→歌曲《说唱脸谱》。

▶▶ 阅读指导

阅读绘本《京剧脸谱》，欣赏歌曲《说唱脸谱》(幼儿版)。

▶▶ 活动过程

· 认识京剧脸谱

提问 – 你听到了什么？

－数一数歌曲《说唱脸谱》中一共有几种颜色的脸谱。

指导 －带着第一个问题反复听两遍歌曲《说唱脸谱》。

－带着第二个问题听一遍，说一遍。如果幼儿没说全，重复播放，再次提问。幼儿说出一种颜色的脸谱，教师就在示范版面上展示一张脸谱（一共5张脸谱）。

·说说京剧脸谱不同颜色代表的不同意义

提问 －猜一猜，哪种颜色代表好人，哪种颜色代表坏人？

指导 －请幼儿凭借生活经验和想象力猜一猜，教师不否定也不肯定。

－对照版面脸谱一起分析。

指导语

京剧脸谱有很多种颜色，而且不同的颜色代表着不同的意义。

蓝色代表刚强、骁勇、有心计。

红色代表忠贞、英勇。

黄色代表凶狠、勇猛。

白色代表阴险、狡诈。

黑色代表严肃、孔武有力、正直无私。

·歌曲《说唱脸谱》

指导 －播放幼儿版《说唱脸谱》。可以播放多遍，幼儿甚至可以站起来跟随歌曲演绎动作。

－活动自然结束，继续播放歌曲《说唱脸谱》直至下一个教学活动。

－在本周自由活动、游戏活动时经常播放歌曲《说唱脸谱》。

指导语

喜欢唱京剧吗？下次我们一起戴着面具来学唱儿童京剧《卖水》，体会一下儿童京剧，一定会很有趣。

▶▶ **活动延伸**

将音乐及脸谱投放至音乐角，幼儿在区域活动时可自由表演。

幼儿回家与爸爸妈妈继续讨论中国京剧。

四大发明之印刷术

▶▶ **设计思路**

印刷术和造纸术是一样的吗？幼儿对二者的区别不够明了。带着幼儿的困惑，我们走进了中国古代四大发明之一——印刷术，一探究竟。

▶▶ **活动目标**

① 对印刷术感兴趣，乐意尝试印章印刷；根据观察结果，大胆猜想印章印刷的方法；探索印刷术的来源。

② 认真探究，有小科学家的探索态度和精神。

▶▶ **活动准备**

① 前期经验准备：粗浅知道印刷术是中国古代四大发明之一。

② 教具学具准备：视频《毕昇的活字印刷术》，印刷术的图片，印章、白纸若干。

▶▶ **活动流程**

我们想知道印刷术→活字印刷术与雕版印刷术一样吗→我们也来探索活字印刷术。

▶▶ **阅读指导**

阅读绘本《伟大的印刷术》《印刷术的故事》。

▶▶ **活动过程**

· 我们想知道印刷术

提问 – 你知道什么是印刷术吗？

– 印刷术是怎样发明的？

指导 – 观看视频《毕昇的活字印刷术》。

指导语

宋代的毕昇发明了活字印刷术。活字印刷术的发明使更多人有书可读，更好地普及了阅读，推广了知识。

·活字印刷术与雕版印刷术一样吗

提问 – 什么是活字印刷术？

– 什么是雕版印刷术？

– 活字印刷术和雕版印刷术有区别吗？

指导 – 雕版印刷术是一种在版料上雕刻图文并进行印刷的技术。

– 活字印刷术是古代的印刷方法。活字印刷术的基本步骤包括制作单个的阳文反体字模。

– 观看 2008 年北京奥运会开幕式中"活字印刷术"表演的完整视频。

指导语

印刷术是我国古人发明的，后来由蒙古人传到了欧洲。

·我们也来探索活字印刷术

提问 – 如果用印章代替活字，我们可以怎样完成印刷？

指导 – 教师出示印章，让幼儿组成活字印刷组，并根据视频中的方法体验不一样的印刷术。

– "一家人"开始操练"活字印刷术"，体验古人毕昇伟大的发明。

指导语

我们桌上的印章就相当于一个又一个活字，我们先将它们排列好，再一个一个按下去，这样就完成了活字印刷。

▶▶ **活动延伸**

在科学探究区继续尝试用印章进行活字印刷的探索。

在自由活动时，播放视频《活字印刷术》，供幼儿观看。

四大发明之指南针

设计思路

前面我们和幼儿一起学习、了解了中国古代的四大发明,幼儿对四大发明很感兴趣,特别是指南针。幼儿有兴趣就会产生良好的教学效果。

活动目标

① 喜欢指南针,知道指南针有指示方向的作用;知道指南针的特征,能使用指南针探索,并乐在其中;能通过指南针找到正确的方位。

② 感受指南针给我们的生活带来的便利。

活动准备

① 前期经验准备:有玩指南针的经验。

② 教具学具准备:精确定位的高清地图,便携式指南针若干。

活动流程

迷路了怎么办? →继续认识指南针→指南针为我们指方向。

阅读指导

观看视频《中国四大发明之一指南针的故事》《如何看懂指南针》,练习使用指南针。

活动过程

·迷路了怎么办?

提问 - 我们去旅游,迷路了怎么办?

- 要去客人家,不认识路怎么办?

指导 - 播放视频《中国四大发明之一指南针的故事》。

指导语

指南针可以指示方向。当我们迷路时，它可以帮助我们找到回家的路。在旅游、航海、军事等方面，人们都会使用指南针来辨别方向。

现在高科技发展了，我国的北斗卫星导航系统已经覆盖全世界。飞机、高铁、汽车上都有导航仪，我们的手机里也有导航仪。

所以，没有中国古代科学家发明的指南针，就没有现在的北斗卫星导航系统。科学家发明了指南针，后面还有很多科学家在指南针的基础上继续研究、探索、发展。

· 继续认识指南针

提问　— 上一次我们玩过指南针，专门探索了幼儿园大门是朝向哪个方向的。还记得幼儿园大门是朝东南西北哪个方向吗？

— 哪个"家庭"的老大、老二来说说指南针表面有哪些零件和数字？

— 谁知道指南针怎么用？

指导　— 出示指南针的图片，请幼儿观察并试着讲述指南针表面的构造。

— 请大年龄段幼儿拿着指南针，聆听教师的命令，说出具体方向。例如，教师说，卧室的门朝哪个方向，该幼儿即刻调整手中指南针的方位，大声说出："卧室门是朝××方向的……"

— 所有老大人手一支指南针，继续听教师发布指令，进行实践操作。

指导语

指南针最中央有一根磁针，磁针的红色部分总是指向"南"。指南针有一个表盘，表盘上有汉字"东、南、西、北"，表盘上的数字可以准确地告诉我们方位。

当指南针的红色磁针和表盘上的"南"字重叠时，我们就可以辨别具体方向了。

· 指南针为我们指方向

提问 -艺术走廊大门朝哪个方向？舞蹈房大门朝哪个方向？杰立卡活动室大门朝哪个方向？……

指导 -"一家人"分别找一找教室的东南西北。

-幼儿以"家庭"为单位，分组尝试使用指南针。

-"一家人"去一楼各种活动室探索活动室大门是朝哪个方向的。

-大年龄段幼儿做好记录。

-探索实践操作10分钟后回到教室提问。

指导语

我们都试着用指南针辨别方向了，也知道了用指南针可以定位方向。

▶▶ 活动延伸

幼儿使用指南针再找一找其他物品分别在教室的什么方位。

回家后，按照视频、讲解图的指导制作指南针。

以后我们可以带着指南针去旅游，继续探索自己的位置和寻找方向。

四大发明之火药

设计思路

幼儿对中国文化表现出越来越浓厚的兴趣，在探索指南针之后，又希望能了解火药是怎样发明的、火药是用什么做的、火药在我们生活中有什么用等问题。

活动目标

① 知道火药是中国的四大发明之一；了解火药是怎样发明的；初步了解火药在日常生活中的作用。

② 通过了解火药，增强幼儿的安全意识。

活动准备

① 前期经验准备：已初步了解中国古代火药的发明，知道火药的发明给人类带来了哪些影响。

② 教具学具准备：火柴棒，视频《火药是怎样发明的》，"生活中火药元素有哪些"图片。

活动流程

火药是什么→火药是怎样发明的→火药有什么用途。

阅读指导

阅读绘本《火药》《火药的故事》《火药的发明》。

活动过程

· 火药是什么

提问 – 你们知道火药是什么吗？

– 古代的火药是什么颜色的？（黑色）

指导 — 教师出示一盒火柴,从里面抽出一根火柴棒,轻轻一划,火光出现。

— 给每个"家庭"发一根火柴棒,让幼儿近距离观察火药的颜色。

指导语

火药,又被称为黑火药,由硝石、硫黄和木炭三种主要成分混合制成。

·火药是怎样发明的

提问 — 是谁发明了火药,火药是怎样发明的?

指导 — 观看视频《火药是怎样发明的》。

— 观看视频后,请幼儿用自己的语言说说对火药发明的认知。

指导语

火药是古代中国人发明的,距今已有1000多年了。火药最早是由炼丹家在炼制丹药的过程中意外发现的。古代伟大的医学家孙思邈在《丹经内伏硫黄法》中最早记载火药配方。

·火药有什么用途

提问 — 你们知道火药有什么用吗?

指导 — 幼儿自由交流讨论。

指导语

火药除了可以做烟花、爆竹等,也可以用在军事上,制造炮弹、航空炸弹、导弹、地雷、鱼雷、手榴弹等弹药爆炸物。火药还可用于采矿、筑路、兴修水利、工程爆破、金属加工等。

因为火药会爆炸,所以很危险。我们幼儿一定要远离火药和带火的东西。比如,打火机、火柴、天然气等。

活动延伸

学习识别消防安全标志,阅读绘本《煎锅起火了——厨房里的危险》《勇敢的消防员》。

腾冲路旁的小河之歌

设计思路

幼儿园附近有一条河，幼儿都非常喜欢。成成说："河边有很多大树和漂亮的花，景色很美。"怡琳说："我很喜欢这条河，写生的时候坐在河边很舒服。"大家都很喜欢干净、清澈的河，有一些小河就因为没有被保护好而被污染了。比如，上海的苏州河。天伟说："工厂的污水排到了河里，河水受到了污染。"东东说："应该将这些水处理一下变成无毒的再排到河里或者用来浇花，这样小河就不会受到污染了。"源源说："我们不能将垃圾扔到河里，也可以用渔网把河里的垃圾捞上来。"通过上海全市市民总动员"还一个清洁干净的上海城市风貌"宣传活动，依霖大年龄段幼儿已初步了解到一些水污染现象，知道了保护水资源的重要性。

活动目标

① 初步知道乱扔垃圾会造成水污染；了解水污染是垃圾和工厂污水等造成的；知道如何保护水资源。

② 能主动提醒身边的人保护水资源，保护大自然。

活动准备

① 前期经验准备：班级上一周已经以讲新闻的形式对水污染进行了报道。

② 教具学具准备："小河哭了"PPT，被污染的河流图片若干。

活动流程

幼儿园附近的一条小河→腾冲路旁的小河在唱歌。

阅读指导

阅读绘本《垃圾把水污染了》《小水滴回家》《神秘的帝鱼之海——认

识水污染》。

┌───┐

▶▶ **活动过程**

> · 幼儿园附近的一条小河

提问 - 幼儿园旁边有一条小河,小河里的水是什么颜色的?

- 河面上有什么?

指导 - 鼓励幼儿说说幼儿园附近的那条小河,以及河面上有
什么。

指导语

幼儿园旁边那条小河以前一直在哭。它说:"因为我很脏了,别人
都往我的身体里注入污水,还把各种垃圾丢在我的身上。"人们这样做
对不对呢?

> · 腾冲路旁的小河在唱歌

提问 - 在PPT中你们看到了什么?

- 小河的愿望是什么?

- 小河能实现它的愿望吗?为什么?

- 我们小朋友可以为这条小河做些什么呢?

指导 - 要求幼儿聆听和观看PPT。

- 讨论小朋友可以为这条小河做些什么(脑洞大开)。

指导语

只要人们不乱扔垃圾,工厂的污水不排到小河里,请清洁叔叔和阿
姨每天清洁一次……

我们可以和上次一样沿腾冲路发宣传单给商店店主和马路上、小河
边的爷爷奶奶们,告诉他们要保护好我们的小河。小河知道我们依霖小
朋友这样做,一定会欢乐地歌唱道:"哗啦啦,哗啦啦,依霖小朋友,
我要谢谢你。"

└───┘

▶▶ **活动延伸**

师生一起设计制作宣传单,然后沿街边、小河边发放。

有趣的电话发展

▶▶ 设计思路

平时在玩娃娃家游戏时，幼儿会用娃娃家的小电话来和朋友联系，还会用小手机模仿成年人打电话。在益智区，幼儿们也喜欢用电话号码的形式来玩计算游戏；在建构区出现了幼儿搭建的对讲机作品。现代通信技术的发展，使得幼儿能了解有趣的电话，并拓宽通信思路。来看看幼儿会冒出些什么稀奇古怪的想法吧。

▶▶ 活动目标

① 知道电话是通信工具；知道自己家的电话号码；除了电话、手机、对讲机等，知道其他的现代通信工具。

② 愿意了解朋友家的相关电话信息，能安静地聆听。

▶▶ 活动准备

① 前期经验准备：有体验电话游戏的经验，对电话有基础了解。

② 教具学具准备：幼儿"打电话"操作包，包括固定电话、手机、对讲机、传真机等通信工具；微信等现代通信软件的图片若干。

▶▶ 活动流程

说说你知道的通信工具→说说你家的电话号码→打电话问现代通信科技。

▶▶ 阅读指导

阅读绘本《爱看手机的小刺猬》《我想给你打电话》。

活动过程

· 说说你知道的通信工具

指导 — 一起说说你知道的通信工具。

指导语

你们知道了手机、对讲机、传真机等都是通信工具。(结合最新的通信科技信息)

> · 说说你家的电话号码

指导 – 说说你家里的电话号码或爸爸妈妈的手机号码。

– 引导老二带领老三认真观察调查表。

– 引导老二带领老三合作完成调查表。

指导语

你们能说出自己家的电话号码或爸爸妈妈的手机号码,真是聪明。如果你们能把这些电话号码、手机号码记录下来就更厉害了。

> · 打电话问现代通信科技

指导 – 开展游戏"和好朋友打电话"。(幼儿"打电话"操作包里的"小电话")

– 大年龄段幼儿和教师打电话,问问现代最先进的通信科技有哪些?

指导语

打电话好玩吗?平时想你的好朋友时,就可以给你的好朋友打电话;通过电话我们可以相互问好,知道好朋友在干什么;学习上遇到困难时,也可以打电话问问好朋友;如果好朋友今天没有来幼儿园也可以打电话问问,关心一下他:"你怎么啦?生病了?有没有看过医生?"

▶▶ **活动延伸**

幼儿用积木搭建"未来电话"并和同伴模拟通话;回家后和家长一起找找家里的旧电话,说说它和现在的电话的不同;邀请从事现代通信科技职业的家长进园开展家长进课堂活动。

纸遇上水的模样

▶▶ **设计思路**

虽然纸是幼儿平时常见的一种物品，但幼儿并不一定了解或熟知各种纸的特性及用途。在认识纸的过程中，非常有必要给幼儿创设一个能充分探索、尝试和感知纸的性质及用途的环境，以引起幼儿探索纸的秘密的兴趣。

▶▶ **活动目标**

① 有探索的兴趣；能用语言与同伴交流探索的过程与结果；尝试通过探索，记录不同的纸在遇到水后不同的变化。

② 喜欢探索，喜欢发现，喜欢和"一家人"在探索中一起讨论。

▶▶ **活动准备**

① 前期经验准备：已认识砂纸、卡纸、牛皮纸、面巾纸、电光纸、瓦楞纸等。

② 教具学具准备：12只水盆，12块抹布；探索记录表、记号笔，每个"家庭"一份。

▶▶ **活动流程**

世界上的纸都一样吗→探索不同纸张的特性。

▶▶ **阅读指导**

阅读绘本《洛阳纸贵》《蔡伦造纸》《纸袋公主》。

活动过程

·世界上的纸都一样吗

提问 – 桌子上的纸都一样吗?

– 摸一摸有什么地方不一样?

– 品种不一样的纸,能做什么用?

指导 – "一家人"观察纸的相同和不同之处并分类。

– 幼儿根据生活经验猜测这些纸可以做什么,提醒大年龄段幼儿使用连贯、完整的语句描述自己的经验。

指导语

这些不同的纸张都有一个共同的大名"纸"。可它们又有自己的小名,如卡纸、硬板纸、打印纸……每一种纸都有它的特性,有的硬,有的厚,有的软,有的薄……

·探索不同纸张的特性

提问 – 这些纸遇到水以后会发生什么变化?

– 哪一类纸吸水慢,哪一类纸吸水快,哪一类纸不怕水?

– 你们"家庭"是用什么方法记录实验结果的呢?(大年龄段幼儿记录或讲解)

指导 – 介绍材料和记录表,请老大带领"一家人"根据实验材料,进行有趣的探索。

– "一家人"探索纸遇到水之后的变化,并将变化记录下来。

– 建议"一家人"在进行探索前明确操作任务,如谁做记录、谁做实验等。

– 展示各家记录表,与其他"家庭"一起交流讨论:哪些纸吸水慢?哪些纸吸水快?哪些纸不怕水?

指导语

不同的纸可以用在不同的地方,不同的纸张有不同的作用。就像我们"一家人"一样,老大有老大的作用,老二有老二的作用,老三也有老三的作用。要根据纸的特性把纸分别用在不同的地方。

这些纸虽然有不同的小名，如卡纸、磨砂纸等，但它们都有一个共同的名字——纸。就像我们一样，我们家里有兄弟姐妹，有爸爸妈妈，但我们也有一个共同的名字——中国人。

活动延伸

在科学区域里继续探索：怎样让不怕水的纸怕水；怎么让沉不下去的厚纸板沉下去；怎么让沉下去速度很慢的纸快速沉下去；等等。

中国之最

设计思路

前两天听到有"一家人"在聊天。老二说:"我们前几天去了澳大利亚,我爸爸说那里的人很少!"老大接话说:"我们中国人很多的,中国是一个人口很多的国家!"追寻幼儿的兴趣,开展一次"中国之最"教学,一定很有话题。

活动目标

① 初步认识中国地图,知道中国地域辽阔;知道中国有 14 亿人口;知道中国有很多"世界之最"。

② 喜欢参与探求知识的活动,萌发对祖国的热爱。

活动准备

① 前期经验准备:知道自己的国家是中国、自己是中国人,知道中国古代四大发明等。

② 教具学具准备:中国国旗 1 面、歌曲《大中国》、中国旅游地图、中国的"世界之最"的图片若干。

活动流程

中国拥有"世界之最"称号的十大建筑→中国的十大旅游胜地→大中国。

阅读指导

观看视频《中国的世界十大之最》《中国十大著名旅游景点》。

活动过程

· 中国拥有"世界之最"称号的十大建筑

提问　– 你们知道中国拥有"世界之最"称号的十大建筑吗？

　　　　– 你去哪些地方旅游过，最喜欢哪些建筑？

指导　– 出示大号中国地图，启发幼儿回忆去过的地方，看见过的建筑。

　　　　– 当幼儿说出其中一个被列为"世界之最"的建筑时，就出示该建筑的图片，供幼儿欣赏。

　　　　– 如果幼儿说不出来，教师可以引导幼儿仔细观看地图，然后在地图上标出有"世界之最"之称的建筑并出示相应图片，一一排列。

指导语

盘点中国拥有"世界之最"称号的十大建筑，每一个都让世界惊叹。看看你们知道几个。

　　– 世界上最长的长城——万里长城　　　　　　　　（北京市）

　　– 世界上最大的宫殿——故宫　　　　　　　　　　（北京市）

　　– 世界上海拔最高的宫殿——布达拉宫　　　　　（西藏自治区）

　　– 世界上最长的运河——京杭大运河　　　　（杭州市到北京市）

　　– 世界上最大的峡谷——雅鲁藏布大峡谷　　　　（西藏自治区）

　　– 世界上最长的跨海大桥——港珠澳大桥

　　　　　　　　　　　　　（中国香港—广东珠海—中国澳门）

　　– 世界上最大的水电站——三峡水电站　　　　　　（湖北省）

　　– 世界上最大的单口径射电望远镜——500米口径球面射电望远镜

（"中国天眼"）　　　　　　　　　　　　　　　　　（贵州省）

　　– 世界上最长的桥梁——京沪高铁丹昆特大桥　（北京市—昆山市）

　　– 世界上最伟大的交通工程——中国高铁　　　（中国的高铁网）

· 中国的十大旅游胜地

提问　– 你们知道中国的十大旅游胜地吗？

　　　　– 你去过哪些地方旅游？喜欢哪里的风景？

指导 — 出示大号中国地图,启发幼儿回忆去过的地方,看见过的风景。

— 当幼儿说出其中一个旅游胜地时,就出示相应的图片,供幼儿欣赏。

— 如果幼儿说不出来,教师可以引导幼儿仔细观看地图,然后在地图上标出十大旅游胜地,并一一排列,供幼儿欣赏。

指导语

盘点中国的十大旅游胜地,看看你们有没有去过。

- 杭州西湖 　　　　　　　　　　　　　　　(浙江省)
- 布达拉宫 　　　　　　　　　　　　　　(西藏自治区)
- 张家界奇峰三千 　　　　　　　　　　　　(湖南省)
- 万里长城 　　　　　　　　　　　　　　　(北京市)
- 厦门鼓浪屿 　　　　　　　　　　　　　　(福建省)
- 桂林山水 　　　　　　　　　　　　(广西壮族自治区)
- 九寨沟 　　　　　　　　　　　　　　　　(四川省)
- 黄山 　　　　　　　　　　　　　　　　　(安徽省)
- 三亚 　　　　　　　　　　　　　　　　　(海南省)
- 丽江 　　　　　　　　　　　　　　　　　(云南省)

· 大中国

播放歌曲《大中国》,幼儿边欣赏《大中国》,边拍手歌唱。

▶▶ **活动延伸**

将中国地图、拥有"世界之最"称号的建筑和旅游胜地的图片、粘贴标志投放到科学区域。

说明:如果幼儿对此活动兴趣高而时间不够时,可分成两次教学活动进行。

科学·数活动

感知相邻数

设计思路

学龄前幼儿不需要掌握复杂的数量计算，但需要理解数的实际意义，如将数字与具体事物的数量对应，感知数在生活中的应用等。从数字 1 数到数字 10 对于现在的幼儿来说是一件极其简单的事。但如果让他们从中间数起，或发现生活中关于数字的简单的排列规律、新规律，就不那么容易了，这说明幼儿对于数与数之间的关系还比较懵懂。

活动目标

① 在游戏活动中，感知了解 10 以内数字的相邻关系、数量关系和排序规律。

② 通过游戏的方式，培养幼儿对数学活动的兴趣，"一家人"在游戏中互动学习。

活动准备

① 前期经验准备：大、小年龄段幼儿对数的理解和认知差距比较大，对数字的熟悉、对数字排序规律和数量关系的认知，取决于大脑枕叶、颞叶、顶叶、额叶的发育成熟情况。

② 教具学具准备：数字 1~10 的卡片若干，动物的图片，棋子，插板。

活动流程

排排队→找朋友→小动物住哪里？→大邻居和小邻居。

阅读指导

在从小到大依次排列的自然数中，一个数前面和后面邻近的两个数就是该数的相邻数。

活动过程

· 排排队

指导 － 每个孩子一张数字卡片（1~10）。当音乐响起时，幼儿四散走，当音乐停止时，幼儿要立刻按1~10的顺序排成一队。
－ 可以反复玩几次，练习1~10数序的排列。

· 找朋友

提问 － 转个圈瞧一瞧，左瞧瞧，右瞧瞧，瞧见的朋友真不少，你的朋友是几和几？请你快来告诉我。

指导 － 幼儿按1~10的顺序排好队。幼儿大声说出自己的朋友是几和几。
－ 引导幼儿交换数字卡片，如此反复玩几次，进一步理解相邻数之间的排列关系。
－ 大年龄段幼儿要讲出为什么数字3排在数字4的前面，数字3排在数字2的后面。

· 小动物住哪里？

指导 － 将10种动物（猴、猫、狗、马、牛、羊、鸡、鸭、蛙、蜂）的图片分别放在教师演示板上的1~10数字下边的格子里。
－ 小动物住在哪间房子（格子）里，哪个数字就表示那个小动物。
－ 教师模仿小动物的叫声，请幼儿说出这个小动物两边相邻的邻居是谁。
－ 教师模仿小动物的叫声，请幼儿说出这个小动物两边相邻的数字是几。

· 大邻居和小邻居

提问 － 老师举起手中的数字，说："谁是我的邻居？请你快快和我手拉手。"
－ 这两个邻居一个比我大，一个比我小，你们知道大多少、小多少吗？

　　指导 － 请坐在座位上的小朋友担任裁判，用动作告诉我们对还
　　　　　是错。

指导语

每个数都有两个邻居，大邻居比我大 1，小邻居比我小 1。

活动延伸

　　科学—计算区域活动中，大年龄且数学能力较好的幼儿可以带着大家
一起玩数字排序。无论是用汉字还是阿拉伯数字的形式表示数字，一、
（一）、1、（1）总是排第一。

分类的实践活动

设计思路

　　分类（归类）训练，是培养良好生活习惯和练习整理的极佳方式。通过分类游戏，幼儿可以学会观察事物的特点，辨别事物的异同，发现事物的内在联系。所以早期的数字分类（归类）思维训练，能为幼儿抽象概括能力的发展奠定基础，对幼儿后续逻辑思维的形成与发展产生深远影响。

活动目标

　　① 通过自己动手操作、探索、讨论等活动，幼儿初步掌握分类的概念和方法。

　　② 体验与他人一起动手操作、一起讨论的乐趣。

活动准备

　　① 前期经验准备：部分重视家庭教育的家长会坚持要求幼儿在生活中学习物品归类，整理学习用具和玩具。

　　② 教具学具准备：各种图形卡片、动物卡片、植物卡片、数字卡片等。

活动流程

　　"一家人"先试一试→"一家人"继续操作实践→"一家人"再次操作实践。

阅读指导

　　阅读绘本《垃圾去哪儿了》《分类之书》。

活动过程

· "一家人"先试一试

提问　－"一家人"一起思考，如果卡片混在一起了该怎么办？

　　　　－用什么方法可以最快地把卡片分开？（动物、数字、植物等）

指导　－"一家人"动手分卡片，教师计时并巡视观察。

　　　　－"家庭"之间互相检查、纠错。

　　　　－"整理归纳卡片"PK竞赛，时间2~4分钟，也可以及时调整，以最快结束的"家庭"为信号叫停。"家庭"之间互相检查、纠错。

指导语

　　刚才最快的"家庭"用了××分钟，最慢的"家庭"直到计时器响了还没分好类，这是为什么呢？我们请最快的"家庭"的老大来介绍一下经验。

· "一家人"继续操作实践

提问　－刚才你们分的卡片有几种不同的类别？

指导　－将分好的卡片再次混合在一起。

　　　　－在观察过卡片后，"一家人"继续分工进行操作。

　　　　－请"一家人"先商量，怎样才能分得又快又对。

　　　　－教师注意观察，鼓励个别胆小的幼儿大胆去尝试，去操作。

　　　　－计时器响，停止操作。

　　　　－请分得对又快的"家庭"的老大介绍经验。

指导语

　　分得又快又对的经验是，每个人挑选一种类别的图片。例如，老三负责归类动物卡片，老二负责归类数字卡片，老大负责归类生活用品类卡片。分工合作既省了时间，能在规定时间内完成任务，又能分得正确。

· "一家人"再次操作实践

提问 - 这里的卡片增加了两个内容——植物和图形,一共有五种
类别,怎么分?

指导 - 幼儿讨论如何分工合作。
- 请每个"家庭"的老大或老二介绍经验,他们的"家庭"
是怎样分工的。表扬大年龄段幼儿勇于承担任务。

指导语

现在我们结合"家庭"经验总结一下:

五种类别的卡片,三个人分,老大和老二各归类两种,老三归类
一种。

五种类型的卡片,老大动作快,老二和老三各归类一种,老大一个
人归类三种。

下次我们还可以归类得更精细。例如,归类同样的数字、同样的图
像等。

活动延伸

回家任务:分类(归类)整理自己的玩具、书本、生活用品,请爸爸
妈妈拍照或拍视频发给老师,明天一早你们来园时,班级电视机里就会播
放你们分类(归类)整理的照片和视频了。(事先在微信群里,告知此活动
任务,请幼儿的爸爸妈妈配合)

镜子里的排序游戏

设计思路

为了让幼儿初步掌握两种物品的不同排序规律和方法，感受多种有趣的排序现象，体验排序在生活中的运用，并能将排序与美术教学中的装饰画的概念结合起来，我们开展了此次教学活动。

活动目标

① 尝试将两种不同颜色的树叶按一定规律排序，初步掌握两种物品的不同排序规律和方法。

② 感受多种有趣的排序现象，体验排序在生活中的运用。

活动准备

① 前期经验准备：大年龄段幼儿已经有间隔数量对等、颜色对等的认知经验，但对美术装饰画的设计（对称设计/花边设计）认识还不足。

② 教具学具准备：一张折叠好的餐巾纸，水彩笔，人手一面小镜子，不同形状的展示底板，多种颜色的树叶若干。

活动流程

学习多种方式排序→镜子里的排序。

阅读指导

排序，是指对两个以上的物体或集合，按某种特征或一定规律进行顺序排列。

活动过程

· 学习多种方式排序

提问 － 什么叫作排序？

－ 给你们一堆树叶，你们会如何排序呢？

指导 － 引导幼儿找到一片树叶并以其为起点，将这些小叶片有规律地排列。

－ 引导幼儿按照新的规律进行第二次排序。

－ 鼓励幼儿再次有规律地排序，并进行调整，间隔装设花边，注意每一组数量的完整性。

指导语

原来两种不同的小叶片就可以有很多种不同的排法：可以……可以……还可以……

· 镜子里的排序

提问 － 镜子里的图案排列得有没有规律？像什么？

指导 － 观看视频《镜子里的排序》，体验排列方式的不同。

－ 请幼儿用笔在餐巾纸上面添画一下，并配合教师请这两面镜子帮忙变戏法，把礼物变出来。

－ 幼儿用两面镜子，探索、观察镜中的变化，图案是怎么排列的。

－ 幼儿操作，教师有针对性地给予指导。

指导语

其实，生活中很多东西都会用到这些有规律的排列。只要我们仔细观察，就能发现生活中还有很多这样的排序秘密。

活动延伸

将该教学活动的教学材料投放至益智区，鼓励幼儿继续玩"镜子里的排序"游戏。

长方形（体）的世界

设计思路

长方形（体）在我们日常生活中随处可见。幼儿拿着长方体问："这个是长方形?""我们的家是长方形的吗?""这个长方形和那个长方形（体）都叫长方形吗?"

传统教学中，有关长方形和长方体的教学是按年龄段分开进行的。在混龄"一家人"的教学中很多知识不是完全割裂的，而是循序渐进的。让幼儿认识、了解、鉴别长方形（体）并了解其特征，不是通过 15 分钟＋30 分钟的教学，而是更多地通过生活、游戏。

活动目标

① 认识长方形：四个角一样大，对边一样长。

② 认识长方体。

③ 分别用长方形和长方体搭建小房子（平面/立体）。

活动准备

① 前期经验准备：不同年龄段的幼儿已经分别认识了长方形（体），了解了长方形的特征。

② 教具学具准备：长方形（体）积木若干，长方形纸片若干，区域里有各种长方形（体）的物品（桌子、盒子、小床等）。

活动流程

我们认识的长方形→搭建小房子。

阅读指导

阅读绘本《点点蚂蚁盖房子》。

活动过程

· 我们认识的长方形

提问 – 这是什么形状?

– 它有什么特点?

– 我们教室里哪些物品是长方形的?

指导 – 出示长方形积木,请幼儿回忆,说说长方形的特点。

– "找找长方形"。引导幼儿观察教室里的物品,找找哪些物品是长方形的。请幼儿拿起教室里的长方形物品,一起观察它是不是有四条边、四个角,对边是不是一样长。

指导语

寻找长方形物品时,要观察其特点,长方形有四条边、四个角,对边长度相等,四角相等。

· 搭建小房子

提问 – 你们分别用长方形(体)的纸片和积木来搭建一间房子,猜想一下,搭建完成后会出现什么样的情况?

指导 – 出示长方形(体)纸片和积木,"一家人"分别用纸片和积木搭建一间房子。

– 在"一家人"搭建的过程中,教师要巡回提示:纸片房子和积木房子有什么不一样?鼓励幼儿探寻。

指导语

长方形纸片搭建的房子只能是平面的(二维空间);长方体积木搭建的房子是立体的(三维空间),可以重叠、交叉、垒高等。

活动延伸

放学回家,幼儿观察家里和周边的建筑,哪些是长方形的,哪些是长方体的。外出活动时,教师可测试幼儿的学习效果,助其温故而知新。

我画我看见的

设计思路

幼儿对几何图形（体）已有认知，在科学探索区域活动时能用多种图形组合画画，能绘出建筑物的基本图形（最初的设计图）。带他们到操场上实地考察幼儿园主建筑的形状特征，会是怎样一番情境呢？

活动目标

① 实地观察幼儿园的建筑结构是由哪些图形组合而成，认识形与体的区别。

② 实地观察讨论，引导幼儿理解数学在生活中无处不在，提高幼儿对周围生活事物的观察力、判断力和空间想象力。

活动准备

① 前期经验准备：幼儿已经观察过自己家和周边的建筑，基本都能意识到很多建筑是由图形组合而成的。

② 教具学具准备：写生板、纸、铅笔、各色油画棒等；纸巾内圈的圆筒（聚焦筒）若干；教师事先在白板上用记号笔画出幼儿园的大概轮廓和教室分割区的简易图示。

活动流程

幼儿园大楼建筑→我画我看见的→剪图拼大楼。

阅读指导

绘本《我的建筑形状书》《空中小屋》《金色的房子》。

活动过程

· 幼儿园大楼建筑

提问 － 我们幼儿园主楼共有几层？

－ 主楼是由哪些图形组合而成？

指导 － 请幼儿将纸巾内圈的圆筒（聚焦筒）放在一只眼睛上，看看自己看到了哪一间教室、哪一层楼，它们是由什么图形组成。

－ 先让小年龄段幼儿表述，再由大年龄段幼儿补充。

－ 重点讨论"形"和"体"的区别。

－ 绘画时间可以充足一点。

－ 教学目的不在于画，而是引导幼儿学会观察建筑物体本身是由哪些图形（平面的还是立体的）组成，从而提升其观察能力。

· 我画我看见的

指导 － 请老大带领"一家人"选择一个角度，一起把自己看见的画下来。

－ 提示幼儿只画从圆筒（聚焦筒）中看见的那一部分楼宇。

指导语

我们的幼儿园很大，我们可以慢慢地画，慢慢地了解幼儿园的建筑都是由什么图形组合而成。

· 剪图拼大楼

指导 － 请幼儿把自己画的大楼的某一部分剪下来，小年龄段幼儿可以请哥哥姐姐帮忙。

－ 请"一家人"将自己画的部分一一对应地张贴在教师画的简易图示（白板）上。

－ 请老大代表"一家人"讲讲各家画的是哪一间教室或哪一个地方，它是由什么图形（体）组成的。

指导语

请你们好好欣赏自己"家庭"的作品及其他"家庭"的作品。

活动延伸

类似这样的写生式教学，可以经常性地开展。走出教室，走到户外，"一家人"在微风中或在阳光下写生。

乒乓球入门夺金牌

▶ 设计思路

数的运算是幼儿在学龄前要接触和学习的。怎样让幼儿快乐地学数学，有效地学会数的运算？我们认为在离他们最近的生活中学习数的运算，才是一条最顺畅的通往罗马的路。因为，生活数学是一种将数学与日常生活紧密联系起来的数学，强调数学在生活中的实际应用。奥运会乒乓球赛事一时之间成为幼儿讲新闻的热门话题，而几比几的得分中蕴含着数字运算。从乒乓球赛的比分入手，幼儿对 10 以内数的基础概念的理解能更得心应手。

▶ 活动目标

① 认识 10 以内的数，通过实物操作，比较相邻两个数的差值；发现生活中的许多问题可以用数词来描述；能进行 10 以内的加减法运算，并用简单的方法记录结果。

② 在开展奥运"乒乓球"赛的过程中，激发幼儿对记录比分的兴趣。

▶ 活动准备

① 前期经验准备：对数字、数字大小、10 以内数的加减法有一定的理解，近阶段也在关心奥运会乒乓球比赛的比分和输赢。

② 教具学具准备：贴有数字 0~7 的彩色圆形纸片球门；写有 10 以内加减法算式的圆形纸片；2021 东京奥运会上孙颖莎乒乓球比赛的视频。

▶ 活动流程

只要不放弃，就有无限可能→赢了几个球→乒乓球游戏。

▶ 阅读指导

阅读绘本《乒：勇敢说出来》《不可思议的乒乓球》，有声绘本《运动吧！小达人：乒乓球》。

活动过程

· 只要不放弃，就有无限可能

提问 — 你知道东京奥运会乒乓球比赛有哪些乒乓球运动员吗？

— 你们知道大家都喜欢女队的哪一位乒乓球运动员吗？她叫什么名字？为什么大家都喜欢她？

指导 — 播放孙颖莎4：0横扫日本乒乓球运球员伊藤美诚的视频。

— 边看边听。播放到5：0/8：5等比分时，教师按下暂停键并提问。例如，5：0，谁是5个球，谁是0个球？她们一共打了几个回合？（5+0=5）又如，8：5，谁是8个球，谁是5个球，她们一共打了几个回合？（8+5=13）谁赢谁输，赢了几个球，输了几个球？（3个球）

— 以此类推，教师一开始不着急要准确答案，幼儿慢慢就会看懂，弟弟妹妹不懂可以问哥哥姐姐，哥哥姐姐不懂可以问教师。

— 根据时间，决定看几局。可分2~3个教时进行。

指导语

2021年，孙颖莎第一次站在奥运会的赛场上，她不怕输，一分一分地去拼搏，最后赢了，打败了日本乒乓球队，中国的国旗在奥运会的赛场上升起。

孙颖莎大姐姐为什么能赢？（师生讨论）

· 赢了几个球

提问 — 这一局莎莎大姐姐赢了几个球？

指导 — 比分每变化一次，教师就翻动一次记分牌，引导幼儿在观看视频的过程中分析莎莎姐姐赢了几个球，输了几个球，具体是怎么计算出来的。

— 观看五星红旗在奥运赛场上升起的视频。

指导语

我们也学会了计分，知道谁输谁赢，赢几个球，输几个球。谁先打胜11个球，谁就赢了这一局。

·乒乓球游戏

提问 － 你们知道乒乓球是怎么打的吗？有什么秘诀吗？

－ 有哪个"家庭"想玩一玩乒乓球吗？

指导 － 播放有声绘本《运动吧！小达人：乒乓球》。

－ 教师找一张长方形桌子，在桌子中间拉一根橡皮筋（高度
8～10厘米），出示两块小乒乓板，并邀请班级另一位教师一
起打乒乓球，请一位老大翻记分牌。

－"一家人"选长桌，领取球拍、记分牌和橡皮筋，一起商
量，谁记分，谁练习。

指导语

请大家为赢得一次球的老师鼓掌，为双方加油。

▶▶ **活动延伸**

　　教师把"一家人"的活动照发给家长，请幼儿邀请家人在家里也玩起
来，重点是在游戏中加深对数的理解。

躲在哪里

设计思路

幼儿对数的概念始于对集合的笼统感知，这种感知具有泛化、不精确的特点。那么，这种笼统感知是怎样一步步变得清晰的呢？幼儿又如何能准确把握集合中的元素，进而逐步过渡到对计数的学习呢？此外，怎样为后续数的组成、加减运算学习做好感性准备？通过本次活动，孩子们能够更清晰地感知这一系列发展过程。

活动目标

① 在找数字的过程中，进一步认知两个图形集合交集、差集中的元素。

② 发展思维的灵敏性。

活动准备

① 前期经验准备：玩过亲子游戏"图形组合"；已对数字和图形有一定的认知经验。

② 教具学具准备：1~10 数字图；每人 1 张练习纸。

活动流程

听节奏找数→数图形找数→涂色游戏。

阅读指导

熟悉 1~10 图形组合的内容。

活动过程

· 听节奏找数

指导 – 观察 1~10 数字图，幼儿说出教师拍手的次数，并找出数字躲在哪一格中。例如，教师拍 5 下，幼儿说："拍了 5 下，5 躲在椭圆形和长方形中。"

· 数图形找数

指导 – 观察 1~10 图形组合，教师指着其中的一张，幼儿说出像什么，数出图形的个数后，再找出该数字躲在 1~10 数字图的什么图形中。例如，教师指下排第一张，幼儿说："空中电车，图形的个数是 6，6 躲在椭圆形和长方形中。"

· 涂色游戏

指导 – 幼儿在 1~10 数字图上寻找数字并涂色，将既在椭圆形中又在长方形中的数字涂上蓝色，将在椭圆形中而不在长方形中的数字涂上红色，将在长方形中而不在椭圆形中的数字涂上绿色。

活动延伸

将材料投放在计算区供幼儿继续尝试和操作。

分分合合中的组成

设计思路

春天播种，秋天收割，每年的农场之行给幼儿带来了无限的快乐。今天，他们采摘了很多种果实，有毛豆、花生、红薯。回来途中，有幼儿迫不及待地说："我要把毛豆分成两份，一份给奶奶家送去，一份留给自己家吃。"另一个幼儿则说："我要分成三份，外婆家也要送一份。"分，有多种不同的分法，不如借助幼儿这天分毛豆、花生、红薯的兴趣，回园后开展相关活动。

活动目标

① 在观察、操作中认知数字6的组成和数的互换关系；练习数字6的加减运算；感知加法、减法间的互逆关系。

② 激发幼儿对运算的兴趣，培养其善于思考、发现规律的能力和初步的逻辑思维能力。

活动准备

① 前期经验准备：幼儿已经认识数字5，理解5代表的量。

② 教具学具准备：毛豆、红薯、花生若干，小篮子若干，一块记录板，练习纸，铅笔，一张看图练习题。

活动流程

分一分丰收的果实→分一分，分出规律→找一找，找出规律。

阅读指导

理解分解和组成。

活动过程

·分一分丰收的果实

提问 —请每个"家庭"拿出6颗花生分别分给老二的左手和右手,有哪几种不同的分法?

指导 —请小年龄段幼儿分,大年龄段幼儿记录,共同探索6颗花生的不同分法。

—请以老大和老二组合的方式两人一组,每人6粒毛豆,要求将这6粒毛豆分别分给老三的左手和右手,并将分的方法记录下来。

—请以老大和老二组合的方式两人一组,每个"家庭"6根红薯,要求将这6根红薯分别分在2个小篮子里,并将分的方法记录下来。

指导语

通过实验操作,我们知道有5种不同分法。

6颗花生可以分成1颗和5颗,5颗和1颗,2颗和4颗,4颗和2颗,3颗和3颗。

6粒毛豆可以分成1粒和5粒,5粒和1粒,2粒和4粒,4粒和2粒,3粒和3粒。

6根红薯可以分成1根和5根,5根和1根,2根和4根,4根和2根,3根和3根。

·分一分,分出规律

指导 —教师用花生演示数字6的分与合,引导幼儿观察、感知规律。

—请老大用毛豆演示数字6的分与合,引导幼儿观察、感知规律。

—请老三来分,老大指导,用红薯演示数字6的分与合,引导幼儿观察、感知规律。

指导语

分成的数一边逐渐增大1，另一边逐渐减少1，合起来总数不变，形成互补关系，分合式两边的数存在互换关系。

·找一找，找出规律

指导 － 发放练习题，指导幼儿看图完成数字7的加法运算，将得数写在等于号后面的空格内。(针对大班幼儿)

－ 引导幼儿观察图内花生的个数，感知两个部分数，知道两个数量合起来就是总数。

指导语

继续完成数字7的分与合，找一找规律。

▶▶ **活动延伸**

提供数量为6的扑克牌、瓶盖等让幼儿个人玩或结伴玩，并要求他们记录正反面共有几种情况，以练习数字6的不同分合方法。

图形分家

▶▶ 设计思路

为强化"家庭式"学习的互动性与探究性,在幼儿园"图形分家"数活动中,我们通过环境创设与材料提供,引导幼儿动手动脑探索图形的分类,让幼儿在趣味游戏中深化对图形的认知,提升其数学思维与合作交流能力。

▶▶ 活动目标

① 通过"图形分家"的操作活动,幼儿进一步学习按图形的颜色、形状或大小等特征,进行多次分类的方法。

② 发展幼儿的观察比较能力、积极思维能力及动手操作能力。

▶▶ 活动准备

① 前期经验准备:大年龄段幼儿基本认识正方体、长方体、圆柱体等柱体形状;小年龄段幼儿基本认识三角形、正方形、长方形、圆形等图形。

② 教具学具准备:一个大转盘,人手一份图形操作材料。

▶▶ 活动流程

图形宝宝第一次分家→图形宝宝再次分家→游戏"我家来当小老师"。

▶▶ 阅读指导

阅读绘本《三角爷爷圆形奶奶》《方脸公公和圆脸婆婆》。

▶▶ 活动过程

·图形宝宝第一次分家

提问 - 看看盘子里有什么?

- "一家人"能把一样的图形分出来归类吗?

指导 － 初次尝试：小年龄段幼儿分平面图形，大年龄段幼儿分立体图形。

游戏规则：

－ "一家人"为自己的"家庭"取一个以图形命名的名字。例如，黄色三角形，蓝色圆柱体……

－ 教师把图形分发给大家，"一家人"听教师的指令，把和自己家名字一样的图形挑出来。例如，教师说"请把蓝色圆柱体取出来"，名字不是"蓝色圆柱体"的"家庭"保持不动，名字是"蓝色圆柱体"的"家庭"动作要快，要迅速找出圆柱体，并举起来请大家验证。然后游戏继续，且逐渐加快节奏。

－ 请大年龄段幼儿听指令，由教师和弟弟妹妹进行验证。

－ 请小年龄段幼儿听指令，由哥哥姐姐进行验证。

指导语

今天我们一起玩了"图形分家"的游戏，已经学会了区分平面图形和柱体图形的方法。柱体的两个面互相平行且形状完全相同，它是一种立体的几何形体。

· 图形宝宝再次分家

提问 － 老师要和你们玩大转盘的游戏，我们要看标记拿图形，转盘上的针指到哪个图形，就请你拿出一个和它一样的图形。我们先来试试，看一看，你拿出的图形，对不对？

· 游戏"我家来当小老师"

游戏规则：

－ 每个"家庭"选取两个不同图形的名称作为"家庭"名字，如我家的名字叫正方形，也叫正方体；又如，我家的名字叫圆形，也叫三角形……

－ 教师转动大转盘，当转盘停止时，与指针所指图形名称对应的"家庭"，需快速找出代表该图形的道具，并高高举起展示。同时，教师及其他"家庭"共同验证。

– 教师为每个"家庭"额外发放 3~5 个不规则或组合图形道具。当转盘再次转动时,被选中的"家庭"需在 10 秒内,准确说出所指图形的名称,并清晰描述该图形的特征,描述内容包括图形的边数、角的特点、是否对称等,以便其他"家庭"判断答案的准确性。

– 角色轮换:

主持团队:随机挑选两个"家庭"组成"小老师评审团","家庭"中的老大负责发号施令(如喊出"开始""停"),老二、老三协作转动转盘。

评审与轮换:在挑战过程中,"小老师评审团"对参与"家庭"的表现进行评判。若被挑战的"家庭"回答正确,则可替换原"小老师评审团",成为新的主持团队;若回答错误,原"小老师评审团"继续主持下一轮游戏。

活动延伸

鼓励幼儿在户外活动、旅游时,看一看、数一数,分析房子、路灯、岗亭、商店等是由哪些图形组成,以此感知形状与空间的关系。

136

量的比较

▶ **设计思路**

在分享贴纸或者好吃的食物时，幼儿常常聚集在一起兴致勃勃地比较和讨论："我的大一点，你的小一点""你的是什么颜色""我的是红颜色的"……他们并不是要多吃一点或选择某一颜色，而是喜欢在生活中进行数和量的比较。在生活中随时都有这样的学习机会，因为数学存在于生活的每一个角落。通过这样随机引导，鼓励幼儿按照各种物品的颜色、大小、形状等进行比较，从而自然而然地理解数、量及数量之间的关系。

▶ **活动目标**

① 在比较中感知数量的多和少、大和小；借助实际情境和实务操作理解数的大小和形成；通过实践操作理解"加"和"减"的实际意义。

② "一家人"在生活中认知最基础的数学知识。

▶▶ **活动准备**

① 前期经验准备：了解一些日常生活用品，知道它们的用途；亲子超市购物，家长有意识地带幼儿观察超市物品，并尝试根据物品的种类和数量进行分类。

② 教具学具准备：绘本《超市里有什么呢?》；娃娃家超市里的商品，食品（6样），生活用品（8样）。

▶▶ **活动流程**

《超市里有什么呢?》→整理小超市→把超市的物品变成一样多。

▶▶ **阅读指导**

阅读绘本《超市里有什么呢?》。

活动过程

· 《超市里有什么呢?》

提问 – 小俊去了哪里?

– 他一共去了几个地方?

– 它们分别属于什么类别?

指导 – 请老大带领"一家人"将篮子里的物品分类摆到超市货架上,并做好记录。

指导语

请老大带领"一家人"根据故事的讲述,试着记录小俊去了哪几个地方,一共买了几件物品。

"家庭" _____				超市整理记录卡			
区域	数量	+	数量	+	数量	=	总量
玩具区							
食品区							
衣帽区							
饮料区							
烤肉区							

· 整理小超市

提问 – 故事里的小俊一共去了几个地方?买了多少件物品?

指导 – 引导幼儿根据商品的用途来分类,教师出示玩具区、食品区、衣帽区、饮料区、烤肉区的图文标识。

– 幼儿分组为商品分家。

– 教师点评幼儿为商品找到的家是否正确。

指导语

这些商品都找不到自己的家了,请大家帮助它们找到自己的家。属于食品的放在一个家里,属于生活用品的放在一个家里……

· 把超市的物品变成一样多

提问　- 班级小超市来了一堆新货，你们能把新货分类摆到货架上吗？

- 请（1~2号"家庭"）数一数食品架子上有几种食品。

- 请（3~4号"家庭"）数一数生活用品架子上有几件衣服。

- 请（5~6号"家庭"）数一数冷饮柜子里有几种冷饮。

- 请（6~8号"家庭"）数一数玩具柜台里有几样玩具。

- 比一比，哪种商品比较多？

- 怎样让它们变得一样多？

指导　- 请老大带领"家庭"成员把篮子里的物品分类放到小超市的货架上。

- 引导幼儿数一数分好类的商品有几类。

- 引导幼儿比一比哪种商品多或少。

- 引导幼儿思考××货架上拿掉几个或再增加几个物品数量就能一样多。

- 幼儿通过实践操作，把货架上的物品数量变得一样多。

指导语

数量不一样的物品要想变成一样，有三种方法：第一种方法，根据数量少的物品，把数量多的物品拿掉几个；第二种方法，就是根据数量多的物品，增加数量少的物品；第三种方法，移动它们的位置，观察数量是否能变成一样，如果缺少再补。

▶▶▶ **活动延伸**

每天"玩玩家"游戏结束后，就分别请"家庭"去整理，继续学习整理超市。

要求：第一，从小到大排列；第二，相同的物品摆在一起；第三，小的物品摆在前面，大的物品摆在后面。

男孩女孩排排队

▶▶ **设计思路**

班级区域里有男孩女孩排排队的吸铁图板,大小幼儿在排序时会有不一样的玩法,甚至还会编故事情节。小年龄段幼儿基本能区分男孩和女孩,有的孩子能将男孩、女孩按照一定的规律进行排序;而大年龄段幼儿会按照自己的想法为男孩、女孩排序,排序的方法很有创意。

▶▶ **活动目标**

① 能发现生活中很多时候都能用到数;理解活动或事件发生的先后顺序;感知活动中简单的排列规律,并尝试找到新的规律。

② 在游戏中感知物体前后方位的变化。

▶▶ **活动准备**

① 前期经验准备:知道自己是男孩或女孩,在排队的时候能区分男孩、女孩;能分批活动,或者按照一个男孩和一个女孩的顺序来排队;有在区域里排序的经验。

② 教具学具准备:男孩图片若干,女孩图片若干。

▶▶ **活动流程**

为什么我们要学会排队→男孩女孩排排队→创意排排队。

▶▶ **阅读指导**

阅读绘本《排队真好》。

▶▶ **活动过程**

· 为什么我们要学会排队

提问 － 在幼儿园生活,我们什么时候要排队?

－你们同意不同意故事《排队真好》里说到的排队方法呢？

指导　－请幼儿结合生活实践，讲述自己的经验。小年龄段幼儿点到即可，大年龄段幼儿需讲出为什么要排队。

－请幼儿讨论，除了故事建议的"先来的排前面，后到的排后面"之外，还有没有其他的排队方法。

指导语

故事里的建议很好，在小便洗手环节、喝水环节、吃饭环节等，谁动作快谁就排在前面，这就是成语"先来后到"的意思。

· 男孩女孩排排队

提问　－我们平时做操、做运动的时候是按照什么顺序来排队的？

－老大，你是用什么方法给弟弟妹妹排队的呢？

指导　－教师引导幼儿说说平时是怎么排队的：按高矮、"家庭"号码等。

－邀请小年龄段幼儿两男两女，请一位老大来给四个弟弟妹妹排排队。例如，矮的在前，高的在后；妹妹在前，弟弟在后；一个妹妹一个弟弟间隔排列；妹妹在前，弟弟在中间，最后还是妹妹……

－邀请数量相等的男孩女孩来排队，由老大来指挥排队。

－邀请三个女孩、六个男孩来排队，由老大来指挥排队。

－邀请两个男孩、四个女孩来排队，由老大来指挥排队。

－把三个"家庭"组合在一起，由三个"家庭"的老大共同商量排队顺序。

－教师可以随机应变。

指导语

小朋友们的排队方法非常多，有的按男孩、女孩间隔排队；有的按一个女孩、两个男孩间隔排队；有的按一个短头发、两个长头发间隔排队；有的按穿校服的排一队，没有穿校服的排一队；有的按"一家人"排队。这都体现了一定规律。

· 创意排排队

提问 － 你们还有哪些新的排队方式？

指导 － 6~8 个幼儿一组，到空地方或户外操场上玩"排队"
游戏。

－ 老大们商量第一次由谁指挥，怎么排，第二次由谁指挥，
怎么排……

指导语

请各"家庭"席地而坐，老大说说，刚才是怎样指挥排队的，老师
会帮助大家整理排队的规律。

活动延伸

在户外活动的时候，幼儿可以一起玩"排队游戏""间隔游戏"等。

我家有几口人

设计思路

家对每个幼儿来说都是那么温暖，那么甜蜜。家庭中的每一位成员都让幼儿感受到他们对自己无限的爱。让幼儿数数家里都有谁，夸夸家人对自己的好，学会 1~5 的点数并说出总数。

活动目标

① 学会手口一致地点数数量 5 以内的物体，并说出总数。

② 能说出自己家里有几口人，夸夸家人的好，与小伙伴分享家庭的幸福。

活动准备

① 前期经验准备：知道自己家里有谁，能说出自己家里人的称呼；学唱儿歌《我家有几口》。

② 教具学具准备：爸爸、妈妈、爷爷、奶奶、外公、外婆、小朋友（男孩、女孩）的头像。

活动流程

我的家→数数我家的人→我家有几口人。

阅读指导

阅读绘本《阿圆的家》。

活动过程

· 我的家

提问　- 你们家里都有哪些人？

　　　- 你最爱家里的谁？为什么？

指导 – 通过谈话的形式，引导幼儿说说家里都有谁。

　　　　 – 引导幼儿和同伴分享自己家庭的幸福。

指导语

我们家里人都很爱我们，我们也要爱他们。

· 数数我家的人

提问 – 你们家住了几口人？

指导 – 教师出示爸爸、妈妈、爷爷、奶奶、外公、外婆、小朋友

　　　　（男孩、女孩）的头像，让幼儿拿出自己家里现在住的家人

　　　　的头像，然后数一数一共是多少位。

　　　　 – 教师引导幼儿手口一致地点数出自己家里的人。

· 我家有几口人

指导 – 教师引导幼儿复习儿歌《我家有几口》，让幼儿把自己家

　　　　里的几口人也加入进去歌唱。

▶▶ **活动延伸**

幼儿回家数数自己家里有几口人，告诉家人"我爱你们"。

神秘的门（车）牌号（第一教时）

设计思路

在"我爱我的家"主题活动中，我们将数字认知与生活场景深度融合，让幼儿探索门牌号码、电话号码、车牌号等常见数字组合，在实践操作中轻松掌握数字的运用，同时激发其对数学的兴趣，感受数字在家庭生活里的独特魅力。

活动目标

① 能用完整的语言表述自己家的住址；记录自己家的地址和门牌号码（可用图片表示）；实地考察这是一幢几层楼的房子，记录每户人家的门牌号。

② 记录自己家里的车牌号，并将其制作成卡片，在比较排列中分析排序，逐渐了解生活中各种数字号码的排列顺序。

活动准备

① 前期经验准备：已知自己家的门牌号码、车牌号或爸爸妈妈的电话号码。

② 教具学科准备：写生板、记录纸卡、笔，绘本视频《神秘的门牌号》。

活动流程

猜猜幼儿园的门牌号→教师举例编小故事→全体幼儿一起编小故事→"一家人"一起编小故事→验证幼儿园的门牌号。

阅读指导

阅读绘本《神秘的门牌号》。

145

活动过程

· 猜猜幼儿园的门牌号

提问 － 你们知道依霖幼儿园的门牌号吗?

－ 依霖幼儿园的门牌号是由 3 个数字组成的, 具体是哪三个数字呢?

指导语

我们来做一个"猜猜猜"小游戏。

· 教师举例编小故事

指导 － 出示题卡, 请小年龄段幼儿读出题卡上的数字⑦和 (2)。请老大用⑦和 (2) 编一段"数字多了或者少了"的小故事。

－ 请大年龄段幼儿试着用⑦和 (2) 编一段小故事, 故事里的小动物可以不一样。

指导语

例如: 有一天, 小兔拔了 7 根胡萝卜, 它在回来的路上遇到了山羊公公。小兔给了山羊公公 2 根胡萝卜, 小兔带回家几根胡萝卜呢? (结论是数字 5)

又如: 有一天, 小兔拔了 7 根胡萝卜, 它在回来的路上遇到了山羊公公。山羊公公给了小兔 2 根胡萝卜, 小兔带回家几根胡萝卜呢? (结论是数字 9)

· 全体幼儿一起编小故事

指导 － 出示题卡, 请小年龄段幼儿读出题卡上的数字②和 (0); 请老大用②和 (0) 编一段"数字多了或者少了"的小故事。

－ 请大年龄段幼儿试着用⑦和 (2) 编一段小故事。

－ 在幼儿编故事的时候, 其他幼儿仔细听, 并在故事结束时给出正确答案。

－ 教师根据幼儿自编的故事, 帮助幼儿分析②代表什么, (0) 又代表什么, 最后的答案是什么。(结论是数字 2)

· "一家人"一起编小故事

指导　— 出示题卡，请小年龄段幼儿读出题卡上的数字④和（3）；请老大用④和（3）编一段"数字多了或者少了"的小故事。

— 请大年龄段幼儿试着用④和（3）编一段小故事。

— 在幼儿编故事的时候，其他幼儿仔细听，并在故事结束时给出正确答案。

— 教师根据幼儿自编的故事，帮助幼儿分析④代表什么，（3）又代表什么，最后的答案是什么。（结论是数字7/1）

— 老大带领一家人选择数字5/9/2/7/1中的3个数字来组成依霖幼儿园的门牌号。

指导语

通过编数字小故事的游戏，我们得到了5个数字：5、9、2、7、1。但是依霖幼儿园的门牌号只有3个数字。

· 验证幼儿园的门牌号

指导　— 教师带领幼儿去幼儿园大门口验证哪三个数字组合在一起是正确的门牌号。（259号）

指导语

我们居住的地方，每一家每一户都有门牌号。如果没有门牌号，就会乱作一团。快递员不知将快递送到哪里，客人找不到你们家。有序的门牌号能让所有人找到自己的家。

▶ **活动延伸**

请小年龄段幼儿回家之后，认读自己家和邻居家的门牌号，看看哪边的门牌号大，知道二者只差"1"，叫相邻数；理解写门牌号和写数字一样，从小数字写到大数字，从左到右书写。

大年龄段幼儿模仿今天的活动模式，回家后和爸爸妈妈一起编故事，拆分自己家的门牌号。

神秘的门(车)牌号(第二教时)

▶▶ 活动准备

教师事先和居委会联系好,选择一幢离幼儿园最近的楼进行实地考察。

▶▶ 活动流程

小小探险家的实地考察→这是一幢什么样的房子→介绍"一家人"考察结果记录。

▶▶ 活动过程

· 小小探险家的实地考察

实地考察规则:

－"一家人"穿校服(工作服),外出考察。"一家人"为一组,不得擅自离开,老大要当好小老师、小指挥。

－带好写生板,可以用数字记录,也可以画图(示)记录。"一家人"商量记录方法,可以创造自己的记录方法,但要能介绍清楚。

－在楼里考察记录的时候,要注意安全,有情况立刻报告老师。

－考察时,看见住户家的人要有礼貌,告诉他们这是在进行数字考察,要使用"打扰了""谢谢你们"等礼貌用语。

－每三层楼安排一位教师负责安全工作。

· 这是一幢什么样的房子

提问　－我们要考察的是一幢几层高的楼?

　　　　－每一层的门牌是怎样标记的?

　　　　－你们选择用什么方式记录?

指导 — 在开始记录前，教师以提问的方式提示幼儿如何记录、记录哪些内容。

· 介绍"一家人"考察结果记录

提问 — 这幢楼一共有几层？

— 这幢楼每一层有几个门牌号？

— 你们知道这幢楼每一层楼有几家住户吗？

— 你们知道这幢楼一共有多少住户吗？

指导 — 老大代表"一家人"介绍。介绍时，把记录纸张贴在白板上（手里可以拿一根小指挥棒）。如果老大说的有遗漏和不对，可以请老二和老三补充。

— 教师小结"一家人"的介绍，点出正确的记录方法；表扬老大，有条件可以用一件小礼物鼓励一下（家人可以共享）。

指导语

我们今天考察的这幢楼一共有 6 层，每层有 2 个门牌号，也就是说每一层有 2 家住户。这样我们就可以算出一幢 6 层的楼有 12 户人家了。你们也是按一层两户进行记录的。这样的记录方法值得我们学习。

▶▶ **活动延伸**

请幼儿回家后，在爸爸妈妈的陪伴下查看并记录自己所居住的楼有多少层，一层有几户，并在来园后进行分享。

神秘的门(车)牌号(第三教时)

▶ **活动准备**

事先记录自己家里的车牌号(一辆即可)。小年龄段幼儿可以请爸爸妈妈帮助记录,大年龄段幼儿自己记录,并把需要记录的内容记录在教师分发的白色卡纸上,或自己准备的白色卡纸上。

▶ **活动流程**

车牌上的数字和符号都一样吗→编制车牌号的规则→寻找车牌号卡片中最早购买的车。

▶ **活动过程**

> · **车牌上的数字和符号都一样吗**

提问 — 你们记录的车牌号都一样吗?

　　　 — 哪里不一样?

指导 — 先请小年龄段幼儿讲述自己的发现,大年龄段幼儿可以补充,教师提供帮助。

指导语

请老大来总结,哪里不一样?(数字排列不一样,英文字母不一样……)

> · **编制车牌号的规则**

提问 — 为什么会不一样?中文代表什么?英文字母代表什么?数字代表什么?

指导 — 进行"车牌找家"情境游戏。首先,创设"小车找户口"情境,告诉幼儿:"每辆小车都有自己的'家',车牌上的第一个字是它们'大省的家',第二个字母是'小市/区的家'。"

– 出示标有"沪A"的小车模型，引导幼儿先找到"沪"字卡片对应的上海标志性图片（确定省级行政区），再从字母卡片中找出"A"，贴在"沪"字旁边，说："这辆车的家在上海的A区哦！"

– 分组游戏：让幼儿轮流给小车"挂车牌"，先匹配汉字与省级地区，再用字母区分不同地级区域，鼓励幼儿边操作边说："××（汉字）是大省，××（字母）是小市，小车回家啦！"

指导语

中国车牌号的编排规则：第一个字是汉字，代表该车户口所在的省级行政区；第二个字是英文字母，代表这辆车户口所在的地级行政区。比如一辆车是上海的，但是上海这么大，这辆车是上海哪个区的呢？于是，就用字母代表区，A用完了，就用B，B用完了，再用C，以此类推。

·寻找车牌号卡片中最早购买的车

提问　– 车牌号第一个字是汉字，第二个字是英文字母，后面几位是什么？

– 从00001开始排，你们看到的8965四位数其实是08965。

指导　– 出示两张写有车牌号的纸卡，请幼儿对比一下，同样第一个字是沪，第二个字是C，哪一辆车先买。（第一位数字越小，说明买车的时间越早）

– 把贴在白板上的车卡编号平均分给每个"家庭"，让他们找一找哪辆车是最早买的，哪辆车是最后买的。

指导语

分发给大家的车牌号的第一个汉字全是沪，再按英文字母顺序、数字大小排。车牌号有五位数字，第一位数字越小，说明车辆购买的时间越早。

活动延伸

在停车场或在路边，小年龄段幼儿可以和爸爸妈妈一起寻找上海的车；大年龄段幼儿可以用学过的知识比较一下停在路边的车辆，哪一辆是最早买的，并把发现告诉身边的人。

躲在图画中的数

设计思路

平时看书的时候，幼儿会在一幅美丽的画中寻找相同的物品有几个，有时候还会捡一大堆树叶数一数、找一找不同，他们对生活中的这些自然现象特别感兴趣，而对数、量及数量之间的关系有些迷迷糊糊。数字和量词是好朋友，它们相亲相爱，常常不分开。教师应用科学正确的数量关系的说法帮助幼儿理解它们的关系。本次活动，师生将一起从画面中寻找数字，找到答案。

活动目标

① 能感知数是专门用来计算的；初步懂得数和量是一对好兄弟或好姐妹；初步理解数和量之间的表达关系。

② 感知数字 4、5 和相应的数量；理解 5 以内数量的实际意义；激发幼儿认知抽象的数的兴趣。

活动准备

① 前期经验准备：在进行体育锻炼游戏时，一起玩过滚皮球、滚轮胎、滚圈等游戏，通过"我滚了几次球""我接到了几次圈"等，知晓了数和量，但不一定说得清楚。

② 教具学具准备：3 张小圆点卡片（卡片上分别有 4、5 个小圆点），1 张秋景图，4 张表述图片（卡面上分别有 5 种树叶、4 种水果、4 种颜色、5 种蔬菜）；每人 1 张练习纸；每人 1 支铅笔。

活动流程

找一找图画中的"4""5"在哪里→说一说→画一画。

▶▶ 阅读指导

在生活中理解 5 以内数量的实际意义，阅读绘本《多少？这么多！》。

▶▶ 活动过程

· 找一找图画中的"4""5"在哪里

提问 － 图片中有什么？图中哪些东西和卡片中的点数一样多？

－ 数字 4 像什么？

－ 生活中有哪些东西可以用数字 4 表示？

指导 － 依次出示 4 和 5 的小圆点卡片，让幼儿从图中找出和圆点数量相同的东西。

－ 用同样的方法引导幼儿找到小圆点"5"的朋友。

－ "一家人"交流，说说有哪些东西可以用"5"和××量词来表示。

指导语

这些与圆点点数一样多的东西，都可以用数字 4 表示。汽车的 4 个轮子、动物的 4 条腿、桌子的 4 个角等都可以用数字 4 表示。

重点：数与物对等。

· 说一说

提问 － 刚才老师说得正确吗？为什么？

指导 － 出示图片，教师说说各东西的名称和数量，幼儿判断是否正确。

－ 在表述不正确的画面中添画。

指导语

第一幅图中有 5 种树叶，第二幅图中有 5 种水果，第三幅图中有 5 种颜色，第四幅图中有 5 种蔬菜。对 5 种树叶和 5 种蔬菜的表述是正确的，不正确的是对第二幅和第三幅图的表述。第二幅图中只有 4 种水果，其中有 2 颗苹果属于同一种；第三幅图中只有 4 种颜色，橙色出现了 2 次。

重点：数与量对等。比如，颜色有几种/4 种，橙子有几个/4 个，水果有几种/4 种……

· 画一画

指导 — 发练习纸，请小朋友们分别在数字4、5后面的空格内画可以用4和5表示的物品。

— 给画出物品且数量正确的小朋友佩戴小印章，并展示给大家看。

指导语

4种水果中苹果有几颗/2颗，5种蔬菜中绿叶菜有几种/3种……

重点：数字与量词的关系。

▶▶ **活动延伸**

继续在园里或家里寻找可以用数字4、5表示的物品，在游戏中进一步理解或明确数+量是数量词的应用。比如，1双筷子，1把扇子，1顶帽子。

学习1、2、3

设计思路

小班幼儿基本能数数，但是不能手口一致地数数，需要用手指着实物数数，有时候还会漏数，或者跳着数数。因此，本次活动的目的是让孩子们学会手口一致地数数，按照顺序数数，并能说出总数，认识数字1、2、3，了解3以内的数的意义。

活动目标

① 能手口一致地点数3以内的实物并说出总数。

② 认识数字宝宝1、2、3，初步理解数字的意义。

③ 体验认识数字宝宝的乐趣。

活动准备

① 前期经验准备：已经会数1~3。

② 教具学具准备：3张小圆点卡片（卡片上分别有1、2、3个小圆点），1幅画（画面中有3种物品，数量分别为1、2、3），3张彩色纸（红、红、黄），1盒油画棒，每人1张练习纸，人手1套数字卡片1~3。

活动流程

小圆点找朋友→说说身边的数→认识数字宝宝→我会找。

阅读指导

阅读绘本《1，2，3到动物园》《好饿的毛毛虫》。

活动过程

· 小圆点找朋友

提问 － 图片中有什么？请你找找图中哪些东西和卡片中的点数一
样多？

－ 找找自己身上有哪些东西可以用数字 1 表示？

指导 － 出示小圆点卡片和画，让幼儿从图中找出和小圆点数量相
同的东西。

－ 引导幼儿用正确的量词叙述。比如：一张嘴、一个鼻子等。

－ 用同样的方法引导幼儿找到有 2、3 个小圆点的卡片的
朋友。

指导语

这些东西都与圆点的点数一样多，都可以用数字 1 表示。

· 说说身边的数

提问 － 我手中有几张纸？有几种颜色？（出示 3 张彩纸）

－ 黄色的纸有几张？红色的纸有几张？它们分别可以用数字
几表示？

－ 请你说一说在我们周围环境中哪些东西可以用数字 1、2、
3 来表示？

指导 － 引导幼儿正确使用量词。如 1 扇窗户、2 块蛋糕、3 棵
树等。

指导语

我手中有 3 张纸、2 种颜色。黄色的纸有 1 张，可以用数字 1 表示；
红色的纸有 2 张，可以用数字 2 表示。

· 认识数字宝宝

提问 － 你知道 1、2、3 可以代表什么吗？

指导 － 出示数字 1、2、3，引导幼儿认识它们，了解它们的意义。

指导语

这些数字可以代表物体的数量。

· 我会找

指导 －发写有数字的练习纸，请幼儿分别找出代表 1、2、3 的物体，把数字宝宝送给他。

－为寻找正确的幼儿佩戴小印章，并展示给大家看。

活动延伸

继续玩"数字 1、2、3"的游戏，寻找相应的物品。

艺术·美术活动

"我爱我的家"主题海报设计

设计思路

9月新学期启程,"我爱我的家"主题"问题海报"设计再次拉开序幕。在收集"我爱我的家"主题问题时,幼儿园的老大们着急地问道:"我们什么时候可以出主题海报呢?"大年龄段幼儿已有在每次新主题到来时先收集问题后设计"问题海报"的经验,于是迫不及待地想要在弟弟妹妹面前承担"一家之主"的责任。新老三们将第一次和哥哥姐姐一起感受"问题海报"设计的新鲜感,为自己以后做老大积累原始经验。

活动目标

① 在老大的组织指挥下,"一家人"一起为海报配上恰当的颜色,用简单的线条画出与主题有关的图案,丰富画面,掌握画面的整体布局。

② 体验"一家人"共同合作的快乐,愿意分享、讲述自己作品的内涵。

活动准备

① 前期经验准备:幼儿有画主题海报的经验。

② 教具学具准备:14张海报纸,海报设计图片若干。

活动流程

"一家人"主题提问→"一家人"海报设计创作→"一家人"海报讲评宣传。

阅读指导

阅读绘本《家是什么》《家》。

活动过程

- **"一家人"主题提问**

　指导　– 引导幼儿识别老大、老二和老三提出的问题。

　　　　　– 引导幼儿仔细观察"问题海报"由哪几部分组成，了解海报的特点。

　　　　　– 引导"一家人"大胆表达自己的想法，帮助幼儿归纳设计海报可以用的素材。

　指导语

　构成"一家人"主题"问题海报"的主要元素有：

　老大、老二、老三提出的问题各一条，由老师预先用幼儿字体书写；

幼儿自己想象中的画（解读自己提出的问题）；

"一家人"提出的问题和想说的话。

- **"一家人"海报设计创作**

　提问　– 你们"家庭"商量好了吗，想设计怎样的海报？

　指导　– 运用个别幼儿示范操作的方法，激发幼儿的兴趣。

　　　　　– 通过"画神闲"的方法，帮助幼儿直观了解海报设计。

　　　　　– "一家人"分散操作，教师巡回指导，注意引导老大以"小老师"的角色分配任务。

- **"一家人"海报讲评宣传**

　提问　– 你们喜欢哪个"家庭"设计的海报？为什么？

　指导　– 将"一家人"的作品展示出来，引导幼儿客观地评价自家和其他"家庭"的作品。

活动延伸

　将完成的"问题海报"张贴在幼儿园走廊班级专属墙面上，供全园幼儿欣赏。

中华 56 个民族服饰的特征

设计思路

我们的祖国是一个多民族国家，每一个民族都有本民族悠久的历史和灿烂的文化，在服饰装饰上也不例外。绚丽多彩的民族服饰亦是中华文化的重要组成部分。每年国庆节，依霖都会开展"我爱中国"主题活动，通过认识和欣赏各个民族的服饰，运用美术手法，在操作过程中加深幼儿对中华璀璨文明的情感体验。

活动目标

① 能用线条完整地勾画出一种民族服饰，并涂上颜色。

② 感受中华 56 个民族服饰的特点，提升认知，体验作画过程中的乐趣。

活动准备

① 前期经验准备：亲子收集民族服饰的图片；亲子准备一种民族服饰的新闻，来园播报；观看民族服饰的介绍视频。

② 教具学具准备：民族服饰的图片；人手一份绘画材料，包括画笔、画纸等。

活动流程

爱我中华→欣赏民族服饰→漂亮的民族服饰→民族服饰展。

阅读指导

观看 5~10 种常见的民族服饰的图片或视频，如维吾尔族、藏族、傣族、朝鲜族、蒙古族等。

活动过程

·爱我中华

提问 — 中国有多少个民族？

— 常见的少数民族有哪些？

指导 — 播放音乐《爱我中华》，激发幼儿的兴趣。

— 跟随音乐节奏，观察欣赏视频中各少数族的代表服饰。

指导语

中国有 56 个民族，很多少数民族都有自己的服饰，常见的有藏族、蒙古族、维吾尔族、朝鲜族的服饰。

·欣赏民族服饰

提问 — 汉族最典型的服装是什么？

— 请欣赏藏族、蒙古族、维吾尔族、朝鲜族民族服饰的图片，仔细观察它们的特点。

指导 — 认识藏族服饰，请幼儿说说其特点，及与其他民族服饰不一样的地方。

— 认识蒙古族服饰，请幼儿说一说其特点。

— 认识维吾尔族服饰，请幼儿说出其特点。

— 请幼儿观察朝鲜族服饰，并讨论其特点。

指导语

汉族最典型的服装是旗袍。

藏族的衣服袖子很宽大，藏族人民一般穿长靴。

维吾尔族的男子多穿斜领无扣的长袍，腰系长方巾。女子多在宽袖连衣裙外套对襟背心，小姑娘多梳几十条小辫子。

朝鲜族男装衣短，裤长肥大，加穿坎肩；女装则是短衣长裙，短衣有漂亮的蝴蝶结。

·漂亮的民族服饰

提问 — 我们可以用什么样的线条和颜色来画民族服饰呢？

指导　－出示绘画材料，引导幼儿画出民族服饰的主要特征。

　　　　－引导幼儿先设计服饰，搭配好色彩，然后作画并涂色。

　·民族服饰展

提问　－你喜欢哪一幅作品，为什么？

指导　－评价要点出各民族服饰的主要特征。

　　　　－将完成的民族服饰作品进行展览，并组织幼儿参观。

活动延伸

　　将幼儿已经完成的作品投放至区域中，让幼儿在保证作品完整的情况下，把作品剪出来，并重新组合设计，形成一幅"56个民族服饰"绘展图。

爸爸的胡须

设计思路

所有的爸爸都非常爱自己的宝贝，有的爸爸还会故意用胡须去扎自己的儿女玩闹。胡须是男性的特征，幼儿一定会乐意参与画"爸爸的胡须"活动。

活动目标

① 学习画均匀的短线，具备合理安排画面布局的意识。

② 知道爸爸是男性，明白爸爸工作的辛苦，懂得"爸爸爱我，我爱爸爸"。

活动准备

① 前期经验准备：幼儿熟悉自己爸爸、爷爷或其他男性的胡子。

② 教具学具准备：爸爸的画像，有胡子的男人的照片若干，人手一份彩笔。

活动流程

爸爸们→说说爸爸的胡子→画画爸爸的胡子。

阅读指导

熟悉儿歌《爸爸的胡子》的歌词：

爸爸一脸大胡子，就像一把毛刷子。

刷子老想刷我脸，我偏不让它来刷。

活动过程

· 爸爸们

提问 － 我们每个人都有爸爸，自己的爸爸都是怎么样的呢？

- 爸爸是男人还是女人,男人脸上都有哪些女人没有的主要特征?

指导语

男性的重要特征——胡须(胡子)。

· 说说爸爸的胡子

提问 - 你的爸爸有胡子吗?

- 爸爸的胡子像什么?

- 爸爸的胡子长得像一把刷子,硬硬的刷子总想刷我们的小脸,这是为什么呀?

- 当爸爸的胡子要刷我们的小脸时,我们为什么要躲开呢?

指导语

爸爸一脸大胡子,就像一把毛刷子。刷子老想刷我脸,我偏不让它来刷。

· 画画爸爸的胡子

提问 - 所有爸爸的胡子都长得一样吗?

- 外国男人的胡子和中国男人的胡子长得一样吗?

- 胡子会长长吗?(胡子和头发一样,也会长长)

- 如果爸爸的胡子长长了,会是什么样子?

指导 - 大年龄段幼儿当小老师,示范画胡须(短直线)给弟弟妹妹看。

- 大年龄段幼儿根据自己的想象,来画爸爸胡子长长了的模样。

指导语

胡子和头发一样会慢慢长长,所以爸爸要经常刮胡子。短胡子是直直的、竖竖的;长胡须有各种各样的。中国男人的胡子和外国男人的胡子也不一样。(出示各种胡子的照片)

活动延伸

在"创意DIY"处设计各种有趣的胡子。

保护地球

▶ **设计思路**

在主题"我爱我的家"中，幼儿习得了故事《彩色的地球》，都很想画出自己眼睛看到的和脑袋理解的地球。由于地球是立体的，本次活动除了绘画之外，将尝试运用浆糊、小棒等材料进行美术创作，感受浆糊刻印画的特殊艺术效果。

▶ **活动目标**

① 初步尝试粘贴活动；尝试运用浆糊、小棒等材料进行美术创作；大胆利用材料进行创作，感受浆糊刻印画的特殊艺术效果。

② 根据色彩进行大胆合理的想象，创造性地表现"保护地球"主题；体验"一家人"合作创作的乐趣。

▶ **活动准备**

① 前期经验准备：了解地球的基本构造和组成部分。

② 教具学具准备：地球仪、人手一张扇形纸、粗细不同的小棒、抹布、彩色浆糊（浆糊加颜料调配而成）、塑胶地毯、人手一份围兜。

▶ **活动流程**

再次欣赏地球→模仿自制地球→彩色的地球。

▶ **阅读指导**

学习保护地球的相关知识。

▶ **活动过程**

· 再次欣赏地球

提问 －地球是什么样的？由哪些部分组成？

指导 — 出示地球仪。

指导语

地球是一个不规则的球体，由海洋和陆地组成，海洋是蓝色的，陆地是绿色的。地球上还有不同种族的人、房子、山川、河流等，地球是彩色的。

> **· 模仿自制地球**

指导 — 介绍扇形纸片，引导幼儿用纸片拼成一个地球。

— 提供多种颜色的纸片，让幼儿按意愿选择。

— 引导幼儿根据需要，选择粗细不同的小棒。例如，画物体的外轮廓线时，可以选取粗的小棒；画细节部分时，可以选取细的小棒。

— 要求涂色均匀，注意桌面、衣服的卫生。重点辅导幼儿刮涂底色，鼓励幼儿自由组合，用扇形纸片拼成一个彩色地球。

指导语

彩色浆糊是用浆糊加颜料搅拌而成的，它既有一定的水分又不会随意地流淌，能让作品看起来更有厚度。我们可以用小棒在上面随意地刻画。

> **· 彩色的地球**

指导 — 老大带领"一家人"欣赏其他"家庭"自制的彩色地球之美，也感受自己"家庭"自制的彩色地球之美，并找出彼此的不同。

▶▶ **活动延伸**

有兴趣的幼儿可以继续尝试给刻画出的物体涂颜色。

厨师爷爷

设计思路

吃午餐的时候，牛牛突然说："我们来画画厨师爷爷吧！"孩子们都扭头看向他，眼睛里都是问号。牛牛似乎也读懂了伙伴们眼睛里的问号，说："厨师爷爷给我们做了很多好吃的饭菜，就请我的老大来做模特扮演厨师好吗？"牛牛的话一出，马上得到所有幼儿的响应。于是，我们邀请一位老大穿上厨师服，戴上厨师帽，装扮成厨师爷爷，其他家人做小画家。

活动目标

① 了解厨师服装的明显特征，能画出服装并涂色；能够在厨师爷爷的框架画中添画五官，并体现出厨师爷爷的主要特征。

② 了解厨师爷爷的工作，感恩厨师爷爷的辛苦。

活动准备

① 前期经验准备：见过厨师的服饰、装扮，粗略了解厨师的工作性质。

② 教具学具准备：厨师的图片若干、记号笔、油画棒等。

活动流程

说说厨师爷爷→画画厨师爷爷→介绍我心目中的厨师爷爷。

阅读指导

阅读绘本《厨师》。

活动过程

· 说说厨师爷爷

提问 — 你们见过厨师爷爷或者厨师叔叔吗？

　　　 — 他们身上穿的工作服是什么样子的呢？

　　　　　－你喜欢这个"小厨师爷爷"吗？他长得怎么样？有哪些主
　　　　　　要特征？

指导　－引导幼儿观察并说说"小厨师爷爷"的脸型、眼睛、鼻
　　　　　　子、嘴巴、发型等外貌特征。

指导语

不同人的脸型和五官都是不一样的。

> **·画画厨师爷爷**

指导　－引导幼儿根据"小厨师爷爷"的脸型、眼睛、鼻子、嘴
　　　　　　巴、发型等特征进行绘画。

　　　　　－教师巡回指导，鼓励幼儿仔细观察，大胆创作。

> **·介绍我心目中的厨师爷爷**

提问　－你画的"小厨师爷爷"有什么特点啊？

指导　－幼儿介绍自己画的"小厨师爷爷"，并说说自己最喜欢他
　　　　　　烧的哪一道菜。

　　　　　－把作品放在展览区，邀请幼儿园的厨师爷爷来参观，感谢
　　　　　　他每天为我们煮饭烧菜。

指导语

厨师爷爷给我们做可口的饭菜，我们要懂得感恩。最好的感恩办法
就是把厨师爷爷烧的饭菜尽量吃完，不浪费。

▶▶ **活动延伸**

在"创意工坊"中，提供画图用具，幼儿再次尝试画厨师爷爷。

大月饼

设计思路

幼儿对中秋节已有一定的了解。比如,他们在中秋节时见过月饼、吃过月饼,也知道月饼有各种各样的口味。前几天就有几名幼儿在美术手工区里用橡皮泥做月饼。为满足幼儿自制月饼的兴趣与愿望,此次活动将安排"一家人"一起制做一个大月饼。

活动目标

① 了解月饼的样式;根据自己的经验画简单的月饼图案,并给画的月饼涂上漂亮的颜色;能够独立画月饼,图案丰富。

② 鼓励弟弟妹妹积极向哥哥姐姐学习;老大能够指导和帮助弟弟妹妹。

活动准备

① 前期经验准备:见过各种各样的月饼,也品尝过月饼的味道。

② 教具学具准备:白纸、记号笔、油画棒若干,歌曲《爷爷为我打月饼》或其他合适的背景音乐。

活动流程

我见过的月饼→"一家人"画大月饼→哪家的月饼最漂亮。

阅读指导

阅读绘本《小星星的大月饼》。

活动过程

·我见过的月饼

提问 － 你们见过哪些颜色的月饼?

－ 它们是用哪些材料做的?

　　　　　　－你们知道月饼上有哪些图案吗？

　指导　－引导幼儿说说见过的月饼，帮助幼儿了解不同颜色、不同
　　　　　材料、不同图案的月饼。

指导语

大部分月饼的形状是圆形的，做月饼要用到很多的材料，有糖、果仁、杏脯、胡萝卜、海苔等。人们为了使月饼看起来漂亮，还会在月饼上制作各种各样的图案。

> **・"一家人"画大月饼**

　提问　－你们"一家人"准备怎么分工合作画大月饼呢？是"一家
　　　　　人"一起画一个大月饼，还是每个人画一个大月饼呢？

　指导　－引导"一家人"根据已有经验和自己的想象画出大月饼。

　　　　　－重点引导弟弟妹妹画出月饼的形状并正确涂色。

　　　　　－提醒哥哥姐姐要关注弟弟妹妹作画时的情况，并及时予以
　　　　　帮助。

指导语

大月饼可以"一家人"一起画，也可以两个人一起画，还可以一个人自己画。

月饼的图案真是多种多样，有字样的，有动物的，有植物的……

> **・哪家的月饼最漂亮**

　提问　－你最喜欢哪家的月饼？为什么？

　指导　－鼓励幼儿之间大胆评价对方的作品。

　　　　　－无论是兄弟姐妹的作品，还是隔壁邻居的作品，都可以互
　　　　　相评价、互相学习、互相鼓励，共同进步。

　　　　　－把画好的月饼剪下来，粘贴到大月饼图案上。

指导语

每年的中秋节，全国人民都会与家人团圆，一起吃月饼，一起赏明月。但是，还有很多人为了保卫祖国，守护小朋友们的安全，坚守在祖国的边疆，不能回家与亲人团圆。我们可以把对英雄战士们、科学家们

的感谢之情画进月饼里，告诉他们，我们感谢他们，全国人民都感谢他们。

活动延伸

在美工区投放相关材料，引导幼儿大胆创作、绘制中秋节的月亮、月饼。

上海的东方明珠

▶ 设计思路

说起上海,幼儿都知道上海最有代表性的建筑是东方明珠。东方明珠是由上、中、下三个圆球组合而成。幼儿都认识东方明珠,对其既有共同的印象,也有不同的感受。本次活动旨在鼓励幼儿选用不同材料,运用不同的表现方法来描绘出记忆中的东方明珠,抒发自己对上海的独特感受。

▶▶ 活动目标

① 欣赏东方明珠;运用简单的线条画东方明珠,并尝试涂色;选用各种工具、材料,可采用画、撕、剪等多种手法进行造型活动。

② 引导幼儿关注并欣赏东方明珠的美,让幼儿为上海有东方明珠这样美的建筑而感到骄傲。

▶▶ 活动准备

① 前期经验准备:幼儿看过或者去过东方明珠,简单地了解东方明珠的造型。

② 教具学具准备:东方明珠的图片、东方明珠的模型、记号笔、油画棒、剪刀、胶水、彩色纸等。

▶▶ 活动流程

阿拉上海→美丽的东方明珠→游览我们建造的东方明珠。

▶ 活动过程

· 阿拉上海

提问 – 你知道你是哪里人吗?

– 你们知道上海有哪些著名建筑吗?

指导 － 此环节师生共同"抛接球"，延伸越多越好，教师在此处可以通过不断抛"小球"的方式来引导。例如，当讲到东方明珠的架构时，教师可以继续追问："东方明珠是什么造型的？东方明珠的三个球是怎样排列的？东方明珠在上海的什么地方？"

指导语

上海著名的建筑有东方明珠、城隍庙、外滩、金贸大厦等。

> **· 美丽的东方明珠**

提问 － 东方明珠是怎样的？

－ 这是东方明珠的图片和模型，请大家将美丽的东方明珠画下来。我们可以用什么方法来表现东方明珠呢？

指导 － 东方明珠是上海的代表建筑，由上、中、下三个球组成。从下往上看，可以看清楚三个圆球的不同大小。

－ 幼儿选用自己喜欢的工具材料，通过画、撕、剪、拼贴等表现出自己对建筑物及周围人物和景物的想象。

－ 感受"一家人"一起作画的愉悦心情。

指导语

你们可以选择画白天的东方明珠，也可以画晚上有灯光的东方明珠。

> **· 游览我们建造的东方明珠**

提问 － 你喜欢哪一幅作品？为什么？

指导 － 将幼儿的画作展示在美术区域内。

－ 请幼儿参观欣赏这些画作，互相评价。

－ 在展示评价过程中，教师主要从画作的构图（近大远小）、比例角度分析评价。

▶▶ 活动延伸

将所有材料包投放至美术区域，幼儿可继续自由选择画"我知道"或"我看见过"的上海建筑和美景。

国庆节的烟花

设计思路

国庆期间,观看烟花是令人愉悦的环节。无论到外滩现场看烟花,还是坐在电视机前看晚会,幼儿都能看到美丽的烟花,而且对其印象非常深刻。节后,幼儿回到幼儿园,乐于与"一家人"分享自己看到的烟花,并十分乐意用绘画的方式记录下来,甚至通过"新闻播报"的形式与伙伴一起分享。

活动目标

① 喜欢用棉签蘸颜料,点画烟花;知道一根棉签只能蘸一种颜色,保持画面清洁;点画烟花时,能够根据烟花的基本形状点画。

② 通过观看国庆节放烟花的视频,感受烟花的美,体验国庆节的快乐氛围。

活动准备

① 前期经验准备:对放烟花有一定的认知积累。比如,烟花是在空中绽放的,烟花是五颜六色的,烟花有不同的款式等。

② 教具学具准备:放烟花的视频,棉签,黑白两种颜色卡纸,若干种颜料。

活动流程

看烟花→我们设计的烟花→我们的烟花真漂亮。

阅读指导

阅读绘本《烟花》。

活动过程

·看烟花

提问 － 你看到的烟花是什么样的？

－ 我们看到了五颜六色的烟花，你喜欢哪一种颜色的？

指导 － 观看放烟花的视频，观察烟花是怎么从下往上在空中绽放的，以及烟花绽放后的颜色、形状等。

指导语

烟花由下往上在天空中绽放。有的像××，有的是××形状的，有的是××颜色的……十分艳丽，很漂亮。看烟花绽放，我们的心情也跟着一起绽放了。

·我们设计的烟花

提问 － 烟花是怎样被设计出来的？

指导 － 引导幼儿选择黑色或白色卡纸，尝试设计烟花，把想要画的烟花画在纸上。

－ 幼儿操作，教师巡视，指导与鼓励个别幼儿。

－ 小朋友们设计烟花时还编了一首好听的儿歌《画烟花》，我们一起来听一听。(教师边念儿歌，边示范)

小棉签，拿拿好！

蘸点颜料舔一舔！

画纸中间画个圆，圆—圆—圆，线条小手拉起来。

礼花画好了，我们一起捂起耳朵来，呲——嘭！

礼花爆开来啦！圆形的旁边都是漂亮的小点点。

·我们的烟花真漂亮

提问 － 哪张画上的烟花最漂亮？

－ 为什么你觉得它漂亮？

指导 － 引导幼儿从烟花的形状、颜色搭配和有创新意义的角度分析，学会正确评价他人或自己的作品。

活动延伸

在手工区里投放材料供幼儿画烟花。

我永远是依霖小朋友

▶▶ **设计思路**

　　幼儿对依霖幼儿园的标志已经十分熟悉了。书包、园服、被褥上都有依霖的标志。每天走进幼儿园，他们能看到标志上的两个小人，雨滴落在小人身上变成爱心的图案。这一设计真是让人心生喜欢。

▶▶ **活动目标**

　　① 尝试用线条进行绘画，均匀地涂色，完整表现依霖的标志。
　　② 培养幼儿感知美的兴趣，能感知依霖幼儿园等的美。

▶▶ **活动准备**

　　① 前期经验准备：认识依霖的标志，并略知标志的含义。
　　② 教具学具准备：一张依霖标志图片，白纸、记号笔、油画棒若干，依霖园歌。

▶▶ **活动流程**

　　依霖幼儿园的标志→我画依霖标志→我永远是依霖小朋友。

▶▶ **阅读指导**

　　了解依霖的词意和依霖标志的含义。

▶▶ **活动过程**

　　· 依霖幼儿园的标志

　　提问 － 你们见过哪些地方有图示标志？

　　　　　－依霖幼儿园有没有图示标志？

　　　　　－依霖幼儿园的图示标志像什么？

指导　　－引导幼儿说说在生活中见过哪些图示标志。比如，车有车
　　　　　的标志，手机有手机的标志。

指导语

　　我们幼儿园的标志中有两个小朋友互相拥抱在一起，寓意在雨露甘霖下，小朋友紧紧依靠在老师的怀抱中幸福成长，依霖"一家人"，相亲相爱不分开。

　　许多单位都有代表自己的图示标志，依霖的标志就等同于依霖的名字。

　　· 我画依霖标志

指导　　－出示依霖标志图片，引导幼儿观察标志的顺序、版面
　　　　　位置。

　　　　　－教师示范，引导幼儿注意观看，画的线条要流畅，不能弯
　　　　　弯曲曲。

　　　　　－幼儿操作，教师有针对性地进行个别指导。

指导语

　　依霖的标志是两个小朋友手拉手，上面是小雨滴，外面是一个圆形。在绘画的时候，先画出两个小朋友，再画其他内容，注意画面的对称。

　　· 我永远是依霖小朋友

提问　　－你最喜欢谁画的依霖标志？为什么？

指导　　－鼓励幼儿之间大胆评价对方的作品。

指导语

　　我们每个小朋友的名字前面都已经有了"依霖"两个字。如果别人问你："小朋友你是哪个幼儿园的？"你就回答："我是依霖幼儿园的小朋友，我叫××。"依霖标志和你们永远紧紧地连在一起。等长大了，别

人问你："小时候你是哪个幼儿园的?"你一定会回答："我是依霖幼儿园的。"

▶▶ **活动延伸**

这次活动之后,鼓励幼儿在以后的绘画作品中都画上依霖标志,将依霖标志浸透进幼儿对依霖的情感里。

京剧脸谱

设计思路

现在的幼儿见多识广，对中国传统民间艺术的了解极为丰富。大多数幼儿有认知脸谱的经验。比如，绘本中的脸谱，幼儿故事片中的脸谱等，但对京剧中不同脸谱代表不同人物，缺乏基本认知。让幼儿初步了解生活中经常出现的事物，了解民俗艺术，欣赏中国传统民间艺术的美，知道蜡染、中国结、脸谱、陶艺等是十分必要的，但一切都要建立在幼儿感兴趣的基础上，因为只有幼儿感兴趣，教学才能取得成效。因此，此次教学我们从幼儿知道的京剧脸谱入手。

活动目标

① 引导幼儿欣赏我国传统的京剧脸谱；感受京剧脸谱的色彩、图案和造型的美；尝试动手画京剧脸谱。

② 让大年龄段幼儿体验自己动手画脸谱的乐趣，小年龄段幼儿体验涂色的乐趣，从而萌发热爱中国传统艺术之情感，享受作品完成后的喜悦。

活动准备

① 前期经验准备：亲子共同收集京剧脸谱小知识；亲子制作介绍京剧脸谱的新闻，来园播报；开展谈话活动"我知道的京剧脸谱"；欣赏京剧《五台山》。

② 教具学具准备：6~8 幅脸谱作品；京剧音乐；每个"家庭"一份操作材料包，包括记号笔、油画棒、各色水粉颜料、水粉笔、颜料盘等。

活动流程

京剧脸谱一起赏→脸谱一起做→介绍我家的脸谱作品。

▶ 阅读指导

了解京剧脸谱颜色（红色、白色、黑色、蓝色、绿色、黄色、紫色、金色、银色等）代表的人物性格及典型人物。

▶ 活动过程

　· 京剧脸谱一起赏

提问 － 什么是京剧脸谱？

－ 我们这里有谁会哼唱京剧曲调？

指导 － 播放京剧《五台山》（梅兰芳版）片段；幼儿边听京剧音乐，边欣赏先后出场的各种脸谱。

－ 引导幼儿欣赏脸谱中的色彩、图案和造型，尤其要注意色彩中色块的表现，图案中对称花纹的表现。

－ 进一步激发幼儿对京剧脸谱的兴趣。

指导语

京剧脸谱是一种具有中国文化特色的特殊化妆方法。

京剧是中国独有的戏曲种类，是中国的国粹。

　· 脸谱一起做

指导 － 出示脸谱图片和绘画材料，引导幼儿进行绘画。

－ 提醒幼儿运用对称、夸张的手法进行表现；鼓励幼儿大胆用色，创设花纹，敢于表达自己的设计意愿。

－ "一家人"自主选择绘画材料进行绘画。

－ 老大负责构图和布局，老二添画，老三涂色，"一家人"一起完成脸谱作品。

－ 弟弟妹妹能够尝试用对称的方式进行涂色。

　· 介绍我家的脸谱作品

指导 － 大年龄段幼儿代表自己"家庭"介绍作品，以及是如何分工合作的。

－教师及时给予鼓励与表扬，适时补充观点，点出幼儿作品
中的对称图案、夸张色彩及该色彩在京剧中的代表人物。

 活动延伸

在美工区继续提供脸谱样本，幼儿可以用"依葫芦画瓢"的方式涂画
有趣的脸谱，也可自己创作有趣的脸谱。

美丽的天安门

▶▶ **设计思路**

"我爱我的家"这一主题活动即将结束，幼儿已了解到中国这个"大家"的中心是北京。在整个主题学习活动过程中，幼儿对北京的印象十分深刻，知道北京天安门是我国著名的古代建筑。幼儿愿意用手中的绘画工具，表现心中的天安门，表达心中的爱国之情。

▶▶ **活动目标**

① 能够用红色给天安门涂色；能画出天安门建筑的大体外形，并丰富画面；能在天安门的基本轮廓中添画小门等细节。

② 在涂涂画画中感受绘画的快乐；感受天安门建筑的伟大，培养幼儿的爱国之心。

▶▶ **活动准备**

① 前期经验准备：熟悉天安门的外形，包括色彩、对称的古代建筑风格等。

② 教具学具准备：一张天安门彩色大图、记号笔、铅画纸若干。

▶▶ **活动流程**

中国的天安门→天安门建筑的结构组成→我来画画天安门。

▶▶ **阅读指导**

阅读绘本《天安门》。

> **活动过程**

· 中国的天安门

提问 – 你们知道这是什么建筑吗？

– 它是哪个国家的？

– 你们知道天安门的故事吗？

指导 – 出示天安门的图片，请幼儿说说天安门的外形特征。

– 重点：中国北京；天安门；古代建筑；颜色；左右对称建筑；三层楼。

指导语

每个国家都有首都。首都是国家最高政权机关所在地，是全国的政治中心。我国的首都是北京。天安门广场是举行庆典的重要场所。

· 天安门建筑的结构组成

提问 – 天安门是由什么图形组成的？

– 天安门一共有几层？每一层大小一样吗？

– 有几个门洞？门洞大小一样吗？

– 天安门的左边和右边是一样还是不一样？

– 天安门的顶部是什么颜色？围墙是什么颜色？

指导 – 引导幼儿带着问题从下至上、从中间到左右观察天安门，并做出分析、判断。

– 从外墙色彩等，仔细观察、讨论天安门的外形特征。

指导语

天安门城楼是典型的中国古代宫殿式建筑。

整个城楼分为上下两层，通过中间的台阶相连。

上层是重檐歇山式、黄琉璃瓦顶的巍峨城楼。正面有 36 扇菱花格式的门窗。屋顶上有装饰物（物、仙人、走兽）。

下层是高 13 米的朱红色城台和 5 个拱形门洞，中间的门洞最大，以前唯有皇帝能进出。

左右两边是对称的。

· 我来画画天安门

指导 －临摹天安门。

－幼儿作画，教师巡回指导。幼儿绘画做到"像不像，三分样"即可，不过分要求相似度。

活动延伸

在临摹天安门活动时间内，来不及完成作品的幼儿，可以在区域中继续。

全世界小朋友手拉手

设计思路

幼儿园的美术活动和其他活动一样，内容应来源于幼儿的生活。因为生活是教育内容的源泉。在幼儿的感观经验基础上，帮助他们呈现表现美和创造美的情趣。近些年，幼儿对"共同家园""你和我心连心，同住地球村"等表述耳熟能详，因此可以引导幼儿把心中对"全世界小朋友手拉手，同住地球村，为梦想，千里行，相会在北京……"等的情愫，用七彩笔描绘出来。

活动目标

① 能均匀涂色；在画直立人的基础上学习画"小朋友手拉手"；能适当添画背景表现活动的场景，表现全世界小朋友的亲密关系。

② 体验"一家人"作画的乐趣。

活动准备

① 前期经验准备：有和好朋友手拉手的经验，对外国人和中国人长相有初步认知。

② 教具学具准备：全世界小朋友手拉手的视频、图片，油画棒，绘画纸。

活动流程

观察好朋友→我和好朋友手拉手→全世界的好朋友手拉手。

阅读指导

熟悉儿歌的歌词：

手拉手，拉出一颗太阳，

希望的太阳就是我们，

186

我们把地球打扮漂亮，

地球村，我们共同家园。

活动过程

·观察好朋友

提问 - 一个人站立和两个人手拉手站立感觉上会有什么不同？

- 一个人站立能围成圈吗？两个人呢？

- 三个人手拉手站立，中间一个人会是怎样的姿态？三个人能围成圈吗？

- 很少人手拉手和很多人手拉手围成的圈哪个大、哪个小，力量上哪个大、哪个小？

指导 - 请一位幼儿上来站立，同时请两位幼儿上来手拉手站立，引导其他幼儿观察他们的姿态。

- 三位幼儿同时手拉手，引导其他幼儿观察中间幼儿的姿态。（中间幼儿的两只手都被拉着）

- 请一个"家庭"手拉手，请两组"家庭"手拉手，请全班幼儿手拉手，体验地球村的力量，体验全世界小朋友手拉手的感觉。

指导语

在手拉手的游戏中，我们感受到手拉手的温暖和依靠，以及手拉手团结在一起的快乐。

·我和好朋友手拉手

指导 - 幼儿画一画全世界小朋友手拉手的情景。

- 启发幼儿想一想和好朋友手拉手在哪里玩，然后添画相应背景。

- 幼儿操作，教师引导老大合理安排一家人的任务。

·全世界的好朋友手拉手

提问 - 我们从哪里可以看出，这是一幅全世界小朋友手拉手的绘画作品？

指导 – 重点在于幼儿讨论分析全世界的人种的不同，并在绘画作
品中体现出来。

– 总结幼儿的讨论，启发幼儿粗略认知世界各国的人种，并
在画作中表达出来。

活动延伸

观看全世界小朋友手拉手的图片或视频，重点分析不一样的人种，如
不一样的肤色和头发等。

胜利花

设计思路

每年的 9 月 3 日是中国人民抗日战争胜利纪念日。胜利花是纪念伟大抗日战争的重要标志物。它是由一颗象征胜利的黄色五角星和四片形似和平鸽的花瓣螺旋状组成，以此提醒中国人民珍惜先辈们用鲜血换来的祖国和平。

活动目标

① 知道胜利花的意义；知道胜利花是由三个部分组成。

② 老大能独立画轮廓，老二尝试勾画轮廓，老三沿边裁剪并粘贴。

③ 激发幼儿珍惜和平和热爱祖国的情感。

活动准备

① 前期经验准备：观看过庆祝中华人民共和国成立 73 周年天安门广场升旗仪式，对胜利花有一定认知。

② 教具学具准备：红色手工纸、印有五角星的黄色手工纸若干，固体胶、勾线笔若干，36 把剪刀。

活动流程

胜利花的由来→认识胜利花→制作胜利花→欣赏作品。

阅读指导

阅读小故事《胜利花的由来》。

活动过程

· 胜利花的由来

提问　– 你们有谁认识胜利花吗？

　　　　– 胜利花是一种什么花？

指导 – 请知道的幼儿为大家介绍。

– 观看一段胜利花在山野盛开的视频。

指导语

山茶花被称为胜利花,这一名称源于其美丽的外表。山茶花以其鲜艳的色彩和优雅的姿态,成为许多文化和传说的象征物。它象征着坚韧、希望和胜利,是人们在面对困难时的一种精神寄托。

> **·认识胜利花**

提问 – 胜利花是什么颜色的?

– 胜利花由哪些部分组成?

指导 – 出示范例,请幼儿仔细观看胜利花(山茶花)的结构和色彩。

指导语

胜利花由一颗象征胜利的黄色五角星和四片形似和平鸽的花瓣螺旋状组成。

胜利花由三部分组成:花瓣、花蕾、花萼。胜利花除了蓝色,其他颜色都有。

> **·制作胜利花**

指导 – 出示手工制作的胜利花成品。

– 两张带有花瓣纹的纸是不一样的,一张是带有三瓣花瓣纹的,另一张是带有一瓣花瓣纹的。

– 提供两种材料,一种是印有图形的红纸,一种是需要大年龄段幼儿进行作画的红纸。

– 老三进行剪裁。

– "一家人"制作,教师巡回指导。

指导语

注意正确使用剪刀,三瓣花瓣纹的纸在底层,一瓣花瓣纹的纸在第二层,粘贴时注意将花瓣露出,花蕾(五角星)在花瓣中央,粘贴在最顶层。

· 欣赏作品

提问 – 哪家老大愿意代表"家庭"上来说一说，你们家的胜利花
　　　　是怎样完成的？

指导 – 让所有"家庭"的胜利花"绽放"在写有"纪念抗战胜利
　　　　78 周年"的宣传板上。

　　　　– 组织幼儿一起观赏宣传板上的胜利花。

活动延伸

在区域中投放胜利花的材料，继续丰富"纪念抗战胜利 78 周年"宣传板。幼儿回家向爸爸妈妈展示自己做的胜利花，告诉爸爸妈妈自己保卫祖国的决心。

191

我的家

设计思路

家是幼儿成长的摇篮,每个人的成长都离不开家庭成员的细心关爱与关怀体贴。家有不同的外观和内部装修设计。在混龄"一家人"串门子活动中,无论走到谁的家,幼儿都会瞪大眼睛,同时发出"哇,好漂亮!"之类的赞美。

带领幼儿一起认识自己生活的家,发现各家的美,尝试用自己手中的画笔画出自己温暖的家,是十分有必要的。

活动目标

① 尝试用简单的线条画画并涂色;能用线条、图形组合的方法表现家的基本特征。

② 让幼儿了解家里的人、事、物,感受家的温馨、家的美,分享对家的感受。

活动准备

① 前期经验准备:亲子了解房子的不同外形;观察小区周边房子的外形特征;亲子寻找外形特别的房子;聊聊家里的人、事、物;亲子共读绘本《我的家》。

② 教具学具准备:各类房子的图片,人手一份绘画材料。

活动流程

不同的家→画画我的家→参观我的家。

阅读指导

阅读绘本《我的家》,欣赏歌曲《中国人》。

活动过程

· 不同的家

提问　– 家首先要有什么呢？房子的形状、颜色都一样吗？

　　　　– 房子是我们的家，家给你什么样的感觉？

　　　　– 你们的家在几楼？有没有门铃？有几个房间？

　　　　– 房子里都有些什么？

指导　– 共同回忆房子的种类，如大厦、公寓、别墅、四合院等。

　　　　– 出示各类房子的图片。

　　　　– 归纳幼儿的回答，引导幼儿完整表述。

指导语

每幢房屋的外形都不相同。有高高的楼房，也有平房，有用玻璃做的外墙，也有用水泥做的外墙。每一户人家的房子里面也不一样，都有设计的特点。

· 画画我的家

提问　– 你们的家里有些什么？

　　　　– 为什么喜欢自己的家？

指导　– 引导幼儿完整表述家里有什么。

　　　　– 出示绘画材料，鼓励幼儿把自己的家画出来。

　　　　– 引导老大和老二画房子的外形，老三进行涂色。

　　　　– 在巡回指导中，提示幼儿注意该注意的地方，在发现好的作品时向全体幼儿展示，以鼓励大家。

　　　　– 重点指导个别幼儿。

· 参观我的家

提问　– 评一评，你喜欢哪个家？为什么？

　　　　– 说一说，这个家哪里最吸引你？

指导　– 展示幼儿画的家，老大带着弟弟妹妹欣赏并分享交流自己的观点。

　　　　– 引导幼儿完整表述。

－教师在幼儿参展时巡回指导，可分析 2~3 张作品（涂色均匀、房间分布、家具摆设、有创造和创新之处）。

－教师观察倾听 "一家人" 的评说，如发现哪家大年龄段幼儿评说得好，可以邀请其他幼儿一起倾听。

指导语

家是一个给人温暖的地方，家可大可小。比如，和爸爸妈妈在一起生活的家，老大、老二、老三兄弟姐妹一起生活学习的 "家"。我们整个班级是一家，依霖幼儿园小朋友和老师是一家，上海人是一家，中国人是一家，地球村上所有人也是一家。

活动延伸

可将部分幼儿的画装订成一本小册子，放置于活动区域中，鼓励幼儿常去看看，交流一下。

我的老师

▶▶ 设计思路

一天，在即将开始绘画活动时，幼儿们开始猜想今天的作画内容。晓宇突然说："老师，我们想画您，您来做模特吧。"他的话一出，马上得到全班孩子的响应。于是，老师做模特，孩子们拿起画笔，画下了他们眼中的老师。这无疑是孩子们送给老师最好的教师节礼物。

活动目标

① 愿意画自己喜欢的老师；能够观察并画出老师明显的特征；能够用彩笔表现老师的服装。

② 喜欢自己的老师，懂得感恩，分享画老师时的心情或想法。

活动准备

① 前期经验准备：熟悉作为模特的老师。

② 教具学具准备：依霖园歌《许愿》，"画老师"PPT，各种发型图片，记号笔。

活动流程

说说我的老师→画画我的老师→介绍我的作品"我的老师"。

阅读指导

阅读绘本《我的老师》。

活动过程

· 说说我的老师

提问 - 你喜欢老师吗？喜欢哪个老师？为什么？

– 在你们的眼里老师有什么特别的？(笑、精神、动作等)

– 老师有什么特点？

指导 – 了解班内老师的姓名，说说老师的样子。

– 请出班内老师，幼儿观察老师头部的主要特征，如脸型、眼睛、鼻子、嘴巴、头发等。

·画画我的老师

指导 – 聆听轻音乐，幼儿用绘画表达自己对老师的喜爱之情。

– 提示幼儿选择1位老师进行绘画，能从脸形、眼睛、鼻子、嘴巴、头发等特征进行绘画。

– 鼓励幼儿大胆作画，仔细观察，并画出自己选择的老师的主要特征。

·介绍我的作品"我的老师"

提问 – 你最喜欢谁的作品？为什么？

重点：抓住凸显主要特征的作品，一眼能看出这是某某老师。

指导 – 幼儿说说自己画的哪个老师，请同伴评价画得怎么样。

– 把作品放在展览区，供幼儿共同欣赏。

指导语

你们画出的老师都很美。为什么呢？因为，你们抓住了老师爱你们的心灵美。你们一边画，一边在感受老师对你们的呵护、关爱。所以你们通过自己的笔，把你们对老师的爱也一笔一画地在作品中表现出来了。老师谢谢你们。现在我们一起来唱依霖园歌《许愿》吧！

活动延伸

在美工区域活动时，幼儿可以再尝试画画其他老师。

我想象中的绿色家园

设计思路

习近平主席提出"绿水青山就是金山银山"重要理念，号召全国人民都要重视环境保护，保护绿色家园。为建立幼儿保护环境的意识，我们鼓励幼儿拿起画笔，大胆表达自己对"绿水青山就是金山银山"的理解。

活动目标

① 鼓励幼儿尝试进行简单的线条绘画，并均匀涂色；能理解"绿水青山就是金山银山"，并画出心中的家园。

② 形象与生活经验结合，用画笔表达出审美情趣，对美术创作活动更有兴趣。

活动准备

① 前期经验准备：了解环境污染，知道环境保护的重要性。

② 教具学具准备："绿色家园"PPT，人手一份记号笔、绘画纸。

活动流程

我想要的绿色家园→我画绿色家园→送你一朵小红花。

阅读指导

理解为什么习近平主席说"绿水青山就是金山银山"。

活动过程

· 我想要的绿色家园

提问 — 你觉得绿色家园是什么样子的？

— 我们现在的家园是绿色家园吗？

－ 从哪些地方可以看出来？

指导　－ 结合现状，请幼儿说说自己心中的绿色家园的样子。

指导语

有很多不爱护家园的人导致我们的家园不再那么清洁了，我们要作出自己的贡献，让我们的家园更快地绿起来。

· 我画绿色家园

提问　－ 有没有小朋友愿意跟我们讲讲，你画的绿色家园是什么样的？

指导　－ 播放"绿色家园"PPT。

　　　　　　　－ 引导幼儿根据自己的想象大胆作画。

　　　　　　　－ 教师有针对性地指导个别幼儿。

指导语

绿色家园是我们心目中的家园，这里有很多的植物、草地，人与动物和谐地生活在一起，没有污染，非常漂亮。

· 送你一朵小红花

指导　－ 播放背景音乐《送你一朵小红花》。

　　　　　　　－ 请幼儿互相欣赏作品并说说自己喜欢哪幅作品，为什么。

　　　　　　　－ 将幼儿的作品展出，老大带着弟弟妹妹用三朵小红花投票。

投票规则：

　　　　　　　－ "一家人"现场评说全部作品，选出认为最好看的三幅绿色家园作品。

　　　　　　　－ 把三朵小红花分别贴在"一家人"评选出来的三幅作品上。

　　　　　　　－ 最后由老大代表"家庭"去数一数自己"家庭"获得了几朵小红花。

　　　　　　　－ 两位教师也有投票的权利，确保每个"家庭"至少有一朵小红花。

▶▶ **活动延伸**

　　本周，"一家人"在区域活动时，继续完成三张绿色家园作品，并将完成的作品赠送给幼儿园附近腾冲路上的小区安保人员、商店工作人员和路人，向家人和朋友宣传"绿水青山就是金山银山"理念。

战机啊！大炮啊！

▶▶ **设计思路**

9月3日，依霖幼儿园的孩子们饶有兴趣地一起观看了国庆70周年阅兵视频。短短三天假期回来，我发现幼儿对于大阅兵仍念念不忘。很多孩子对看见的大炮、战机十分感兴趣。有效的课程内容来自幼儿的兴趣，本阶段开展的主题活动，来自幼儿心心念念、朝思暮想的战机、大炮，能够有效渗透主题。

▶▶ **活动目标**

① 能用简单的线条完整地勾画出战机或者大炮。

② 感受战机和大炮的神秘，体验作画的乐趣。

▶▶ **活动准备**

① 前期经验准备：观看了国庆70周年阅兵视频，对战机、大炮、导弹等有所认知。

② 教具学具准备：油画棒、纸、记号笔。

▶▶ **活动流程**

观看图片→认识战机、大炮和远程导弹→我们一起画画。

▶▶ **阅读指导**

观看国庆70周年阅兵视频；浏览战机、大炮、远程导弹等的图片。

▶▶ **活动过程**

· 观看图片

提问 - 图片上是什么？你们在哪里见过？它们有哪些用途？

指导 － 出示图片，请幼儿认真观察、仔细辨认。

指导语

它们分别是战机、大炮、远程导弹。它们是军队的常备武器，是用来防御和攻击敌人的武器。

> **·认识战机、大炮和远程导弹**

提问 － 图片上的战机、大炮、远程导弹分别有什么特征？

指导 － 出示图片，让幼儿仔细观察，找出战机、大炮、远程导弹的主要特征。

－"一家人"讨论交流，并请代表讲述其不同特征。

－教师汇总幼儿的讲述，点明战机、大炮、远程导弹是由很多不同形状的零件组合而成。

指导语

战机是空天作战武器，主要由机身、主翼、尾翼组成。

大炮是地对空、地对地作战的武器。火炮主要由炮架和炮身组成。

远程导弹是远距离作战武器。远程导弹主要由战斗部（弹头）、弹体、动力装置（推进系统）和制导系统四部分组成。

战机、大炮、远程导航均是由不同形状的零件组合而成。这些零件有三角形的，有圆形的，还有方形的。

> **·我们一起画画**

指导 － 幼儿画出大炮、战机、远程导弹。

－指导幼儿想象大炮、战机、远程导弹的颜色。

指导语

现代战争有哪些先进的武器？大家回去后，可以邀请爸爸妈妈，一起查找中国或世界上最先进的导弹等武器。

▶▶ **活动延伸**

将幼儿已经完成的作品投放到区域中，在保证作品完整的情况下，教师和幼儿把作品剪出来，汇聚成独特的军事武器图集。

艺术·音乐活动

爸爸本领大

▶▶ 设计思路

父母是幼儿成长过程中的第一任教师，幼儿是否健康端正，很大程度上取决于父母的教育与榜样作用。有些父亲会缺席幼儿的成长，所以幼儿对妈妈的依赖更强。幼儿园应多组织一些父子、父女之间的互动项目，帮助幼儿了解爸爸的本领，感知父亲在家庭和社会中的重要作用。

▶▶ 活动目标

① 学唱歌曲《爸爸本领大》；在学唱的同时用声音、动作表现歌曲内容；在学唱的基础上尝试创编歌词。

② 在学唱歌曲《爸爸本领大》的过程中感受父爱的厚重，激发幼儿爱爸爸的情感。

▶▶ 活动准备

① 前期经验准备：对自己爸爸的本领有所了解（翻阅爸爸的相册），喜欢自己的爸爸；开展"我是新闻小记者，采访爸爸的本领"家庭活动，并用自己的方法记录"爸爸会什么"。

② 教具学具准备：爸爸现在的照片，爸爸工作时的照片，爸爸学生时代的照片；视频《大头儿子和小头爸爸》；歌曲《爸爸本领大》的琴谱；钢琴。

▶▶ 活动流程

话说"我的爸爸本领大"→歌唱爸爸→爸爸的本领我们也会唱。

▶▶ 阅读指导

阅读《爸爸本领大》的歌词。

活动过程

> **·话说"我的爸爸本领大"**

提问　－你们知道自己的爸爸都有什么本领吗？

指导　－引导幼儿聊聊自己爸爸的本领，他喜欢什么，会做什么。

　　　　－播放视频《大头儿子和小头爸爸》，讨论小头爸爸的本领。

指导语

原来我们的爸爸有游泳的本领，钓鱼的本领，打篮球的本领，修电器的本领，工作的本领……

> **·歌唱爸爸**

提问　－这首歌叫什么名字？（《爸爸本领大》）

　　　　－这是一首几拍子的歌曲？（2/4 拍）

　　　　－2/4 拍的节奏该怎么打？（强弱/强弱）

　　　　－歌曲是怎样夸爸爸的？

指导　－初次欣赏歌曲，请幼儿说一说听到的歌曲内容。

　　　　－再次播放歌曲，完善幼儿所说到的答案。

　　　　－引导幼儿用拍手、拍膝、踩脚的方式，打出 2/4 拍的节奏。

　　　　－幼儿边打节奏边哼唱歌曲。在难度较大的地方，教师可以单独进行指导。

指导语

我的爸爸本领大，什么事情都会做。他会炒菜，他会开汽车，还会修电脑。夸夸我的好爸爸，他的本领真正大。

> **·爸爸的本领我们也会唱**

提问　－我们能不能把自己爸爸的本领也编进歌曲里去呢？

　　　　－我们可以把爸爸的本领编在歌曲的哪一部分呢？

　　　　－用唱的方法，还是用念读儿歌句子的方法编进去呢？

指导　－教师编唱。教师现编一段：我爸爸会写书法和打篮球。

　　　　－合唱。念白处教师调整儿歌句："他会写书法呀，他会打篮球。"

- 邀请大年龄段幼儿示范编儿歌,以此类推进行……

指导语

有的爸爸会修电脑,有的爸爸会打球,有的爸爸会修摩托车,真厉害!老大可以试一试将这些本领编进歌曲里,并询问弟弟妹妹爸爸的本领,帮助他们一起编唱。

▶▶ **活动延伸**

将歌曲《我的爸爸本领大》投放至音乐区,在区域活动时,幼儿可以选择歌曲进行表演。

彩色的中国

设计思路

在"我爱我的家"的"我爱祖国"分主题教学中，孩子接触到许多柔美、节奏欢快的歌曲。其中，《彩色的中国》是一首节奏鲜明、活泼流畅的歌曲，有助于开发幼儿的肢体创造能力，激发幼儿的想象力，锻炼幼儿的发散思维。因此，我们设计了此次活动。

活动目标

① 老大了解歌词的内容，能用自然的声音、准确的节奏和音调有感情地演唱《彩色的中国》，尝试唱出三拍子的韵律感。

② 老二能哼唱歌曲，感受歌曲活泼流畅的风格；尝试理解歌词的内容和所表达的感情。

③ 通过学唱和欣赏歌曲《彩色的中国》，幼儿感受到彩色中国的美好。

④ 培养幼儿听前奏和间奏的习惯。

活动准备

① 前期经验准备：能通过敲打小乐器或用手拍打桌子等打出三拍子的节奏，咚—嗒—嗒；在前一周的自由活动中，播放歌曲《彩色的中国》。

② 教具学具准备："彩色的中国"PPT。

活动流程

欣赏歌曲《彩色的中国》→学唱歌曲，理解歌曲中的词句→"一家人"表演唱。

阅读指导

阅读《彩色的中国》的歌词。

活动过程

· 欣赏歌曲《彩色的中国》

提问 — 这是一首几拍子的歌曲?

— 听一听歌里都唱了些什么?

指导 — 教师连续播放歌曲《彩色的中国》，让幼儿聆听歌曲的旋律，熟悉歌曲的节拍。

— 幼儿边听歌曲，边用手打拍，重点掌握第一拍（咚—嗒—嗒，强/次强/弱）。

— 教师打开地图，请幼儿聆听歌曲唱了什么内容。

轻轻打开地图册/我第一眼就看到了彩色的中国

碧绿的是平原/金黄的是沙漠/长长的是长江/弯弯的是黄河

还有一只小船一样的岛/漂在东海里/漂在东海里/那里住着台湾的小哥哥，那里住着台湾的小哥哥

— 重点：3/4拍的第一拍为重音。

指导语

听着歌曲，看着地图，我们感受到了祖国的伟大，知道了像小船的岛——台湾岛。

· 学唱歌曲，理解歌曲中的词句

提问 — 轻轻地打开什么?（地图册）

— 平原是什么颜色的?（碧绿）

— 沙漠是什么颜色的?（金黄）

— 长长的是什么江?（长江）

— 弯弯的是什么河?（黄河）

— 像小船一样的是什么岛?（台湾岛）

— 台湾岛上有谁?（小哥哥）

— 怎样的小哥哥呢?（贪玩的小哥哥）

— 听完了这首歌，你们有什么感觉?

— 这一次，你听到歌曲里都唱了些什么?

指导 　－ 鼓励幼儿大胆说出听到的歌词，教师用清唱的方式将幼儿回答的歌词唱出来。

　　－ 完整欣赏歌曲，帮助幼儿感受歌曲活泼流畅的风格。

　　－ 完整播放歌曲1~2遍，幼儿跟着音乐节奏轻轻歌唱，教师以三拍子节奏指挥。

　　－ 根据幼儿的跟唱情况，教师加以纠正（歌词、节拍、音准）。

　　－ 大年龄段幼儿学唱歌曲，弟弟妹妹欣赏。

指导语

歌曲《彩色的中国》轻快、欢乐，我们要跟随音乐把歌词的美唱出来。

　· "一家人" 表演唱

指导 　－ 以 "家庭" 为单位，上台演唱，观众打节拍。比如，1~3号 "家庭"，4~6号 "家庭"……

指导语

台湾永远是中国不可分割的一部分。台湾在1895年至1945年被日本占领，抗日战争的胜利使得台湾在分离50年之后又回到了祖国妈妈的怀抱。

活动延伸

后续几天继续播放歌曲《彩色的中国》，直至小年龄段幼儿熟悉旋律，大年龄段幼儿熟悉歌曲。

打靶归来

设计思路

又逢八一建军节，祖国妈妈的又一个生日即将到来。每年，幼儿园都会邀请警察叔叔到幼儿园组织大班幼儿进行军训，在幼儿心中播下爱国与崇敬军人的种子，激发了幼儿的民族自豪感。

《打靶归来》这首歌旋律明快，节奏富有动感，歌词简洁明了。通过学唱，幼儿能感受音乐的节拍，提升节奏感，同时能直观感受中国军人的坚韧。

活动目标

① 学会打出 2/4 拍强弱的节奏。

② 能唱出积极向上的情绪；能理解歌词"歌声飞到北京去，毛主席听了心欢喜，夸咱们枪法数第一"。

③ 培养幼儿倾听前奏和间奏的习惯。

活动准备

① 前期经验准备：借助八一建军节讲故事；9 月初老大已体验军训实践活动；国庆前一周经常播放歌曲《打靶归来》；在阅读区投放 4 本有关小英雄的绘本。

② 教具学具准备：歌曲《打靶归来》，解放军训练的视频。

活动流程

我们唱《打靶归来》→我们也来学打靶归来→我们是小军人。

阅读指导

阅读《小砍刀的故事》《鸡毛信》《两个小八路》，熟悉歌曲《打靶归来》的歌词。

活动过程

・我们唱《打靶归来》

提问　－解放军叔叔为什么要练习打靶？

－他们练习了多长时间，什么时候回军营的？

－他们练习完杀敌本领后心情是怎样的？

－他们在回来的路上是怎么唱的？

－我们听完《打靶归来》有什么样的感受？

指导　－播放解放战争之"辽沈战役""淮海战役"吹冲锋号的视频，让幼儿感受解放军胜利冲锋的士气。

－多次播放中国武警男声合唱团的《打靶归来》，引导幼儿感受歌曲情绪，可跟着哼唱。

指导语

这是一首表现解放军战士平时刻苦练习杀敌本领的歌曲，也是一首精神气很足的歌曲。

・我们也来学打靶归来

提问　－你能拍出《打靶归来》这首歌的拍子吗？

－2/4拍的节奏是什么？哪一拍强，哪一拍弱？

－你们可以将手和身体结合起来拍打2/4拍的节奏吗？

指导　－请老大、老二、老三为大家示范。

－可请幼儿打强拍，教师打弱拍，或老大打重拍，老二、老三打弱拍。

－引导幼儿感受歌曲的节奏，并拍打出精神气。

－引导幼儿尝试运用身体其他部位拍打节奏。比如，第一拍拍手，第二拍拍打身体的其他部位。重点是练习2/4拍强弱的节奏。

指导语

《打靶归来》是一首2/4拍的军旅歌曲。2/4拍的第一拍是强拍（重），第二拍是弱拍（轻）。

·我们是小军人

提问　–"打靶归来"这组词是什么意思？

　　　　–毛主席听到了战士们的歌声，心情怎么样？他是怎样夸奖战士们的？

　　　　–"日落西山红霞飞"和"把营归"是什么意思？

指导　–播放一组打靶归来的图片（6~7张），帮助幼儿理解歌词。

　　　　–完整播放歌曲，让幼儿理解歌词。

　　　　–引导老大带着相应的情绪演唱歌曲，可以配手势。

指导语

这是首积极向上的歌曲，我们可以带着激昂、兴奋的心情去演唱，同时用身体做出相应的动作来表达这种情感。

活动延伸

请幼儿把枪、刀、剑之类的玩具，或将报纸卷成棍状，扛在肩膀上，听着音乐，唱着《打靶归来》，走出教室，去操场上"军训"。

大中国

▶▶ 设计思路

《大中国》这首歌曲广为流传，这首歌的旋律脍炙人口。

木兰老师让"每个生命更精彩"的手语表演在网络上疯传，受到大家的喜爱，甚至震撼了全国的青少年，燃起了他们的青春活力。作为十月国庆长假后的第一课，幼儿的爱国之情非常真切。

▶▶ 活动目标

① 能演奏出固定的节奏；能够结合手语动作，拍出整齐有力量的节奏；能将手势动作与歌曲结合起来表演。

② 从歌唱中感受生活在中国大家庭中的温暖、自豪和幸福，知道聋哑人也是大中国家庭中的成员。

③ 引导幼儿学会聆听前奏的最后一个音。

▶▶ 活动准备

① 前期经验准备：幼儿听过歌曲《大中国》或熟悉歌曲旋律，大年龄段幼儿具备些许中国的地理知识。

② 教具学具准备：中国地图；与歌曲《大中国》有关的图片或资料，如长江、黄河、万里长城、青藏高原的图片；木兰老师的动感课桌舞原创视频。

▶▶ 活动流程

这是哪里？→动感课桌舞·大中国→我们都是中国人。

▶▶ 活动过程

· 这是哪里？

提问 － 我们看一看这是什么地方？

- 我们看到的这一切都属于哪个国家?

- 这首歌叫什么名字? 你们会唱吗?

- 为什么称中国为"大中国"?

指导 - 播放黄河、长江、喜马拉雅山、56 个民族(载歌载舞)的组合视频(背景音乐《大中国》)。

- 定格北京天安门。

指导语

这首歌曲叫《大中国》。中国有 14 亿多人口,又有许多少数民族,是一个大家庭。中国的面积很大,陆地总面积约 960 万平方千米,海域总面积 473 万平方千米,有黄河、长江、喜马拉雅山脉。我们生活在中国这个大家庭里,安全、快乐、幸福。全国人民都一起唱响这首歌,这声音真的是雄壮有力,响彻全世界。

`·动感课桌舞·大中国`

提问 - 你们看到了什么?

- 你们听到了什么?

- 哥哥姐姐们是怎样唱《大中国》这首歌的?

指导 - 请小年龄段幼儿简单讲出自己看到的、听到的。

- 请大年龄段幼儿讲出哥哥姐姐们是怎样用声音、动作歌唱的。

- 连续播放 3 遍歌曲《大中国》。

- 教师引导幼儿讲讲哥哥姐姐们做了哪些动作。

- 重点:家、中国、兄弟姐妹、长江黄河、青藏高原……

- 重复观看视频,掌握节奏"咚咚哒—咚咚哒—","咚咚"拍桌面,"哒"做动作,前面部分每个动作做两次,后面部分注意左右换和渐慢。

- 幼儿随视频跟唱,做动作,重点注意节拍。小年龄段幼儿跟上节奏即可,大年龄段幼儿的拍点要清楚。

指导语

《大中国》这首歌是 4/4 拍的。4/4 拍是强/强/渐强/弱。所以要注意前面两拍是重拍，第三拍轻一点，第四拍再轻一点。

　·我们都是中国人

提问　– 我们都是什么国家的人？（中国人）

　　　– 中国的国旗是什么？（五星红旗）

指导　– 老大在弟弟妹妹脸上贴国旗贴纸。

　　　– 请老大表演，弟弟妹妹看看哥哥姐姐的歌唱、动作、节拍
对不对。

　　　– 请老二、老三表演，老大当小老师，指导弟弟妹妹的歌唱
或节拍。

　　　– 全班一起高歌《中国人》。

指导语

当小老师，第一要注意节拍的准确性；第二要注意动作对不对；第
三要看有没有精神，有精神的就是有力量的中国人。

▶ 活动延伸

　　把《大中国》动感课桌舞音乐视频发送给"家庭孩子王"们，以便幼
儿放学回家后进行亲子活动，一起歌唱《大中国》。

地球小卫士

设计思路

在"我爱我的家"的小主题——"地球,我们共同的家"进行后,孩子们对地球的了解越来越多,他们在和爸爸妈妈收集资料的过程中,在各种活动中逐渐明白我们的地球正在发生变化,而这些变化影响着我们美丽的家园。为了让每个孩子都建立起保护我们共同的家园的意识,并让这种意识越来越强烈,我们设计了此次教学。

活动目标

① 欣赏、感受歌曲的节奏和韵律;尝试跟随歌曲哼唱;能够感知音乐的强弱;能用基本准确的节奏和音调哼唱。

② "一家人"能够一起欣赏歌曲,享受"家庭"成员之间和睦相处的美好情感。

③ 培养幼儿听前奏和间奏的习惯。

活动准备

① 前期经验准备:已预先在阅读区投放《地球小卫士》系列绘本,参与过幼儿园春秋游清洁草地、清洁河沿岸的劳动实践活动。

② 教具学具准备:配合故事自制的视频《美丽的动物家园》,背景音乐为《地球小卫士》。

活动流程

"地球小卫士"的故事→如果我是地球小卫士→我是地球小卫士。

阅读指导

熟悉《地球小卫士》的歌词:

听说清晰的河里游着各种鱼,我却只见过它们在鱼缸里;听说老虎都住在森林里，我却只见过动物园里那几只。为什么鱼儿不在河里？妈妈说河里的水不再清晰；为什么老虎不在森林里？妈妈说一切已变成童话故事。

我最想把河水、把河水变得清晰，然后再让鱼儿、让鱼儿回到河里；我最想造出那、造出那美丽森林，然后让老虎回到森林里。

我最想呼吸着、呼吸着新鲜空气，然后听听小鸟喳喳唧唧；我最想让童话、让童话变成现实，因为我就是那地球小卫士，地球小卫士！

▶ **活动过程**

- **"地球小卫士"的故事**

提问　– 谁知道哪些原本生活在水里或森林里的动物还在不在它们原来生活的地方？

– 《地球小卫士》歌曲里讲了些什么？

指导　– 教师把歌词编成一个故事：

有一个名字叫"地球小卫士"的男孩，有一天他问妈妈："妈妈，妈妈，鱼缸是小鱼的家吗？"……

– 教师讲完故事，引出歌曲《地球小卫士》后，一起好好欣赏（第一遍欣赏）。

– 结合问题欣赏2~3遍歌曲。

指导语

《地球小卫士》是一首2/4拍的歌曲。2/4拍的节奏是强弱、强弱，我们可以用拍—空、拍—空的方式为歌曲打节奏。人类不懂得好好保护大自然，把小鱼、老虎等很多动物生存的家园给破坏了，使它们失去了生活的地方。

- **如果我是地球小卫士**

提问　– 听完《地球小卫士》这首歌，你们有什么感受呢？

– 这首歌叫什么名字？

– 鱼儿为什么没有在水里，而是在鱼缸里？

– 老虎为什么不在森林里，而是在动物园的笼子里？

指导 - 引导幼儿欣赏歌曲《地球小卫士》(2~3遍),仔细聆听,认真地感受歌曲的节奏和韵律。

- 在欣赏歌曲的过程中,引导幼儿逐步学会哼唱。

- 启发大班幼儿理解歌词的意义,说出自己的想法。

指导语

歌曲一共有三段:

第一段"地球小卫士"告诉我们,他看见的鱼儿、老虎都不在它们应该生活的地方;

第二段"地球小卫士"告诉我们,他想让鱼儿、老虎都回到自己的家园去生活;

第三段"地球小卫士"告诉我们,他有一个梦想,他想让天空更蓝,想让空气更好,想让……

> **· 我是地球小卫士**

提问 - "地球小卫士"问我们:"如果你是地球小卫士,你想怎么做?"

指导 - 引导幼儿用画画的方法把"我是地球小卫士"的想法表现出来。

- 一个"家庭"也可以共同作画,由大年龄段幼儿组织指挥。

- 反复播放歌曲《地球小卫士》。

指导语

我们应大胆地告诉歌曲里的"地球小卫士":"我们都是'地球小卫士',我们也会保护我们的地球家园的。"

▶ **活动延伸**

幼儿继续作画;通过每天新闻播报时间,为大年龄段幼儿提供介绍自己作品的机会。

歌唱二小放牛郎

▶▶ **设计思路**

"我爱我的家"的主题已经正式开始了，在之前的主题问题收集中，幼儿观看了视频和照片，对抗战英雄的故事很感兴趣。在第二次世界大战中，中国人民浴血奋战14年，涌现了一大批战斗英雄，放牛娃王二小就是其中的一个小小战斗英雄。

▶▶ **活动目标**

① 能聆听歌曲，听懂"抗日英雄王二小"的故事内容；能够复述几句简单的歌词且哼唱出来；尝试大致完整地唱出歌曲。

② 感受歌曲对小英雄的赞美之情，树立向"抗日英雄王二小"学习、保家卫国的思想。

③ 培养幼儿听前奏和间奏的最后一个音的习惯。

▶▶ **活动准备**

① 前期经验准备：阅读过绘本《小英雄王二小》或听过抗战英雄王二小的故事。

② 教具学具准备：自制视频《抗日英雄王二小》（歌曲《歌唱二小放牛郎》为背景音乐，歌曲中间的过渡音乐不用裁剪掉）；将近期学过的歌曲的前奏自制成混合版，可多次插入歌曲《歌曲二小放牛郎》的前奏。

▶▶ **活动流程**

抗日英雄王二小→歌唱二小放牛郎→熟悉的旋律。

▶▶ **阅读指导**

阅读绘本《小英雄王二小》。

活动过程

·抗日英雄王二小

提问 － 你们认识抗日小英雄王二小吗？你们是怎么认识他的？

－ 你们想不想做王二小那样的小英雄呢？

指导 － 回忆小英雄王二小的故事，请老大讲给弟弟妹妹听。

－ 引出歌曲《歌唱二小放牛郎》。

指导语

1942 年，河北省涞源县的抗日小英雄王二小闻名全国。王二小原本不姓王，而姓阎。因为他是村里的孩子王，所以大家都称他为"王二小"。

王二小牺牲的时候才 13 岁。他的英雄故事很快传遍了全国。大家含着眼泪讲述他的故事，并把他的英勇事迹写成了一首歌——《歌唱二小放牛郎》，传遍整个中国。

·歌唱二小放牛郎

提问 － 这首歌一共有五段，五段连起来就是一个完整的故事，你们听出来了吗？

－ 这五段分别唱的是什么内容？

－ 你们听了这首歌以后有什么感受？

指导 － 完整地看一遍自制视频《抗日英雄王二小》。

－ 听歌曲第 1 段和第 2 段，教师讲述歌词大意，帮助幼儿理解歌词。

－ 听歌曲第 3 段和第 4 段，教师讲述歌词大意，帮助幼儿理解歌词。

－ 听歌曲最后一段，教师讲述歌词大意，帮助幼儿理解歌词。

－ 最后完整听一遍，幼儿熟悉旋律。

指导语

这是一首叙事性歌曲（讲故事）。

歌曲第 1~2 段告诉我们：牛儿还在山坡吃草，怎么不见了放牛的孩子王二小？王二小去哪里了？是不是贪玩了？（不是）敌人抓住了王二小，要他带路。9 月 16 日那天早上，敌人向一条山沟里扫荡，山沟里有八路军机关，还有几千名老百姓；

歌曲第 3~4 段告诉我们：敌人抓住了王二小，为了保护八路军和老百姓，王二小故意给敌人带路，把敌人带进了八路军的埋伏圈。敌人知道自己受骗了，就用刺刀把王二小挑在枪尖上，摔死在大石头上面，那年王二小才 13 岁；

歌曲最后一段告诉我们：英雄牺牲在山间，秋风吹遍了整个山庄，把王二小的故事传扬，每一个老百姓都含泪歌唱着《歌唱二小放牛郎》。

- **熟悉的旋律**

提问　– 如果现在放一组音乐，你们能听出哪一首是《歌唱二小放牛郎》吗？

指导　– 播放近期学过的歌曲的前奏混合版音乐。
　　　　– 如果幼儿听到《歌唱二小放牛郎》直接叫停音乐。
　　　　– 请幼儿再次聆听完整的歌曲前奏混合版音乐，说出整段音乐中有几段是大家熟悉的《歌唱二小放牛郎》。

指导语

我们知道了抗日小英雄王二小的故事，熟悉了歌曲《歌唱二小放牛郎》的旋律，下次我们一起学唱《歌唱二小放牛郎》这首歌曲。

活动延伸

在下次学歌之前，教师在教室里经常播放《歌唱二小放牛郎》这首歌曲，对幼儿进行潜移默化的熏陶。

歌曲《画地球》

设计思路

地球模型对幼儿来说已经不陌生了，随着对周边事物的探索，幼儿观察和探究地球的兴趣越来越浓厚，因此在活动内容上我们选择了与幼儿生活密切相关的地球，让幼儿用绘画的方法表达歌唱内容，练习用甜美欢快的声音演唱歌曲，并通过肢体语言记忆｜1 5｜和｜1 5 3｜的音程关系，形成"看手势—唱音高"的条件反射。

活动目标

① 学习用甜美欢快的声音演唱歌曲；认识歌谱中的符号并根据手势提示唱准｜1 5｜和｜1 5 3｜；在熟悉歌曲的基础上尝试创编歌词。

② 体验热爱地球家园的情感，感受"一家人"一起学习的快乐。

③ 培养幼儿倾听前奏和间奏的习惯。

活动准备

① 前期经验准备：教师组织幼儿进行了关于地球的谈话活动。

② 教具学具准备：大树等的图片，歌曲《画地球》，图谱。

活动流程

我画出歌里唱的地球→"六条线线"和"大树""小丘"怎么唱→我们快乐歌唱。

阅读指导

熟悉歌曲《画地球》的歌词：

画上一个圈圈，画上六条线线，画上大树小丘，画上绿水青山，画上花坛草坪，画上白云蓝天。多么美丽的地球。哇！我们可爱的家园。

▶▶ 活动过程

· 我画出歌里唱的地球

提问 － 你们能听着一首歌曲画出一个地球吗？

　　　 － 地球上有什么东西？

指导 － 引导幼儿根据问题回忆对地球的认知。

　　　 － "一家人"一起听一遍歌曲《画地球》并讲出或者画出歌里唱的内容。

　　　 － 用5~6分钟时间听歌作画，鼓励幼儿仔细聆听，快速用画笔画出歌词内容。

　　　 － 请幼儿讲述《画地球》这首歌唱了什么内容。

指导语

地球很美，地球上有大树小丘，地球上有绿水青山，地球上有花坛草坪，地球上还有白云和蓝天。

· "六条线线"和"大树""小丘"怎么唱

提问 － 歌曲第一句中的"六条线线"和"大树""小丘"唱法有点不一样，你们听出来了吗？

指导 － 教师示范唱，并利用手势提示幼儿"六条线线"和"大树""小丘"不一样的地方（难点），并讲解该怎么唱。

　　　 － 教师示范唱，边唱边做动作，幼儿认真听。

　　　 － 大年龄段幼儿跟随教师一起唱，小年龄段幼儿听。

指导语

我们学唱的时候不要着急，一定要用耳朵静静地聆听清楚每一拍节奏和每一句歌词。

看图谱时，小箭号往上翘，就要这样唱（教师示范唱），画上花坛草坪，画上白云蓝天；小箭号往下弯，就要这样唱（教师示范唱），画上大树小丘，多么美丽的地球！

· 我们快乐歌唱

提问 － 歌曲《画地球》这首歌里唱到的内容和你们画出来的画面一样吗？有没有遗漏掉的？

- 你们能看着图片和小箭号来唱吗?

指导　- 请"一家人"看着自家的画并对照歌词轻轻唱。

- 引导幼儿说出欢快高兴地歌唱的情感体验,并自由地边唱边跳。

指导语

今天我们学会了一边画画一边歌唱的本领。很多有名的音乐家、作曲家就是从小喜欢画画,把看到的东西画下来、唱出来,慢慢地他们就喜欢画画,喜欢唱歌了。你们也可以!

▶▶ 活动延伸

地球上除了有大树、小丘,还有什么呢?地球上还有很多东西也能画下来,编到歌曲里去,下一次活动我们来试试看。也可今天回去后请爸爸妈妈打开手机,找出《画地球》这首歌,试着编编新的歌词。

你好，幼儿园

设计思路

"你好，幼儿园"是一个温馨话题，爱是教育不变的理念。现在的幼儿大部分都是"独苗苗"，被几代人宠着、爱着，可是，他们却很少关心别人。

在幼儿园的混龄环境中，孩子们能感受到哥哥姐姐和老师的关爱。哥哥姐姐就像小老师一样，会用歌声传递爱——既表达自己对幼儿园的喜爱，也在这个过程中学会如何去爱别人。此次教学可以让"一家人"体验围坐在一起唱歌跳舞的快乐。

活动目标

① 小年龄段幼儿跟随、模仿哥哥姐姐快乐地唱歌，能唱准 2/4 拍的节奏。

② 在"一家人"的歌唱中，大年龄段幼儿能引领"一家人"大声歌唱，快乐歌唱，感受到关爱弟弟妹妹和幼儿园生活的美好之情。

③ 培养大年龄段幼儿倾听前奏的习惯。

活动准备

① 前期经验准备：知道幼儿园一日生活的具体内容。

② 教具学具准备：歌曲《你好，幼儿园》；根据歌词自制视频，资料来源于最近几天的幼儿园生活。

活动流程

你好，幼儿园→幼儿园里真热闹→我要天天背上小书包。

阅读指导

熟悉《你好，幼儿园》的歌词：

223

早上空气真呀真是好，呼气呼气起呀起得早，穿新衣戴新帽，还要背上小书包，背上小书包；

幼儿园真呀真热闹，大家排队做呀做早操，伸伸胳膊弯弯腰，再来互相问个好，再来互相问个好；

滑滑梯大呀大城堡，还要一起唱呀唱歌谣，一起笑呀开心笑，集体游戏乐滔滔，集体游戏乐滔滔。

▶▶ 活动过程

· 你好，幼儿园

提问 — 我们想向幼儿园的哪些人、哪些东西问个好呢？

— 我们每天来幼儿园都做了些什么？

— 我们在幼儿园里做哪些事情最快乐？

指导 — 集体讨论讲述，鼓励大年龄段幼儿向新朋友们问好，"一家人"相互问好。

— 请大年龄段幼儿介绍在幼儿园里生活学习为什么会开心。

— 教师归纳小结幼儿讲述的内容。

· 幼儿园里真热闹

提问 — 听了《你好，幼儿园》这首歌曲，请哥哥姐姐告诉弟弟妹妹歌曲里唱了哪些开心的事情？

— 看到这些图片，你想起了歌曲里的哪一句话？

指导 — 幼儿如果讲到歌曲里的句子，教师可以清唱。

— 请幼儿完整地聆听歌曲，并听听讲的和歌里唱的一样吗？

— 歌曲一共有三段，请幼儿分段聆听、跟唱：

第一段，重点放在2/4拍的强弱节拍上，老大带弟弟妹妹一起用手打节拍跟唱。

第二段，重点听清楚歌里唱了什么，继续打节拍。

第三段，重点在情绪引导上。

— 教师与幼儿共同学唱歌曲（可重复2遍），遇到幼儿吐字咬字或音不准之处，可以停下，教师单句清唱辅导。

指导语

唱 2/4 拍节奏的儿歌，注意第一拍是强拍，要唱得响一点，第二拍是弱拍，可以唱得轻一点。

·我要天天背上小书包

提问 - 你们想每天背上小书包吗？为什么？

指导 - 引导幼儿用歌曲里的歌词告诉小伙伴们。

指导语

《你好，幼儿园》是一首充满积极向上精神的幼儿歌曲。歌曲的歌词讲的都是我们小朋友每天生活的场景，我们很熟悉。我们唱《你好，幼儿园》这首歌能表达我们对幼儿园生活的热爱和对小伙伴们的友好之情。我们是快快乐乐的"一家人"。

▶▶ **活动延伸**

每天中午散步时，请老大带领弟弟妹妹欢唱《你好，幼儿园》；幼儿回家后将歌曲唱给爸爸妈妈和其他家人听。

爬长城

▶▶ **设计思路**

长城是大多数幼儿所熟悉的,京剧是大年龄段幼儿所知道的。不过大多数幼儿尚未爬过长城,希望通过这次带有京剧味道的"爬长城"音乐活动,幼儿能感受爬长城的快乐。

▶▶ **活动目标**

① 初步学会歌曲《爬长城》;在活动过程中感受歌曲《爬长城》的不同音乐性质;启发幼儿发挥想象,用夸张的、符合音乐性质的动作来表现音乐。

② 在活动过程中,萌发爱祖国的情感,体验"一家人"一起表演的乐趣。

▶▶ **活动准备**

① 前期经验准备:已学会儿歌表演《长城长》,阅读过绘本《长城》。

② 教具学具准备:歌曲《爬长城》,长城、长墙的图片。

▶▶ **活动流程**

怎样爬长城→我们唱着《爬长城》→锵锵起锵,起锵锵。

▶▶ **阅读指导**

熟悉《爬长城》的歌词:

长城像条龙,卧在高山中,我们爬长城,一起往上冲。

长城坚又牢,是谁来创造,祖先有功劳,我们多自豪。

▶▶ **活动过程**

· 怎样爬长城

提问 －你们有谁爬过长城吗?

— 你们看见过长城吗？在什么地方看见的？

— 你们见过别人爬长城吗？

— 远远地看去，长城像什么？长城在高山上卧了多少年了？
（重点）

— 长城是谁创造的？是谁的功劳？

— 长城坚固吗？讲到中国的长城，许多人民都感到自豪，我
们呢？

指导 — 播放有关长城的视频。

— 教师与幼儿讨论并提问题。

指导语

长城已经在中国的高山上卧了2000多年了，它长长的像一条巨龙。长城是我们的祖先为了抵御侵略者而创造的。我们中国的长城已经被列为世界文化遗产。

> · 我们唱着《爬长城》

提问 — 这首歌中你们最喜欢哪一句歌词？

— 这首歌曲的旋律听起来有什么不一样的感受？

— 这首歌一共有几段？每一段有几句？

指导 — 完整地听1~2遍歌曲再提问。

— 幼儿带着问题"有什么不一样的感受"再听一遍歌曲。

— 幼儿带着问题"歌曲分几段"再听一遍歌曲。

— 幼儿带着问题"歌曲第一段唱了哪几句歌词"，听歌曲第
一段。

— 幼儿带着问题"歌曲第二段唱了哪几句歌词"，听歌曲第
二段。

— 在两段歌词的前后和中间，幼儿可以用动作打节拍。

指导语

《爬长城》的歌词描述了孩子们一起爬长城的情景，表达了对长城的赞美之情和对祖国的骄傲之情。

第一段，小朋友们去爬长城，非常欢快，所以歌唱时要把欢快的心情唱出来。

第二段，全世界只有我们中国有长城，感谢祖先，我们非常自豪，要把感谢和自豪的感情唱出来。

· 锵锵起锵，起锵锵

《爬长城》的旋律带有京剧元素，尤其是"锵锵起锵，起锵锵，锵锵起锵，起锵锵，锵锵起锵起锵锵，锵锵，起锵锵"。

提问 －《爬长城》这首歌有几段？在两段之间又加入了哪种音乐元素来丰富歌曲的表现力？

－你们为什么喜欢"锵锵起锵，起锵锵，锵锵起锵起锵锵，锵锵，起锵锵"？

指导 －播放一小段京剧中走台步的音乐。

－幼儿学唱"锵锵起锵，起锵锵，锵锵起锵起锵锵，锵锵，起锵锵"。

－教师带领幼儿一起用锣鼓镲来练习歌曲。

－每个"家庭"发一副小的锣鼓镲，由老大带领"家庭"成员跟着音乐一起玩游戏。

指导语

"一家人"歌唱《爬长城》时，老大要注意安全使用锣鼓镲，也可以和弟弟妹妹试试，一起玩，要跟上节奏。

▶▶ **活动延伸**

日常午餐后散步时，幼儿可以去音乐室、舞蹈房敲敲打打，尝试用各种乐器练习"锵锵起锵，起锵锵，锵锵起锵起锵锵，锵锵，起锵锵"。

欣赏歌曲《七子之歌·澳门》

▶ 设计思路

　　祖国完全统一是每个中国人的心愿，了解收复失地的历史，是增强民族自信心的途径。当时，中国克服了万般艰难险阻，才将香港、澳门收回，恢复对香港、澳门行使主权。此次活动通过歌曲、视频，让幼儿了解澳门回归的故事。

▶ 活动目标

　　① 通过聆听、欣赏歌曲，感受澳门渴望回归的情感，产生民族自豪感。

　　② 能够辨别歌曲中不同段落演唱者的不同，能够感知音乐中音调的高低、强弱。

　　③ 歌曲时长为 3 分 32 秒，可用 2~3 教时完成，也可作为欣赏歌曲进行教学。

▶ 活动准备

　　① 前期经验准备：有看地图的初步经验，知道香港、澳门、台湾都是中国的一部分；每周播放 2~3 次歌曲《七子之歌·澳门》，每次 3 遍。

　　② 教具学具准备：澳门的图片、歌曲，澳门回归的视频（背景音乐《七子之歌·澳门》）。

▶ 活动流程

　　中国澳门→聆听《七子之歌·澳门》→观看澳门回归视频。

▶ 阅读指导

　　"七子"指香港、澳门、台湾、九龙、威海卫、广州湾、旅顺大连七个被割让或成为租界的地方，它们被比作祖国母亲被夺走的七个孩子。

七子之歌·澳门

你可知 Macau 不是我真姓，

我离开你太久了母亲，

但是他们掳去的是我的肉体，

你依然保管我内心的灵魂，

那三百年来梦寐不忘的生母啊，

请叫儿的乳名，叫我一声澳门，

母亲啊母亲，我要回来，

母亲，母亲！

▶ 活动过程

· 中国澳门

提问 — 这是哪里？你们认识吗？

— 有没有去过这里的小朋友？

— 你们听说过一首叫《七子之歌·澳门》的歌曲吗？

— 为什么这首歌叫《七子之歌·澳门》呢？

指导 — 播放图片，引导幼儿认识澳门。

— 播放澳门回归的视频。

— 介绍"七子"的含义。

指导语

澳门是中华人民共和国特别行政区。澳门以前被外国占领，1999 年终于回归祖国母亲的怀抱！

· 聆听《七子之歌·澳门》

提问 — 听了《七子之歌·澳门》，你会想到什么？你的心情怎么样？

— 为什么澳门人民都会唱《七子之歌·澳门》？

指导 — 引导幼儿将刚才看到的视频和老师讲解的关于澳门的故事与《七子之歌·澳门》融合在一起，沉浸式地聆听这首歌曲。

　　- 播放《七子之歌·澳门》，引导幼儿再次完整欣赏歌曲，激发幼儿热爱自己国家之情。

指导语

《七子之歌·澳门》是澳门同胞发出的呼喊，他们在呼喊祖国妈妈："我要回来！"是在告诉祖国妈妈："虽然列强夺走了我们的土地，我们的肉体，但是我们的心，我们的灵魂依然属于母亲，属于祖国妈妈。"

　·观看澳门回归视频

提问　- 澳门回到祖国妈妈的怀抱多少年了？

　　　　- 这是在干什么？

　　　　- 看到澳门回归，大家有什么话要对澳门的小朋友说吗？

指导　- 再次播放《七子之歌·澳门》，加深对歌曲旋律的熟悉和感受。

指导语

1999 年 12 月 20 日，葡萄牙的国旗降下来了，代表葡萄牙将澳门治权交还中国。中华人民共和国的国歌响彻澳门天空，五星红旗冉冉升起，代表中国恢复对澳门行使主权！澳门是 1999 年回到祖国妈妈的怀抱的，至今 26 年了。

活动延伸

　　将相关的视频、图片投放到语言区，同时增加香港回归的相关资料和歌曲《七子之歌·香港》，等香港回归纪念日再学习。

团结就是力量

设计思路

团结是一个民族繁荣昌盛的基础。中国之所以能打败众多侵略者，是因为在毛主席的领导下，工人、农民、知识分子等团结起来拧成了一股绳。当今社会，团结的力量更加重要。《团结就是力量》这首歌节奏感强，歌词虽然简单却铿锵有力，道出了所有人的心声，希望幼儿在学习了这首歌曲后，能进一步增强团结就是力量的意识，增强民族荣誉感。

活动目标

① 能感受歌曲的 2/4 拍节奏（强/弱），有力地打节拍；能理解歌词"团结就是力量"，有力量地演唱歌曲；能感受音乐情绪，愿意高歌演唱。

② 简单了解反法西斯斗争时期的历史事件，知道祖国现在的繁荣昌盛来之不易。

③ 培养幼儿听前奏的习惯。

活动准备

① 前期经验准备：玩过小游戏，有折断一根一次性筷子和折断一把一次性筷子的经验；阅读过绘本《拔萝卜》。

② 教具学具准备：霍勇演唱的歌曲《团结就是力量》；炼钢工人炼钢的视频。

活动流程

"团结"是什么→学唱《团结就是力量》→演唱《团结就是力量》。

阅读指导

熟悉《团结就是力量》的歌词：

团结就是力量，团结就是力量，这力量是铁，这力量是钢，比铁还硬，比钢还强，向着法西斯蒂开火，让一切不民主的制度死亡！向着太阳，向着自由，向着新中国，发出万丈光芒！

▶ **活动过程**

· 团结是什么

提问 － 世界上最硬的是什么？

－ 铁和钢可以制造什么？

指导 － 幼儿讨论：生活中什么东西最硬，钢铁可以制造什么。

－ 观看视频《伟大的炼钢工人》。

－ 观看俄乌冲突中的导弹打击视频。

指导语

铁和钢都是这世界上很硬的金属，它们可以造大炮、飞机、坦克、枪支。可是再硬的钢铁也需要人团结起来去锻造。

我们玩的折筷子游戏，阅读的《拔萝卜》故事，都告诉我们一个很重要的道理：人多力量大，人心齐力量就更大了。

· 学唱《团结就是力量》

提问 － 谁来告诉大家，2/4 拍的节奏应该怎么打？

－《团结就是力量》这首歌唱了些什么？

指导 － 请大年龄段幼儿告诉大家 2/4 拍的节奏怎么打（强/弱）。

－ 请幼儿讲述《团结就是力量》这首歌的歌词，教师清唱幼儿讲述到的歌词。

－ 再听一遍歌曲，教师再清唱，让幼儿听清歌词。

－ 播放歌曲，幼儿学唱，主要让大年龄段幼儿学唱，小年龄段幼儿可随意哼唱或模仿。

－ 教师指挥，注意重拍的拍点要有力。

－ 最后播放歌曲《团结就是力量》，教师指挥，幼儿手拉手歌唱，唱到最后一句时把手高高举起。

指导语

《团结就是力量》这首歌是团结中华民族抗击日本侵略者的号角，

全国人民挽起臂膀，团结起来，迎着敌人的炮火前进，前进，前进进！我们学唱的时候也要把这个力量给唱出来。

　　·演唱《团结就是力量》

提问　– 我们知道了团结就是力量，也学会了唱《团结就是力量》这首歌，但其他班级小朋友还不会唱，我们应该怎么帮助他们呢？
　　　　– 我们怎么才能让整个依霖的小伙伴都知道"团结就是力量"这个道理呢？

指导　– 到各个班级去手拉手地演唱《团结就是力量》(事先预约)。
　　　　– 向园长妈妈建议，在早晨升国旗后，让我们班级带领大家一起唱《团结就是力量》这首歌。

指导语
我们中国的儿童也要团结起来，好好学习，好好锻炼，好好学本领，好好团结友爱……（请幼儿补充）

▶▶ **活动延伸**

　　带领全体依霖小伙伴团结起来一起唱《团结就是力量》，知道我们都是依霖小朋友，我们都是中国人。

我爱北京天安门

设计思路

《我爱北京天安门》是被一代又一代的幼儿传唱的经典歌曲。天安门是我国首都的心脏，是中国人民站起来、屹立于世界民族之林的象征。这首歌曲能让幼儿在知道祖国妈妈的生日即将到来的同时，了解天安门的由来，所以我们设计了这次活动，旨在引导幼儿了解天安门，激发他们的爱国情怀。

活动目标

① 简单地学唱歌曲；能够用好听的声音学唱歌曲；演唱时能创编动作来表达自己喜欢之情。

② 感受歌曲欢快的节奏，激发幼儿热爱天安门、喜欢毛主席的感情；唱准"我"和"伟"二字的附点音符。

③ 培养幼儿听前奏的习惯。

活动准备

① 前期经验准备：老大会唱此歌，发挥"反刍式"学习的特点，让其充当小老师角色。

② 教具学具准备：邓文怡独唱的歌曲《我爱北京天安门》。

活动流程

我们来演唱→我当小老师→大家一起舞动起来。

阅读指导

熟悉《我爱北京天安门》的歌词：

我爱北京天安门，天安门上太阳升，伟大领袖毛主席，指引我们向前进。

▶ **活动过程**

· 我们来演唱

提问 — 谁会演唱《我爱北京天安门》这首歌？

指导 — 请会演唱的幼儿上台跟随音乐演唱。

— 教师清唱表演，把歌曲中欢快俏皮、灵动鲜活的感情表达
出来。

— 在歌唱第二小节时，教师可以随着歌唱翩翩起舞，让幼儿
欣赏，激发其求学欲望。

指导语

这首歌旋律欢快轻盈，充满跃动气息，歌词简单明了，你们的爸爸
妈妈也会唱，记得回家和他们一起唱。

· 我当小老师

提问 — 这首歌唱到哪一句时，跳跃性特别强？

— 老大能当小老师带领弟弟妹妹一起学唱吗？

— 你们谁听过用其他方式演唱《我爱北京天安门》这首歌
曲的？

—《我爱北京天安门》这首歌是谁创作的？

指导 —"我爱北京天安门""伟大领袖毛主席"这两句要特别注
意，唱到"我"和"爱"这两个字时声音要略拖长一下。

— 老大指挥，带领"一家人"学唱2~3遍。

— 欣赏邓文怡独唱的《我爱北京天安门》。

指导语

《我爱北京天安门》这首歌曲是金果临1969年创作的，那年金果临
还是一名13岁的少年。

· 大家一起舞动起来

提问 — 你们会用怎样的形体动作来告诉别人你喜欢《我爱北京天
安门》这首歌呢？

指导 － 播放音乐，鼓励幼儿边唱边用自己喜欢的动作来表达心中
对天安门、对毛主席的热爱。
－ 请愿意上来表演的幼儿为大家表演。
－ 教师最后也入舞池与幼儿欢歌共舞。

活动延伸

回家后，幼儿和爸爸妈妈一起欢歌共舞。

我是小海军

设计思路

2019 年 10 月 1 日，北京天安门广场举行了盛大的阅兵仪式，幼儿看着雄赳赳气昂昂的中国人民解放军方阵，看着各种先进武器，对军人的崇敬之心油然而生，对海陆空三军，对特种部队、武警、火箭军等充满了无限好奇。谈论中，很多幼儿表示喜欢海军的军服，一身白色，特别帅气。海军部队离幼儿的生活较远，很神秘，幼儿探究的兴趣因此越发强烈。

活动目标

① 粗浅认识海军军种，喜欢学唱《我是小海军》；能够完整地演唱歌曲；准确掌握每句开头的附点音符，唱第一个字时音能往上扬。

② 全体自制海军帽，用双手模仿炮筒或手枪，小椅子作炮架，以海军的形象表演，体验海军在保卫祖国时的高尚情感。

③ 培养幼儿倾听前奏和间奏的习惯。

活动准备

① 前期经验准备：观看过阅兵的视频，外国侵入我国海域领土、海军军舰出动的视频；亲子阅读并了解相关海军知识。

② 教具学具准备：歌曲《我是小海军》；主要装备，如舰艇类、航模类、潜艇类、侦察类、小艇类、救助类等道具。

活动流程

中国海军的装备→唱响《我是小海军》→创编环节。

阅读指导

熟悉《我是小海军》的歌词：

我是小海军，开着小炮艇，不怕风不怕浪，勇敢向前进。炮艇开得快，大炮瞄得准，敌人胆敢来侵犯，轰轰轰，打得他呀海底沉。我是小海军，胜利向前进。

▶ 活动过程

·中国海军的装备

提问 — 解放军叔叔是干什么的呀？

— 海军部队有哪些武器装备？

指导 — 请幼儿讲述知道的海军装备。

— 出示海军主要武器装备的图片（带文字，一张一张出示）。

— 欣赏海军士兵的服装，欣赏在大海上列队的海军图片，给幼儿以视觉冲击，使其深刻感受海军军人英武的形象。

指导语

解放军叔叔承担着保卫国家、维护和平及服务人民的重要职责。海军有很多装备，比如航空母舰、潜艇等。

·唱响《我是小海军》

提问 — 有没有人听过《我是小海军》这首歌，或者有没有人会唱？

— 《我是小海军》这首歌讲了一件什么事情？

指导 — 教师动情地清唱《我是小海军》，唱出神气和勇气。

— 播放歌曲伴奏，教师演唱《我是小海军》，幼儿再次聆听歌里的小海军唱了些什么（一遍）。

— 播放歌曲《我是小海军》，带领幼儿一起感受与歌唱（可以多遍）。

— 注意点拨老大演唱每句第一个字时声音要往上拉长一点，唱准八分音符，教师可以清唱示范，唱准附点符号。

指导语

我国国土辽阔，其中海域总面积约为 473 万平方千米。我国几次被外国敌人侵略，外国敌人大多都是从海上打过来的，所以建立一支强大的海军来保卫我们祖国的领土十分重要。

· 创编环节

提问 教室里没有军舰和炮台，没有军帽，我们该怎样扮演小海
军呢？

指导 – 幼儿讨论，积极想办法，用什么来替代海军的军帽（做一
顶贴有五星红旗贴纸的海军帽；军舰或炮台可用小椅子或小
桌子代替）。

指导语

"一家人"造一条"军舰"，听着《我是小海军》的歌曲，商讨如
何根据歌词来做动作演绎。

活动延伸

了解海军的旗语，可以在体育活动中编排《我是小海军》歌曲的旗语。

幼儿园里好事多

设计思路

大部分孩子都对音乐比较感兴趣，一听到音乐就会不由自主地扭动起身体来。在新学期，来了很多弟弟妹妹，为了让他们在欢快的音乐旋律中加深对幼儿园的认知，更好地融入班级集体，我们设计了此节音乐课。

活动目标

① 能学唱歌曲；能准确地唱出 2/4 拍的强弱拍，唱出歌词内容；能在歌唱的基础上创编歌词（每次创编前三句歌词）。

② 在欢乐的音乐氛围中感受"一家人"一起歌唱的愉悦。

③ 培养幼儿听前奏的习惯。

活动准备

① 前期经验准备：大年龄段幼儿已习惯幼儿园的生活；新老三来园时间虽不长，但也初步了解了幼儿园里的基本生活。

② 教具学具准备：歌曲《幼儿园里好事多》的视频。

活动流程

说说幼儿园里的好事→学唱/编唱《幼儿园里好事多》→秀出"家庭"风采。

阅读指导

熟悉《幼儿园里好事多》的歌词：

小桌子谁擦的？小椅子谁摆的？一排排手绢谁洗的？一件一件好事谁做的？

你不说呀我不说，你不说呀我不说，大家看了笑呵呵。

你不说呀我不说，你不说呀我不说，幼儿园里好事多，好事多，嘿！

活动过程

· 说说幼儿园里的好事

提问 — 开学好几天了,你们喜欢上幼儿园吗?喜欢自己的"家庭"成员吗?

— 谁来说说,幼儿园里有哪些好事,哪些快乐的事?

指导 — 引导幼儿随意交流班级里开心的事,如有没有小伙伴们互相帮助的事,有没有"一家人"互相关心的事⋯⋯

— 归纳幼儿所讲述的内容。

指导语

幼儿园里好事儿真多,点名表扬××做了××好事⋯⋯我说说呀你说说,幼儿园里快乐多,幼儿园里朋友多!

· 学唱/编唱《幼儿园里好事多》

提问 — 老三们参与音乐活动的次数不多,请老大、老二告诉老三,我们怎样才能又快又好地学唱一首歌呢?

— 歌曲是2/4拍的,请老大、老二用拍手的方式拍打2/4拍节奏(强弱)。

— 第一段歌曲里唱了什么?第二段歌曲里又唱了什么?

— 这首歌的旋律听起来是快乐的、抒情的、神气的,还是缓缓的、荡漾的。

指导 — 完整地播放一遍歌曲《幼儿园里好事多》,提醒幼儿静静地聆听,听听歌曲的名字,听听歌里唱了些什么内容。

— 播放第一段,幼儿讲述歌曲唱了什么。鼓励幼儿一起拍手唱第一段(3遍)。教师如果发现幼儿歌唱时咬字、吐字不清晰或音不准,在一段歌唱完成后,用清唱的方式带领幼儿重复几次。

— 播放第二段,幼儿学唱第二段。(方法同上)

— 完整演唱歌曲,教师可以做一些动作,并鼓励幼儿自己也做一些动作。

– 根据现场的实际情况，表扬幼儿做得好的地方：

倾听：能静静地听出歌曲的名字，还能记住歌曲里唱了什么内容。

感受：能感受这首歌的旋律是快乐的、抒情的、神气的，还是缓缓的、荡漾的。

积极参与：能一起唱，大胆唱，一起做动作，一起感受歌唱的快乐。

·秀出"家庭"风采

提问 – 能不能把我们"一家人"做的好事也编进歌里呢？把擦桌子、摆椅子、洗手绢改成我们做的好事呢？

指导 – 引导老大创编歌词。当幼儿提出"整理积木"，教师立刻清唱或弹琴唱这一句，带领大年龄段幼儿一起唱："一排排积木谁整理。"

– 又如，帮妹妹擦眼泪—妹妹的眼泪谁擦的。（方法同上）

– 还如，哄弟弟不哭—弟弟乖不要哭。（方法同上）

– 根据目标夸奖幼儿达成目标，特别夸奖大年龄段幼儿学会了编歌词，并鼓励他们回家继续尝试改编歌词，夸夸爸爸妈妈和家里的其他人。

活动延伸

下一次活动，在编歌词基础上，请各"家庭"的老大带领"一家人"根据歌词内容编排动作。

武术·中国功夫

设计思路

在看了香港大明星成龙爷爷演的电影和动画片《大闹天宫》后,幼儿对中国功夫产生了极大的兴趣,《中国功夫》这首歌曲更是得到了幼儿的青睐。本节课旨在让幼儿体验中国功夫雄壮有力的气概,激发幼儿用身体动作表现中国功夫的兴趣,同时给幼儿以表达表现的空间,使其能在音乐气氛的感染下,在富有力度的动作表演中,体味民族精神,萌发做中国人的自豪感。

活动目标

① 尝试跟着音乐做动作,并喜欢学习武术动作;能简单哼唱歌曲旋律;能够大致唱出第一段歌词,学会第一段武术动作。

② 了解中国武术,尽力表现出中国功夫雄壮有力的气势。

③ 培养幼儿倾听前奏的习惯。

活动准备

① 前期经验准备:观看幼儿表演视频《中华武术》《五行拳》《少年强则国强》等。

② 教具学具准备:屠洪刚演唱的歌曲《中国功夫》第一段,2019 年春晚武术表演视频。

活动流程

歌曲《中国功夫》→欣赏中国武术→自创武术操动作。

阅读指导

熟悉《中国功夫》的第一段歌词:

卧似一张弓,站似一棵松,不动不摇坐如钟,走路一阵风。南拳和北腿,少林武当功,太极八卦连环掌,中华有神功。

活动过程

· 歌曲《中国功夫》

提问 － 什么是中国功夫？你喜欢中国功夫吗，为什么？

－ 你们会做图片里的动作吗？

－ 这段音乐你听过吗？会哼唱吗？

指导 － 引导幼儿讲讲自己知道的中国功夫。

－ 播放经过选择的、便于幼儿模仿学习的武术动作的图片或视频，背景音乐为《中国功夫》第一段（2~3遍）。

－ 第3遍播放时，幼儿可以站起来在空地上学习、模仿。

－ 请会做武术动作的幼儿上台展示，或"一家人"互相欣赏家人做的武术动作。

－ 播放《中国功夫》第一段，请幼儿讲述对歌曲旋律的感受。

－ 在幼儿讲述后，根据幼儿的学习情况，可以继续播放《中国功夫》1~3遍。

指导语

中国功夫就是中国传统武术，是中华民族智慧的结晶，是世界上独一无二的武术文化。

《中国功夫》这首歌一开始速度比较慢，旋律连贯舒展后速度加快，节奏紧凑，刚劲有力，演唱时感情饱满，气势恢宏，展现出了中国人的力量和志气。

· 欣赏中国武术

提问 － 听完《中国功夫》后，你有什么感受？

－ 你听到了什么？

－ 为什么大家都喜欢中国武术？

指导 － 播放歌曲《中国功夫》第一段，帮助幼儿感受歌曲的旋律，并引导其说出自己的感受。

－ 再次播放歌曲《中国功夫》，引导幼儿说说歌词。（站、坐、卧、走）

—— 边看视频欣赏中国功夫，边聆听歌曲《中国功夫》，帮助
幼儿理解歌曲中所表现的雄壮有力的气势。

· 自创武术操动作

提问 —— 你看到过哪些武术动作?

指导 —— 播放歌曲《中国功夫》第一段，幼儿根据歌曲旋律节奏自
由创编，教师也可以做自己的创编动作，示范给幼儿看。

指导语

武术操的动作要有力度，站如松，坐如钟，行如风，卧如弓。

活动延伸

在日常生活、活动中提供此歌曲，鼓励幼儿继续自编自创动作，等待
下一次音乐活动再一起学习编排动作。

"我爱我的家"主题 智力大冲浪

动力定型 · 温故而知新

智力大冲浪的意义

在"我爱我的家"主题结束后，开展趣味活动"智力大冲浪"能检验幼儿在主题学习中对知识的掌握程度，帮助他们回顾和强化关键知识点，锻炼幼儿的观察能力、思维能力、语言表达能力、动手能力、团队协作能力等，培养幼儿解决问题的能力，激发幼儿的学习兴趣，让他们在挑战中体验成功的喜悦，增强自信心和学习积极性。

▶▶ 活动目标

① 通过"智力大冲浪"的形式，帮助幼儿复习"我爱我的家"主题中的相关知识。

② 通过各种答题形式，体验"一家人"协商合作、共同完成任务的乐趣，增强幼儿的集体荣誉感和团队凝聚力。

▶▶ 活动准备

① 前期经验准备：幼儿已经对"我爱我的家"具备一定经验；"智力大冲浪"新闻播报；亲子复习"我爱我的家"相关知识；"我爱我的家"智力大冲浪新闻小主播选拔赛；四位领舞教师学熟动作，提前预演《江南Style》，并带幼儿熟悉动作；带领幼儿熟悉智力大冲浪的大口号（智力大冲浪——冲关我们最最棒）及班级小口号。

② 教具学具准备：各班制作 1 张智力大冲浪主题海报（融入、体现各班的口号）；视听必答题的视频；音乐必答题：若干首已学或已欣赏的主题音乐；找错必答题的 PPT；抢答题题库；操作题：地图拼图、国旗粘贴、天安门拼图；新闻题：各班新闻小主播及新闻播报等；歌曲《江南 Style》；各队队服、奖品；每班 1 个记分牌；摄影摄像机；设立聚精会神奖、能说会道奖、专注倾听奖等奖项；各班邀请 1 名爷爷或奶奶当评委。

▶▶ **组织形式**

各组以红、黄、蓝、紫为队名,一个班一个方阵,每队以"家庭"为单位轮流上场竞赛。(备注:以下方阵根据班级的实际人数和服装调整)

红队班级座位		黄队班级座位		蓝队班级座位		紫队班级座位	
"家庭"参赛选手组座位	计分牌	"家庭"参赛选手组座位	计分牌	"家庭"参赛选手组座位	计分牌	"家庭"参赛选手组座位	计分牌
主持人							

▶▶ **活动过程**

智力大冲浪—热身活动

- 主持人以手语操《让爱住我家》的形式进行全场互动。

- 智力大冲浪口号互动:智力大冲浪口号,班级口号,"家庭"口号。

主持人:"我们的大口号是'智力大冲浪——冲关我们最最棒',我们班级的口号是'混一混一''永远第一'……"

- 介绍评委嘉宾——爷爷奶奶。

- 播放奖项PPT,主持人介绍奖项名称:聚精会神奖、能说会道奖、专注倾听奖、动手动脑奖、"家庭"团结奖、个人智慧奖。

答题形式

视听必答题

- 播放提问的视频。

音乐必答题

- 根据音乐教师给出的音乐前奏说出歌曲名称,每班2首歌曲。

找错必答题

- 根据所呈现的PPT答题,每班2道题。

抢答题

- 包括"我的小家""我的幼儿园""上海,我的家""中国,我爱你""地球,我们共同的家"5个小主题;每班由抢答选手负责按灯,3个年龄段幼儿分别答题。

操作题

- 老大:中国地图拼图。

- 老二:天安门拼图。

－老三：给中国国旗贴上五角星。

－ 3 个年龄段幼儿，分别操作不同内容，最先完成的"家庭"得分。

操作题进行的同时，新闻题同步进行。

新闻题

－××班：诺贝尔文学奖播报。

－××班：奥运新闻播报。

－××班：钓鱼岛新闻播报。

－××班：卫星新闻。

各班新闻播报时间控制在 1 分 30 秒之内，小主播要与台下观众进行互动。

说再见

－评委（爷爷奶奶代表）点评，主持人公布奖项。

－播放颁奖音乐，评委颁奖，获奖代表发表获奖感言。

－在《江南 Style》舞曲中结束活动。

活动反馈与反思

活动结束后，收集爷爷奶奶对活动的感想和建议，将活动照片和感想上传至博客，与家长分享。

组织大班幼儿进行智力大冲浪的新闻播报，如活动中的小故事、活动中我们"家庭"的答题情况、活动中我们"家庭"做得非常好的地方等。

主题　金色的秋天

"金色的秋天"主题幼儿提问收集归类

关于秋天的主题,混龄一班幼儿在第一次"抛接球"活动中,提出/追问 140 个问题,涉及 6 个方面。其中,老大提出 62 个问题,老二提出 53 个问题,老三提出 25 个问题。

·秋天的天气(共 12 个问题)

老大(共 5 个问题)

为什么秋天会一天一天变冷,而不是一天一天变热?什么时候秋天就变成冬天了?秋天有多长呢?为什么冬天人们吐出来的气是白色的,秋天就不是?秋天是下雨的时候多,还是出太阳的时候多呢?

老二(共 5 个问题)

为什么秋天的风很大?为什么秋天的天气很舒服呢?为什么秋天的太阳总是温温暖暖的?秋天的温度是怎么样的?为什么秋天还不是很冷呢?

老三(共 2 个问题)

为什么秋天不会下雪呢?为什么秋天只会下雨不会下雪?

·秋天的植物(共 60 个问题)

老大(共 29 个问题)

为什么秋天的草地是黄色的?为什么秋天的叶子有些会落下来,有些不会落下来?为什么一片叶子上有红色、橘色、黄色呢?树叶掉下来有什么用?为什么树叶不是一起掉下来的?掉下来的叶子怎么办?秋天有红薯,我们去崇明要挖红薯吗?为什么秋天有橘子?有哪些水果不在秋天成熟呢?为什么很多水果总在秋天长出来呢?什么花在秋天开呢?为什么有些树在秋天结果实,有些树不在秋天结果实?甘蔗是在秋天吃吗?秋天有哪些蔬菜可以吃?这些蔬菜有哪些营养呢?为什么秋天是金色的呢?银杏树的树叶会掉吗?为什么银杏树的果子不能用手摘?银杏树的根是什么样子的?

银杏树有年龄吗？银杏果能做出什么好吃的？为什么秋天有桂花和菊花？菊花都是黄色的吗？菊花有多少种颜色？菊花是什么时候开？有没有绿色的菊花？菊花茶是什么样的？为什么要喝菊花茶？怎样泡菊花茶？

老二（共 23 个问题）

为什么秋天叶子不会在树上呢？为什么秋天的树叶会掉下来？为什么秋天叶子变成黄色后才会掉下来？为什么秋天没有绿色的叶子？为什么秋天的叶子掉下来会枯掉？为什么秋天黄的和红的叶子会一起出现？秋天有没有玉米？秋天有花吗？崇明有多少种蔬菜？为什么秋天可以吃橘子？橘子是长在秋天的吗？为什么秋天的银杏树一下子就变成黄色的了？银杏树的果子是什么样的？银杏果可以吃吗？银杏果好吃吗？银杏树的叶子有什么用？为什么有的树叶会在秋天掉，有的不会？银杏树除了给我们看，还有什么用？最大的菊花有多大？菊花的名字是从哪里来的？菊花有多少不同的形状？菊花的品种有多少？花茶有哪些？

老三（共 8 个问题）

为什么秋天能看到泥土？有的树叶是带点绿色的，为什么也会掉下来？叶子会被吹到天上吗？秋天有没有大的红薯？崇明有胡萝卜吗？为什么秋天不能吃到西瓜？银杏树只有我们幼儿园有吗？银杏树的果实可以吃吗？

· 人与秋天（共 34 个问题）

老大（共 13 个问题）

为什么在秋天人很容易感冒发烧？为什么秋天的街上有的人穿短袖，有的人穿长袖？为什么到了秋天人们的嘴唇很容易裂开？在秋天，人们容易生什么病？为什么秋天很少下雨？为什么天气变冷了？为什么到了秋天小孩会生病？为什么我们要秋游？为什么秋天的晚上来得那么早？为什么秋天我们要多涂香香？为什么秋天我们洗澡的次数少了？为什么秋天有时冷有时热？为什么秋天比较干燥？

老二（共 13 个问题）

为什么在秋天我很想睡觉？为什么到了秋天要涂唇油？为什么到了秋天我们会经常生病？为什么感冒要多喝水呢？为什么到了秋天我们要多吃蔬菜？为什么到了秋天我们要多运动？有哪些关于秋天的歌曲呢？秋天里有什么秘密？为什么我们要寻找秋天？为什么秋天有秋游，冬天没有冬游呢？为什么到了秋天人出汗不多了？为什么到了秋天我们的嘴巴会很干？

为什么到了秋天人容易流鼻血？

老三（共 8 个问题）

为什么秋天要换被子？为什么秋天小朋友要多穿点衣服？为什么秋天我们很容易流鼻涕？为什么秋天我们总要涂香香？秋天有秋雨吗？为什么秋天没有花朵了？为什么秋天没有夏天那么热了？为什么要叫秋天呢？

· 秋天的果实（共 23 个问题）

老大（共 13 个问题）

在秋天成熟的果实有南瓜、柿子和香蕉吗？为什么橘子、南瓜会在秋天成熟呢？为什么秋天不吃西瓜了？为什么秋天的南瓜比较甜？为什么秋天有石榴而夏天没有？为什么秋天满树辣椒都是红红的？为什么到了秋天果子会掉下来？为什么秋天的水果是最好吃的？为什么秋天是结果子的季节？为什么秋天的水果有时候春天、冬天也有？为什么秋天没有草莓吃？秋天的水果有没有虫子、要不要杀虫？秋天的水果有多少？

老二（共 7 个问题）

为什么柿子是在秋天成熟？为什么一到秋天果子就会成熟？为什么到了秋天香蕉会出来？为什么到了秋天有些水果会烂掉？为什么到了秋天苹果会越来越多？秋天有哪些水果？秋天的哪些水果不好吃？

老三（共 3 个问题）

秋天的水果是不是都很大？秋天的水果是不是水多呢？秋天的西瓜好吃，还是夏天的西瓜好吃？

· 秋虫的歌（共 7 个问题）

老大（共 1 个问题）

为什么春天有蚕宝宝，秋天就没有？

老二（共 3 个问题）

为什么秋天会有花蚊子？秋天的小动物都到哪去了？什么是昆虫？

老三（共 3 个问题）

为什么秋天会有一些飞舞的小虫子？秋天有哪些昆虫？所有的虫子都是昆虫吗？

· 秋天的节气（共 4 个问题）

老大（共 1 个问题）

秋天有几个节气，分别在什么时候？

老二（共 2 个问题）

立秋是第一个节气吗？为什么立秋的时候天气还不冷？

老三（共 1 个问题）

立秋是秋天的开始吗？

"金色的秋天"主题网络

"金色的秋天"主题生活与运动内容、措施(一)

班级:_____ 日期:_____年_____月_____日—_____月_____日

混龄学生活	混龄学运动
内容: • 长袖变短袖 • 我会自己穿脱衣服 • 咕噜咕噜多喝水 • 啊呜啊呜自己吃饭 • 保护小肚肚 措施: • 讨论:洗手时为什么长袖要变短袖?如何穿脱衣服?秋天比较干燥,是发病较多的季节,我们如何预防呢?怎么吃饭?天气凉了,怎样保护好小肚子 • 适当提醒大孩子主动帮助小孩子,小孩子需要帮助时要说:"哥哥姐姐,请帮帮忙!" • 请哥哥姐姐做示范,并提醒大孩子主动关心小孩子 • 关注年龄和个性差异,加强个别指导 • 孩子们相互提醒多喝水,喝水时,喝多少接多少,不浪费水 • 中班孩子用勺子进餐,大班孩子用筷子进餐,身体靠近桌子,一口饭一口菜交替吃,将剥剔下的残渣放在指定处 • 对于生病的孩子允许少吃点,对超重、肥胖孩子要求他们放慢进餐速度 • 提醒老三便后请老大或老二包裤子,老大不但自己要包好,还要检查老二和老三包裤子的情况;老二要学着自己动手包裤子	内容: • 基本动作练习(跳跃、走跑、钻爬、投掷、踢) • 安全教育:刺猬背枣子、摘葫芦 • 快乐游泳 措施: • 孩子是否会根据铃鼓声音的变化,或走或跑或转动,或以各种姿势保持静止不动 • 观察"家庭"成员是否会互相提醒擦汗 • 观察幼儿奔跑遇到危险时是否能及时躲避 • 练习按顺时针、逆时针方向跑 • 在活动中注意个体差异,鼓励幼儿大胆尝试 • 观察幼儿是否喜欢玩新增加的游戏 • 提醒幼儿出汗了用小毛巾擦汗,并在小"家庭"内互相提醒 游戏: ▲ 风和树叶 ▲ 丢手绢 ▲ 连体人 ▲ 写"王"字 ▲ 追赶小树叶 ▲ 刺猬背枣子 ▲ 抱球过山坡

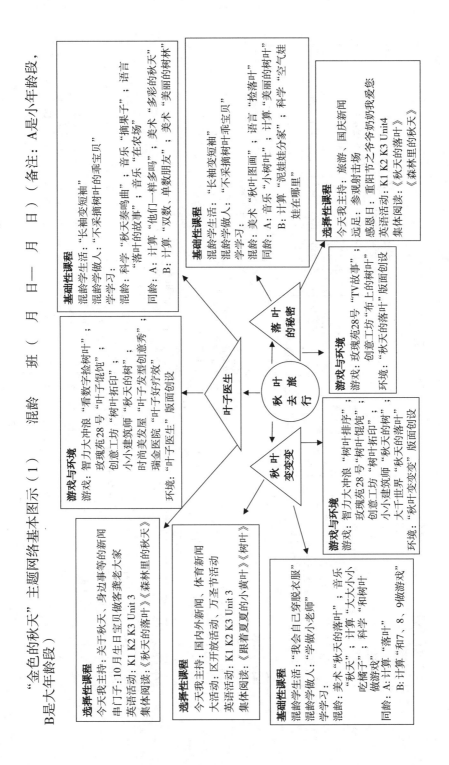

257

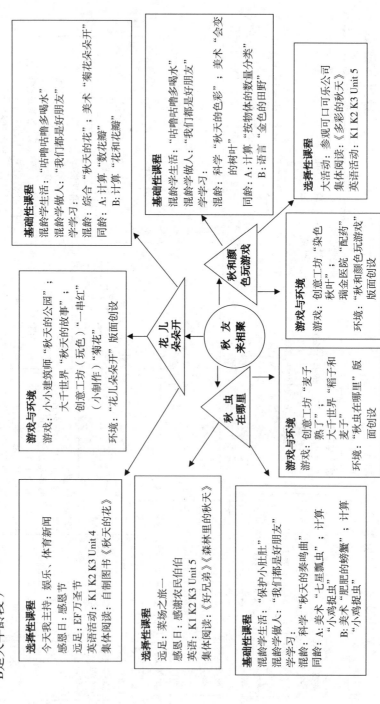

"金色的秋天"主题网络基本图示(2)　混龄　班(　月　日—　月　日)(备注:A是小年龄段,B是大年龄段)

基础性课程
混龄学生活:"咕噜咕噜多喝水";
混龄学做人:"我们都是好朋友";
学学习:
混龄:综合"秋天的花";美术"菊花朵朵开"
同龄:A:计算"数花瓣"
　　　B:计算"花和花瓣"

游戏与环境
游戏:小小建筑师"秋天的公园";
大千世界"秋天的故事";
创意工坊(玩色)"一串红";
(小制作)"菊花"
环境:"花儿朵朵开"版面创设

基础性课程
混龄学生活:"咕噜咕噜多喝水";
混龄学做人:"我们都是好朋友"
学学习:
混龄:科学"秋天的色彩";美术"会变的树叶"
同龄:A:计算"按物体的数量分类"
　　　B:语言"金色的田野"

选择性课程
大活动:参观可口可乐公司《多彩的秋天》
集体阅读:
英语活动:K1 K2 K3 Unit 5

游戏与环境
游戏:创意工坊"染色秋叶";
瑞金医院"配药"
环境:"秋和颜色玩游戏"版面创设

秋和颜色玩游戏

花儿朵朵开

秋 友 来相聚

秋 虫 在哪里

游戏与环境
游戏:创意工坊"麦子熟了";
大千世界"稻子和麦子"
环境:"秋虫在哪里"版面创设

选择性课程
今天我主持:娱乐、体育新闻
感恩日:感恩节
远足:EF万圣节
英语活动:K1 K2 K3 Unit 4
集体阅读:自制图书《秋天的花》

选择性课程
远足:菜场之旅—感谢农民伯伯
感恩日:感恩节
英语:K1 K2 K3 Unit 5
集体阅读:《好兄弟》《森林里的秋天》

基础性课程
混龄学生活:"保护小肚肚"
混龄学做人:"我们都是好朋友"
学学习:
混龄:科学A:美术"七星瓢虫";计算"小鸡捉虫"
　　　B:美术"肥肥的螃蟹";计算"小鸡捉虫"

258

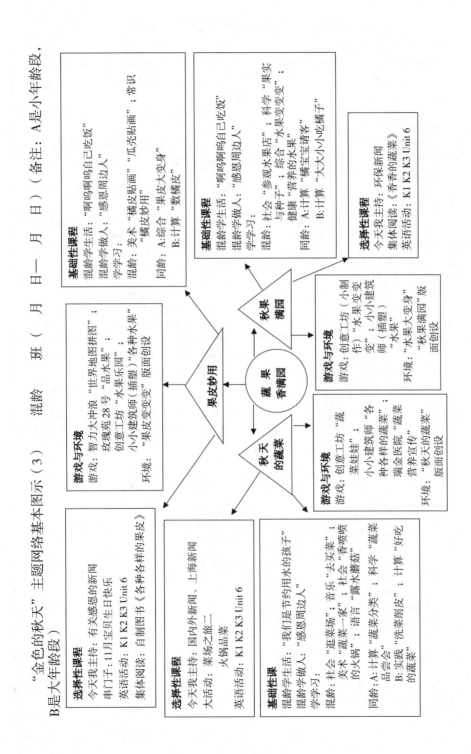

"金色的秋天" 主题网络基本图示（3） 混龄 班（ 月 日— 月 日）（备注：A是小年龄段，B是大年龄段）

"金色的秋天"主题生活与运动内容、措施（二）

班级：_____ 日期：_____年_____月_____日—_____月_____日

混龄学生活	混龄学运动
内容： • 长袖变短袖 • 男生女生的秘密 • 填饱肚子 • 我的营养 • 我会自己穿脱衣服 • 衣服厚了，长袖变不了短袖，怎么办 **措施：** • 讨论："洗手时，为什么长袖要变短袖""长袖变短袖的方法有哪些" • 适当地提醒大孩子主动帮助小孩子，小孩子需要别人帮助时要说："哥哥姐姐，请帮帮忙！" • 请哥哥姐姐做示范，并提醒大孩子主动关心小孩子 • 讨论："男生和女生的区别有哪些"——根据生活经验谈谈男女生的区别 • 继续采用分组如厕的方法，初步培养幼儿的性别意识 • 老大老二：巩固复习包裤子的方法；老三：了解包裤子的原因和方法 • 关注一家人如厕后：老大不但要自己包裤子，还要负责帮助老三包裤子并检查老二包裤子的情况，带着家人到老师处过关检查；老二要学着自己动手包裤子；老三懂得主动寻求老师/哥哥姐姐的帮助 • 让幼儿了解自己每日需要的基本营养；通过配对游戏丰富幼儿的餐饮经验 • 通过区域——快乐娃娃家中的个别化指导，提升小年龄段幼儿穿脱衣服的能力 • 午睡时，老大能督促老三自己穿脱衣（但不替代），并一对一教穿脱衣的方法；老二能自己独立穿脱衣，并能协助老大督促老三穿脱衣 • 加强对幼儿洗手环节的观察和指导，引导小孩子在长袖变不了短袖的情况下，主动寻求帮助 • 发挥值日生——洗手检查员的作用，以及大孩子的"小老师"作用	**内容：** • 基本动作练习（走、跑、投掷、钻爬、跳跃） • 安全教育：纵跳练习、高抬腿练习 • 篮球特色活动 **措施：** • 幼儿手持小纸球或其他投掷物，从各个角度瞄准投掷 • 关注幼儿利用各种小器械进行的创造性游戏，并及时给予评价和指导 • 鼓励幼儿在锻炼过程中克服困难，坚持到底 • 幼儿在平衡凳、平衡木上滚球，边滚球边走过平衡凳、平衡木 • 在平地上蹬车朝指定目标或障碍物行进 • 观察兄弟姐妹是否能相互照顾、提醒 • 观察"家庭"成员是否会互相提醒擦汗 • 提醒兄弟姐妹互相关心，看到其他人摔倒时主动去帮助、安慰 • 观察老大、老二和老三是否能合作完成动作 • 观察哥哥姐姐是否会提醒弟弟妹妹热了主动脱衣，并能主动提醒弟弟妹妹找老师垫汗巾 **游戏：** ▲ 大树妈妈和树叶宝宝 ▲ 移动的墙 ▲ 秋风吹 ▲ 打怪兽 ▲ 拉圈快走 ▲ 菊花大收缩 ▲ 菊花转转转

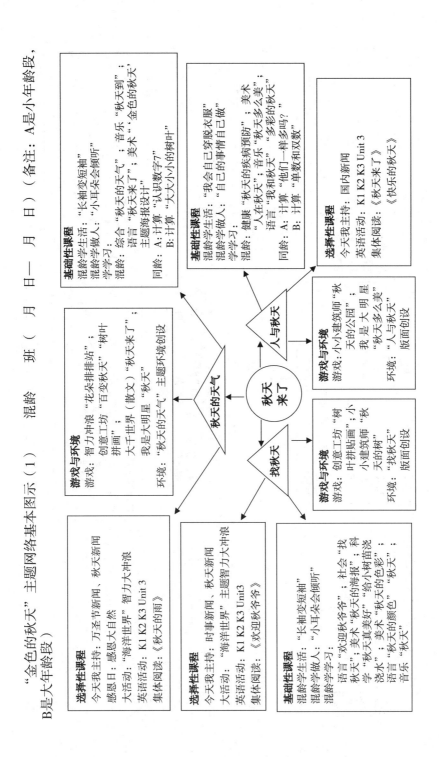

"金色的秋天"主题网络基本图示（1）　混龄　　班（　月　日—月　日）（备注：A是小年龄段，B是大年龄段）

选择性课程
今天我主持：万圣节新闻，秋天新闻
感恩日：感恩大自然
大话动："海洋世界"智力大冲浪
英语活动：K1 K2 K3 Unit 3
集体阅读：《秋天的雨》

游戏与环境
游戏：智力冲浪"花朵排排站"；
创意工坊"百变秋天""树叶拼画"；
大干世界（散文）"秋天来了"；
我是大明星"秋天"
环境："秋天的天气"主题环境创设

基础性课程
混龄学生活："长袖变短袖"
混龄学做人："小耳朵会倾听"
混龄学学习：
混龄：综合"秋天的天气"；音乐"秋天到"；美术"金色的秋天"
语言"秋天来了"
主题海报设计：
同龄：A：计算"认识数字7"
B：计算"大大小小的树叶"

选择性课程
今天我主持：时事新闻，秋天新闻
大话动："海洋世界"主题智力大冲浪
英语活动：K1 K2 K3 Unit3
集体阅读：《欢迎秋令令》

基础性课程
混龄学生活："长袖变短袖"
混龄学做人："小耳朵会倾听"
混龄学学习：
语言"欢迎秋令令"；社会"找秋天"；美术"秋天的海报"；科学"秋天真美好""给小树喝水"
涂水"秋天的色彩"；
语言"秋天的颜色""秋天"；
音乐"秋天"

游戏与环境
游戏：创意工坊"树叶拼贴画"；小建筑师"秋天的树"
环境："找秋天"版面创设

游戏与环境
游戏：小小建筑师"秋天的公园"；
我是大明星"秋天多么美"
环境："人与秋天"版面创设

基础性课程
混龄学生活："我会自己穿脱衣服"
混龄学做人："自己的事情自己做"
混龄学学习：
混龄：健康"秋天的疾病预防"；美术"人在秋天"；音乐"秋天多么美"
语言"我和秋天"
同龄：A：计算"他们一样多吗？"
B：计算"单数和双数"

选择性课程
今天我主持：国内新闻
英语活动：K1 K2 K3 Unit 3
集体阅读：《秋天来了》
《快乐的秋天》

秋天的天气

秋天来了

找秋天

人与秋天

"金色的秋天"主题网络基本图示(2) 混龄 班(月 日— 月 日)

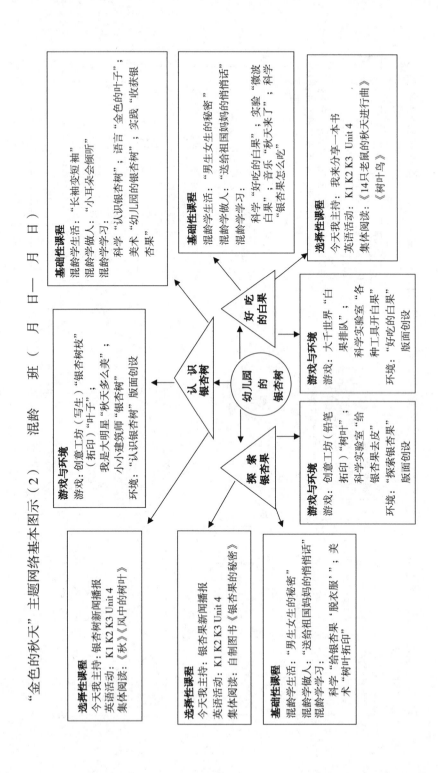

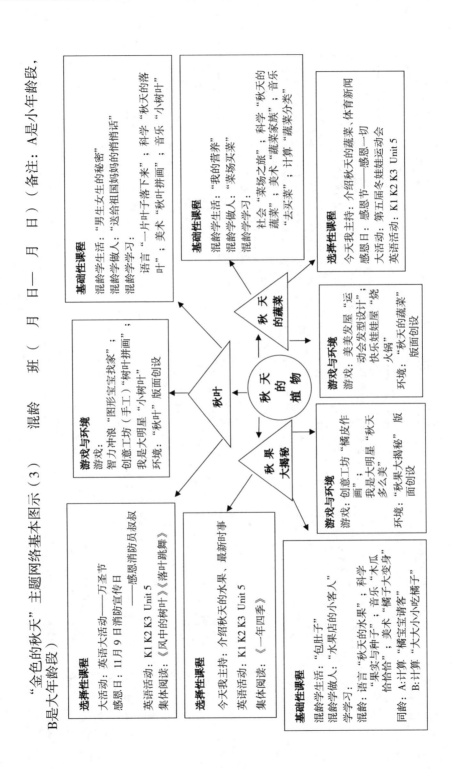

263

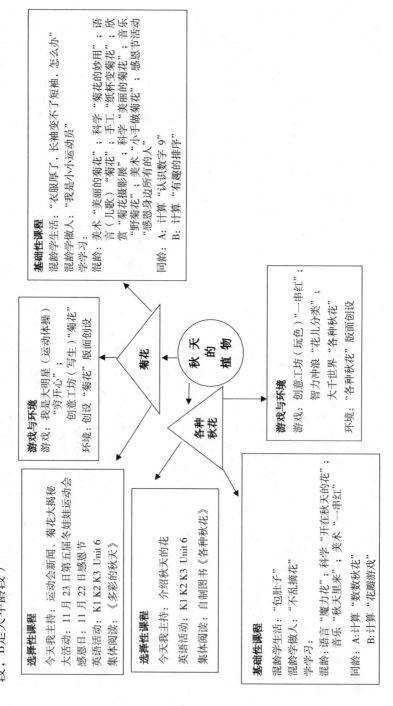

"金色的秋天"主题网络基本图示(4) 混龄 班(月 日— 月 日)(备注:A是小年龄段,B是大年龄段)

选择性课程

今天我主持:运动会新闻、菊花大揭秘

大活动:11月23日第五届冬娃娃运动会

感恩日:11月22日感恩节

英语活动:K1 K2 K3 Unit 6

集体阅读:《多彩的秋天》

选择性课程

今天我主持:介绍秋天的花

英语活动:K1 K2 K3 Unit 6

集体阅读:自制图书《各种秋花》

游戏与环境

游戏:我是大明星(运动体操)
"笑开心"

创意工坊(写生)"菊花"

环境:创设 "菊花" 版面创设

菊花

秋天的植物

各种秋花

游戏与环境

游戏:创意工坊(玩色)"一串红";

智力冲浪 "花儿分类";

大千世界 "各种秋花"

环境:"各种秋花" 版面创设

基础性课程

混龄学生活:"衣服厚了,长袖变不了短袖,怎么办"

混龄学做人:"我是小小运动员"

学学习:

混龄:美术 "美丽的菊花";科学 "菊花的妙用";语言(儿歌)"菊花";手工 "纸杯变菊花";欣赏 "菊花摄影展";科学 "美丽做菊花";音乐 "野菊花";美术 "小手做菊花";感恩节活动 "感恩身边的所有的人"

同龄:A:计算 "认识数字 9";
B:计算 "有趣的排序"

基础性课程

混龄学生活:"包肚子"

混龄学做人:"不乱摘花"

学学习:

混龄:语言 "魔力花";科学 "开在秋天的花";音乐 "秋天里来";美术 "一串红"

同龄:A:计算 "数数秋花";
B:计算 "花瓣游戏"

"金色的秋天"主题家园共育指南

案例 1

金色的秋天

班级：混龄_____班　　　　　____年__月__至____年__月__日

秋天到了，天气转凉，幼儿周围的生活环境慢慢发生着变化。秋风把树叶染红了，变黄了，一片片叶子从树上飘落下来。秋风送来一阵阵的清香，找一找，看一看，原来是路边的桂花开放了。在秋天的菜园里，红薯长大了，花生该收获了。秋天的变化引起了大小孩子们的关注与好奇。一次午点吃橘子时，有幼儿说："橘子的颜色真好看，有黄有绿的。""我看到现在水果店里都是橘子。""橘子是秋天的水果啊！""我知道橘子皮可以煮水喝，我妈妈就给我喝过。"幼儿开始讨论起来。还有幼儿说："橘子抱紧的时候是团结在一起的，如果把它剥开来，里面是一瓣一瓣的，大家可以分享。"孩子们的讨论让我联想到我们的班级，"一家人"团结又友爱。

以"金色的秋天"为主题收集孩子们的提问，气氛更是热火朝天，幼儿纷纷提出了许多关于秋天的问题，"金色的秋天"也随之热热闹闹地走进我们的探索学习生活中。

教育目标

- 让幼儿进一步认识秋天，了解秋季气候、植物等的变化。
- 欣赏秋天的美，陶冶幼儿的审美情趣。
- 通过动手操作、外出参观、感性操作等各种活动，幼儿感知秋天的季节特征。
- 了解秋季人们是如何收获的，乐意参加各种收获活动，体验丰收的喜悦。

- 感知季节变换与人们生活的关系。
- 带幼儿去菜场,找找秋天的蔬菜、水果。
- 欣赏秋季的花卉,加深对秋季特征的印象。
- 乐意参加各种主题大活动,在活动中感受乐趣。

教育内容

"秋天的天气""秋天到""秋天来了""'金色的秋天'主题海报设计""一片叶子落下来""秋天的落叶""秋叶拼画""小树叶""秋天的水果""果实与种子""秋天多么美""橘子大变身""大大小小吃橘子""橘宝宝请客""菜场之旅""秋天的落叶""蔬菜家族""去买菜""蔬菜分类""秋天的疾病预防""人在秋天""秋天""我和秋天"等。

<h3 style="text-align:center">"家庭孩子王"提示/陪伴孩子共同"玩"成</h3>

序号	内容	时间/数量	评价反馈
1	带幼儿到菜场和水果店,增加幼儿的相关经验,如认识秋天的水果和蔬菜,可鼓励大孩子自行购买蔬菜或水果	10月28日—11月1日	
2	准备粮食节活动装备	11月3日前	
3	双休日带孩子到公园观察树、踩踩树叶等	11月第1周	
4	第五届冬娃娃运动会,妈妈团体操排练(9:00—12:00,依霖一部操场)	11月9日(周六)	
5	第五届冬娃娃运动会,妈妈团体操合练(13:00—16:00,莘城学校)	11月16日(周六)	
6	与幼儿共同阅读有关秋天的书籍	不限	
7	与幼儿一起讨论"秋天的变化"	不限	
8	中大班幼儿准备秋天知识新闻播报	不限	
9	协助做好"崇明游"幼儿口述工作	具体待通知	
10	与孩子一起观看有关秋季变化的影像资料	不限	
11	与孩子一起复习英语单词和句型	每周至少2~3次	

说明:在"评价反馈"一栏,请家长对自己是否是好爸爸、好妈妈做出评价。如做到了给自己一个☆,反之就是✕。

案例 2

金色的秋天

班级：混龄_____班　　　　　　　____年__月__至____年__月__日

今年的秋天，来得比较晚，我们进入"金色的秋天"主题正是时候。每次玩到大型玩具时，孩子们都会抬头看看周围的银杏树，见证了绿绿的银杏叶变成黄黄的银杏叶的过程，又从浓密的树叶中发现一颗颗的果实，孩子们兴奋极了。

"这是银杏的果实吗？它可以吃吗？""银杏叶为什么是扇形的？""到了冬天，银杏的叶子会全部落光吗？""银杏叶子除了可以看，还有什么用？""银杏树的年龄怎么看呢？""我们可以去摘银杏果吃吗？"从幼儿的问题中可以发现，他们对银杏树产生了浓厚的兴趣，虽然对银杏树有一些了解，但还渴求更多的知识。

由于马上要过粮食节，幼儿对秋天有趣的节日和节气活动也很好奇。于是我们从银杏树开始，探索秋天里有哪些好玩的节日。

美丽的菊花是幼儿比较陌生的植物，大多数幼儿都是从书籍、图片上了解菊花的，于是在孩子们的强烈建议下，我们开始一点点探索起来，并安排了各种好玩的探索活动。

教育目标

- 了解银杏树的结构、果实特征及其用途。
- 学习做小实验并能简单记录。
- 初步了解白果是如何而来的，乐于参与劳动并感受劳动带来的快乐。
- 学唱与秋天有关的歌曲，感受秋天落叶的美、菊花的美。
- 尝试动手剪贴长条纸制作菊花、粘贴树叶画。
- 参观菊花展，并用相机记录自己的发现。
- 举办"菊花朵朵开"摄影展，展示幼儿的作品。
- 通过粮食节活动，体验粮食的来之不易，渐渐懂得珍惜粮食，养成爱惜粮食的好习惯。

教育内容

"认识银杏树""金色的叶子""幼儿园的银杏树""收获银杏果""给

银杏果'脱衣服'""树叶拓印""落叶""好吃的白果""微波白果""秋天来了""参观上海大学菊花展""美丽的菊花""野菊花""小手做菊花""感恩身边所有的人""害怕黑夜的女巫""秋叶""树叶粘贴画"等。

"家庭孩子王"提示/陪伴孩子共同"玩"成

序号	内容	时间/数量	评价反馈
1	收集有关秋天的资料、书籍 推荐绘本:《树叶鸟》《风中的树叶》《黄叶儿跳舞》《秋》《一片叶子落下来》《落叶跳舞》	第一周	
2	陪孩子在路边观察银杏树,并聊聊银杏树的特征	日常	
3	准备一副塑胶手套,以备采摘银杏果时需要	第一周/1次 第二周/1次	
4	准备本周主题相关新闻	每周按周计划准备	
5	准备一个牛皮纸信封,以备微波白果用	第三周	
6	跟孩子们说说粮食节、秋季的节气活动	日常	
7	收集有关菊花的资料	第四周	
8	在家和孩子一起复习歌曲《野菊花》《秋叶》,感受秋天的美	日常	
9	和孩子一起练习搏击操,准备运动会事宜	第五周	

说明:在"评价反馈"一栏,请家长对自己是否是好爸爸、好妈妈做出评价。如做到了给自己一个☆,反之就是×。

"金色的秋天"具体科目教学内容

语言活动

菊 花

▶▶ 设计思路

自 11 月 13 日上海大学举办赏菊、拍摄菊花活动后，孩子们对菊花产生了极大的好感。五颜六色的菊花，含苞欲放的菊花，张开翅膀的菊花……幼儿会运用各种词汇来形容自己当天看到的菊花，描述菊花的美丽。

▶▶ 活动目标

① 初步学习跟念儿歌；尝试边看字边念儿歌；能有韵律、有节奏地念读儿歌。

② 体验"一家人"一起学习儿歌的乐趣。

▶▶ 活动准备

① 前期经验准备：春游，参观上海大学的菊花展。

② 教具学具准备：自制儿歌《菊花》的视频、PPT。

▶▶ 活动流程

美丽的菊花→儿歌大家学→儿歌大比拼。

▶◀ **阅读指导**

熟悉儿歌《菊花》的歌词:

秋风吹过来,菊花朵朵开。红的红来白的白,黄的紫的真可爱。小朋友,笑哈哈,手拉手儿看菊花。这朵花瓣像豆芽,那朵花瓣像头发。菊花美,菊花美,小朋友们都爱它。

▶▶ **活动过程**

· **美丽的菊花**

提问 — 我们参观了上海大学的菊花展,你们有什么感受?(提示小年龄段幼儿说上三言两语)

— 参观上海大学菊花展那天,看到那么多菊花时,很多小朋友由衷地发出了赞叹。谁愿意告诉大家,你当天是怎么说的?(提示大年龄段幼儿发表感慨)

指导 — 教师以夸奖为主,可重复表扬那些好的、美的、有创意的句子。

— 出示孩子们拍摄的菊花照片,启发幼儿聊聊菊花。

— 教师尽量把幼儿讲到的美好的句子编成儿歌。

指导语

秋风吹过来,菊花朵朵开;红的红来白的白,黄的紫的真可爱;这朵花瓣像豆芽,那朵花瓣像头发。菊花美菊花美,小朋友们都爱它⋯⋯

· **儿歌大家学**

提问 — 刚才老师把你们说到的用儿歌表达了出来,你听到了什么?

指导 — 播放 PPT,欣赏一遍儿歌。

— 提示幼儿边看图边念文字,感受儿歌的韵律美。

— 幼儿能按节奏有感情地朗诵儿歌。

— 老大发挥小老师作用,帮助老二、老三再度熟悉儿歌内容。

· 儿歌大比拼

提问　– 我们能按照儿歌押韵的规则，自己创编一些关于菊花美的
　　　　　儿歌句子吗？

　　　　　– 我们可以按照菊花的什么内容来编关于菊花的儿歌呢？

　　　　　– 一首儿歌一般有几句，每句由几个字组成呢？

指导　–"一家人"一起根据菊花的颜色、形状、香味等编儿歌并
　　　　　给儿歌取一个好听的名字。

　　　　　– 大年龄段幼儿代表"家庭"展示自编的菊花儿歌。

指导语

一首儿歌一般有 4 句，每句由 5 到 7 个字组成。

我们今天初步学会了根据物体的颜色、形状、香味等自编儿歌的本
领，我们可以用这样的本领去自编关于其他物体的儿歌，如树叶、河
流、高楼、马路上的情境等。

活动延伸

将"一家人"编的儿歌投放至区域，供幼儿相互交流学习。

麦子和稻子

▶▶ **设计思路**

稻子和麦子对于幼儿来说比较陌生，二者经常被搞混。在这次活动之前，我们通过家长的配合，完成了一张调查表，了解到幼儿在此方面的认知经验。我们还带幼儿去上海崇明依霖农作物试验基地看了收割稻子的过程。这次活动的目标是让幼儿通过观察，区分稻子和麦子的不同，体验秋天丰收的喜悦。

▶▶ **活动目标**

① 去崇明依霖农作物试验基地，感受秋天的麦浪，认识稻谷；通过观察能区分麦子和稻子的不同特征；知道稻子和麦子都是粮食，但在外观上有明显区别。

② 在"抛接球问题导向"的教学模式中，进一步了解稻子和麦子。

▶▶ **活动准备**

① 前期经验准备：通过调查和参观农场，看见收割稻子的场面，已积累一些认知经验。

② 教具学具准备：仿真的稻子和麦子，视频《稻谷和小麦的区别》。

▶▶ **活动流程**

稻子和麦子穿的"衣服"不一样→稻子和麦子的家不在一起→稻子和麦子的食用方法不一样。

▶▶ **阅读指导**

阅读故事《稻子和麦子》《小麦的神奇之旅》。

活动过程

· 稻子和麦子穿的"衣服"不一样

提问 — 我们一起去看了秋天的稻子，现在稻子想听听你们是怎样评论它的。

指导 — 教师用抛问题的方式，帮助幼儿回忆去农场观看稻子丰收的情景，说说自己看到的、想到的及想说的。

— 教师要接住幼儿的问题并反抛，也可根据指导语（正确答案）抛问题，如花序、叶子等。

— "一家人"领取仿真稻子和麦子，仔细观察辨认，说出它们的不同点和相同点。

指导语

稻子和麦子在外观上有明显区别。稻子的穗部是圆锥花序，松散且分枝较多，成熟时会下垂；而麦子的穗状花序紧实且直立。稻子的叶子呈线状披针形，互生；而麦子的叶子呈长披针形，通常包裹着茎秆。

· 稻子和麦子的家不在一起

提问 — 稻子的家一般在哪里？为什么？

— 麦子的家一般在哪里？为什么？

指导 — 请幼儿带着以上两个问题，认真观看视频《稻谷和小麦的区别》。

指导语

稻子的家在南方。稻子喜欢高温、高湿的环境，通常被种植在潮湿的水田中，适合在南方种植。稻子的种植方式包括插秧和直播。

麦子的家在北方。麦子适合在土层深厚的环境中生长，喜欢干燥少雨的气候，需要充足的日照，主要在北方种植。麦子主要通过直播的方式种植。

· 稻子和麦子的食用方法不一样

提问 — 你吃过稻子吗？吃过哪些由稻子做的食品呢？

— 你吃过麦子吗？吃过哪些由麦子做的食品呢？

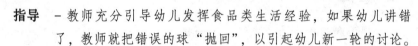

指导 —教师充分引导幼儿发挥食品类生活经验,如果幼儿讲错了,教师就把错误的球"抛回",以引起幼儿新一轮的讨论。

指导语

稻子去壳后成为大米,可以制成米饭等;而麦子磨成面粉后可以用来制作面条、馒头、面包等食品。

▶▶ **活动延伸**

幼儿回家后在家人的帮助下做一顿米饭;在幼儿园生活老师的帮助下,包一次饺子。

儿歌·晒太阳

设计思路

《晒太阳》这首儿歌从多角度引导幼儿发现自然界万物和太阳的联系，告诉幼儿太阳的重要性，以及植物晒过太阳后颜色的变化。儿童的世界绚烂多彩，就像天上七色（红、橙、黄、绿、蓝、靛、紫）的彩虹。诗中的描述能引导幼儿感知美丽、饱满的自然色彩，如小草的绿衣裳、稻子的黄衣裳、苹果的红衣裳，帮助幼儿从全新的视角感受、想象周围的世界。

活动目标

① 知道我们的生活里必须有太阳，地球万物（人/动物/植物）都需要太阳；初步理解诗歌内容并大胆朗读；知道太阳和动植物与人的关系。

② 了解地球万物与太阳之间的依存关系，理解太阳光的七种色彩送来了多彩的世界。

活动准备

① 前期经验准备：熟悉太阳，但不熟悉太阳与世间万物的关系。

② 教具学具准备：灰暗色的背景和不健康的小草、稻子、苹果的图片，阳光下的彩虹的图片，儿歌《晒太阳》。

活动流程

植物为什么离不开太阳→人类为什么离不开太阳→五彩缤纷的太阳。

阅读指导

熟悉儿歌《晒太阳》的歌词：

小草晒太阳，穿上绿衣裳。稻子晒太阳，穿上黄衣裳。

苹果晒太阳，穿上红衣裳。娃娃晒太阳，身体才健康。

▶ **活动过程**

> **· 植物为什么离不开太阳**

提问 — 为什么小草、稻子、苹果都需要太阳?

— 还有哪些植物也需要太阳?

— 有了太阳的照射后,植物会发生怎样的变化?

指导 — 出示灰暗色的背景和不健康的小草、稻子、苹果的图片。

— 引导幼儿进行讨论,让幼儿说出小草、稻子、苹果不健康是因为没有太阳,知道太阳对人类和自然界的作用。

— 教师边读诗歌,边展示前三句儿歌歌词及与之对应的图片,让幼儿从视觉上直观地接触到儿歌内容,以及小草、稻子和苹果的形象变化。

指导语

太阳为植物提供了进行光合作用所需要的光能,这是植物生长的基础。

植物的光合作用能将二氧化碳和水转化为有机物质,同时释放出氧气。如果……(可反过来解释)

> **· 人类为什么离不开太阳**

提问 — 为什么娃娃离不开太阳?

— 人类离开了太阳会发生什么?

— 太阳消失后,人类会怎么样?

指导 — 引导幼儿讨论为什么人类离不开太阳(两个"家庭"为一组一起讨论)。

指导语

没有太阳就意味着地球上的生命将无法生存,地球会变得很寒冷,无法支持人类生存。

没有太阳,世界一片漆黑,只有黑夜,没有白天,世界上也就没有任何生命,人类也将不复存在。

· 五彩缤纷的太阳

提问 — 有了太阳，植物会穿上什么颜色的衣服，比如小花、小草、春夏秋冬的植物会穿上什么颜色的衣服呢？

— 为什么说植物晒了太阳，会呈现出多彩多姿的生命样态呢？

指导 — 教师尽量抛出问题，引导幼儿结合生活经验发散思考，从而提升其发散性思维能力。

— 完整地聆听儿歌《晒太阳》，幼儿可以一起读，也可按自己的意愿做手势表达自己的情感。

指导语

太阳有7种颜色的光，分别为红、橙、黄、绿、蓝、靛、紫。雨过天晴时，我们有时能看到七色的彩虹。

太阳给世界带来光芒，通过光合作用给植物生命，给人类生命。所以，我们要知道"万物生长靠太阳"。

接下来我们一起聆听另一首儿歌《晒太阳》：

今天我要晒太阳，晒得身体暖洋洋，衣服晒晒，被子晒晒，心情也要晒晒，晒出一天健康。出来晒太阳喽，我们一起晒太阳，晒得心里暖洋洋……

▶▶ **活动延伸**

闻闻太阳的味道

第二天，或者天气好的某一天，请幼儿将自己的小被子放到室外晒一晒，感受太阳的味道。晒太阳后的小被子既温暖又香喷喷。

科学·探索活动

给银杏果"脱衣服"

设计思路

幼儿园里有好几棵银杏树，每年 11 月份左右，果子挂满枝头，大家每天散步时都会仰头张望，见证了绿色的果子渐渐变成奶白色的果子的过程，一粒粒椭圆形的银杏果引发了幼儿无穷无尽的讨论。

活动目标

① 通过采摘银杏果，知道银杏果的另一个名字——白果；学习给银杏果"脱衣服"，了解去皮方法，锻炼幼儿的动手能力，发展幼儿的手脑并用能力。

② 保护幼儿对身边事物好问、好奇、好探索的天性。

活动准备

① 前期经验准备：大年龄段幼儿认识银杏果，知道银杏果可以吃，也可用来计数，玩过"盯果子"的游戏。

② 教具学具准备：视频《银杏果的食用方法》，塑料盆、塑料手套、水、已去皮和没去皮的银杏果、石灰水等。

活动流程

幼儿园的银杏果丰收了→我们给银杏果"脱衣服"。

阅读指导

阅读绘本《树看到了什么》《叶子先生》。

活动过程

· 幼儿园的银杏果丰收了

提问 － 我们什么时候去银杏树下捡银杏果呢？

－ 银杏果都发黄了，怎么还不去采摘呢？

指导 － 在老大的带领下，"一家人"拿好小篮子，去银杏树下收银杏果。

指导语

数一数，你们"家庭"一共捡了多少粒银杏果。

· 我们给银杏果"脱衣服"

提问 － 你们收的银杏果可不可以吃？怎么吃？

－ 这样的银杏果能吃吗？为什么不能吃？

指导 － 老大已经积累了一些经验，请老大向弟弟妹妹传授银杏果怎么吃的经验。

－ 教师注意聆听和收集老大讲述的银杏果怎么吃的经验。

－ 出示没有去皮的银杏果，师生共同讨论，用什么办法帮助银杏果脱掉外面的"衣服"。例如：将银杏果泡在水中，待皮肉松软后，戴上手套，用剪刀剪去表皮；在石块上磨掉银杏果的皮，然后洗净晾晒；将银杏果泡在水中，待皮软后，放在硬地上用脚踩去皮。

指导语

方法一：水泡法。

将白果全部浸泡在水中，静置半日为宜，可以手戴乳胶手套，用手搓去皮。

方法二：发酵法。

将白果放入水后放置在潮湿的地方，放置一周（春、夏末、秋初季节）后，用手搓去皮。去皮时同样需要戴手套，毕竟白果是有一定的毒性的，最好再戴个口罩，减少刺激性气味的吸入。

方法三：水煮法。

这种方法比较快捷，将白果放进冷水锅中加热，直到白果皮开始变烂，取出冷却以后用手搓去皮。

▶▶ **活动延伸**

　　将事先洗净晒干的银杏果放在纸袋里，然后放进微波炉，加热 2 分钟后取出，"一家人"一起品尝并继续探索：味道怎么样？白色的壳里的肉是什么颜色的？

好玩的垃圾分类

设计思路

大自然是人类赖以生存的环境。随着资源的不断开发和资源浪费的日益严重，环境保护越来越受重视。目前全国范围内都在学习并践行"垃圾分类"，上海市作为全国垃圾分类的先行者，响应号召围绕四类垃圾（干垃圾、湿垃圾、可回收物、有害垃圾）的分类展开了积极的行动。

幼儿对班级里产生的常见垃圾能驾轻就熟地进行分类，但针对一些生活垃圾的分类常常产生争议。比如，"大骨头是湿垃圾还是干垃圾？""卫生间的厕纸是可回收垃圾吗？""鱼皮是湿垃圾，那鱼鳞也是湿垃圾吗？"

幼儿的争议与问题代表其兴趣所在，因此我们通过此次"好玩的垃圾分类"活动让幼儿在做一做、玩一玩中进一步探索四类垃圾的正确分类。

活动目标

① 知道上海关于四种垃圾的分类；在做一做、玩一玩中探索四类垃圾的正确分类。

② 感受"一家人"一起探索的乐趣，喜欢玩垃圾分类的游戏。

活动准备

① 前期经验准备：对四类垃圾分类有一定的了解；观察居住小区及周围环境，和父母一起讨论，收集生活中的垃圾的相关图片；有"一家人"一起探索活动的经验。

② 教具学具准备：1套上海的四类垃圾桶，2块展板记录表，"好玩的垃圾分类"PPT，四类垃圾实物，记录表若干。

活动流程

激趣：把常见垃圾宝宝送回家→探索：帮垃圾宝宝找家→讨论：为什么要做垃圾分类。

▶▶ **阅读指导**

阅读绘本《垃圾分类知多少》《皮皮熊的垃圾去哪儿了》。

▶ **活动过程**

·激趣:把常见垃圾宝宝送回家

提问 － 这是什么垃圾?应该投在哪个垃圾桶?

－ 他投放得对吗?为什么?

指导 － 以"垃圾宝宝快快跑"的游戏形式将垃圾逐一分类并投放
至垃圾桶,激发幼儿的活动兴趣。

－ 师生共同验证垃圾分类与投放是否正确。

指导语

垃圾分类为四类,分别是可回收物、有害垃圾、干垃圾、湿垃圾。
报纸、牛奶盒是可回收物,电池、过期药品是有害垃圾,纸巾、塑料袋
是干垃圾,橘子皮、树叶是湿垃圾。

·探索:帮垃圾宝宝找家

可回收物和有害垃圾的分类探索

提问 － 这些垃圾属于哪一类垃圾?

指导 － 出示可回收物和有害垃圾实物,介绍操作材料和展板记
录表。

－ 请老大带领"一家人"根据两类垃圾实物材料,商量讨
论,逐一分类投放。

－ 老大带领"一家人"将分类投放后的结果记录在展板记录
表中。

－ 师生共同讨论、验证分类和投放正确与否。

指导语

可回收物是指可以回收循环使用的废弃物品,有害垃圾是指对人体
健康和自然环境造成直接或潜在危害的废弃物品。

干垃圾和湿垃圾的分类探索

提问　- 这些垃圾属于哪一类垃圾？

指导　- 出示干垃圾和湿垃圾实物，介绍操作材料和展板记录表。

- 请老大带领"一家人"根据两类垃圾实物材料，商量讨论，逐一分类投放。

- 老大带领"一家人"将分类投放后的结果记录在展板记录表中。

- 师生共同讨论、验证分类和投放正确与否。

指导语

湿垃圾是指易腐烂的生物质生活废弃物，干垃圾是指除去可回收物、有害垃圾和湿垃圾以外的其他生活废弃物。（老三活动结束）

· 讨论：为什么要进行垃圾分类

提问　- 为什么要进行垃圾分类？

指导　- 师生共同讨论，鼓励幼儿大胆表达自己的观点。

- 观看视频《垃圾》。

指导语

"垃圾围城"：垃圾增长速度快且量大，来不及处理，用混合的方式收集垃圾，容易污染环境，如造成雾霾等。"资源利用"，分类处理垃圾，能够帮助我们回收再利用废弃物，也能减少污染。

活动延伸

利用依霖绿色账户和爸爸妈妈持续开展"垃圾分类"；在生活中继续践行垃圾分类。

科学·数活动

逛菜场·买蔬菜

▶ 设计思路

在幼儿园计算教学中,数学不仅仅是数字、加减法和几何形体的学习,更是一种和生活紧密相连、促进幼儿全面发展的重要工具。将数学融入幼儿的日常生活中,不仅能够培养他们的逻辑思维和解决问题的能力,还能激发他们对世界的好奇心和探索欲。

"逛菜场·买蔬菜"和"买水果"都是基于"幼儿生活数学"提出的,旨在落实这一理念,鼓励幼儿在学生活中学学习,在学学习中学生活。

▶ 活动目标

①参观菜市场,知道菜市场里有品种繁多的蔬菜;在老大的带领下"一家人"商量今天买什么蔬菜;知道向叔叔阿姨询价,计算菜钱。

②"一家人"能大胆地与人交流,参与买菜的过程,学会遇到事情要互相商量。

▶ 活动准备

①前期经验准备:请"家庭孩子王"们协助,在周末带幼儿去菜市场买一次菜,尤其鼓励大年龄段幼儿在买菜时先询价,规划买多少量,计算自己的钱够不够。

②教具学具准备:每人准备2元钱("一家人"共6元钱),每"一家人"1张蔬菜任务卡,装蔬菜的塑料袋若干。

▶ 活动流程

我带弟弟妹妹去买菜→6元钱买三种蔬菜→我们学习小当家。

阅读绘本《蔬菜大家族》，改编故事《第一次上街买东西》。

▶ **活动过程**

·我带弟弟妹妹去买菜

提问 － 老大要带弟弟妹妹去腾冲路菜市场买菜，谁来说说，你想买什么蔬菜？

－ 买菜的时候，要先干什么？接下来干什么？最后干什么？

－ 我们一个"家庭"有6元钱，要买2~3种蔬菜回来，钱不够了该怎么办？

－ 如何与人交流，才能买到自己需要的菜？

指导 － "一家人"的钱交给老大管理。

－ "一家人"要紧紧地走在一起，不能分开，尤其老三一定要跟着老大和老二。

－ 引导幼儿观察农贸市场蔬菜摆放的特点，根据"家庭"蔬菜任务卡去寻找、购买相应的蔬菜。

·6元钱买三种蔬菜

指导 － 提示"一家人"路上注意安全。

－ 提示幼儿在听到教师的指令（吹哨声音）后，回到刚才分散的地点找班主任。

－ 在回家途中，"一家人"分享劳动成果（每个幼儿手中都提一个菜袋子）。

·我们学习小当家

提问 － 你们"家庭"用6元钱买了什么品种的蔬菜？

－ 买菜的时候你们有没有遇到问题和困难？

－ 遇到问题和困难时，你们是怎样解决的？

指导 － 请个别幼儿讲讲自己在买菜过程中碰到的事，让幼儿了解一些与人交往的基本方法。

－ 教师根据幼儿的讲述，随机应变地予以总结。

指导语

　　要有礼貌地询问才能够买到自己需要的菜。有的小朋友到了菜场可开心啦，因为自己是头一次买菜；有的小朋友独立完成小当家的任务后，很兴奋；有的小朋友积极寻找自己看中的蔬菜；还有的幼儿看钱不够，就和卖菜的叔叔阿姨讨价还价——"可不可以便宜一点呢？"

 活动延伸

　　逛逛水果店。

逛逛水果店

"逛逛水果店"的活动思路、活动目标、活动准备、阅读指导等与"逛菜场·买蔬菜"的相同;活动过程也可参照买菜活动,但侧重点有所不同,主要观察水果的分类、摆放,了解分类和摆放的原因。

"一家人"协作玩测量

设计思路

尺子可以用来测量物体是大小孩子都知道的,他们不知道的是藏在尺子里的数字秘密。如何让混龄班儿童一起了解和学习这一数学知识呢?混龄班的优势在于,幼儿自入学便跟随哥哥姐姐学习有关尺子的知识,且每年不断巩固增长,因此不会感到一头雾水。

对幼儿来说什么是"尺子"?能够测量物体的绳子、木棍、布条等都可能成为"尺子",关键是能测量出物体的长度、高度。从这个角度出发,教学活动一定会生动有趣。

活动目标

① 小年龄段幼儿能用绳子测量物体的长与短;大年龄段幼儿认识尺子上面的长度单位,并学习用尺子测量物体的长度。

② 感受"一家人"一起玩测量游戏的乐趣。

活动准备

① 前期经验准备:有测量经验,会玩亲子测量游戏、测量身高等。

② 教具学具准备:PPT,相同长度的绳子若干,同款长度单位的尺子若干,介绍长度单位的视频,儿歌《小尺子》。

活动流程

怎样使用测量工具→自由选择物体测量→"一家人"快乐测量。

阅读指导

熟悉儿歌《小尺子》:

1厘米,很淘气,仔细找,才见你;

指甲盖1厘米,伸出手指比一比;

长短和我差不多，大约就是1厘米；

100个我是1米，我是米的小兄弟，物体长了别用我，要不一定累死你。

▶ **活动过程**

在教学活动开始前，可以将儿歌《小尺子》作为家庭亲子学习内容，让大年龄段幼儿提前观察认识尺子上的长度单位及其基本概念，并尝试与儿歌句子相匹配。

· 怎样使用测量工具

提问 － 这是什么？有什么用？

－ 怎样使用尺子呢？

指导 － 给每个幼儿一把有长度单位的尺子，请幼儿仔细观察尺子上有什么。

－ 邀请大年龄段幼儿讲讲尺子上面有什么。

－ 教师播放介绍长度单位的视频，并与儿歌匹配，介绍米（m）、厘米（cm）、毫米（mm）、千米（km）。

－ 教师出示与尺子长短一样的绳子，示范测量给幼儿看。

指导语

尺子是用来测量物体长度的。尺子上面有英文字母 m、cm、mm 和汉字米、厘米、毫米。

· 自由选择物体测量

提问 － 我们每个人在教室里自由选择一个可以测量的物体，你想选择什么作为你测量的对象呢？

指导 － 引导幼儿思考并选择测量实验对象，而不是盲目地选择。

－ 老大和老二使用尺子进行测量，老三使用红绳子进行测量。

－ 教师巡视，重点观察老大、老二的测量情况，以提问的方法适度引导幼儿，并了解大年龄段幼儿测量的结果。

－ 邀请测量中完全掌握测量方法的幼儿上前介绍（2~3 名）。

– 教师倾听幼儿介绍，肯定部分准确或全部准确的方法，纠正不准确的部分，进一步指导幼儿掌握正确的测量方法。

· "一家人"快乐测量

指导语

通过刚才的测量实验，老大和老二基本知道了怎样使用尺子测量物体的长度，老三也学会了用绳子来测量物体的长短，现在就请老大带领"一家人"选择一个物体继续玩测量游戏。

活动延伸

将测量工具投放至区域，供"一家人"继续探究。

艺术·美术活动

肥肥的螃蟹

设计思路

深秋正是蟹肥时，孩子们一提到吃螃蟹，都很兴奋，有的幼儿会把吃过的螃蟹壳带来幼儿园。我们可以利用这些螃蟹壳，从了解螃蟹的外形、制作"螃蟹"着手激发幼儿动手操作的兴趣。

活动目标

① 认识螃蟹的外形，尝试用剪贴的办法制作"螃蟹"。

② 激发幼儿动手操作的兴趣。

活动准备

① 前期经验准备：幼儿见过大闸蟹，吃过大闸蟹，都喜欢看大闸蟹爬；看过视频《草绳攀上了大闸蟹》，听过"世界上第一个吃螃蟹的人"的故事。

② 教具学具准备：背景图"阳澄湖里的大闸蟹"，一只活的大闸蟹，笔、彩纸、剪刀、胶水若干。

活动流程

横爬的大闸蟹→把大闸蟹画下来→阳澄湖里的大闸蟹。

阅读指导

阅读绘本《笨拙的螃蟹》《小螃蟹找朋友》。

活动过程

·横爬的大闸蟹

提问 －谁能说清楚,螃蟹的身体是什么样子的?蟹钳是什么样子?螃蟹有几条腿?螃蟹爬起来的姿势是怎么样的?

指导 －幼儿围坐成圆圈,教师把大闸蟹放在圆圈中央,引导幼儿仔细观察其外形特征。

－请大年龄段幼儿"抛球"发问,大家一起"接球"回答。

指导语

请能干的老大来总结大闸蟹的外貌特征,老师来补充。

·把大闸蟹画下来

提问 －谁能把这一只大闸蟹的模样(外形特征)画下来?

－如果让你来画,你准备怎么画呢?

指导 －邀请2~3名擅长绘画的老大讲述他们想到的作画步骤。

－教师注意重复或肯定幼儿讲述的正确步骤,出示教师画的背景图"阳澄湖里的大闸蟹",说明画这张背景图的用意。

－教师出示事先剪好的大小不一的大闸蟹图案,并将其贴在背景图上,以表示阳澄湖大闸蟹爬进了我们的教室。

－幼儿画大闸蟹、剪大闸蟹,大年龄段幼儿帮助小年龄段幼儿正确使用剪刀。

－幼儿绘画、操作,教师巡回指导,提示小年龄段幼儿可以观察背景图上的范例。

·阳澄湖里的大闸蟹

提问 －煮熟了的大闸蟹是什么颜色的?

指导 －幼儿制作好一只"大闸蟹"后,就可以把"大闸蟹"放入"阳澄湖"(背景图)中了,如时间充裕可以继续完成。

－教师可以协助幼儿一起完成"阳澄湖里的大闸蟹"背景图。

－最后留一点时间大家一起欣赏背景图,可以数一数有几只"阳澄湖大闸蟹"爬进了我们的教室。

活动延伸

　　布置墙面环境，鼓励幼儿在活动时间画几笔，可以画大大小小的大闸蟹，也可以画大闸蟹的"一家人"，并把画好的大闸蟹剪下来，粘贴到背景图"阳澄湖里的大闸蟹"上。

艺术·音乐活动

> ### 游戏·乐器配图

▶▶ 设计思路

指挥在音乐学习中十分重要,奥尔夫教学法常通过多种游戏方式来呈现各种指挥方法,让人体验视觉、听觉等感官刺激,感受领导与被领导的不同快乐和趣味。对视觉色彩指挥的学习,对看指挥进行演奏的学习,对领导与被领导的体验,可以帮助孩子们学习音乐和体验音乐之美。

▶▶ 活动目标

① 能根据抽象的符号发挥想象力;选择适当的乐器进行演奏;老大学习当小指挥,带领弟弟妹妹一起歌唱。

② 感受玩乐器的欢乐。

▶▶ 活动准备

① 前期经验准备:大年龄段幼儿熟悉打击乐器,小年龄段幼儿有一定的敲打经验。

② 教具学具准备:双响筒、碰铃、手鼓等打击乐器。

▶▶ 活动流程

哥哥姐姐来告诉你→探索各种乐器不同的声音→我们自己来试一试。

▶▶ 活动过程

> **·哥哥姐姐来告诉你**
>
> **提问** － 这些是什么乐器?
>
> － 这些乐器怎么用?
>
> － 谁来当小老师,教会弟弟妹妹们呢?

指导 — 邀请老大们相继上前讲述，逐一介绍双响筒、碰铃、手鼓等打击乐器的名称和用法。

— 教师可以用清唱的方式让介绍的老大使用乐器进行示范。

指导语

请全班的小朋友表扬小老师的示范指导。这些乐器的名称分别是双响筒、碰铃、手鼓、三角铁、大鼓、沙锤……

> **·探索各种乐器不同的声音**

提问 — 每个图形都可以表示一种乐器，圆圈可以表示什么乐器？

— 三角形可以表示什么乐器？

— 小棒可以表示什么乐器？

— 由很多小圆圈组成的图形可以表示什么乐器？

指导 — 拿出声音图谱，请幼儿仔细观察、思考这些图谱卡可以和哪些图形相配，并上前演奏乐器说明自己的想法。

指导语

我们的小朋友都很会动脑筋，乐器和图形配对非常恰当。

> **·我们自己来试一试**

提问 — 看到上面的小棒，用什么乐器演奏，演奏几下？

— 看到下面是圆点，又该用什么乐器来演奏，演奏几下？

— 看到第二排的圆圈，用什么乐器来演奏，演奏几下？

— 看到第三排的三角形，又该用什么乐器来演奏，演奏几下？

指导 — 出示一张声音图谱，请幼儿从上往下观察，并选择对应的乐器来演奏这张图谱。

— 引导幼儿手拿不同的乐器，看着图谱和教师的指挥，跟着教师发出的音乐节奏进行游戏。

— 教师握拳，停止演奏乐器。

— 邀请一名音乐素养比较高的幼儿上来指挥，在实践中重复练习几次。

指导语

新年啦，小乐器随便敲，最后哈哈哈，哈哈哈，新年好！（3遍）

活动延伸

在贺新年活动中，大家一起演唱。

木瓜 "恰恰恰"（第三教时）

设计思路

《木瓜恰恰恰》是印度尼西亚的民歌，是一首以叫卖为题材的歌曲，节奏轻快、旋律活泼，通过欢快的旋律唱出了卖木瓜人的喜悦心情，形象地描绘了印度尼西亚农民在兜售自产水果时忙碌的场面。

在乐曲《木瓜恰恰恰》的教学中，教师采用了直观的图谱、拍手教学方式，进一步提高幼儿对音乐活动的兴趣，使幼儿能够轻松掌握乐曲的节奏。

《木瓜恰恰恰》共三个教时。第一教时重点为熟悉旋律和节奏，初步理解歌词内容；第二教时重点为准确把握节奏，学会唱歌词；第三教时重点为用打击乐的形式结合歌曲，唱出叫卖声。

活动目标

① 感受歌曲的欢快旋律，能大声唱出 "恰恰恰"；能伴着 "恰恰恰" 的节奏，手脚协调地踏步挥舞；能跟着 "恰恰恰" 的旋律拍手/蹲下/挥拳/哼唱，能大概听懂歌词的意思，知道 "恰恰恰" 表示 "好" 的意思。

② 能快乐地与同伴一起跟着旋律 "恰恰恰" 舞动。

③ 培养幼儿聆听前奏和间奏的习惯。

活动准备

① 前期经验准备：认识一般的水果，但不知杜古是什么水果。

② 教具学具准备：歌曲《木瓜恰恰恰》，自制视频《农贸集市场》，水果杜古的图片。

活动流程

"恰恰恰" 的旋律真好听→节奏练习 "恰恰恰"→小乐器一起 "恰恰恰"。

297

◆▶ 阅读指导

木瓜恰恰恰

木瓜芒果香蕉番石榴（恰恰恰），菠萝榴梿杜古和石榴（恰恰恰）

赶集时都挑到城里卖（恰恰恰），城里的人都争着来选购（恰恰恰）

木瓜味道真呀真真好（恰恰恰），又甜又香解渴又上口（恰恰恰）

还有的更甜更香更可口（恰恰恰），只要你到街上遛一遛（恰恰恰）

有番石榴有菠萝有芒果（恰恰恰），有香蕉有榴莲还有杜古　嗨

快来吧，快来吧，快来吧，快来吧，再不买就卖完了

木瓜皮薄个大味儿鲜（恰恰恰），劳动后吃一个就足够（恰恰恰）

卖得又是多么便宜呀（恰恰恰），两个木瓜只要两毛六（恰恰恰）

◆▶ 活动过程

> • "恰恰恰"的旋律真好听

提问　－你们听过一首名字叫《木瓜恰恰恰》的歌曲吗？

－你们认识这些水果吗？

－你们听一遍《木瓜恰恰恰》，听听歌里唱了些什么？

－你们听这首歌的旋律，感觉怎么样？

－你们能不能听着《木瓜恰恰恰》这首歌，欢快地拍手，或用身体打节奏，一起喊"恰恰恰"？

指导　- 播放一遍歌曲《木瓜恰恰恰》。

- 出示与歌词对应的水果的图片，重点介绍水果杜古。

- 再播放一遍歌曲《木瓜恰恰恰》，请幼儿聆听歌里唱了哪些内容。

- 再播放一遍歌曲《木瓜恰恰恰》，请幼儿感受这首歌的旋律。

- 再播放一遍歌曲《木瓜恰恰恰》，请幼儿一起跟唱并用身体打节奏。

指导语

这是一首印度尼西亚小朋友唱的歌。杜古又名龙功果，有"水果公主"的美誉，产于印度、泰国热带地区。老师来具体讲解这首歌的大意。

·节奏练习"恰恰恰"

提问　- 你们知道这首歌最难的节奏在哪里吗？

- 什么时候唱"恰恰恰"？

指导　- 教师示范唱前面四句，突出第一拍的强音，唱得响一点。

- 播放歌曲《木瓜恰恰恰》，师幼跟着连续唱2遍。教师要提示幼儿注意"恰恰恰"的节奏：每一句话的最后一个字一唱完，"恰恰恰"就要跟上去。

- 最后一遍可以请幼儿一起哼唱，老三大声喊出"恰恰恰"，大年龄段幼儿可以用拍手、挥拳、蹲下、摇晃等动作跟着旋律与节奏舞动。

·小乐器一起"恰恰恰"

提问　- 你们觉得用什么乐器为《木瓜恰恰恰》伴奏比较好？

指导　- 引导幼儿讨论，最后以举手表决的方式选择演奏乐器（少数服从多数）。

- 播放《木瓜恰恰恰》，教师根据课时时长和幼儿的情绪决定音乐活动何时结束（小年龄段幼儿可以随时离开活动）。

指导语

请全体小朋友拿起大家举手表决通过的小乐器，看着屏幕，哼唱/学唱歌曲《木瓜恰恰恰》。

 活动延伸

把歌词和歌唱视频发给"家庭孩子王"们，请他们陪伴幼儿在家一起练习打击乐器。

"金色的秋天"主题 智力大冲浪

动力定型·温故而知新

智力大冲浪的意义

在主题开始前，我们都会向孩子们收集与相应主题有关的问题，随后对收集到的问题进行整理和分类，再制定相应的网络图、月计划和周计划。

在主题开始后的一个半月内，我们和孩子们一起带着他们感兴趣的问题寻找答案。有时候我们在集体教学中一起"碰撞"；有时候我们在"今天我主持"中解答问题；有时候我们在区域游戏中以小组为单位探索学习；有时候我们变身小记者通过采访、记录寻找我们想要的答案；有时候我们走进幼儿园的角角落落，比如秋天的银杏世界，一起采摘、浸泡、晒干、烘烤银杏果，从而获知银杏树和银杏果的秘密；有时候我们将课堂搬到农庄、菜场、菊文化节，在真实的情境下，在体验实践中有所收获……

在主题结束后，我们和孩子们一起走进"智力大冲浪"，通过"智力大冲浪"中的基础知识题、音乐题、视听题、操作题、新闻题等，帮助孩子们将已习得的知识"反刍"，培养孩子们倾听与表达的能力，培养他们的团队意识、文明礼貌等。

活动目标

① 通过"智力大冲浪"的形式，帮助幼儿复习、巩固"金色的秋天"主题中的相关知识。

② 通过各种答题形式，体验"一家人"协商合作、共同完成任务的乐趣，增强幼儿的集体荣誉感和团队凝聚力。

活动准备

① 前期经验准备：幼儿对"金色的秋天"主题具备一定经验；熟悉"金色的秋天"智力大冲浪各类音乐；熟悉歌曲《穷开心》及相应动作；带领幼儿熟悉智力大冲浪的大口号（智力大冲浪——冲关我们最最棒）及班

级小口号。

② 教具学具准备：基础必答题、音乐抢答题、视听必答题、视听抢答题、演艺题题库（各班负责）；"金色的秋天"智力大冲浪 PPT；每班邀请 1 位家长代表；家长义工"咬尾巴式"到各班当评委；4 台抢答灯；1 台笔记本电脑；投影仪；幼儿穿着统一校服：短袖格子衬衫、红色/藏青色背带裤；各队队服；自制答题记分牌、规则附加记分牌各 4 个；设立专注倾听奖、口齿伶俐奖、积极参与奖、大度谦让奖、"家庭"奖、个人奖。

组织形式

各组以红、黄、蓝、紫为队名，一个班一个方阵，每队以"家庭"为单位轮流上场竞赛。（备注：以下方阵根据班级的实际人数和服装调整）

红队班级座位		黄队班级座位		蓝队班级座位		紫队班级座位	
"家庭"参赛选手组座位	计分牌	"家庭"参赛选手组座位	计分牌	"家庭"参赛选手组座位	计分牌	"家庭"参赛选手组座位	计分牌
主持人							

活动过程

冲关准备（大家嗨起来）

- 主持人介绍智力大冲浪口号，全场互动：智力大冲浪口号，班级口号，"家庭"口号。

- 主持人介绍活动规则和颁奖规则：

活动中能积极参与，自信大方答题；能认真聆听，做文明的答题小选手和小观众；每次答题完毕，都能给予积极的鼓励——掌声；答题小选手用清楚、完整的句子回答问题。

活动中每答对 1 题加 10 分，由家长义工评委计分，答错既不加分也不扣分。

活动中附加分为鼓励分，通过文明观众、认真倾听、大胆完整表达等表现来获得，每次奖励 10 分。

- 介绍评委嘉宾。

- 主持人介绍奖项和颁奖规则：

专注倾听奖、口齿伶俐奖、积极参与奖、大度谦让奖、"家庭"奖、个人奖。

友谊第一，比赛第二，所有计分不作为最后颁奖的依据。

奖品依据各班幼儿在整个活动中的表现情况颁发，人人参与，人人有奖，大家齐乐；奖品由各班家长义工评委颁发，各班选派1个"家庭"领奖。

答题形式

基础必答题

－2个"家庭"为一组，每组3小题，分别由老大、老二、老三答题。（共12题）

音乐抢答题

－播放音乐前奏，答题人说歌曲名称。按灯抢答，抢答灯先亮的班级获得答题权。

－主持人说"开始"后，才能抢答。

－回答正确即得分，答完后，全体幼儿完整表演一遍部分歌曲。结束后，更换题目。（8题，共1轮）

视听必答题

－根据所呈现的PPT答题，各班每轮答1道题。（共16题，4轮）

视听抢答题

－按灯抢答，抢答灯先亮的班级获得答题权。

主持人说"开始"后，才能抢答。

－回答正确即得分，每班由1位抢答选手负责按灯。（共16题，4轮）

演艺题

－你来比画，我来猜。

－以"家庭"为单位答题。

－每班派出1个"家庭"上台比画，全体幼儿一起猜答案，先猜出正确答案的班级，即可加分。（4题）

颁奖啦

－评委（家长代表）点评并公布奖项。

－播放颁奖音乐，评委颁奖，获奖代表发表获奖感言。

－在《穷开心》舞曲中结束活动。

▶ **活动反馈与反思**

活动结束后，将活动图片上传至博客，与家长分享。

在教研组会议中，讨论活动中存在的问题及下阶段如何改进。

主题　寒冷的冬天

"寒冷的冬天"主题幼儿提问收集归类

以下问题是十年前第一次开展"抛接球问题导向"教学研究时,"一家人"在"孩子王"们的引领下进入提问、发问和追问"抛接球"活动中留下的原始资料。

关于"寒冷的冬天"主题,依霖"混龄一家人"在"抛接球"活动中共提出/追问 93 个问题,涉及 4 个方面。其中,老大提出 38 个问题,老二提出 36 个问题,老三提出 19 个问题。

今天启用十年前第一次开展主题活动的原始资料,就是想再次佐证,无论时间如何斗转星移,"好奇、好问、好探索"永远是学龄前孩童的天性。

· 关于冬天动植物(共 38 个问题)

老大(共 19 个问题)

冬天如果河里结冰了,鱼怎么办?结冰的河里还会有鱼吗?下暴雪的时候,北极熊会不会怕冷?冬天小狗穿上衣服是不是就不怕冷了?冬天小狗不穿衣服会不会冻死?冬天的时候,小鸟都到哪里去了?动物都是怎么过冬天的?它们在哪里冬眠?为什么小动物要冬眠?有没有不冬眠的动物?哪些动物会冬眠?哪些动物不冬眠?下雪了,冬眠的动物会不会冻死?为什么冬天树叶会掉光?最不怕冷的是什么树?我看到公园里工人叔叔会用东西把有些树的树干包起来,是不是树也怕冷啊?有什么不怕冷的动物吗?在冷冷的冬天大家会吃点什么呢?有时候工人叔叔还会在树上绑东西,为什么?

老二(共 13 个问题)

什么动物最不怕冷?冬天什么花会开?冬天有什么蔬菜可以吃?为什么企鹅不怕冷呢?小松鼠怕不怕冷?小白兔有毛怕不怕冷?冬眠是什么?冬天有哪些树?所有的小鸟都会飞向南方吗?像老虎、狮子这样有皮毛的

306

动物，会怕冷吗？冬眠的动物除了熊和青蛙，还有哪些？冬天时，树上抹的一层白白的是什么？夏天的向日葵花籽和冬天的向日葵花籽有什么不一样？

老三（共 6 个问题）

鱼是不是游到暖和的地方去了？老虎很厉害，冬天的时候老虎怕不怕冷？小动物什么时候开始冬眠？冬天树会不会冻死？冬天毛毛虫都到哪去了？所有树的叶子都在冬天掉光了吗？

·关于冬天雪和冰（共 29 个问题）

老大（共 7 个问题）

为什么冬天很冷的时候会结冰？为什么雪花是落在树枝上面，而不是包裹着树枝？为什么雪花会飘在天上，而不像雨那样直接落在地上？雪花很轻所以飘在天上，可为什么它还会把树枝压得坠下来呢？冬天有时候也不结冰，什么时候才会结冰呢？是不是世界上的每个地方都会结冰？为什么冬天的雪会化掉？

老二（共 11 个问题）

为什么有时候下雪了，雪花堆（积）不起来？为什么只有冬天下雪？为什么我们看到的真雪花和图片上的不一样？为什么山东的雪花多，而上海的雪花少呢？为什么雪花都是白的？有别的颜色的雪花吗？为什么用手接住雪花，雪花就会变成水？我们中国哪个地方的雪最多？哪个地方的雪花最漂亮？为什么雪下了很多后，就会结冰？雪花和雪珠有什么不一样？

老三（共 11 个问题）

为什么冬天会下雪？为什么夏天不下雪呢？每个国家都会下雪吗？雪会化掉吗？堆雪人一定要多一点雪才能堆起来吗？冬天可以滚雪球吗？雪花真的有角吗？为什么雪会落到车子上？为什么冬天有时会下雪，有时不会下雪呢？雪可以吃吗？雪是什么味道的，甜不甜？

·关于各个国家冬天（共 9 个问题）

老大（共 8 个问题）

中国的冬天跟国外的冬天是不一样的，为什么？哪个国家的冬天最冷？有没有国家没有冬天？非洲好像就没有冬天，为什么呢？外国的冬天有没有每天都下雪？沙漠里会不会下雪，下了能不能积起来？哪个国家的水会结冰？哪个国家的冰结得最厚？

老三（共 1 个问题）

每个国家都会下雪吗？

· **关于人在冬天（共 17 个问题）**

老大（共 4 个问题）

为什么冬天很冷的时候人会发抖？冬天里，为什么人容易感冒？很冷的时候，为什么人会流眼泪和流鼻涕？为什么春节在冬天？

老二（共 12 个问题）

冬天为什么人会怕冷？为什么冬天我们要穿毛衣？为什么不戴围巾我们就会感觉很冷？为什么冬天衣服穿少了我们就会感觉很冷，还会感冒？为什么冬天要穿棉鞋？为什么冬天我们要穿很厚的棉袄？为什么冬天我们要多喝热水？为什么冬天我们要换厚被子？冬天我们有什么办法能暖和起来，不冷了？为什么老人在冬天要少出门？冬天人们会做些什么不一样的运动？冬天小朋友会玩一些什么特别的游戏？

老三（共 1 个问题）

为什么冬天要戴手套？

"寒冷的冬天"主题网络

"寒冷的冬天"主题生活与运动内容、措施

班级：＿＿＿＿＿日期：＿＿＿＿＿年＿＿＿＿＿月＿＿＿＿＿日—＿＿＿＿＿月＿＿＿＿＿日

混龄学生活	混龄学运动
内容： • 洗手时玩水好不好？为什么 • 照镜子 • 给玩具找家 • 有趣的"晨检牌" • 如何保护嗓子 • 哪些东西不能玩 **措施：** • 讨论：洗手时玩水好不好？为什么？幼儿通过讨论和交流，了解冬天玩水容易引发的状况 • 通过学习儿歌《我来帮你擦干泪》（滴答、滴答，水龙头在流泪。不哭、不哭，我来帮你擦干泪）帮助幼儿养成节约用水的好习惯 • 用儿歌《照镜子》引发幼儿的兴趣（小镜子，照一照，领子翻平戴好帽，穿鞋不忘系鞋带，整整齐齐真正好），懂得穿戴整齐是一种文明的行为 • 起床后，大孩子们能自己照镜子，检查并整理自己的衣服；小孩子们能初步养成照镜子检查衣服的习惯，并能主动寻求帮助，请老师或同伴帮助整理衣服 • 与幼儿一起讨论：不同玩具宝宝的家在哪里。帮助幼儿了解不同玩具的摆放位置和方法 • 通过找一找游戏"哪里的玩具哭了""哪里的玩具笑了"，幼儿进一步感知不同玩具的家在哪，如何摆放不同玩具 • 能够找到自己的名字对应插放"晨检牌"，争取每天做健康的宝贝 • 了解不同颜色的"晨检牌"代表的意思，大小孩子交流：不同牌子和自己身体状况的关系 • 师生互动：看图片，大小孩子一起说说如何保护嗓子 • 结合家庭和幼儿园环境，师生共同讨论：哪些东西不能玩 • 用多媒体演示哪些东西不能玩，让幼儿形象地感知	**内容：** • 基本动作练习（投掷、钻、攀爬、走跑、跳） • 安全教育：铃儿响叮当、打雪仗、我们邀请一个人 • 快乐游泳 **措施：** • 站在布袋里，两手拉住布袋两角，尝试两腿并拢原地跳、向前行进跳、跳几步转一圈 • 观察哥哥姐姐能否自主脱穿衣，弟弟妹妹能否在提醒下脱穿衣 • 3~5人结伴，用圈套在身体上组成"小火车"，向前行进走、行进跳 • 观察"一家人"之间能否相互照顾和提醒 • 观察个别幼儿在遇到困难时能否独立解决或主动寻求帮助 • 在活动中关注幼儿的个体差异，并适时地给予鼓励和引导 • 观察和记录幼儿探索各种小器械"一物多玩"的方法 • 观察幼儿在运动中的协商合作能力 • 鼓励幼儿遵守游戏规则，注意安全，不做危险的动作 • 提醒幼儿出汗了用小毛巾擦汗，并互相提醒自己的小家庭成员 • 熟悉各种运动器械，积累各种运动经验，有调节自己身体的意识 **游戏：** ▲ 勾脚跳 ▲ 谁在冬眠了 ▲ 冰冻游戏 ▲ 雪人融化了 ▲ 找朋友 ▲ 机器人—木头人

"寒冷的冬天"(第2年)主题网络基本图示(1) 混龄 班（ 月 日— 月 日）（备注：A是小年龄段，B是大年龄段）

游戏与环境

游戏："智力大冲浪"给冬婆婆打电话"；
"玫瑰苑28号"外套挂挂好方法"；
"创意工坊"冬婆婆来了"；
"魔法玉米粒"圣诞老人"；
"小小建筑师"冬天的树"；
"时尚美发屋"发型创意秀"

环境："冬婆婆，您好！"版面创设
"寒冷的冬天"主题问题海报创设

冬婆婆，您好！

基础性课程

混龄学生活："小心肥胖"
混龄学做人："乐于助人"
学学习：
混龄：语言"胖胖兔减肥"；科学"让硬币浮起来"；音乐"吹点画·蜡梅花"；美术"吹年好"
同龄：A：计算"乘车"
B：计算"认识日历"

选择性课程

今天我主持：依霖新闻、冬天新闻
大活动：打败寒冷"小怪兽"
英语活动：K1 K2 K3 Unit 5
集体阅读：《冬天是什么样子？》

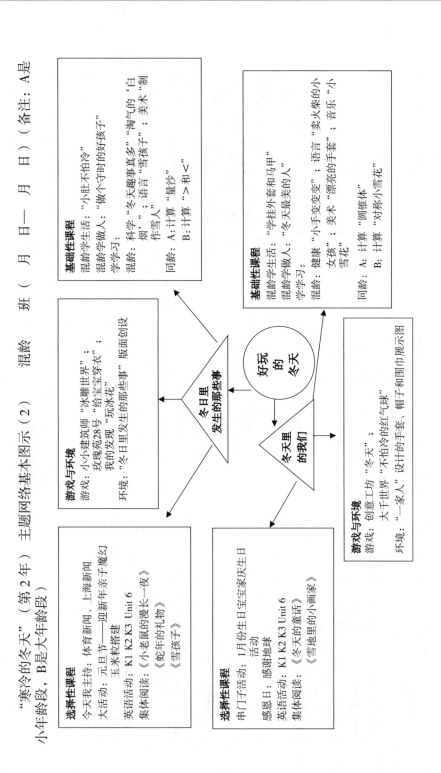

"寒冷的冬天"（第 2 年）主题网络基本图示（2）　混龄　班（ 月 日— 月 日）（备注：A是小年龄段，B是大年龄段）

基础性课程

混龄学生活："小肚不怕冷"
混龄学做人："做个守时的好孩子"
学学习：
混龄　科学"冬天趣事真多"淘气的'白
　　　烟'；语言"雪孩子"；美术"制
　　　作雪人"
同龄　A:计算"量沙"
　　　B:计算">和<"

游戏与环境

游戏：小小建筑师"冰雕世界"；
　　　玫瑰苑28号"给宝宝穿衣"；
　　　我的发现"玩冰花"
环境："冬日里发生的那些事"版面创设

基础性课程

混龄学生活："学挂外套和马甲"
混龄学做人："冬天最美的人"
学学习：
混龄　健康"小手变变变"；语言"卖火柴的小
　　　女孩"漂亮的手套"；音乐"小
　　　雪花"
同龄　A:计算"圆锥体"
　　　B:计算"对称小雪花"

游戏与环境

游戏：创意工坊"冬天"；
　　　大千世界"不怕冷的气球"
环境："一家人"设计的手套，帽子和围巾展示图

冬日里
发生的那些事

好玩
的
冬天

冬天里
的我们

选择性课程

今天我主持：体育新闻，上海新闻
大活动：元旦节——迎新年亲子魔幻
　　　玉米粒搭建
英语活动：K1 K2 K3 Unit 6
集体阅读：《小老鼠的漫长一夜》
　　　《蛇年的礼物》
　　　《雪孩子》

选择性课程

串门子活动：1月份生日宝宝家庆生日
　　　活动
感恩日：感谢地球
英语活动：K1 K2 K3 Unit 6
集体阅读：《冬天的童话》
　　　《雪地里的小画家》

311

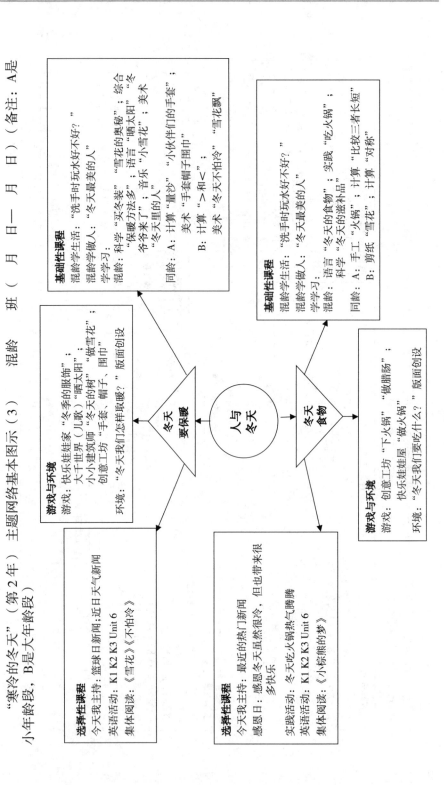

"寒冷的冬天"（第2年）主题网络基本图示（3）　混龄　班（　月　日－　月　日）（备注：A是小年龄段，B是大年龄段）

选择性课程
今天我主持：篮球日新闻；近日天气新闻
英语活动：K1 K2 K3 Unit 6
集体阅读：《雪花》《不怕冷》

选择性课程
今天我主持：最近的热门新闻
感恩日：感恩冬天虽然很冷，但也带来很多快乐
实践活动：冬天吃火锅热气腾腾
英语活动：K1 K2 K3 Unit 6
集体阅读：《小棕熊的梦》

游戏与环境
游戏：快乐娃娃家"冬季的服饰"；
大干世界（儿歌）"晒太阳"；
小小建筑师"冬天的树""做雪花"；
创意工坊"手套，帽子，围巾"
环境："冬天我们怎样取暖？"版面创设

冬天要保暖

人与冬天

冬天食物

游戏与环境
游戏：创意工坊"下火锅""做腊肠"；
快乐娃娃屋"做火锅"
环境："冬天我们要吃什么？"版面创设

基础性课程
混龄学生活："洗手时玩水好不好？"
混龄学做人："冬天最美的人"
学学习：
混龄：科学"买冬装""雪花的奥秘"；综合
"保暖方法多"；语言"晒太阳""冬
爷爷来了"；音乐"小雪花"；美术
"冬天里的人"
同龄：A：计算"量沙""小伙伴们的手套"；
美术"手套帽子围巾"
B：计算">和<；
美术"冬天不怕冷""雪花飘"

基础性课程
混龄学生活："洗手时玩水好不好？"
混龄学做人："冬天最美的人"
学学习：
混龄：语言"冬天的食物"；实践"吃火锅"；
科学"冬天的滋补品"
同龄：A：手工"火锅"；计算"比较三者长短"
B：剪纸"雪花"；计算"对称"

312

"寒冷的冬天"主题家园共育指南

案例 1

寒冷的冬天

班级：混龄_____班　　　　　____年_月_至____年_月_日

随着时间的推移，昼夜的变化，冬天悄然走近我们身边。幼儿会自然地感受到气候的变冷，发现人们的生活起居、穿衣打扮有了变化。小朋友都能意识到冬天带给人们寒冷，也会想一些让自己暖和起来的好办法。同时，他们更好奇，在寒冷的冬天里动植物是怎么过冬的，也会有很多奇妙的小发现，如冬天的车窗、镜子、窗户经常是雾蒙蒙的，人呼出的气体是白色的等。他们还会因为冰雪的出现而欣喜若狂。

跟随季节变化的脚步，融合幼儿提出的问题，和孩子们一起走进"寒冷的冬天"主题，共同探索冬天里的秘密。

教育目标

- 关注冬季的各种自然现象，愿意参与到主题活动中。
- 初步感知冬天的主要特征。
- 了解人们在冬天的活动、生活。
- 参加各种冬季活动，体验人们抵御寒冷的各种方法。
- 了解动植物不同的过冬方式，激发幼儿探索的欲望。
- 在空气质量良好的情况下，在阳光下活动。

教育内容

"胖胖兔减肥""雪孩子""晒太阳""卖火柴的小女孩""让硬币浮起来""冬天趣事真多""冬天的滋补品""雪花的奥秘""冬天里的人""冬天不怕冷""雪花飘""画对称""新年好""小雪花""铃儿响叮当""乘

车""认识日历""制作雪人""量沙"">和<""对称小雪花""小伙伴们的手套""量沙""比较三者长短""淘气的'白烟'""冬天的食物""保暖方法多""吃火锅""小手变变变"等。

"家庭孩子王"提示/陪伴孩子共同"玩"成

序号	内容	时间/数量	评价反馈
1	收集"寒冷的冬天"书籍和资料(画报、图书等)	主题开始前	
2	和孩子一起讨论各种御寒的方法	第一周	
3	和孩子一起讨论要"冬眠"的动物	第二周	
4	与幼儿一起讨论"冰和雪的秘密"	第三周	
5	与幼儿一起收集各种冰雕的图片	第四周	
6	天气寒冷,鼓励孩子天天来幼儿园,做不怕冷的孩子	日常	
7	和幼儿一起阅读绘本《冬天的故事》	不限	

说明:在"评价反馈"一栏,请家长对自己是否是好爸爸、好妈妈做出评价。如做到了给自己一个☆,反之就是×。

 案例 2

寒冷的冬天

班级:混龄_____班　　　　　___年_月_至___年_月_日

冬天是个寒冷的季节,幼儿都能意识到冬天带给我们的是很冷的感觉,会想一些让自己暖和起来的好办法,也能发现人们的生活起居中的种种保暖秘密,还会因为冰雪的出现而欣喜不已。

以冬季生活带给我们的感受和体验为切入点,"孩子王"和孩子们一起拥抱温暖的阳光,闻闻太阳的香味,参与户外活动,探索冰雪的形成和变化,观察人们的衣着等。在这些活动中,幼儿带着他们提出的问题,勇敢地面对环境,自觉地、主动地认识周围的变化,在认知生活环境变化、感受事物变化的过程中得到发展,从而培养起积极学习和主动解决问题的态度。

教育目标

• 关注冬季的各种自然现象,了解动植物不同的过冬方式。

- 喜欢参加各种冬季活动，体验各种抵御寒冷的方法。
- 尝试用撕、洒、贴等方法表现下雪的情景。
- 懂得关心他人，体验和表达想念朋友的情感。
- 能用自己喜欢的方式表现雪花飞舞。
- 感受歌曲活泼、有力的情绪，能欢快、跳跃地歌唱。
- 愿意运用动作表现歌曲内容。
- 大胆表达自己对同伴、对家人的新年祝福。

教育内容

"乌龟过冬""不怕冷的花和树""喃语·水仙花""撕贴画·不怕冷的松树""多变的天气""冬天是什么""会变颜色的小狗""气象台认错""动物音乐""水仙花圆舞曲""小雪花""冬眠的蛇""制作晴雨表""冬眠的小动物"等。

"家庭孩子王"提示/陪伴孩子共同"玩"成

序号	内容	时间/数量	评价反馈
1	引导幼儿观察雪花和冰，了解自然现象	不限	
2	和孩子一起讨论要"冬眠"的动植物	不限	
3	天气寒冷，鼓励孩子天天来幼儿园，做不怕冷的孩子	不限	
4	和孩子一起讨论各种御寒的方法	不限	
5	与孩子共同阅读有关冬天的绘本	不限	
6	收集时事新闻	4次	
7	带领孩子收集冬天的物件，如手套、围巾、护耳等，仔细观察并尝试画手套	不限	

说明：在"评价反馈"一栏，请家长对自己是否是好爸爸、好妈妈做出评价。如做到了给自己一个☆，反之就是✕。

"寒冷的冬天"具体科目教学内容

语言活动

喃语·水仙花

▶ 设计思路

在主题问题收集中，幼儿的问题"冬天这么冷，花会开吗？"将全班引上了探索"不怕冷的花和树"之路。其中，很多幼儿说到水仙花不怕冷，它是在冬天过新年的时候开的。看来很多幼儿在生活中见过水仙花，或者有过种水仙花的经验。

▶ 活动目标

① 知道水仙花是不怕冷的植物；在种植水仙花的日子里与水仙对话；能做到观察记录水仙花成长的全过程并试着编写简单的儿歌（2~4 句即可）

② 愿意与"一家人"分享、讲述水仙花的种植过程。

▶ 活动准备

① 前期经验准备：幼儿观察过蜡梅、松树、水仙花等植物在冬天的状态。

② 教具学具准备：每个"家庭"种植一盆水仙花，喃语·水仙花记录本，冬天的树和花的图片（8 幅）。

▶ 活动流程

水仙花不怕冷→喃语·小水仙→水仙花花展。

▶▶ 阅读指导

熟悉《小水仙》的歌词：

小水仙呀，真好看，

下面像葱头，上面像韭菜，

天天喝水，水不断，

绿色叶子，黄色花。

▶▶ 活动过程

 （第一教时）

· 水仙花不怕冷

提问 – 聊聊冬天哪些树、哪些花不怕冷？

– 为什么说水仙花不怕冷呢？

– 水仙花怎么种？种在哪里它才会活，才会生长开花呢？

指导 – 通过谈话，聊聊哪些树/花不怕冷，鼓励幼儿讲述自己的认知经验，最后将话题定位在水仙花。

– 教师可以准备一些小问题用于"抛接球"。比如：

什么时候种水仙花最好？（10 月至 11 月，2 个月左右能开花）

水仙花需要阳光吗？（需要充足的光照，6~10 小时）

水仙花是种在哪里的？（水/土里）

水仙花的叶子是越长越好，还是不要太长？（矮化）

种水仙花要不要施肥呢？（磷钾肥）

种水仙花要不要换水，几天换一次水最好呢？（2 天）

种水仙花水越多越好吗？（盖住种球即可）

什么温度最适宜水仙花生长？（15℃~20℃）

– 每个"家庭"的老大代表"一家人"领取 2~3 只种球、1 个花盆并带领"一家人"尝试种植水仙花。

指导语

今天我们每个"家庭"开始学习种植水仙花，刚才我们讨论了 8 个问题（简单复述），请每个"家庭"带着这些问题去种水仙花。如果遇到困难，要动动脑筋，想想办法，解决困难。

养护管理	星期一	星期二	星期三	星期四	星期五
种植日期					
换水时间					
施肥时间					
今日温度					
爆花蕾日期					
开花时间					

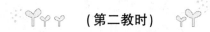

（第二教时）

·喃语·小水仙

指导 － 与第一教时间隔大概 40～50 天。

－ 在种值水仙花的过程中，幼儿在前，教师在后。教师督促、提醒、引导、启发幼儿坚持养护，坚持管理，坚持记录，坚持与水仙花喃喃低语。

－ 教师每半个月发放一些磷钾肥让幼儿为水仙花施肥，需要 2～3 次。

－ 遇到困难时，引导幼儿动脑思考：可以通过什么途径、什么方法解决问题呢？

－ 教师下载种植水仙花的视频，并帮助、引导幼儿总结"一家人"在种植水仙花过程中遇到的问题。

－ 在这一过程中，教师注意记录幼儿在种植水仙花过程中的喃喃低语，并可以即兴渗透儿歌句，使幼儿耳濡目染，为"一家人"编写儿歌句做铺垫。

（第三教时）

· 水仙花花展

提问 － 你最喜欢花展上的几号水仙花？为什么？

－ 要放寒假了，这些水仙花放在教室里没人照顾了，该怎么办？

指导 － 请老大代表"一家人"根据记录来回答以下几个问题：

你家的水仙花一共开了几朵？

在养水仙花的过程中，你家遇到过什么困难？后来是怎么解决的？

－ 教师扮演新闻记者，采访幼儿如何解决寒假中水仙花没人照顾的难题，并表扬每个"家庭"为解决寒假中水仙花无人照顾的问题所做出的努力。

－ 请老大带领"一家人"编写一首有关水仙的儿歌，2~4句即可。

指导语

通过种植水仙花，我们掌握了种植水仙花的方法，也了解了水仙花，知道水仙花是冬天开的花。

我们还可以将"一家人"种的水仙花送给生病没来园的伙伴，送给关心过我们的幼儿园的叔叔阿姨和老师，送给最小的弟弟妹妹等。

▶ **活动延伸**

开展亲子种植水仙花或带幼儿前往花卉市场等开展观察实践活动及艺术创作、游戏互动等，以加深幼儿对水仙花的认知，提升其语言表达能力与综合能力。

古诗·江雪

▶▶ **设计思路**

古诗是中国古代诗歌的泛称。中国的家长大多为孩子朗读过"床前明月光，疑是地上霜。举头望明月，低头思故乡"，因为走进幼儿园校门的孩子几乎都会念。热爱古诗、认同古诗是印刻在中国人骨子里的。在幼儿园的语言教学中，会有古诗词的朗读活动。冬天来临，关于雪的活动一定不能少。

▶▶ **活动目标**

① 有兴趣欣赏哥哥姐姐朗读古诗《江雪》；能初步念读、朗诵古诗《江雪》，理解诗歌的意境。

② 感受"一家人"一起念读古诗《江雪》的感觉。

▶▶ **活动准备**

① 前期经验准备：念过古诗，对古诗不陌生。

② 教具学具准备：三角形硬板纸（△）、圆形硬板纸（○）、长方形硬板纸（▭）、1/3半圆形硬板纸（⌒）各一件（拼搭独立船头或钓鱼之人），一张与古诗描述的情境相对应的图片，PPT。

▶▶ **活动流程**

玩/猜拼图→古诗欣赏→《江雪》押韵能唱。

▶▶ **阅读指导**

熟悉古诗《江雪》：

江雪

柳宗元

千山鸟飞绝，万径人踪灭。

孤舟蓑笠翁，独钓寒江雪。

活动过程

・玩/猜拼图

提问　－"一家人"桌子上的盒子里有什么？可以怎么玩？

－你们能拼搭出今天我们要学的古诗词里的人物吗？谁家能拼出正确的图形呢？（像一个老翁站立在船上）

指导　－请小年龄段幼儿描述图形。

－大年龄段幼儿带着弟弟妹妹一起拼搭。

指导语

一个老翁站立在船上，唐代诗人柳宗元把他写进了一首古诗里，这首诗的名字很好听——《江雪》，长江的江，下雪的雪。

・古诗欣赏

提问　－请大家猜猜，为什么诗人柳宗元要将诗名定为《江雪》？

－柳宗元看到了什么，才会用"江"和"雪"来起标题？

－《江雪》这首诗是在春天、夏天、秋天还是冬天写的？为什么？

－诗的第一句有没有鸟？

－诗的第二句有没有人？

－江里面只有什么？

－老人在干什么？老人能不能钓上鱼呢？为什么？

－我们用2/4拍节奏念读时，有什么感受？

指导　－根据诗句的顺序抛球（提问）。

－重点指导"绝"（断了—完了）、"灭"（灭亡—熄灭）、"孤舟"（只有一条船）、"独钓"（一个人在钓鱼）。

－教师在逐句提问和讲解时，每一句都连续念读三遍，幼儿倾听。

指导语

老师用押韵歌唱式，按2/4拍节奏念读语句；第二遍请小朋友们帮助老师拍手打节奏；第三遍请小朋友们跟随老师一起读念。

古诗在古代的时候就是歌词，配上节奏就可以吟唱。

· 《江雪》押韵能唱

指导 – 播放 PPT。

　　　　 – 引导幼儿边拍手边跟着视频中的老师一起念读。

指导语

　　古诗因为押韵，所以念读起来朗朗上口。我们已经会念读《静夜思》《悯农二首》了，谁还会念读其他古诗？请上来给小伙伴们念读一首。

活动延伸

　　经常播放古诗词的朗读音视频，待幼儿学会 5~6 首古诗词的时候，全班可以串联编排演节目。

散文诗·冬爷爷的礼物

设计思路

在幼儿的眼中，四季的变化仿佛是自然界在"变戏法"。他们瞪大双眼，好奇地观望摇曳的叶子、舞动的雪花及自己身上渐渐增厚的衣服……冬天来临，幼儿会自然而然地感受到气温的下降，发现人们的生活起居、穿衣打扮有了变化，会因为冰雪的出现而欣喜不已，会感到冬天虽然冷但也很美。

活动目标

① 知道冬爷爷带来的礼物很纯洁；能明白冬爷爷的礼物是银装素裹，是冬天的雪；初步尝试用"啊……"来抒发感情。

② 知道冬天的气候特征及冰雪的主要特点；理解冰雪与人们的关系；"一家人"感受寒冷冬天里的温暖。

活动准备

① 前期经验准备：对下雪不陌生，有在视频里或在家乡、在旅游中见过雪的经验。

② 教具学具准备：根据诗歌内容自制下大雪的视频（配上教师朗读散文诗《冬爷爷的礼物》的音频和美妙轻松的钢琴曲《初雪》）；请音色好的幼儿分别朗诵《冬爷爷的礼物》。

活动流程

欣赏散文诗《冬爷爷的礼物》→朗诵散文诗。

阅读指导

阅读散文诗《冬爷爷的礼物》。

活动过程

·欣赏散文诗《冬爷爷的礼物》

提问 － 你们看见过雪吗？是在哪里看见的？

－ 雪花是谁送来给大地，给我们的呢？（引出题目：冬爷爷的礼物）

－ 雪花是怎样从天上飘落下来的？（第1段）

－ 雪花从天上落向大地，大地会是一幅怎样的雪景图呢？（第2段）

－ 雪花飘落在人间，孩子们会怎么样呢？孩子们为什么喜欢雪？（第3段）

－ 外面下着大雪，屋子里的人在干什么呢？（第4段）

－ 银装素裹的大地这么美，我们有什么感慨呢？（第5段）

指导 － 与幼儿一起"抛接"以上问题。

－ 教师尽量通过"抛球"的方式来激发幼儿的发散性思维和想象，可用每一段的第一句话来回答每个问题。

指导语

雪花轻轻地飘落，似冬爷爷轻抚的指尖，拨开来了无尽的温暖与寒意；树木穿上了洁白的纱衣，枝条轻舞，仿佛在向冬爷爷致谢；孩子们的笑声在雪地中回荡，他们奔跑、嬉戏，与冬爷爷共舞；炉火在屋内欢快地跳跃，驱散了寒冷，温暖了人心；啊，冬爷爷的礼物，这首诗，如此美丽，如此纯洁，如此温暖！

·朗诵散文诗

提问 －《冬爷爷的礼物》是一张画，一首歌曲，还是一个故事？

－ 我们知道古代诗歌、儿歌、谜语、故事等，有谁知道什么是散文诗吗？

－ 冬爷爷给大地，给树木，给小朋友，给人类最好的礼物是什么？

指导 － 老大听弟弟妹妹用"啊……"抒情。

－ 请"一家人"把"啊"的抒情句子连起来朗读。

－ 再次播放散文诗《冬爷爷的礼物》的朗诵。

指导语

《冬爷爷的礼物》是一首散文诗。散文诗是一种现代抒情文学体裁。它结合了诗的表现力并用美丽的句子描写客观生活中的情景。（简单讲述即可）

散文诗里经常会有一个抒发情感的字——"啊"。例如："啊，雪，真白啊！"又如："啊，我喜欢下雪天！"还如："啊，我喜欢玩雪！"请老大想一句关于雪花的句子，来抒情一下"啊……"

冬爷爷给了人类最好的礼物，每到冬天北方一定会下雪。

▶▶ **活动延伸**

鼓励幼儿在遇到美好的事物和景色时用"啊……"来抒情。

【小资料】

附散文诗：

冬爷爷的礼物

雪花轻轻地飘落，似冬爷爷轻抚的指尖，拨开来了无尽的温暖与寒意。这是冬爷爷给大地的礼物，银装素裹，纯洁无瑕。

树木穿上了洁白的纱衣，枝条轻舞，仿佛在向冬爷爷致谢。屋顶覆盖了一层厚厚的雪被，温暖着每一个沉睡的梦。田野、山川、河流，都沉浸在这冬日的静谧与祥和之中。

孩子们的笑声在雪地中回荡，他们奔跑、嬉戏，与冬爷爷共舞。小手捧起一捧雪，感受着冬爷爷赠予的冰凉与喜悦。雪球在空中飞舞，砸出一个个欢快的音符，这是冬爷爷与孩子们最纯粹的交流。

炉火在屋内欢快地跳跃，驱散了寒冷，温暖了人心。一家人围坐在一起，分享着冬日的温暖与幸福。窗外雪花纷飞，室内温情满溢，冬爷爷的礼物，让这个季节充满了爱与希望。

啊，冬爷爷的礼物，这首诗，如此美丽，如此纯洁，如此温暖。它让我们感受到了冬日的魅力，也让我们在寒冷中找到了家的温馨。让我们珍惜这份礼物，用心去感受冬日的每一个瞬间！

口罩·冬天

二十四节气中的秋分节气到了，冬季也快要来临了，这段时间因季节转换而生病的人特别多，我们更需要注意保护自己。有一天，豆豆在教室里打喷嚏、咳嗽，小朋友们嚷嚷起来："豆豆，你要戴口罩，否则会传染的。"在经历过新冠疫情后，幼儿对感冒咳嗽、打喷嚏特别敏感。这是好事！

▶▶▶ **活动目标**

① 帮助幼儿初步理解故事，能大致复述故事。

② 知道感冒会传染给别人，了解如何预防感冒。

▶▶▶ **活动准备**

① 前期经验准备：幼儿对预防感冒已经有一定的了解。

② 教具学具准备：口罩、PPT。

▶▶▶ **活动流程**

小河马的口罩来历→感冒病毒在森林里传开了→原来病毒是这样传开的。

▶▶▶ **阅读指导**

阅读绘本《小河马的大口罩》。《小河马的大口罩》共 5 个自然段，可以让幼儿分段阅读并讲述。

▶▶▶ **活动过程**

·小河马的口罩来历

提问 － 为什么医生给小河马开了药，还要再给小河马一个大口罩呢？

－小河马的口罩在什么时候挂到了树上？

指导　－教师讲述故事的第1~2自然段（一遍）。

－播放故事视频（1~2自然段），帮助幼儿进一步理解故事内容。

－"一家人"讨论小河马的口罩是什么时候挂到树上去的，教师巡回倾听。

－请个别"家庭"（2~3个）的老大讲述"家庭"讨论结果。

－教师简短归纳幼儿的讲述。

指导语

小河马感冒了，医生给了它一个大口罩，结果在小河马打喷嚏时口罩被大风刮到了树上。

・感冒病毒在森林里传开了

提问　－第二天早上，大熊的医院门口有许多得了感冒的小动物。有哪些小动物也感染到感冒病毒了呢？

－这些小动物怎么这么快就被感染了呢？

指导　－鼓励幼儿猜想，森林里有哪些小动物也感染了感冒病毒。（小年龄段儿童）

－鼓励幼儿想象，这些小动物是怎么感染到感冒病毒的。（大年龄段儿童）

－教师不要否定和打断幼儿的讲述，可以适当提醒和补充。

・原来病毒是这样传开的

提问　－别人丢在地上的口罩或者其他东西要不要捡起来？

－感冒时戴过的口罩上有细菌，应该怎么处理呢？（清洗消毒或丢掉）

－感冒了应该怎么办？如果去幼儿园或者公共场所应该怎么做？

－冬天天气很冷，怎么做才能预防感冒病毒入侵我们身体呢？

指导 － 教师继续讲故事的第 3~5 自然段，重点解释什么是"交叉感染"。如细菌病毒传染源传给了小河马，小河马又传给了小兔，小兔又传给了其他身体抵抗力比较弱的小动物。

－ 请幼儿根据以往经验和认知说一说，冬天到了，应该怎样预防感冒。

指导语

多运动，早上要参加早锻炼，增强体质，抵御病毒；

多喝水可以排毒；

锻炼时感到热了，要及时脱掉外套，运动结束要马上穿上外套；

尽量在太阳下面运动、玩耍；

冬天很冷，去户外时要戴好口罩、帽子、围巾、手套等防寒防冻用品。

活动延伸

将材料投放至活动区域，供幼儿继续探索。

新闻播报"新年我们想做的事"

设计思路

新年伊始，我们围绕新年能参与什么活动、做些什么事情提出了一系列问题。"一家人"中老大已有经验，请老大带领老二、老三一起说说自己以往的经验，并回家与家里大人讨论，以获得知识。活动中，教师充分"引爆"其原有认知，使其在互相讨论中得到启发。

活动目标

① "家庭"准备新闻播报稿，老大主导，挖掘以往认知经验，达成相同意见。

② 邀请老大代表"家庭"成员通报信息，达到"我的新年我们做主"的目的，积极参与集体活动。

③ 师生通过多媒体记录、归类各"家庭"的共同内容。

活动准备

① 前期经验准备：新闻播报前，"家庭"成员先讨论"这个春节我们想做的事"，并用自己的方法记录；教师收集各"家庭"的记录信息；活动开始之前用两周时间分三部分反复播放视频《你必须知道的春节常识》，自由活动时随意播放，不强求幼儿观看。

② 教学教具准备：依霖幼儿园上一年的《依霖小伙伴们过新年啦》视频；记录归类分析表；"你必须知道的春节常识"记录表。

"新年我们想做的事"归类记录表

序号	内容	各组幼儿讲述
一	春节及其来历	
二	新年红活动	
三	春节主要的习俗活动	

▶ **活动流程**

我们两个"家庭"合成一组吧→新年新闻播报→依霖小伙伴们过年啦。

▶▶ **阅读指导**

阅读绘本《过大年》《不一样的春节》《春福》等。

活动过程

> · **我们两个"家庭"合成一组吧**

提问　－今年新年你们每个"家庭"想做点什么？

　　　　－分"家庭"讨论时，"家庭"成员可以怎么分工？

指导　－寻找合作"家庭"，两个"家庭"为一组，共同确定讨论
　　　　地点，确定为第几组。

　　　　－两个"家庭"商量角色的分工，如谁来主持，谁来记录，
　　　　谁来汇报。

　　　　－在"家庭"讨论的过程中，教师巡视观察并指导各组如何
　　　　记录，如同样的问题可以记录在一起。

　　　　－把所有"家庭"的记录储存到电脑中。

指导语

"家庭"中的老大、老二、老三都能根据自身的能力分配工作，积
极表达自己的想法，这样的讨论是有效的。

> · **新年新闻播报**

指导　－新闻播报从第一组开始，按顺序播报。播报的幼儿站到前
　　　　面，面对听众大胆播报新闻。

　　　　－两位教师分工合作，一位教师主导控班，另一位教师及时
　　　　将幼儿代表讲述的内容记录至提前设计好的"新年我们想做
　　　　的事"归类记录表上。

　　　　－根据归类记录表，师生共同阅知最近这段时间可以一起做
　　　　些什么事。

指导语

我们一起来看看，解读"新年我们想做的事"归类记录表中的内容。

· 依霖小伙伴们过年啦

提问　– 你们有谁知道去年哥哥姐姐们是怎样过新年的吗？

指导　– 鼓励老大和老二回忆去年过新年的情景。

　　　– 播放视频《依霖小伙伴们过新年啦》。

　　　– 请幼儿仔细观察哥哥姐姐是怎样过新年的，哪些事情是刚才讲到的，哪些事情是刚才没有讲到的。

　　　– 教师将"幼儿的新年愿望"安排进每一天的生活和学习活动中。

指导语

请大家回家向爸爸妈妈讲述"新年我们想做的事"。

▶▶ 活动延伸

持续开展有关新年的新闻播报活动，鼓励每位幼儿勇敢当小主播。

科学·探索活动

玻璃/镜子上的雾

▶ **设计思路**

冬天到了，戴眼镜的人常会抱怨，外面冷，室内热气腾腾，从外面进到室内时，眼镜镜片会瞬间起雾。一天午餐后，我从外面走进教室，顿时一层迷雾覆盖了我眼镜的镜片，这引起了幼儿的关注。"老师，你的眼镜为什么变成白色的了？""你能看见我们吗？"围上来的幼儿越来越多，他们七嘴八舌地说："我爸爸也经常这样，为什么眼镜片上会有雾气呢？""家里浴室镜子也会有雾气。""汽车玻璃上也会起雾，还能在上面写字呢。这是为什么呀？""老师，怎样才能让雾气不影响眼镜呢？"于是，趁热打铁，我们开展了此次探索活动。

▶ **活动目标**

① 激发幼儿探索玻璃（镜子）起雾的兴趣；探索让玻璃（镜子）起雾和除雾的方法。

② 感受"一家人"一起探索的乐趣。

▶ **活动准备**

① 前期经验准备：对雾的产生有一定的了解；有"一家人"做实验的经验。

② 教具学具准备：1张实验材料展示纸，3张大记录表，视频《除雾的更多方法》；玻璃片、小镜子、玻璃杯，每个"家庭"1份。

▶ **活动流程**

有趣的玻璃（镜子）→探索玻璃（镜子）上的雾→有除雾的方法吗。

▶ 阅读指导

阅读绘本《水蒸气的秘密》。

▶ 活动过程

·有趣的玻璃（镜子）

提问　- 在冬天，哪些地方会起雾？

指导　- 通过教师眼镜起雾的现象，引出话题。

　　　- 引导幼儿结合生活实际说说关于"雾"的认知。

　　　- 提醒大年龄段幼儿用连贯、完整的语句描述自己的经验。

　　　- 教师归纳总结幼儿的讨论内容。

指导语

洗澡时镜子和玻璃上会起雾，冬天车窗玻璃会起雾……

·探索玻璃（镜子）上的雾

实验（一）

提问　- 这些玻璃制品都会起雾吗？

指导　- 出示图片，介绍操作材料和记录表（一）。

　　　- 请老大带领"一家人"根据实验材料，商量讨论并进行有趣的探索。

　　　- 师生共同记录。

实验（二）

提问　- 我们用什么办法可以让玻璃（镜子）起雾？

指导　- 出示记录表（二）。

　　　- 请老大带领"一家人"探索起雾的方法。

　　　- 师生共同记录。

　　　- 说明：由于混龄教学中幼儿年龄存在差异，教学活动时间就有长短之别。一般可采用"先进先出"或"后进同束"等方法掌握时间。小年龄段幼儿活动结束，可先行离开教室，如想继续看哥哥姐姐学习，可以旁观。

指导语

通过归纳分析记录表，我们得出结论：冷玻璃遇到热气，都会起雾。

> **·有除雾的方法吗**

提问 － 有什么好方法可以除掉玻璃或镜子上的雾？

指导 － 幼儿自由探索玻璃（镜子）的除雾方法。

－ 请幼儿用完整的语言描述关于除雾方法的想法。

－ 师生共同记录除雾的方法，归纳总结记录表。

－ 观看视频《除雾的更多方法》。

指导语

玻璃起雾，可以用防雾剂有效阻止水汽凝结；用肥皂或洗洁精兑一些水擦拭玻璃，然后擦干；开暖风加热；保持室内干燥；使用空调；定期清洁玻璃；使用电热镜面。

▶▶ 活动延伸

亲子活动（一）：和爸爸妈妈做"洗手液防止镜子起雾"的实验。

亲子活动（二）：继续探索"除了玻璃（镜子），还有哪些物品也会起雾"。

淘气的"白烟"

设计思路

"老师，你讲话的时候嘴巴里会冒白烟。"在全体幼儿惊讶的一瞬间，我随机应变地中断了讲话，开始哈气。幼儿立刻兴奋起来，对这一现象很感兴趣，"为什么"三个字明明白白地写在了他们的眼睛里。于是，我带着幼儿一起哈气，幼儿笑作一团，你哈我，我哈你，人人口中都在冒"白烟"。为什么呢？幼儿们百思不得其解。下面我带着他们一起探索揭秘。

活动目标

① 在互相哈气玩耍中感受快乐；观察什么时候嘴里会冒"白烟"；带领"一家人"在不同环境下做哈气的对比实验并记录。

② 引导幼儿认真探索原因，初步培养幼儿热爱科学的情感。

活动准备

① 前期经验准备：知道冬天外面寒冷，室内温暖。

② 教具学具准备：记录表，视频《为什么冬天嘴里会冒白气》。

活动流程

淘气的"白烟"→原来冬天才会有"白烟"。

活动过程

· 淘气的"白烟"

提问 －"白烟"是从哪里来的？

－"白烟"是什么东西，我们能抓住它吗？

－人体的什么地方会冒"白烟"？什么时候会冒"白烟"？

335

指导 － 带幼儿去户外，观察自己嘴里或者同伴嘴里冒出的"白烟"。
－ 带领幼儿回到室内，继续观察嘴里是否还会冒"白烟"。
－ 带领幼儿分别到无阳光、有阳光的室内、室外等各种地方，再观察嘴里是否还会冒"白烟"。
－ 老大代表"家庭"成员汇报"家庭"探索记录情况。教师引导幼儿比较不同环境，讨论为什么在有的地方嘴里会冒"白烟"，有的地方不会冒"白烟"。

指导语

随着周围环境温度的变化，我们哈出的气体也发生了变化。

> **·原来冬天才会有"白烟"**

指导 － 教师对各"家庭"记录表进行归类，引导幼儿仔细比对哪些地方的实验结果是一致的或不一致的，得出实验结论。

指导语

在寒冷的冬天，从口中呼出的气体温度较高，遇到冷空气时会迅速凝结成小水滴。这些微小的水滴就形成了可看见的白色气团，即"白烟"。

当呼出的气体的温度与周围环境的温度相差不大时，气体不再凝结成小水滴，因此"白烟"也就消失了。

活动延伸

观看视频，思考为什么冬天我们的嘴里会冒"白烟"。

小动物怎样过冬

设计思路

今年的第一场雪，开启了幼儿对冬天的认识。随着天气的变冷，幼儿把手缩在袖子里的情况越发严重。我们这么怕冷，那自然界的小动物们怕冷吗？下面，我们带领幼儿了解小动物过冬的各种方式，让幼儿知道冬天并不可怕，并鼓励幼儿挑战自我、走出教室，积极参加早操和体育锻炼。

活动目标

① 掌握常见的动物过冬方式，能清楚地讲述几种小动物过冬的方式。

② 在探索小动物过冬方式的过程中，体验其带来的乐趣。

活动准备

① 前期经验准备：亲子活动，收集几种（老大3种、老二2种、老三1种）小动物过冬的资料。

② 教具学具准备："小动物怎样过冬"PPT，各种小动物的图片。

活动流程

自由交流→欣赏故事《小动物过冬》→动物过冬方式的归类。

阅读指导

阅读绘本《小动物过冬》。

活动过程

·自由交流

指导 － 请幼儿根据自己搜集到的资料向同伴介绍小动物过冬的方式。

- 讲述要求：我的动物叫××名字，它是用××方式过冬的。

·欣赏故事《小动物过冬》

提问 - 迁徙的动物有哪些？它们是怎么过冬的？

- 不迁徙的动物有哪些？它们是怎么过冬的？

- 冬眠的动物是怎么过冬的？

- 不迁徙也不冬眠的动物是怎么过冬的？

指导 - 教师将幼儿讲到的动物的图片分别放进4个圈里（冬眠—迁徙—换毛—储存食物）。

- 倾听故事《小动物过冬》。

·动物过冬方式的归类

指导 - 教师播放PPT，演示不同动物的过冬方式。

冬眠：蛇、青蛙、乌龟等。

迁徙：大雁、燕子等。

换毛（加厚自己身上的皮毛或羽毛）：兔子、鹿、狐狸、乌鸦等。

储存食物：松鼠、蜜蜂、蚂蚁等。

- 教师讲述幼儿没有收集到的动物过冬的方式开阔其视野，丰富幼儿有关动物过冬的见闻，如海豹在冰上钻孔、蛇冻成"冰棍"、兔子撞肚皮、啄木鸟打洞等。

▶▶ **活动延伸**

鼓励幼儿将自己喜欢的动物的过冬方式画下来，师生一起把剪贴作品制作成连环画，放在阅读区域内供幼儿欣赏，继续丰富幼儿的有关知识。

植物怎么过冬

设计思路

天气日渐寒冷，小朋友身上穿的衣服也越来越多，厚厚的衣服给我们带来了温暖，但是在室外的植物怎么办呢？孩子们纷纷提出了与植物过冬相关的问题，如"植物没有衣服，它们觉得冷吗？""植物冬天不怕冷吗？""有些植物的根被包了起来，为什么？"等。

活动目标

① 了解植物怎样过冬，感知植物与气候变化的关系。

② 通过"一家人"一起观察、绘画、交流等方式，进一步感知各种植物在冬季的不同状态。

③ 激发幼儿探索植物奥秘的兴趣及爱护植物的情感。

活动准备

① 前期经验准备：幼儿去园内或户外观察过常见的植物，已有认识植物外形特征的经验；通过阅读故事、聆听儿歌，幼儿已对一些基本的科学概念有一定的认知。

② 教具学具准备：记录板，冬天植物观察记录表，记号笔若干，"植物怎么过冬"PPT。

活动流程

植物过冬的秘密→实地观察与记录冬天的植物→分享观察记录经验。

阅读指导

阅读绘本《树木时钟》《小树苗找妈妈》《植物冬天会怎样？》。

▶▶ **活动过程**

· **植物过冬的秘密**

提问 －你知道现在是什么季节吗？气候有什么变化？

－这么冷的天，花草树木也有生命，它们会被冻死吗？

－人靠多穿衣服过冬，植物靠什么过冬呢？

指导 －播放"植物怎么过冬"PPT。

· **实地观察与记录冬天的植物**

指导 －请幼儿带上记录板一起到户外，找一找，看一看，在观察记录表上画一画冬天的植物。

－引导老大带着"家庭"成员在指定范围内自主观察，并讲述各自的发现和疑问，然后填写冬天植物观察记录表。

－引导幼儿有重点地观察个别植物，帮助幼儿进一步感知植物的变化。比如：

观察大树：请小朋友仔细观察，冬天的树是什么样子的？想一想，它们冻死了吗？找一找，树上还留下了什么？（引导幼儿发现芽苞、果实、种子等）

观察芽苞：请小朋友剥开芽苞看一看，里面有什么？猜一猜，明年春天它会变成什么？

观察小草：请小朋友在草地上观察，冬天的小草怎么样了？想一想，小草冻死了吗？挖出小草的根看看，它是什么颜色的？根上长着什么？

· **分享观察记录经验**

指导 －回到教室后，请幼儿与同伴说说自己的记录和发现，"一家人"一起讨论植物有几种过冬方式。

－每组选一位代表，向全班介绍本组发现的过冬方式，教师在黑板上用简笔画分类的方式记录，如"掉叶子组""留绿叶组""留种子组""人类帮忙组"。

指导语

　　大自然很神奇，冬季树木会进入休眠状态，为过冬做准备。有的落叶，有的不再生长、叶子发黄、种子躲进泥土等。我们保护植物过冬也要采取针对它们习性的方式。比如，有的要在树根部位涂石灰，有的要绑干草，有的要撒草灰，有的要转移到温室，有的要晒太阳。

活动延伸

　　记录班级植物角的植物（如菊花、水仙和一些绿植）是如何过冬的，它们身上发生了什么变化。

科学·数活动

乌鸦喝水

▶▶▶ **设计思路**

在混龄数学活动中,因为三个年龄段的幼儿对数敏感的程度不同,所以我们采用没有壁垒、打破条框的学习方式,以帮助每个幼儿取得小步递进的发展。"乌鸦喝水"的情景活动,不仅有趣,而且能让幼儿在活动中不知不觉地感知物体的体积。

▶▶▶ **活动目标**

① 通过操作同样容器与测量不同物体,引导幼儿直观感知物体数量、大小的差异,在探索中初步建立起体积概念,提升其观察与比较能力。

② 充分提高"一家人"对数的空间的敏感度,激发幼儿估算物体大小的兴趣。

▶▶▶ **活动准备**

① 前期经验准备:在区域自主探索、生活实践中,幼儿已经初步具备了对物体与空间进行目测的能力。

② 教具学具准备:黑枣、蚕豆、花生米、圣女果、桂圆实物若干,以及对应的图片;透明小量杯(果冻壳)、水彩笔、记录纸若干;两杯一样多的橙汁,2瓶等量的绿茶;乌鸦玩具或图片;2副数字翻牌卡。

▶▶▶ **活动流程**

量杯测量→乌鸦喝水→乌鸦吃食。

阅读绘本《乌鸦喝水》。

活动过程

· 量杯测量

提问 – 目测一下，你们的小量杯里，如果只放黑枣或花生米，哪个放得更多，为什么？

– 目测一下，你们的小量杯里，如果只放圣女果或黑枣，哪个放得更多，为什么？

指导 – 通过乌鸦准备粮食的情景，激发幼儿参加活动的兴趣。

– 幼儿观察桌面上的材料，用"有……，有……，有……，还有……"的句式讲述看到的东西。小年龄段幼儿能讲出"有……，还有……"句式（讲出 1~2 个物体），大年龄段幼儿能讲出 3 个以上物体。

– 请幼儿根据问题，实践操作放花生米和黑枣，并得出准确的结论：同样的容器，大的东西装得少，小的东西装得多，因为黑枣比花生大，占用的空间也要大一点，所以花生放得更多。

– 请幼儿再次将黑枣和圣女果放进同样的容器（小量杯）里，以验证结论。结论：大的东西需要的空间大，小的东西需要的空间小。

– 老大组织"一家人"自由选择两种材料进行测量，老大学着用自己的方式记录自己"家庭"测量的结果并大胆地向"隔壁邻居"介绍自己"家庭"测量的结果。

– 提示：测量的时候要把物体压紧，结果才会准确。

指导语

在同样大的量杯里，越大的物体可以装进量杯里的数量越少，越小的物体则可以装得越多。

·乌鸦喝水

提问 - 乌鸦怎样才能喝到水?

- 投放哪些物体可以让乌鸦很快喝到水?为什么?

- 谁来帮乌鸦区分圣女果和桂圆的大小?

- 用量杯测量不出它们的大小,那我们能不能用乌鸦喝水的方法来比比圣女果和桂圆究竟哪个大呢?

指导 - 播放"乌鸦喝水"PPT。

- 实验操作"乌鸦喝水":

出示乌鸦(玩具或图片):现在,乌鸦口渴了,找来找去找水喝。哇,这里有一瓶矿泉水,乌鸦真高兴呀!

出示矿泉水瓶(里面装有1/3的水):可水瓶太高,水太少,乌鸦怎么也喝不着,请求大家帮助。

- "一家人"讨论,投放什么物体可以让乌鸦喝到水并验证操作。

- 重点:注意瓶口的大小。

·乌鸦吃食

小乌鸦喝了水,一会儿又感觉有点饿了,它又找来了两份点心,一份是圣女果(椭圆形),一份是桂圆(圆形),可它说不出二者谁大谁小。

提问 - 哪个小朋友能告诉乌鸦呢?(鼓励小年龄段幼儿讲述)

指导 - 进行"比大小"游戏,提供两只一样大的量杯,请幼儿成立"圣女果队"和"桂圆队"进行接力赛。

游戏规则:

- 你认为圣女果能让乌鸦先喝到水,就加入圣女果队。你认为桂圆能让乌鸦先喝到水,就加入桂圆队。

- 每次向瓶里放一个果子,然后翻一张自己队的数字卡,下一个小朋友必须在前一位小朋友拍一下自己的手后出发。

- 接力赛结束后,请两位老大前来分别数一数圣女果有多少个,桂圆有多少个。

指导语

为什么圣女果看上去大，反而可以放进去更多？为什么桂圆看上去比圣女果小、能放进去更多，结果反而放不了更多呢？如果有兴趣，我们下次再继续探索。

▶▶ **活动延伸**

通过"家园共育指南"，请家长在家陪伴幼儿继续进行实验。

新建小区放鞭炮

设计思路

生活数学将数学概念、原理和方法应用于日常生活中解决实际问题。依霖的园训"学做人、学生活、学学习"亦重视数学,我们不仅重视教室内的数学教育,也注重课堂之外的数学世界,注重社会生活、日常生活环境相结合。结合幼儿熟知的生活环境,为他们提供自由表现认知的机会,肯定和接纳他们独特的表现方式,分享他们对数学理解的快乐,能够帮助他们更好地学习数学。

另外,混龄教学中的数活动,更重视三个年龄段幼儿的学习特征,如老大的"反刍式"学习,老二的"半吞半吐式"学习,老三的"跟随、模仿、窥视式"学习。

活动目标

① 能根据不同的画面进行讲述,并列出相应的算式,从而感知加减法算式表达的数量关系。

② 培养幼儿积极的思维能力,发展幼儿思维的灵活性。

③ 积极探索数学活动,乐于讲述探索过程。

活动准备

① 前期经验准备:幼儿熟知自己家的门牌号码(××小区××栋××室);教师带着幼儿到离园最近的一幢楼房实地考察,进行寻找楼层的游戏。

② 教具学具准备:7座自制立体房子,数字1~6的卡片,符号+、-、=的卡片,每人3张图片、1支笔,6串幼儿手工制作的鞭炮,自制金牌、银牌若干。

活动流程

游戏"开火车"→看图学习6的第一组加减法→互换规律→内化迁移。

阅读指导

教师事先联系好超市，组织每个"家庭"带10元钱去超市买2~3样东西。购物回来后，根据自家买的东西计算，在总数不变的情况下，排列一道加法题和一道减法题。

活动过程

· 游戏"开火车"

指导 – 玩数字6的开火车游戏：

一方说："嘿嘿！我的火车1点开，你的火车几点开？"

另一方回应："嘿嘿！我的火车5点开。"

以此类推，问的人和答的人给出的数字加起来必须是数字6。

– 组织形式：可集体，可个人，可小组；可男生一组，女生一组。

– 重点：复习巩固。

· 看图学习6的第一组加减法

提问 – 请你来说一说，你选择到几号小区？里面讲了一件什么事情？（例如，花盆里有5朵红花、1朵白花，花盆里一共有几朵花？）

– 这一道题你们会用什么算式记录下来？

– 这道题为什么既可以用加法算式题记录，也可以用减法算式题记录呢？

指导 – 幼儿第一次探索操作，看图讲述：树上有7朵花，其中1朵红花、6朵黄花，排加法题。

– 集体验证，大家一起通过探索，反复操练。

– 小年龄段幼儿可以看着大年龄段幼儿操作，认识数字1、6、7。大年龄段幼儿可以进行多次操作练习，探索操作时必须边讲述边列出算式，当小老师。

– 请大年龄段幼儿边讲边列出这道加减法算式题：$1+6=7$/$6+1=7$/$7-6=1$/$7-1=6$。

– 重点：情境感知。

指导语

在总数 6 不变的情况下，我们可以随意调整数字和符号；在总数 7 不变的情况下，我们可以分别得出其他三个算式，如 6+1=7、7−1=6、7−6=1，很有趣吧。

> · 互换规律

提问 – 请小朋友们观察这些算式题，它们都有个小秘密，谁能先找出这个秘密呢？

指导 – 教师拿出数字卡：

7−1=6/1+6=7　　6−1=5/5+1=6

7−6=1/6+1=7　　6−5=1/1+5=6

– 练习互换，教师拿出（6+1=7）的题卡，请幼儿马上说出它的朋友题是谁？

– 重点：体验理解。

指导语

1+6=7、6+1=7 数字相同，等号前的数字位置不同，但加号和总数不变，所以看到 1+6=7，我们马上就可以想到 6+1=7，我们把它们称作为朋友题。同样看到 7−1=6，马上就想到 7−6=1，我们也把它们称作朋友题。

> · 内化迁移

游戏 "搬新家，放爆竹" 规则：

– 新的小区建成了，许多居民都要搬新家了，我们为他们放鞭炮吧！

– 每串鞭炮里面藏着一个算式题，如果答对算式题，鞭炮就能放响，而且能得到一朵小红花。

– 同样，如果没能把算式题答对，鞭炮就会变成哑炮，红花没听到声音，也就不开花了。

> **活动延伸**

　　在科学区域投放数字 6 和 7 的加减卡，鼓励幼儿用学过的"在总数不变的前提下，可变换任何数字，也可以变换加减符号"方法，继续探索数字 6 和 7 的第二、第三组加减题。

　　教师根据幼儿在数活动中的操作情况，鼓励大孩子教小孩子，让会的孩子教不会的孩子，并逐步提供数字 8、9、10 的加减卡，让幼儿自己探索。

咔嚓咔嚓，爸爸是魔法师

设计思路

生活中存在着许多神秘而美好的数学现象，对称就是其中的一种。孩子们每天生活的环境中就有许多对称现象，但他们很难有意识地主动观察这些对称现象，更别说欣赏对称美了。轴对称知识贯穿学龄前至初高中，甚至可为当科学家奠定基础。在幼儿认识物体阶段已经需要了解有关对称、中心线（轴）等概念。那么，如何让孩子们主动地、有目的地观察和发现生活中对称的事物及对称美呢？为此，我们设计了本次教学活动。

活动目标

① 让幼儿初步理解对称的概念，知道对称分为点对称和轴对称两种。

② 让幼儿初步感知生活中的对称事物和对称美，培养幼儿的观察能力和审美意识。

③ 鼓励幼儿运用多种感官感知、理解对称。

活动准备

① 前期经验准备：阅读过绘本《咔嚓咔嚓，爸爸是魔法师》，对于对称轴、对应点、重合、一样大小、一模一样等词有一定的理解。

② 教具学具准备：各种大小、颜色、花纹的蝴蝶翅膀、蜜蜂翅膀、蜻蜓翅膀的图片，花花绿绿的纸。

活动流程

感知对称→学习找到对称轴→植物角里找对称。

阅读指导

阅读绘本《咔嚓咔嚓，爸爸是魔法师》。

活动过程

· 感知对称

提问 — 这些花花绿绿的纸对折后，会变成什么样？

— 这些正方形、长方形、圆形、三角形的纸对折后会发生什么变化？

指导 — 请幼儿挑选自己喜欢的纸折叠一次试试。

— 请大年龄段幼儿讲述变化：正方形的纸对折后变成两个重叠的长方形。

— 请对折正方形的小年龄段幼儿模仿跟随讲述。

— 重点：对称、重叠后出现两个一模一样的××图形。

· 学习找到对称轴

提问 — 什么是对称轴？

— 自然界有哪些动物的翅膀是对称的？

指导 — 让幼儿打开刚才自己折叠的圆形等图形，找一找图形上的对称轴。

— 提供蝴蝶、蜜蜂、蜻蜓翅膀的图片，鼓励幼儿配对并发现对称轴。

— 引导幼儿观察配对的昆虫的左右两边翅膀是不是一样，并讲述配对理由（颜色、形状、花纹等角度）。

指导语

以身体为中心线，蝴蝶、蜜蜂和蜻蜓左右两边翅膀的大小、颜色、形状和花纹完全相同，只是方向相反。

如果一个图形沿着一条直线折叠，直线两旁的部分能够重合，那么这个图形就叫作轴（中心线）对称图形。

· 植物角里找对称

提问 — 大家是怎样找对称的？

— 有哪些物品是对称的？为什么？

指导 — 老大带领 "一家人" 进入植物角观察树叶和花瓣, 进入生活区观察门、窗、玩具柜、衣物等物品, 进入美工区观察脸谱、窗花等美术作品, 找找都有哪些物品是对称的。

— 鼓励 "一家人" 同邻居分享找寻的成果。

指导语

刚才有位老大问我, 圆形的雪花片有没有轴? 如果有, 它在哪里? 如果将雪花片对折, 雪花片的对称图案会重合吗?

活动延伸

提供大量的纸片图案, 让幼儿在操作中进一步感受理解 "对称" "对称轴" "点对称" 的概念。

每个 "家庭" 的老大领取一张印有雪花片图案的纸, 带着 "一家人" 继续探索雪花片的对称轴。(雪花片也是对称的图案, 它以圆点为中心点, 周围图案的大小、形状和排列完全相同, 这叫点对称)

正方形和正方体

设计思路

幼儿容易混淆正方形和正方体，会将正方体认作正方形。当教师纠正他们时，他们还会一脸迷惑地看着教师，小眼睛里闪着很多问号。

传统的幼儿园数活动教学经常把正方形和正方体分开来学习，3 岁幼儿学习正方形，6 岁幼儿学习正方体。其实这种割裂的学习方法并不妥。

幼儿的数学思维具有独特的发展规律，而分类能力是其早期数学思维发展的重要基石。我们不应用 3 年的时间去教幼儿如何区分正方形和正方体，而应让幼儿在与具体物体接触的过程中逐渐理解二者的区别。混龄教学恰好能够给幼儿提供这样的学习过程。

活动目标

① 认识长方形、正方形、三角形、圆形；认识长方形、正方形、三角形、圆形对折后的图形变化；认识正方形和正方体的不同特征。

② 充分利用三个年龄段幼儿接受知识的特征，鼓励幼儿积极主动地参与合作和交流活动，逐渐感受到数学知识与社会生活的密切联系。

活动准备

① 前期经验准备：2~3 岁幼儿已经认识图形，部分大年龄段幼儿能区分"形"和"体"。

② 教具学具准备：不同色彩的正方形、长方形、圆形、三角形若干（对折后一样大），正方体纸盒若干。

活动流程

一个变两个→这两个"正方"不一样→正方体的世界。

▶▶ **阅读指导**

阅读有关图形的绘本,如《图形王国》。

▶▶ **活动过程**

> **·一个变两个**

提问 — 这些分别是什么图形?

— 谁能把正方形变成长方形?谁能把圆形变成半圆形?谁能把正方形变成正方形?

— 你们是用什么方法变的?

指导 — 老大带领"一家人"改变桌子上的图形的模样,并认识改变后的图形。

— 用完整的句子讲述:我把……形变成……形;我把正方形对折变成长方形。

— 重点对象是小年龄段幼儿。

> **·这两个"正方"不一样**

提问 — 这两种图形有什么不一样?(出示正方形和正方体)

— 它们分别叫什么名字?(请大年龄段幼儿回答)

指导 — 与幼儿互动时,教师注意倾听幼儿的表述,精准捕捉其表述意图,并适时融入正确答案,帮助幼儿完善认知。

— 每个"家庭"领取一个正方体纸盒并拆开,验证一下正方体是不是有6个大小相同的正方形,有12条棱(棱角线)。

指导语

正方形有1个面、4个顶点,没有体积。

正方形的定义:4条边相等、4个角都是直角的四边形。

正方体有6个面、8个顶点,有体积。

正方体的定义:有12条棱(棱角线),每条棱(棱角线)长度相等(同样长);有6个面,每个面同样大。

· 正方体的世界

提问 — 我们的教室里有哪些物体是正方体？

指导 — 老大带领"一家人"带好记录本和测量工具，在教室里寻
找正方体物体。

— 与隔壁"家庭"分享记录方法和寻找到的正方体物体。

▶▶ **活动延伸**

老大带领"一家人"带好记录本和测量工具，在幼儿园里寻找正方体
物体。

幼儿用学过的知识讲述正方体和正方形的不同特征。

数字 1~9 的运用

设计思路

数学教学不是松散的教学,它有序列,由浅入深,前后关联,关键是定义和概念,尤其是 10 以内的数字教学。幼儿应掌握 10 以内的数的概念,理解 10 以内相邻数的关系。

活动目标

① 感受相邻数是紧挨着的两个数;一说到某一数字就能说出其两边相邻的数字;知道相邻数之间都相差 1。

② 激发大年龄段幼儿主动探索数学在生活中的应用的兴趣,乐于在真实的生活情境中,运用数字解决 "一家人" 的不同需求,体验数学的实用价值与乐趣。

活动准备

① 前期经验准备:小年龄段幼儿都认识数字 1~10;大年龄段幼儿会一些数字运算。

② 教具学具准备:0~9 的数卡每个 "家庭" 三套,0~9 的数卡教师两套,有数字信息的物品若干,数字信息若干条。

活动流程

拍手呼叫相邻数→生活中的数字可以表示什么→按指令摆数字。

活动过程

· 拍手呼叫相邻数

提问 – 什么叫作相邻数?

－ 数字 3 前面的相邻数是数字几？后面的相邻数是数字几？

指导 － 幼儿一起玩游戏"拍手呼叫相邻数"。

游戏规则：

－ 小老师（呼喊人）在数字 1~9 中随便选择并喊出一个数，全体幼儿作答。

－ 先请大年龄段幼儿做小老师，逐渐过渡到请能干的小年龄段幼儿做小老师。

－ 可以"一家人"或"两家人"一起玩此游戏。

游戏的具体玩法：

问：我家住 5 号，5 号前面的邻居是几号？

答：5 号前面的邻居是 4 号。

问：5 号后面的邻居是几号？

答：5 号后面的邻居是 6 号。

> ·生活中的数字可以表示什么

提问 － 我们生活中有许多数字，想一想，你们在什么地方看到过数字？

－ 说一说，我们讲到的数字都表示什么意思？

指导 － 数字可表示个数（出示数量在 1~9 内的苹果的图片）。

－ 数字可表示长度（出示警戒线的图片）。

－ 数字可表示高和低（出示建筑楼房图片）。

－ 数字可表示重量（出示称重量的图片）。

－ 数字可表示时间（出示钟表图片）。

－ 数字可表示人民币币值的多少（出示人民币图片）。

－ 数字可用来标记门牌号（出示门牌号图片）。

指导语

数字是数学的基础。数字可以用来表示数量、顺序、长短、多少、高低等；数字可以用来做标记符号，如地铁 3 号线、地铁 15 号线等；数字还可用来……

数字的用处很多，人类生活离不开数字，我们的老三、老二、老大，一定要认识和理解数字的不同用法。

· 按指令摆数字

指导 — 教师说出出题指令,"一家人"立刻摆出数字答案(重点关注大年龄段幼儿)。比如:

我先上 1 层楼,又上 2 层楼,现在我在几楼?

妈妈买了 4 个苹果,爸爸又买来 3 个苹果。现在我们家有几个苹果?

小颖家在 3 楼,我家在 5 楼,我家比他家高几层楼?

我有 9 元钱,弟弟只有 5 元钱,我比他多几元钱?

我家在 3 号楼,乔老师家在 4 号楼,她的家在我家前面还是后面?

……

— 可请老大出题,互相问答。

— 可请老大出题,老二回答。

指导语

请答题的老大一定要静下心,倾听老师的出题指令,思考后再答出数字;在老大答题的时候,老二、老三静静地看着,不发出声音,不影响老大的思考。

▶▶ **活动延伸**

生活中,数学无处不在,让数学融入生活的点滴经验中,让生活充满精彩的数字,能有效提升幼儿的数学认知水平。每天午餐后教师在带幼儿散步时,可将生活中的常见物体与数学联系起来做游戏。比如,这里有多少棵树?大树有几棵?最大的是哪一棵?这里有几幢一样高的楼?这里一共有几朵小花?其中黄色的有几朵?这里的孩子一共有几双小脚、几双小手啊?师生问答熟练之后,可以转换为幼儿间的互问。

艺术·美术活动

粉/蜡画·冬姑娘送来的礼物

设计思路

最近，班里的很多幼儿喜欢拿着粉笔在黑板上随意涂画，他们觉得用粉笔在黑板上画画有趣极了。为满足幼儿用粉笔作画的兴趣，我们设计了用粉笔和蜡笔混合绘画的方式来表现冬天美丽雪景的活动。

横线、斜线是幼儿涂鸦中最常见的符号。让幼儿运用横线、斜线组合表现菊花的叶子，能有效地促进幼儿从无控制的涂鸦向有控制的涂鸦发展；让"一家人"探索多种表现方式，能激发他们的表现欲望，感受"一家人"共同创作的乐趣。

活动目标

① 初步尝试用粉笔画出冬姑娘的礼物，冬天的主要特征，并能初步学习合理分配任务；感受冬天的美丽，能用画笔表达对冬季的喜爱。

②"一家人"协商合作，共同完成画作《冬姑娘的礼物》，体验"一家人"共同作画的乐趣。

活动准备

① 前期经验准备：幼儿已经有了画简笔画的经验，只是年龄段不同，画出的实物复杂程度不同。

② 教具学具准备：粉笔、蜡笔、勾线笔及黑色 8 开卡纸若干，视频《冬姑娘的礼物》。

活动流程

欣赏故事《冬姑娘的礼物》→冬姑娘送来的礼物→冬姑娘的礼物展。

▶▶ **阅读指导**

阅读绘本《冬姑娘的礼物》。

▶▶ **活动过程**

· 欣赏故事《冬姑娘的礼物》

提问 － 冬姑娘的礼物是什么?

－ 冬姑娘把礼物送给了谁?(幼儿根据故事回答)

－ 如果你们是冬姑娘,会送什么礼物给大家呢?(幼儿自由讨论)

指导 － 播放视频《冬姑娘的礼物》。

－ 幼儿讲述冬姑娘送给农民伯伯的礼物(农作物/氮肥)。

－ 幼儿继续讨论冬姑娘送给小朋友的礼物(玩雪情景)。

－ 幼儿自由讨论:如果我是冬姑娘,会送什么礼物给大家?

指导语

冬姑娘把礼物送给了大地妈妈、小麦、大树、屋顶,把可以玩耍的雪景送给了小朋友,故事真美,冬姑娘真善良。

· 冬姑娘送来的礼物

提问 － 开始作画,先用粉笔作画,还是先用蜡笔作画?

－ 如需要表现大面积色块,可以将粉笔怎么样?(横着涂抹)

－ "一家人"一起画一幅画,该怎么合理分配、有效合作呢?

－ "一家人"能否初步协商合作完成画作《冬姑娘的礼物》?

指导 － 教师在巡回指导时,注意观察老大能否合理分配任务,组织"一家人"共同完成作画任务,以及老二、老三在创作过程中的参与度。

－ "一家人"说出画好的作品准备送给谁。

指导语

可以探索一下粉笔作画的方法(重点),也可以探索是先用粉笔画还是先用蜡笔画(次重点),探索失败了也没关系,可以重新画。

· 冬姑娘的礼物展

提问 - 你们认为哪一个礼物最有新意,你们最喜欢?(提问对象是大年龄段幼儿)

指导 - 两个"家庭"为一组,向对方介绍自己"家庭"的画作,并讲明准备将画作送给谁。教师巡回观察引导。
- 全班共同评价。引导大年龄段幼儿从创新意义的角度评价每个"家庭"的画作,并说说哪一幅画是自己最喜欢的。

指导语
我们从粉笔用法的角度来准确地评价自己"家庭"的作品,哪里好,哪里还可以更好;同样我们从粉笔用法的角度来准确评价其他"家庭"的作品,哪里好,哪里值得我们学习。

▶ **活动延伸**

把制作原材料投放进"创意工坊"区域,供幼儿在区域活动中继续围绕《冬姑娘的礼物》制作新年礼物。

撕贴画·不怕冷的松树

设计思路

"大雪压青松,青松挺且直。"松树是四季常青的植物,在寒冷的冬天,依旧常青、挺拔、不怕冷。这种精神是很值得幼儿学习的。通过撕贴画活动,表现在寒冷的冬季,其他树木的树叶都凋谢了,只有松树一身绿装,挺拔于白雪之中的景象,可以浸润幼儿的心田,激发幼儿学习松树坚韧不拔的精神。

活动目标

① 在老大的带领下,"一家人"用撕、贴、装饰的技能,合作协调地完成一幅有关小松树的海报画。

② 培养幼儿乐观的精神和坚韧不拔的品质。

活动准备

① 前期经验准备:见过松树,知道松树有各种各样的,如雪松、罗汉松、五针松、油头松(形状基本为三角形);大年龄段幼儿有撕贴经验。

② 教具学具准备:印有松树的操作纸、白纸、彩色纸、胶棒,松树图片撕贴画若干幅,绘本《小松树长大了》。

活动流程

三角形的松树→绘本《小松树长大了》→"一家人"的松树海报。

阅读指导

阅读绘本《小松树长大了》。

▶ **活动过程**

· 三角形的松树

提问 — 你们见过松树吗？所有的松树都长得一样吗？

— 大多数松树像什么图形？正方形、长方形、圆形还是其他
什么形状？

— 所有的松树都只有"松树"一个名字吗？

指导 — 出示4幅松树图片，引导幼儿从整体上观察比较松树的基
本形状。

— 图片上的松树都有自己的名字。教师对照图片介绍4种松
树的名字。

指导语

大多数的松树从整体上看更像三角形。松树和小朋友一样，也有属
于自己的名字。

· 绘本《小松树长大了》

提问 — 小松树是怎么长成大松树的？

指导 — 倾听故事《小松树长大了》。

指导语

我们听完故事，了解到了小松树在长大过程中经历的各种困难。小
松树宝宝从离开妈妈开始，经历了风吹雨打，被卡在山崖壁缝发芽成
长，被动物欺负等一系列困难，最终成长为一棵大松树。小朋友们在成
长中也会遇到很多困难，遇到困难时要向小松树学习，像它一样勇敢、
坚韧、乐观、积极向上。

· "一家人"的松树海报

提问 — 今天我们要用撕贴的方法，制作一张有关松树的海报。撕
和贴的方法是一样的吗？

— 把纸撕成什么形状是最好的呢？

— 把撕下来的纸贴到哪里呢？

363

指导 —每个"家庭"的老大前来领取一张彩色宣传海报纸。

—老大组织指挥"一家人"分工合作完成任务：谁来画松树的轮廓，谁来撕纸，谁来画背景，谁来贴，最后谁来整理材料和废纸等。

—每个"家庭"制作完成2~3棵松树。

—教师巡回指导，重点提醒幼儿松树要画得大，撕下来装饰松树的纸要贴在松树轮廓里面，也可以用撕下来的纸装饰周边的草地、太阳、房子、花等。

—请自己班级幼儿给各"家庭"的松树海报投票，或请隔壁班的小朋友来给各"家庭"投票。

—将制作完成的海报，张贴在走廊的海报区域内，供大家欣赏和评价。

—教师要记住：能走出班级的教育活动绝不选择在教室里进行，能走进大自然的绝不选择在封闭的空间里进行。

▶▶ **活动延伸**

将材料投放进区域，供幼儿在区域活动时继续练习撕贴画；回家后，幼儿通过亲子活动继续练习撕贴画。

投其所好·冬天的雪景

设计思路

随着"寒冷的冬天"主题活动的开展，幼儿有了自己感兴趣的话题："都冬天了，怎么还不下雪呢?""以前下雪的时候，我爸爸会带我去堆雪人。""我见过小雪花。""雪花是六边形的，轻轻飘舞的!"

抓住幼儿的这一兴趣点，我们和雪做个伴，一定能激发幼儿的学习积极性。

活动目标

① 尝试用独轮滚色、一一对应的方法拓印雪花；用六等分的方法折剪雪花；能够用水粉画雪人，"一家人"共同描绘冬天的雪景。

② 能够积极地参加活动，尝试与兄弟姐妹合作完成绘画作品，体验兄弟姐妹合作绘画的快乐。

活动准备

① 前期经验准备：幼儿对雪人及雪花有基本了解，已具备用独轮滚色等方法剪纸及水粉画写生的经验。

② 教具学具准备：背景轻音乐；水粉颜料、大小水粉排笔、颜料盘等若干；6张铅画纸；剪刀、彩色纸、铅笔、拓印滚轮刷、海绵颜料盘；各种大小的雪花片玩具；抹布；自制雪人13个。

活动流程

老大领取任务→今天老大当小老师（布置任务）→冬天的雪景（分别操作）→我们的雪景图真美丽（共同创作）。

阅读指导

看图说话《冬天的雪景》。

活动过程

·老大领取任务

提问 — 看到桌子上有这么多东西,猜猜今天我们要干什么?

— 写生时,我们要注意什么?

指导 — 请老大上来介绍桌子上的作画材料(纸、笔、颜料等)。

— 请大年龄段幼儿讲解操作方法,教师复述、补充老大们的
讲述,例如:写生时要仔细观察,把眼前雪人的基本特征画
出来,尤其要注意雪人的眼睛、鼻子的朝向。

— 重点:帮助老大回忆什么是写生,并观察雪人的头部特征。

·今天老大当小老师(布置任务)

老大在了解老二、老三的操作任务后,独立传递并分配任务。

老二的操作任务

介绍材料:手工纸、剪刀、铅笔。

指导操作方法:取一张手工纸,对角相折呈三角形,再以中心角对
折,左边角往右折,右边角往左折,形成三等份,画上自己想要的图形
并沿形剪下。

老三的操作任务

介绍材料:拓印滚轮刷、海绵颜料盘、不同大小的雪花片玩具、操
作盘等。

指导操作方法:先挑选一个雪花片,用拓印滚轮刷在海绵颜料盘上
来回滚动蘸色后,移动到雪花片上滚动,再将一片与雪花片同样大小的
圆形纸用力压在有颜色的雪花片上,然后取下圆形纸。

·冬天的雪景(分别操作)

教师巡回并观察指导:

老大:尝试用颜料进行雪人的写生,体验颜料写生的乐趣;能仔细
观察雪人的眼睛、鼻子朝向等细节;以"家庭"为单位,引导老二和老
三将拓印好或剪好的雪花主动放到自己"家庭"的绘画框中。

老二：用六等分的方法，折剪拉花；自主挑选不同大小的纸进行六等分，折剪雪花；正确使用剪刀。

老三：能自己选择雪花片和颜色，尝试用拓印滚轮刷沾色拓印雪花；运用一一对应的方法选择拓印纸。

· 我们的雪景图真美丽（共同创作）

提问 － 请问你们喜欢哪个"家庭"创作的《冬天的雪景》？为什么？

指导 － 老大能主动带着老二、老三一起将各自完成的雪花装饰到老大创作的《冬天的雪景》上。

－ 鼓励各"家庭"积极大胆地进行自评和互评。

－ 教师以鼓励的态度和语言，结合孩子们的评价，讲述每一个"家庭"在合作完成作品过程中的优点和他们完成的画作的优点，重点表扬今天的"小老师"们（老大）。

活动延伸

将作品《冬天的雪景》展示在走廊活动展示墙上；将雪人、颜料、手工纸、雪花等投放至活动区域，供幼儿继续玩耍、探索。

吹点画·蜡梅花

设计思路

冬季,花儿都凋谢了,蜡梅却盛开着,它不怕寒冷,默默地在寒冬中绽放,散发着淡淡的幽香。蜡梅不畏严寒、坚强勇敢的品格能促使幼儿养成良好的性格。

活动目标

① 初步尝试用棉签点画、吹画的方法画蜡梅花;尝试运用多种方法创作吹点画蜡梅的枝干。

② 在玩、画、说、听的创作过程中,感受蜡梅不畏寒冷、坚强勇敢的品格。

活动准备

① 前期经验准备:事先观察过蜡梅;会念读诗歌《学画蜡梅》。

② 教具学具准备:墨汁、水粉、棉签、宣纸、吸管,4 开宣纸,学画蜡梅的视频。

活动流程

冬天的蜡梅花→"一家人"创作蜡梅花→赞赞我家的蜡梅花。

阅读指导

阅读由 AI 生成的两首诗《学画蜡梅》《蜡梅精神》。这两首诗通过简洁的语言和生动的形象,描写了幼儿在学习画蜡梅时的情景和蜡梅的精神,表达了幼儿对蜡梅的喜爱,同时也赞美了蜡梅不畏严寒的精神。

学画蜡梅	蜡梅精神
蜡梅枝干细又长，	寒冬蜡梅不畏霜，
宝宝画笔手中扬。	蜡梅花开独自香。
花瓣颜色如胭脂，	笑对风雪展坚韧，
金黄灿烂满枝香。	精神可贵永流芳。

▶ 活动过程

· 冬天的蜡梅花

提问 — 蜡梅在什么季节开花？（出示字卡：寒冷、蜡梅）

— 为什么冬天很多花都凋谢了，蜡梅却盛开着？

指导 — 播放视频《蜡梅凌寒绽放》。

指导语

因为蜡梅在寒冬腊月不畏霜雪，所以花开独自香。因为蜡梅笑对风雪展坚韧，所以蜡梅的精神可贵永流芳。我们要学习蜡梅的精神，不怕困难，遇到问题要积极想办法解决。

· "一家人"创作蜡梅花

提问 — 这幅蜡梅画是用什么绘画手法创作的？

指导 — 播放视频《蜡梅花（吹点画）》。

— 重点：将墨汁滴在宣纸上，用麦管吹墨汁以形成树枝，用棉签点画蜡梅花，注意花瓣的组合。

— "一家人"在老大的带领下，商量谁吹树干，谁吹花朵，谁用手指点画。

— 在幼儿创作的过程中，播放轻音乐伴奏下的诗歌朗诵《学画蜡梅》和《蜡梅精神》。

— 教师巡回指导，提醒幼儿注意画面整洁，养成良好的绘画习惯。

· 赞赞我家的蜡梅花

提问 — 谁愿意用1~3句话来赞美自己"家庭"创作的蜡梅图？

指导 – 强调每幅画的优点并加以表扬和鼓励。

– 注意纠正大年龄段幼儿的语句和表达的准确性。

指导语

为什么人们喜欢蜡梅，愿意为蜡梅作画赋诗呢？因为，蜡梅艳丽的色彩和淡雅的清香，为冬天注入了生命的气息，诗人们在寒冷的季节中感受到了温暖和希望，期待着春天的到来。

活动延伸

将儿歌投放至语言区，供幼儿继续学习。

蛋壳冰雕

设计思路

　　每年的 12 月中旬到第二年的 3 月初，都有家长带孩子去哈尔滨看冰雕，哈尔滨冰雪大世界开阔了孩子们的眼界，也成为开学后孩子们热议的话题之一。

　　寒假即将来临，哈尔滨的冰雕又成了热门话题，为满足幼儿的好奇心，我们在阅读区投放了冰雕的图片和儿童自制冰雕的图片。

　　作为一种雕刻艺术品，冰雕很值得欣赏和研究。"上海有没有冰雕啊？""上海的冬天下雪吗？""如果上海不下雪不结冰，我们就不能自制冰雕了吗？""冰箱里的冰能不能拿出来制作冰雕呢？""冰雕是用刀在冰块上刻图案吗？"……孩子们将一连串的"球"抛了过来。

活动目标

　　① 欣赏感知雕刻形象所传达出来的感情和思想，并能用语言表述。

　　② 创作"冰雕"，尝试在作品中表达自己的情感。

活动准备

　　① 前期经验准备：观看过有关哈尔滨冰雕的视频，对冰雕有一些粗浅的印象；有的幼儿去过哈尔滨，亲眼见过哈尔滨的冰雕。

　　② 教具学具准备：鸡蛋壳，一次性纸杯或纸碗若干，户外采集的小草小花若干，小贴纸，短绳子，清水等。

活动流程

哈尔滨冰雕好漂亮→我们也来小试牛刀→我们的冰雕挂饰也漂亮。

▶▶ **阅读指导**

熟悉儿歌《做冰雕》的歌词：

小小鸡蛋壳吖，冰雕模型它呀，放进小菜花呿，加水别忘记哈，放进冰箱冰冻，剥掉蛋壳好了，我的冰雕成功了！

小小废纸杯吖，冰雕模型它呀，放进小猪猪哈，加水别忘记略，放进冰箱冻冻，撕掉纸杯外壳，我的冰雕成功了！

小小废纸盒吖，冰雕模型它呀，放进三角形哈，加水别忘记略，放进冰箱冻冻，撕掉纸盒外壳，我的冰雕成功了！

▶▶ **活动过程**

> **· 哈尔滨冰雕好漂亮**
>
> **提问** — 你们知道冰雕吗？什么是冰雕艺术？
>
> — 你们在哪里看见过冰雕？看见过什么造型的冰雕？
>
> — 你们看完有关哈尔滨冰雕的视频后，有什么问题想问吗？
>
> **指导** — 鼓励幼儿大胆讲述自己的经验，描述画面。
>
> — 播放哈尔滨冰雕节的视频，欣赏冰雕作品晶莹剔透的美。
>
> **指导语**
>
> 冰雕是一种以冰为主要材料来雕刻的艺术形式。制作冰雕需要一定的技巧和经验，也要经过多道工序，比如，材料准备、模型设计、切割、雕刻、抛光、放置等。
>
> **· 我们也来小试牛刀**
>
> **提问** — 制作冰雕首先要准备材料，我们可以准备哪些材料来自制冰雕呢？
>
> — 制作冰雕还要设计模型，我们该怎么设计模型呢？用什么东西来做模型呢？
>
> **指导** — 鼓励幼儿创想，大胆讲，教师不否定，只肯定。
>
> — 播放视频《鸡蛋壳里的冰雕》2~3遍。
>
> — "一家人"可用蛋壳，也可用纸杯加上小物件和水来一起制作冰雕。

－在幼儿制作的过程中，播放音乐《冬天的雪花》，可配上儿歌句子。儿歌句可以根据幼儿自制作品的操作材料改编。

－教师巡回观察指导，可提醒，不可帮忙，鼓励幼儿自主完成。

指导语

第一步，选模型（鸡蛋壳/纸杯）；第二步，想一想，设计一下，准备做一个什么样的冰雕；第三步，在操作过程中，要注意桌面的整洁，把小手擦干，把小物件归类整理。

· 我们的冰雕挂饰也漂亮

放学之前，取出冰箱中的冰雕，剥去外面的蛋壳或纸皮。

提问　－你们自制的冰雕作品有没有名字？

　　　　－能不能为你的冰雕也编几句儿歌呢？

指导　－幼儿给自己的冰雕作品取名，互相欣赏，体验成功的快乐。

　　　　－鼓励大年龄段幼儿根据自己的冰雕创编几句儿歌句子。

活动延伸

请幼儿回家后和爸爸妈妈一起进行亲子活动，做一个动物冰雕。

艺术·音乐活动

打击乐·小玉米(第二教时)

设计思路

第二教时在《小玉米》第一教时欣赏和感受歌曲节拍的基础上,进一步分辨2/4拍(强/弱)和3/4拍(强/次强/弱)的不同节奏。通过字词建立这样的节奏型组合,同时鼓励幼儿重组节奏,并进行节奏念读,然后通过动作反应进行四分音符、八分音符的组合听辨活动。

活动目标

① 会听2/4拍的节奏,学用双响筒打2/4拍的节奏,学用碰铃打2/4拍和3/4拍的节奏;在学会歌曲第一段的基础上学用手鼓打2/4拍的节奏。

② 在听听、玩玩的过程中喜欢打击乐,感受打击乐带来的乐趣。

③ 培养幼儿倾听前奏最后一个音符的习惯。

活动准备

① 前期经验准备:《打击乐·小玉米》第一教时已完成,幼儿熟悉歌曲《小玉米》的旋律和歌词。

② 教具学具准备:打击乐器(双响筒、碰铃、手鼓)若干,歌曲《小玉米》第一段。

活动流程

歌唱《小玉米》→乐器齐奏《小玉米》→演唱演奏《小玉米》。

阅读指导

熟悉歌曲《小玉米》。

活动过程

·歌唱《小玉米》

提问　－ 你们有谁还记得《小玉米》这首歌吗？

　　　　－ 还记得《小玉米》这首歌里唱到了哪些水果吗？

指导　－ 播放歌曲《小玉米》，帮助幼儿回忆2/4拍、3/4拍节奏。

　　　　－ 幼儿看着教师指挥2/4拍、3/4拍的手势变化，跟上节奏。

　　　　－ 教师用手势指挥，提醒幼儿注意2/4拍（强/弱）节奏和3/4拍（强/次强/弱）节奏的拍打方式。

　　　　－ 根据幼儿掌握节奏、熟悉旋律的情况，可以复习3~5遍。

指导语

　　《小玉米》这首歌节奏轻快明朗，歌里面提到的水果我们都吃过，这些水果的味道很甜蜜。这么多的水果中，唱歌的小朋友最喜欢的还是小玉米。我们要把她欢喜的情感用声音表达出来。

·乐器齐奏《小玉米》

提问　－ 这里的乐器你们都认识吗？

　　　　－ 有谁会用这些乐器？

指导　－ 出示双响筒、碰铃和手鼓，一一与幼儿交流。

　　　　－ 请"一家人"上来试试，如老三用双响筒，老二用碰铃，老大用手鼓。

　　　　－ 播放《小玉米》的前奏，鼓励"一家人"跟随音乐节奏试试拍打节奏，教师边哼唱边指导。

　　　　－ 重点指导3/4拍的节奏。拍打碰铃和双响筒时，一下要比一下轻（强/次强/弱）；拍一下手鼓，整个手臂往上摇两次，第一次摇得重一些，第二次摇得轻一些。

　　　　－ 教师指导老大、老二、老三各自练习1~3遍。

　　　　－ 倾听音乐，幼儿跟随音乐节奏，看着教师的指挥合奏。教师在指导2/4拍节奏时，主要关注老二、老三的节奏；指导3/4拍节奏时，重点关注、指导老大。

　　　　－ 教师根据现场幼儿的学习情况，减少或增加合奏和分乐器习奏。

指导语

我们演奏打击乐时，一定要跟上音乐节奏，要记住 2/4 拍（强/弱）节奏和 3/4 拍（强/次强/弱）节奏不一样。

· 演唱演奏《小玉米》

指导 -《小玉米》一共有两段，第一段跟唱，第二段使用打击乐演奏。

- 幼儿看教师的手势指挥，当唱到"啦啦啦啦啦"的时候，停下演奏，一起跟着唱"啦……"，教师念读歌里爷爷的部分。

- 表扬鼓励幼儿。

▶▶ 活动延伸

把《小玉米》音乐通过班级微信群传递给"家庭孩子王"们，以便他们在家里和孩子一起亲子练习表演。（如果家里没有乐器，可以用任何能发出声音的物品替代）

【小资料】

附歌曲：

小玉米

小啊小玉米，我要送啊送给你，
大家一起分享是多么的开心，
大西瓜和芒果和苹果和雪梨，
我最喜欢的还是小玉米。
小啊小玉米，我要送啊送给你，
大家一起分享是多么的开心，
哈密瓜和葡萄水蜜桃板栗，
我最喜欢的 还是小玉米。

清澈的湖水，
阳光多么的温暖，
养育着我最心爱的小玉米，
我的心情甜如蜜。
美丽的果园，
阳光多么的温暖，
养育着我最心爱的小玉米，
等到秋天我就送给你。

小啊小玉米，我要送啊送给你，
大家一起分享是多么的开心，
大西瓜和芒果和苹果和雪梨，
我最喜欢的还是小玉米。

啦啦啦啦啦……

雪花和雨滴

设计思路

为了引导幼儿根据已有的经验，理解歌词，用优美的声音演唱歌曲，启发幼儿按照原歌词的结构，创编新歌词并演唱，体验歌曲中的欢快情绪，我们设计了本次活动。

活动目标

① 感受歌曲《雪花和雨滴》的快慢节奏，能够区分音乐节奏中的两个"告诉"，独唱这首歌。

② 喜欢参与音乐活动，体验歌曲中活泼俏皮的情绪，培养幼儿听前奏的习惯。

活动准备

① 前期经验准备：在幼儿装饰圣诞树活动中连续播放《雪花和雨滴》《水晶花》等歌曲。

② 教具学具准备：歌曲《雪花和雨滴》和《水晶花》。

活动流程

律动《水晶花》→歌唱《雪花和雨滴》→表演唱《雪花和雨滴》。

阅读指导

熟悉歌曲《雪花和雨滴》《水晶花》的歌词。

雪花和雨滴

是谁敲着窗户沙沙沙沙沙？是我，是我，我是小雪花。

我从天空中飘下来，告诉你，告诉他，冬天来到了。

是谁敲着窗户滴滴滴滴答？是我，是我，我是小雨滴。

我从天空中落下来，告诉你，告诉他，春天来到了。

水晶花

水晶花，六角形，一片片，捧手心，白花花，圣诞节快来临。

活动过程

·律动《水晶花》

提问 – 你们有没有听过《水晶花》这首歌？

– 除了用身体给《水晶花》这首歌打 2/4 拍节奏外，还可以用什么方法拍打 2/4 拍节奏？

– 我们用小椅子配合打空拍，效果会怎样呢？

指导 – 连续播放 3 遍歌曲《水晶花》。

– 教师示范 3 遍拍打 2/4 拍节奏的动作。

– 鼓励幼儿逐渐跟上教师的节奏。

– 邀请幼儿蹲在自己的小椅子前面（拍手、拍椅……），节奏整齐（3 遍）。

– 根据现场情况，鼓励和表扬幼儿掌握 2/4 拍的节奏，也可进一步指导或提醒要注意的地方。

·歌唱《雪花和雨滴》

提问 – 是谁敲着窗户来了？

– 它们来干什么？

– 它们从哪里来？

– 它们想告诉我们什么？

指导 – 教师诵读《雪花和雨滴》的歌词，请幼儿仔细倾听歌词一共有几句。

– 教师再次诵读歌词，请幼儿仔细倾听，第 1~4 句分别说了什么。

– 根据提问顺序，教师讲解第 1~4 句歌词。

– 连续播放 3 遍《雪花和雨滴》，"一家人"静静地欣赏。

– 注意培养幼儿倾听前奏与关注第一段和第二段速度变化的习惯。

· 表演唱《雪花和雨滴》

提问 -《雪花和雨滴》这首歌哪一段唱得快,哪一段唱得慢?

-《雪花和雨滴》第一句是小朋友问:"是谁敲着窗户沙沙沙沙?"

指导 - 歌词的第2~4句是雪花和雨滴回答小朋友的话,可分角色扮演,如老师来扮演小朋友,幼儿来扮演雪花和雨滴;老大来扮演小朋友,弟弟妹妹扮演雪花和雨滴;男生扮演小朋友,女生扮演雪花和雨滴。

- 第一段唱得慢,第一段和第二段中间的间奏逐渐加快,提醒幼儿仔细倾听,第二段唱得更欢快。

- 让幼儿根据提问,选择扮演小朋友或者雪花和雨滴,教师可以及时调整谁来问、谁来答的分工。

- 请一位老大上前来扮演小朋友问天上飘落的雪花和雨滴,"雪花"和"雨滴"可以边做动作边告诉"小朋友",进行师生互动、生生互动。

指导语

《雪花和雨滴》是一首充满自然之美与人文情怀的歌曲。它以由慢渐快的独特旋律为我们描绘了一幅小朋友和雪花对话的美好图景。我们唱的时候,可以想象自己在与雪花和雨滴对话。

▶▶ 活动延伸

在艺术区(美工),幼儿根据歌词,用剪、贴、画的方法制作《雪花和雨滴》作品。

在艺术区(音乐),幼儿可以继续听歌或表演《雪花和雨滴》。

学做小指挥

设计思路

音乐活动中，教师一般担任导演或指挥。指挥通过手势和面部表情指导乐队或合唱团准确地演奏音乐作品，确保音乐节奏、速度和情感表达准确无误。

奥尔夫教学活动通过多种游戏方式呈现各种指挥方法，促使幼儿发展视觉和听觉，体验领导与被领导的感觉。

运用视觉色彩的指挥方式进行游戏式的练习，能帮助幼儿学习看指挥进行演奏，学习音乐。

活动目标

① 观看和欣赏几种指挥形式；能有意识地记住几种指挥手势和表情。

② 能明白小指挥的作用，勇敢尝试做小指挥。

活动准备

① 前期经验准备：部分参加"依霖小小合唱团"的幼儿对指挥有一定的认知。

② 教具学具准备：双响筒、碰铃、手鼓三类打击乐器，红黄蓝三种颜色的羽毛。

活动流程

开始与停止→彩色的羽毛→顽皮的羽毛。

阅读指导

熟悉儿歌《小指挥的羽毛》的歌词：

我是小指挥，羽毛手中拿，举起红羽毛，碰铃叮叮叮。

我是小指挥，羽毛手中拿，举起黄羽毛，手鼓举起了。

我是小指挥,羽毛手中拿,举起蓝羽毛,双响筒呀敲起来。

我是小指挥,红黄蓝色羽毛全部举起来呀,小乐器们一起敲起来了。

我是小指挥,红黄蓝色羽毛全部不见了呀,小乐器们都乖乖地摆在椅子下。

▶ **活动过程**

• **开始与停止**

提问 – 有谁在音乐会或者集体唱歌的时候见过指挥?

– 指挥站在舞台上的哪个位置?他是怎么指挥的?

指导 – 教师弹/播放歌曲《小玉米》第一段前四句,邀请想/会指挥的幼儿勇敢上来指挥。

– 教师示范"开始"与"停止"的指挥动作。播放音乐,请幼儿跟着指挥的指挥动作开始唱和停止唱。(指挥双手打开一挥表示开始,指挥双手举过头顶握拳表示停止)

– 请老大多练习几次"开始"与"停止"的指挥动作,指挥"一家人"的演唱。

指导语

唱歌的时候,指挥很重要。演奏打击乐的时候,小演员的眼睛都要看着指挥。指挥的动作会告诉我们什么时候停,什么时候开始,什么地方敲响一点,什么地方敲轻一点……这样敲打出来的声音既好听又整齐。

• **彩色的羽毛**

提问 – 猜一猜,这些红色、黄色、蓝色的羽毛,在打击乐指挥的手里代表什么意思?

指导 – 红色和黄色羽毛可以代表指挥手里的指挥棒。蓝色羽毛可以代表停止,红色羽毛可以代表开始。

– 教师举起黄色羽毛,拿手鼓的幼儿举手欢迎;黄色羽毛不见了,就表示停止欢迎,幼儿把手鼓轻轻放地上。

– 红色羽毛对应碰铃,黄色羽毛对应手鼓,蓝色羽毛对应双响筒,指令完全相同。

– 教师一边念读儿歌句，一边带领大家一起玩小指挥游戏。

– 可反复练习多次或请愿意做小指挥的幼儿上前来指挥（大年龄段幼儿)。

指导语

刚才我们都看到了小指挥用羽毛指挥大家，三种乐器都敲得整齐，因为你们眼睛都紧紧地盯着指挥手里的羽毛。如果不看或者看错了，大家就会敲错。

· 顽皮的羽毛

提问 – 红色羽毛飞起来时谁演奏呢？

– 红黄蓝色羽毛想一起飞起来，这个时候怎么演奏？

– 红色和黄色羽毛想一起飞起来，这个时候怎么演奏？

– 黄色和蓝色羽毛想一起飞起来，这个时候怎么演奏？

指导 – 幼儿讨论三种颜色羽毛一起飞起来、两种颜色羽毛一起飞起来时应当用何种乐器来演奏。

– 播放视频《森林狂想曲》。

指导语

这些羽毛真顽皮，它们想考考小朋友的眼力和演奏本领，它们偷偷地告诉我说："要请小朋友们从它们飞在空中的时候开始演奏，当它们掉在地上时停止演奏。"（重点指导：羽毛落到地上时要停止演奏）

▶▶ **活动延伸**

自由活动时，播放视频《森林狂想曲》，供幼儿欣赏，激起他们对打击乐和当小指挥的热情。

小狗抬花轿

设计思路

　　幼儿很喜欢小动物。在开展"寒冷的冬天"主题活动中，幼儿针对动物是怎样过冬的，提出了一些问题："老虎很厉害。冬天的时候老虎不怕冷吗?""冬天小狗穿上衣服是不是不会怕冷了?""冬天小鸟们都到哪里去了?"他们已对动物是怎样过冬的，积累了一定知识。在此基础上，我们鼓励幼儿用自己喜欢的方式证实自己的发现，从而展现自己已有的知识经验。

活动目标

　　① 对动物的特殊本领感到好奇，体验探索动物世界的乐趣。
　　②"一家人"尝试用有趣的动作，合作表演歌曲。
　　③ 学会仔细倾听前奏和间奏结束前的最后一个音符。

活动准备

　　① 前期经验准备：幼儿基本掌握了 4/4 拍的节奏（强/弱/次强/弱）。
　　② 教具学具准备：《小狗抬花轿》儿歌视频；歌曲伴奏音乐；各种动物的头饰；做花轿的各种物品，如竹竿、捕鱼网、纸盒、扇子。

活动流程

　　简谱，抬花轿→填歌词，抬花轿→我们组团，抬花轿。

阅读指导

　　熟悉《小狗抬花轿》的歌词：

　　八只小狗抬花轿，老虎坐轿把扇摇。一只小狗摔一跤，老虎踢了它一脚。小狗气得汪汪叫，老虎却在睡大觉。小狗抬轿到山腰，想个办法真正好。一二三呀往上抛，老虎摔了一大跤。一二三呀往上抛，老虎摔了一大跤。

活动过程

· 简谱，抬花轿

提问 – 这首歌是几几拍的？

– 仔细打着拍子节奏，体会一下《小狗抬花轿》是几几拍的？

– 再仔细打着拍子节奏，体会一下《小狗抬花轿》是 2/4 拍的，还是 4/4 拍的？

指导 – 教师弹琴，请幼儿仔细欣赏。

– 教师要把强/弱/次强/弱的节拍用琴声表达出来。

– 教师连续弹奏 3 遍，幼儿拍手空、拍膝空，练习 4/4 拍强弱的节奏。

– 播放伴奏音乐，请幼儿完整地倾听 2~3 遍音乐。

– 出示歌词字帖，请幼儿跟着伴奏自己学着配词，教师引导指挥（2~3 遍）。

指导语

《小狗抬花轿》这首儿童歌曲是 4/4 拍节奏，我们可以用"拍手空、拍膝空"来学习。

· 填歌词，抬花轿

提问 – 歌里有几种小动物？老虎有几只？小狗有几只？

– 他们一起干了一件什么事情？

指导 – 倾听第一段歌词，引出歌曲中的动物。

– 倾听第二段歌词，讲出发生的事情。

– 倾听第三段歌词，讲讲最后老虎是怎样得到报应的。

– 完整听一遍，用学习过的拍打 4/4 拍节奏的本领，为小动物们加油。

– 完整跟唱 3 遍。

指导语

这首歌曲具有很浓郁的民族风格，有唢呐的吹奏、锣鼓的敲打等，非常欢快、诙谐、活跃。

歌词简短押韵，我们学着把这些字配进去，一定会很有趣。

·我们组团，抬花轿

指导 －每两组"家庭"组成一个抬轿子团，商议决定用网兜、纸箱还是竹竿抬。第二次组团玩游戏时，可以和其他"家庭"组调换使用的道具。

－提示幼儿耳朵要听着音乐节奏，脚步要跟上音乐节奏，过程中可以自己创编情节，一定要注意安全。

－教师观察幼儿第一次组团玩游戏时的合作，关注核心指挥人员、谁做老虎等问题，结束后和幼儿一起分析。

－表扬刚才顺利启动游戏的一组，分析他们好在哪里。

－可以再次启动游戏。

活动延伸

活动延伸至户外两小时活动，作为户外音乐运动游戏的保留项目。

"寒冷的冬天"主题 智力大冲浪

动力定型·温故而知新

智力大冲浪的意义

大家都知道"温故而知新"的道理。经过 40 天左右的"寒冷的冬天"主题活动学习，3~6 岁幼儿的认知是否达到基本水平？因人而异的教学目标是否达成？幼儿的学习习惯和认知动因是否符合他们的年龄标准？"智力大冲浪"这种新型的集体活动，可以帮助我们检测以上问题，促进幼儿之间的互相交流、互相学习，促使幼儿大脑神经系统的神经元再次对接即将被遗忘的经验，并在集体温习过去的知识经验中得到新的理解与体会。

活动目标

① 通过"智力大冲浪"的形式，帮助幼儿复习"寒冷的冬天"主题中的相关知识，让孩子们对冬天的季节性有更加深入的了解。

② 通过各种答题形式，体验"一家人"协商合作、共同完成任务的乐趣。

活动准备

① 前期经验准备：熟悉"寒冷的冬天"智力大冲浪中的各类音乐；亲子复习"寒冷的冬天"主题中的知识；带幼儿熟悉歌曲《小苹果》及相应动作；带领孩子熟悉智力大冲浪的大口号（智力大冲浪——冲关我们最最棒）及班级小口号；带幼儿熟悉"寒冷的冬天"智力大冲浪新闻小主播选拔赛。

② 教具学具准备：

答题类：基础必答题；找错必答题；抢答题；操作题："一家人"合作添画冬天的景象；新闻题：各班新闻小主播及新闻播报；等等。

材料类："寒冷的冬天"智力大冲浪 PPT；4 台抢答灯；1 台笔记本电脑；各队队服；自制答题计分牌、自制规则附加计分牌各 4 个；设立专注倾听奖、口齿伶俐奖、积极参与奖、大度谦让奖、"家庭"奖、个人奖。

评委：每班邀请1位家长代表、园长、行政领导等。

 组织形式

各组以红、黄、蓝、紫为队名，一个班一个方阵，每队以"家庭"为单位轮流上场竞赛。（备注：以下方阵根据班级的实际人数和服装调整）

红队班级座位		黄队班级座位		蓝队班级座位		紫队班级座位	
"家庭"参赛选手组座位	计分牌	"家庭"参赛选手组座位	计分牌	"家庭"参赛选手组座位	计分牌	"家庭"参赛选手组座位	计分牌
主持人							

活动过程

智力大冲浪热身—拉口号

- 主持人进行智力大冲浪口号、班级口号、"家庭"口号互动。

- 主持人介绍评委嘉宾。

- 主持人介绍奖项和颁奖规则：

专注倾听奖、口齿伶俐奖、积极参与奖、大度谦让奖、"家庭"奖、个人奖。

友谊第一，比赛第二，所有计分不作为最后的颁奖依据。

奖品依据各班幼儿在整个活动中的表现情况颁发，人人参与，人人有奖，大家齐乐。

答题形式

基础必答题

- 主持人分别对"家庭"代表老大、老二、老三提问，幼儿回答，回答不全时，队内其他成员补充作答。

找错必答题

- 根据所呈现的PPT答题，每班答完1道题后，迅速轮换位置和选手。

抢答题

- 每班由抢答选手负责按灯，抢答灯先亮的班级获得答题权。

- 主持人说"开始"后，才能抢答，回答正确即得分，答错不扣分。

操作题

– "一家人"墙面作画——冬天的美景。

– 老大：构思整体布局。

– 老二：画具体的冬天景象。

– 老三：简单添画、涂色。

操作题进行的同时，新闻题同步进行。

新闻题

– ××班：雾霾新闻播报。

– ××班：冰雕新闻播报。

– ××班：冬季旅游胜地播报。

各班新闻播报时间控制在 1 分 30 秒内，小主播要与台下观众进行互动。

颁奖啦

– 请评委（家长代表）点评并公布奖项。

– 播放颁奖音乐，评委颁奖，获奖代表发表获奖感言。

– 在《小苹果》舞曲中结束活动。

▶ 活动反馈与反思

活动结束后将活动照片上传至博客，与家长分享。

幼儿回家后做小主持与爸爸妈妈互动；就恐龙之最的问题和爸爸妈妈互动；大年龄段幼儿尝试做记录："我的爸爸/妈妈答题情况"。

"智力大冲浪"组委会要求，教师在设计问题对答互动时，要顾及每位参赛者，让每位参赛者都有参与的权利，形成"问题找对象，对象会问题"的闭环模式，保证"混龄一家人"都能参与其中。

主题　快乐的新年

"快乐的新年"主题幼儿提问收集归类

关于新年主题,混龄一班幼儿在"抛接球"活动中,共提出 92 个问题,涉及 4 个方面。其中,老大提出 38 个问题,老二提出 38 个问题,老三提出 16 个问题。

·关于春节的习俗(共 25 个问题)

老大（14 个问题）

什么时候过春节?春节放几天假?为什么过年的时候要放烟花?我妈妈过年的时候要打扫卫生,把家里弄得很干净,是不是所有的家庭都是这样的,为什么?外国人过不过年呢?为什么过年要走亲戚?每个家庭爸爸妈妈给的红包都一样吗?过春节还有什么好玩的事?为什么每年都要过新年?为什么过新年喜欢用红色?为什么新年的晚上要放鞭炮?为什么鞭炮不一样?为什么过新年要穿新衣服?为什么过新年要回老家?

老二（8 个问题）

为什么过年都要用红色的东西?外国人是怎么过新年的呢?为什么春节要在门上贴福字,不贴其他的字?为什么每次过新年都要吃团圆饭?为什么过新年要买好吃的?为什么过新年要去舅舅家?为什么过新年要放假呢?为什么过新年时商场里的东西都会打折?

老三（3 个问题）

为什么过年都要穿新衣服?为什么过年能收红包?为什么过春节时灯都打开了?

·关于春节的传说(共 6 个问题)

老大（4 个问题）

为什么中国新年叫春节?是不是真的有"年"这个怪兽?有什么关于春节的故事?年兽长什么样?

老二（1 个问题）

为什么会有恐怖的年兽？

老三（1 个问题）

年兽是真的还是假的？

> **·关于十二生肖（共 55 个问题）**

老大（18 个问题）

什么是十二生肖？为什么十二生肖都是动物？十二生肖都有哪些动物？牛跑得很快，为什么老鼠却排在第一个？为什么是十二种动物呢？为什么不是十三生肖或十四生肖呢？为什么十二种动物合在一起就有十二生肖了呢？谁给它们取的名字呢？十二生肖是谁发明的呢？为什么十二生肖不把猪排在前面，换一下次序呢？为什么我属猪，就不能属别的动物呢？为什么兔年过了就是龙年？龙最厉害，为什么不能排在第一个？有没有关于十二生肖的歌？怎么让人记住十二生肖呢？为什么有些人属猪，有些人属老鼠？世界上属动物的人有多少呢？过完新年生肖就变了吗？

老二（27 个问题）

为什么十二生肖是这十二种动物？我只知道十二生肖中，老鼠排在最前面，猪排在最后面，那其他动物是怎么排的呢？十二生肖有哪些动物呢？为什么龙排在第五位？十二生肖里有没有狮子？为什么十二生肖中猪出现后，又轮到老鼠了呢？本来龙是排在第四位的，后来为什么把小白兔排到第四位去了？猪是不是因为跑得很慢才排在最后的？为什么十二生肖中没有老虎和狮子？为什么要把它们集合在一起呢？为什么会有十二生肖呢？为什么叫十二生肖呢？为什么十二生肖要排队（序）？为什么猪和老鼠排在一头一尾？十二生肖有什么用？为什么生肖不能容纳多一点动物？为什么我们的属相都在十二生肖里？为什么有些人会忘记自己属什么？为什么我属猪？为什么我也属猪？为什么一年过去了就有一个新年，鼠年过去了，就是一个另一个小动物的年了？为什么人在出生的时候属牛，就不能改成别的属相了呢？为什么不是每个人都属老鼠？外国有没有十二生肖？十二生肖里有没有女兔子和男兔子呢？为什么有的人属牛，有的人不属牛？为什么十二生肖排成一排就变成了一个"一"呢？

老三（10 个问题）

十二生肖中有没有长颈鹿？为什么十二生肖中，猪排在最后一个？狮子排在第几个？为什么十二生肖中没有狮子？为什么动物要排队呢？十二生肖中有没有鳄鱼？为什么十二生肖中没有鸭子呢？为什么大家都有自己的属相？为什么我属老鼠？为什么没有属恐龙的人呢？

·关于新年的其他问题（共6个问题）

老大（2个问题）

为什么每个人都要过新年？外国的新年是圣诞节吗？

老二（2个问题）

外国和中国不一样，他们的新年是什么时候？为什么烟花能在空中像一朵花一样绽放？

老三（2个问题）

为什么每个国家过新年的时间都不一样？为什么有时候过新年在白天，有时候在晚上？

"快乐的新年"主题网络

"快乐的新年"主题生活与运动内容、措施

班级：_____ 日期：_____年_____月_____日—_____月_____日

混龄学生活	混龄学运动
内容： • 洗手时玩水好不好？为什么 • 照镜子 • 给玩具找家 • 有趣的"晨检牌" • 如何保护嗓子 • 哪些东西不能玩 **措施：** • 讨论：洗手时玩水好不好？为什么？通过自己讨论和交流，了解冬天玩水容易引发的状况 • 通过学习儿歌《我来帮你擦干泪》（嘀嗒、嘀嗒，水龙头在流泪。不哭、不哭，我来帮你擦干泪）帮助幼儿养成节约用水的好习惯 • 用儿歌《照镜子》引发幼儿的兴趣（小镜子，照一照，领子翻平戴好帽，穿鞋不忘系鞋带，整整齐齐真正好），懂得穿戴整齐是一种文明的行为 • 起床后，大孩子们能自己照镜子，检查并整理自己的衣服；小孩子能初步养成照镜子检查衣服的习惯，并能主动寻求帮助，请老师或同伴帮助整理衣服 • 与幼儿一起讨论：不同玩具宝宝的家在哪里？帮助幼儿了解不同玩具的摆放位置和方法 • 通过找一找游戏"哪里的玩具哭了""哪里的玩具笑了"，幼儿进一步感知不同玩具的家在哪，如何摆放 • 能够找到自己的名字对应插放晨检牌，争取每天做健康的宝贝 • 了解不同颜色的"晨检牌"代表的意思，大小孩子交流：不同牌子和自己身体状况的关系 • 师生互动：看图片，大小孩子一起说说如何保护嗓子 • 结合家庭和幼儿园环境，师生共同讨论："哪些东西不能玩？" • 用多媒体演示哪些东西不能玩，让幼儿形象感知	**内容：** • 基本动作活动练习（投掷、钻、攀爬、走跑、跳） • 安全教育：铃儿响叮当、打雪仗、我们邀请一个人 • 快乐游泳 **措施：** • 站在布袋里，两手拉住布袋两角，尝试两腿并拢原地跳、向前行进跳、跳几步转一圈 • 观察哥哥姐姐能否自主脱穿衣，弟弟妹妹能否在提醒下脱穿衣 • 3~5人结伴，用圈套在身体上形成"小火车"，向前行进走、行进跳 • 观察"一家人"之间能否相互照顾和提醒 • 观察个别幼儿遇到困难能否独立解决或主动寻求帮助 • 在活动中关注幼儿的个体差异，并适时适当进行鼓励和引导 • 观察和记录幼儿探索各种小器械"一物多玩"的方法 • 观察幼儿在运动中的协商合作能力的体现 • 鼓励遵守游戏规则，注意安全，不做危险的身体动作 • 提醒幼儿出汗了用小毛巾擦汗，并互相提醒自己的小家庭成员 • 熟悉各种器械，积累各种运动经验，有调节自己身体的意识 **游戏：** ▲ 年兽来了 ▲ 贴福字 ▲ 对联对对碰 ▲ 铃声来了

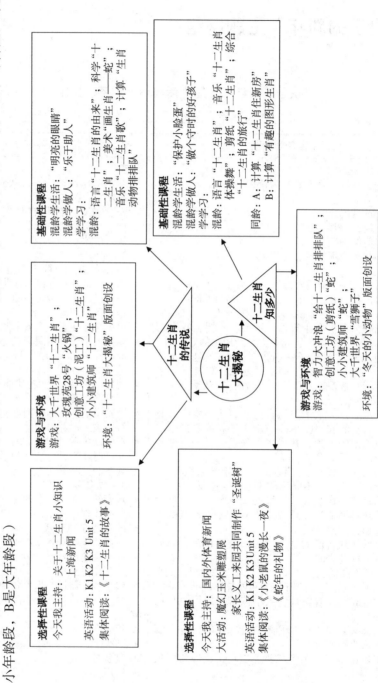

"快乐的新年"(第1年)主题网络基本图示(1)　　混龄　　班(　月　日—　月　日)(备注:A是小年龄段,B是大年龄段)

基础性课程
混龄学生活:"明亮的眼睛"
混龄学做人:"乐于助人"
学学习:
混龄:语言"十二生肖的由来";科学"十二生肖";美术"画生肖——蛇";音乐"十二生肖歌";计算"生肖动物排队"

基础性课程
混龄学生活:"保护小脸蛋"
混龄学做人:"做个守时的好孩子"
学学习:
混龄:语言"十二生肖";音乐"十二生肖";综合"十二生肖";体操舞"十二生肖";剪纸"十二生肖"
同龄:A:计算"十二生肖住新房"
B:计算"有趣的图形生肖"

游戏与环境
游戏:大千世界"十二生肖";玫瑰苑28号"火锅";创意工坊(泥工)"十二生肖";小小建筑师"十二生肖"
环境:"十二生肖大揭秘"版面创设

十二生肖的传说

十二生肖知多少

十二生肖大揭秘

游戏与环境
游戏:智力大冲浪"给十二生肖排队";创意工坊(剪纸)"蛇";小小建筑师"雪狮子";大千世界"冬天的小动物"
环境:"有趣的小动物"版面创设

选择性课程
今天我主持:关于十二生肖小知识
上海新闻
英语活动:K1 K2 K3 Unit 5
集体阅读:《十二生肖的故事》

选择性课程
今天我主持:国内外体育新闻
大活动:魔幻玉米雕塑展
家长义工来园共同制作"圣诞树"
英语活动:K1 K2 K3 Unit 5
集体阅读:《小老鼠的漫长一夜》
《蛇年的礼物》

"快乐的新年"（第1年）主题网络基本图示（2）   混龄班（ 月 日— 月 日）

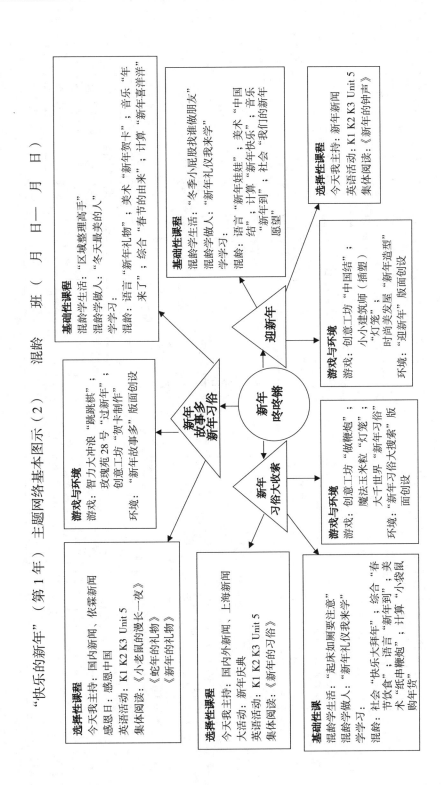

基础性课程

混龄学生活："区域整理高手"
混龄学做人："冬天最美的人"
学学习：
混龄：语言 "新年贺卡" ；美术 "新年喜洋洋" ；音乐 "新年喜洋洋" ；计算 "春节的由来" 来了"

游戏与环境

游戏：智力大冲浪 "跳跳棋" ；"过新年" ；玫瑰苑28号 "贺卡制作" ；
创意工坊 "新年故事多" ；
环境："新年故事多" 版面创设

基础性课程

混龄学生活："冬季小尾巴找找谁做朋友"
混龄学做人："新年礼仪我来学"
学学习：
语言 "新年娃娃" ；美术 "中国结" ；计算 "新年快乐" ；音乐 "新年到" ；社会 "我们的新年愿望"

选择性课程

今天我主持：新年新闻
英语活动：K1 K2 K3 Unit 5
集体阅读：《新年的钟声》

游戏与环境

游戏：创意工坊 "中国结" ；小小建筑师 (搭建) "灯笼" ；
时尚美发屋 "新年造型" ；
环境："迎新年" 版面创设

新年真多故事新年习俗

新年咚咚锵

迎新年

新年习俗大收索

选择性课程

今天我主持：国内新闻，依稀新闻
感恩日：感恩中国
英语活动：K1 K2 K3 Unit 5
集体阅读：《小老鼠的漫长一夜》《蛇年的礼物》《新年的礼物》

选择性课程

今天我主持：国内外新闻，上海新闻
大活动：新年庆典
英语活动：K1 K2 K3 Unit 5
集体阅读：《新年的习俗》

基础性课

混龄学生活："起床如厕要注意"
混龄学做人："新年礼仪我来学"
学学习：
混龄：社会 "快乐大拜年" ；语言 "新年到" ；计算 "纸币鞭炮" ；美术 "小袋鼠购年货"
综合 "春节饮食"

游戏与环境

游戏：创意工坊 "做鞭炮" ；魔法玉米粒 "灯笼" ；大千世界 "新年习俗大搜索" ；
环境："新年习俗大搜索" 版面创设

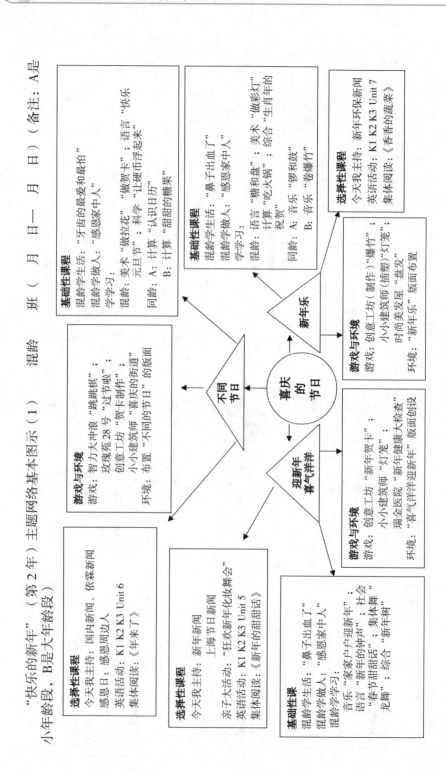

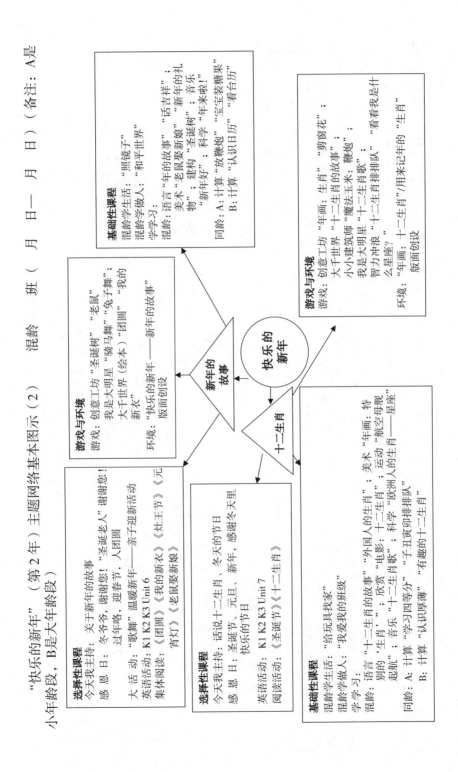

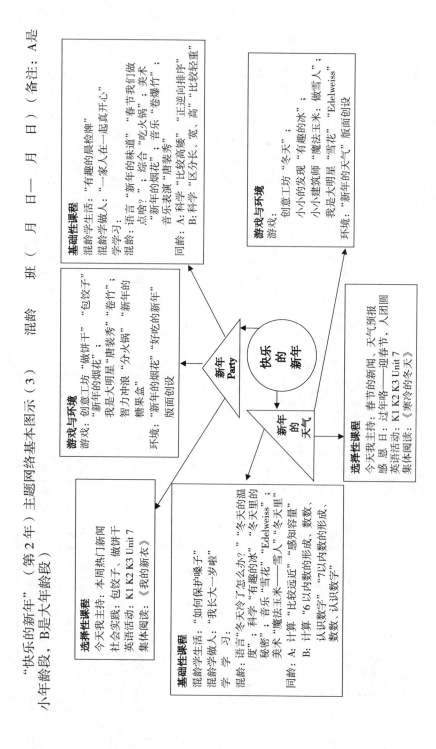

"快乐的新年"(第2年)主题网络基本图示(3) 混龄 班(月 日— 月 日)(备注:A是
小年龄段,B是大年龄段)

基础性课程
混龄学生活:"有趣的晨检牌"
混龄学做人:"一家人在一起真开心"
学学习:
混龄:语言"新年的味道";综合"吃火锅";美术
点啥?;语言"春节我们做
音乐表演"唐装秀";美术"卷爆竹";
新年的烟花"音乐
同龄:A:科学"区分长、宽、高"比较轻重;
B:科学"比较高矮""正逆向排序"

游戏与环境
游戏:
创意工坊"冬天";
小小的发现"有趣的冰";
小小建筑师"魔法王米:做雪人";
我是大明星"雪花""Edelweiss"
环境:"新年的天气"版面创设

游戏与环境
游戏:
创意工坊"做饼干""包饺子"
新年的烟花;
我是大明星"唐装秀""卷竹";
智力冲浪"分火锅""新年的
糖果盒"
环境:新年的烟花""好吃的新年"
版面创设

快乐
的
新年

新年
Party

新年
的
天气

选择性课程
今天我主持:春节的新闻,天气预报
感 恩 日:过年啦——迎春节,人团圆
英语活动:K1 K2 K3 Unit 7
集体阅读:《美冷的冬天》

选择性课程
今天我主持:本周热门新闻
社会实践:包饺子、做饼干
英语活动:K1 K2 K3 Unit 7
集体阅读:《我的新衣》

基础性课程
混龄学生活:"如何保护嗓子"
混龄学做人:"我长大一岁啦"
学学习:
混龄:语言"冬天冷了怎么办?""冬天的温
度";科学"有趣的冰""冬天里的
秘密";美术"魔法王米·雪""冬天里"
音乐"雪花""Edelweiss"
同龄:A:计算"6以内数的形成、数数、
认识数字""感知容量"
B:计算"7以内数的形成、
数数、认识数字"

400

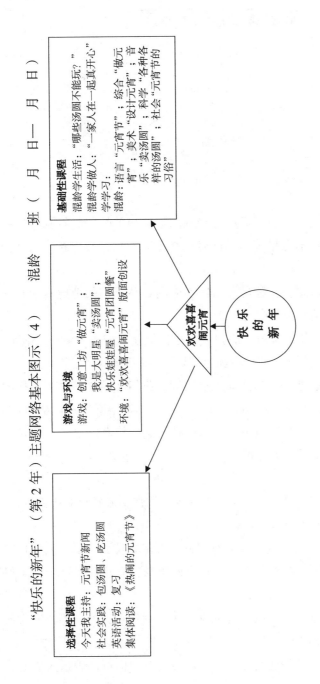

"快乐的新年"（第 2 年）主题网络基本图示（4） 混龄 班（ 月 日— 月 日 ）

选择性课程
今天我主持：元宵节新闻
社会实践：包汤圆、吃汤圆
英语活动：复习
集体阅读：《热闹的元宵节》

游戏与环境
游戏："创意工坊"做元宵"；
我是大明星 "卖汤圆"；
快乐娃娃屋 "元宵团圆餐"
环境："欢欢喜喜闹元宵"版面创设

欢欢喜喜闹元宵

快乐的新年

基础性课程
混龄学生活："哪些汤圆不能玩？"
混龄学做人："一家人在一起真开心"
学学习：
混龄：语言"元宵节"；综合"做元宵"；美术"设计元宵"；音乐"卖汤圆"；科学"各种各样的汤圆"；社会"元宵节的习俗"

"快乐的新年"主题家园共育指南

快乐的新年

班级：混龄＿＿＿＿＿＿班　　　　　　＿＿＿年＿月＿至＿＿＿年＿月＿日

新年的钟声即将响起，孩子们已感受到家家户户的忙碌气氛及户外社区环境中的新年气象，脑海里堆积的问号也在不断叠加，参与新年活动的意愿也越来越强烈。

跟随大人们走亲访友、互送祝福已经不能满足孩子们的情感需求，他们渴望自己动手，过他们想象中的新年。

那么幼儿眼中的新年又是怎样的呢？一些孩子分不清外国年和中国年，误以为过圣诞节就是过新年，对中国新年的认识反而变模糊了。

教育的效果需要通过一系列活动加以巩固。我们必须年年过不一样的新年，让幼儿了解春节丰富多彩的传统习俗，感受新年喜气洋洋的氛围，学习与新年相关的知识，解答有关新年的种种疑惑，从而树立起"我长大一岁了，我应该更能干了"的意识。

学习目标

• 感受新年来临的喜庆氛围，乐意与家人、同伴交流新年的相关事宜，学会大胆地用自己的方式表达内心的喜悦。

• 学习正确评价自己。懂得过了新年每个人都要长大一岁，表扬自己在过去一年取得的进步，畅想未来一年想做的事情，有获取新进步的美好愿望。

• 学习正确评价他人。讲一讲好朋友与家人的优点，为同伴与家人取得进步感到高兴，有学习他人优点的意愿。

• 知晓年画和春联都是迎新年时必须准备的，它们可以表达人们对新的一年的美好祝愿。

● 能欣赏艺术品，如年画、灯笼、窗花，在此基础上尝试学习相关技能。

● 能在新年来临之际打扫教室、家里，和同伴、家人一起装扮布置教室、家里。

● 了解十二生肖的来历、排序、轮转规律，知道每个人都有自己的生肖。

教育内容

"做拉花""做贺卡""快乐元旦节""糖和盘""年的故事""十二生肖的故事""外国人的生肖""新年的味道""元宵节""春节我们做点啥?""做彩灯""老鼠娶新娘""新年的礼物""年画:特别的生肖""锣和鼓""卷爆竹""家家户户迎新年""龙舞""骑马舞""新年好""卷炮竹""唐装秀""十二生肖歌""春节甜甜话""元宵节的……""新年树""生肖年的祝贺""做元宵""新年的烟花""设计元宵"等。

"家庭孩子王"提示/陪伴孩子共同"玩"成

序号	内容	时间/数量	评价反馈
1	和小班的弟弟妹妹一起"吃火锅"，感受新年一起吃火锅的快乐	1次	
2	收集新年里的物品，如中国结、红灯笼、红包等	1次	
3	与孩子共同阅读有关"年"的故事	不限	
4	和孩子一起找找身边环境中的节日布置，从而感受节日的气氛	不限	
5	收集新年新闻	4次	
6	收集新年的装饰物，并带来装扮幼儿园的教室	不限	
7	和幼儿一起复习有关新年的歌曲(《新年好》、《卷爆竹》等)	不限	

说明:在"评价反馈"一栏，请家长对自己是否是好爸爸、好妈妈做出评价。如做到了给自己一个☆，反之就是✕。

"快乐的新年"具体科目教学内容

语言活动

什么是"年"

设计思路

"什么是年?"这个问题几乎每个幼儿都问过。"'年'到底是什么?为什么每年都要过年?""为什么过年要贴对联?""为什么过年要用红色的东西?""为什么大年夜晚上要放鞭炮?""为什么大年夜要吃团圆饭?""为什么大年夜要看新年晚会?"关于过年,幼儿提出了很多问题。要想帮助幼儿理清小脑袋瓜里的这些问题,我们首先要帮助他们解答"什么是年"的问题。

活动目标

① 观看视频《年的来历》,初步了解关于"年"的故事。

② 知道"过年"是中国民族的传统节日,一年大约有 365 天,除夕就是每年的大年夜,除夕代表送走旧的一年,迎接新的一年。

③ 翻阅自己以前过年时拍的照片,与兄弟姐妹们分享过新年时的快乐情景和心情。

活动准备

① 前期经验准备:幼儿有过年的经验与体验。

② 教具学具准备：视频《"年"字演变的故事》，"年"字的演变过程图片，全班幼儿去年在过新年时拍的照片（每人 2 张）。

活动流程

"年"字的演变 → "年"的来历 → 讲讲过年的经验。

阅读指导

阅读绘本《春节的故事》《小年兽》《过大年》《10 只小青蛙过新年》等，观看有关"年"的视频。

活动过程

· "年"字的演变

提问　－为什么过年又叫过春节呢？

　　　　－"年"是怎么来的？

指导　－出示"年""新年""过年"的字卡，请老大带领老二、
　　　　老三大声朗读。

　　　　－出示"年"字的演变过程图片，请幼儿仔细观察。（民族
　　　　文化也是在变化和进步的）

　　　　－播放视频《"年"字演变的故事》第一段。

指导语

甲骨文的"年"字，上面部分是弯曲的禾苗，代表庄稼（停顿观察），下半部分是一个弯腰垂背的人，象征着人把稻谷背回家（停顿观察）。"年"经过演变，变成了现在我们认识的这个"年"字。

"年"还代表五谷成熟，也代表地球正好围着太阳公转一次，大约需要 365 天。"五谷"代表五种粮食（稻、黍、稷、麦、菽），这些谷物一般都是一岁一熟，所以过一年等于长一岁，一岁大约有 365 天。到一年的最后一天，就意味着旧的一年要过去了，新的一年就要开始了。

（词语：除旧迎新）

· "年"的来历

提问　－ 为什么过中国年要挂红灯笼,用红色的东西?

－ 为什么大年夜又叫除夕夜呢?

－ 为什么过年是中华民族的传统节日呢?

－ 老神仙知道怪兽"夕"的哪些弱点?

指导　－ 播放视频《"年"字演变的故事》第二段。

－ 教师引领幼儿带着以下三个问题听故事:

古代人民为什么要专门请来帮助他们的老神仙?(停顿,倒回,反复看、听三遍)

老神仙知道怪兽"夕"的哪两个弱点?(停顿,倒回,反复看、听三遍)

过去的红绳子现在变成了什么?过去火烧的竹竿现在变成了什么?(停顿,倒回,反复看、听三遍)

指导语

古代人民专门请来老神仙帮助消灭怪兽。怪兽的名字叫"夕"。在365天的最后一天晚上,怪兽"夕"就会跑出来找吃的,包括人。于是灶王爷就向上天请示,请来了老神仙。

老神仙知道怪兽"夕"的弱点——怕红色、怕噼里啪啦的声音,就把红绳子挂到怪兽"夕"经过的地方,把竹竿放在火里烧使它发出噼里啪啦的声响。当怪兽"夕"看到红绳子,听到噼里啪啦响的声音时,吓得一整年都不敢出来了。所以,这一天叫除夕,意思就是除掉"怪兽"夕,迎接平安幸福。

除夕夜也叫大年夜。红绳子演变成了春联,噼里啪啦响的声音演变成了爆竹声。

· 讲讲过年的经验

提问　－ 这是你们以前过年时拍的照片,你能告诉大家,照片里都有谁吗?

－ 你们是怎么样过年的?

－ 你觉得过年时心情怎么样?

指导　– 老大带领弟弟妹妹一起讲讲照片上的过年。

　　　– 将幼儿过年的照片组合编排在"高高兴兴过新年"环境创
　　　设中。

活动延伸

继续帮助幼儿解决"年与春天"之间的关系等问题；师生共同布置新
建班级教室环境。

十二生肖的故事

设计思路

快进入新年（蛇年）了，电视上、杂志上、广告中都出现了有关蛇的形象。周围环境的变化也引起了幼儿的关注，他们会情不自禁地相互询问，尤其是小年龄段的幼儿会问哥哥姐姐们。比如："我看到商场门口原来的大龙不见了，换成了蛇，为什么要换呢？""为什么今年是龙，明年要换成蛇呢？""蛇的后面是什么动物呢？""十二生肖都有哪些动物呢？""为什么会有十二生肖？""十二生肖有什么用？"下面，我们围绕十二生肖的故事，为幼儿答疑解惑。

活动目标

① 小年龄段幼儿知道家庭成员的生肖，在与爸爸妈妈讨论的基础上，略知十二生肖的相关知识。

② 大年龄段幼儿熟记或了解十二生肖的排列次序及排序的原因。

③ 知道十二生肖只有中国才有，是中国特有的民族文化。

活动准备

① 前期经验准备：知道十二生肖，每个人都有属相。

② 教具学具准备："十二生肖"PPT，每个"家庭"一本绘本《十二生肖的由来》，幼儿"家庭"十二生肖调查表，每个"家庭"一套十二生肖大转盘及十二生肖图字卡。

活动流程

家人的生肖属相→给十二生肖排排队→生肖属相十二年一轮回。

阅读指导

阅读绘本《小年兽》《十二生肖的故事》《十二生肖的由来》。

活动过程

· 家人的生肖属相

提问 — 有没有人知道自己爸爸妈妈的生肖是什么？（了解亲子互动情况）

— 爸爸妈妈、兄弟姐妹和你的生肖都不一样吗？为什么？

— 你们"家庭"里老大、老二、老三的生肖是一样的吗？为什么不一样？

指导 — 鼓励幼儿大胆讲出自己爸爸妈妈的生肖。（先抛给小年龄段幼儿）

— 请老大组织"家庭"成员交流讨论，了解每个人的生肖。

— 第三个问题请老大根据关于生肖的已有经验，讲一讲为什么有的幼儿生肖不一样，有的一样。

指导语

原始人对动物很崇敬，因为一年有 12 个月，所以就选择 12 兽（或 12 神），也就是 12 种动物为一轮。（出示十二生肖大转盘）那么哪些动物可以入选，住进大转盘里呢？

满足以下三个条件中的一个就可以住进大转盘了：第一，和我们人类的生活息息相关，人类对它们有依赖感（马、牛、羊、鸡、猪）；第二，对人类有危胁（老虎、蛇）；第三，有超过人类的能力（龙、狗、猴子、兔子）。

· 给十二生肖排排队

提问 — 有谁知道十二生肖中的动物们是按什么顺序出场的？

— 谁排在最前面，谁排在最后？

指导 — 请老大带领"一家人"共同阅读绘本《十二生肖的由来》。

— 出示 PPT，请幼儿说说看见了哪些动物，它们是怎样排队的。

— 关闭 PPT 和绘本，请老大带领"一家人"按动物出场的先后次序把动物一一对应放到大转盘上。

·生肖属相十二年一轮回

提问　－十二年过去了，第十三年出生的宝宝应该属什么生肖呢？
第十四年呢？（以此类推）

－每个人有几个生肖？每个人的生肖会变吗？

－有相同生肖的人吗？几年换一轮生肖？

－为什么2007年出生的宝宝属猪，2019年出生的宝宝也属
猪呢？

指导语

每个人只有一个生肖，永远不会变；生肖与自己出生的年份有关，
人出生在哪一年就属当年的生肖；生肖每12年轮换一次，所以有的人
虽然生肖相同，但年龄却不同，他们之间相差12岁、24岁、36岁、48
岁或更大的岁数。

▶▶ **活动延伸**

继续阅读绘本《小年兽》《十二生肖的故事》《十二生肖的由来》。

熊伯伯送新年礼物

设计思路

　　幼儿对收礼物这件事早已习以为常，但是对为什么节日要送礼物、应该送怎样的礼物、礼物只是大人送给小孩的吗、送礼物中蕴含着哪些中华民族文化却一知半解。

　　一年有 365 天，有很多送礼物的机会，在不同时间、不同节日，针对不同事件，人们都可以互赠礼物。互送礼物其实是社会生活中比较普遍的一种现象，是人与人之间的一种社会交往行为。我们要利用好这些机会，在幼儿心里尽早播下人和人之间要互相关爱、互相感恩、互相祝福的种子。

活动目标

　　① 能聆听同伴的讲述，养成良好的倾听习惯；通过故事《新年礼物》，感受小动物们互相关心、体谅别人的情感。

　　② 尝试用"××给我送礼物，送了××礼物，接受礼物后我心情×××"的句型完整表达。

　　③ 尝试用"我想给××送××礼物，因为××（原因）所以要给他送礼物"的句型完整表达自己的感情。

活动准备

　　① 前期经验准备：幼儿对新年不陌生，每年都有新的认知。

　　② 教具学具准备：视频《新年礼物》。

活动流程

　　新年有哪些礼物→故事《新年礼物》→送给熊伯伯的礼物。

活动过程

· 新年有哪些礼物

提问 — 过新年的时候，我们为什么要准备礼物送给同伴、家人或帮助过自己的人？

— 你们收到别人送的礼物时，心情怎么样？会怎么说、怎么做呢？

指导 — 引导幼儿讲讲自己曾经收到礼物或者送给别人礼物时的心情和做法。

指导语

送给别人礼物和收到别人送的礼物时，心情都是快乐、喜悦的，心里甜甜的。收到别人送给自己的礼物时，会很高兴，心里充满感激之情，我们会说谢谢，会拥抱，会回赠礼物……

· 故事《新年礼物》

提问 — 故事里的小动物是怎样送礼物的，第一个收到礼物的是谁？

— 小松鼠收到了谁送的礼物？是什么礼物？

— 小松鼠收到礼物以后心情怎么样？

— 你从故事的什么地方看出小松鼠很开心？（追问：小松鼠做了什么动作？）

— 故事中谁没有收到礼物？小熊的心情怎么样？小熊如果没有收到礼物会怎么办呢？

指导 — 教师先提出以上问题，然后打开PPT讲解故事内容。

提问 — 你们知道熊伯伯是做什么的吗？为什么他要给小动物送礼物？

指导 — 带着问题播放小松鼠收到礼物的故事场景：第一个收到礼物的是谁？小松鼠收到的小绒帽是谁送的？外婆为什么要送小绒帽给小松鼠？

— 带着问题播放小白鹅收到礼物的画面，引导幼儿观察：小白鹅收到了什么礼物？小白鹅收到溜冰鞋以后心情怎么样？小白鹅为什么想要一双溜冰鞋呢？

指导语

还有哪些小动物也收到了新年礼物？分别是什么礼物？收到礼物之后，他们是怎么做的，又是怎么说的呢？

熊伯伯送了礼物给小松鼠—小白鹅—小鹿—小狐狸—小兔。最后每个小动物都很开心，因为他们相互送了礼物。

· **送给熊伯伯的礼物**

提问 – 故事里的熊伯伯收到礼物了吗？为什么他没有收到？他的心情会怎么样？

– 熊伯伯没有收到新年礼物怎么办？

– 我们可以怎么帮他收到新年礼物？

指导 – 播放故事最后一段：

新年礼物送完了，绿色大邮袋也空了。熊伯伯看着空空的大邮袋，心里很难过："大家都有人关心，都收到了新年礼物，只有我，唉！"熊伯伯低着头，慢慢地往家走。

– 教学活动结束以后，鼓励幼儿用自己的方式制作送给熊伯伯的新年礼物。

指导语

在自由活动时间，由老大牵头，和弟弟妹妹商量用什么方法做一个什么样的礼物送给熊伯伯。老师会在班级腾出一片空间，做一块牌子"我们'家庭'送给熊伯伯的新年礼物"供大家展示制作的礼物，礼物制作时间限定一周。

活动延伸

在新年还没有到来这一段日子里，幼儿自制一份送给自己家人、班级小伙伴、今年帮助过自己的人的礼物。

科学·探索活动

科学小实验·换新年礼物

设计思路

"过新年"这一主题蕴含着诸多具有节日特色的元素，如新年的祝福、新年的礼物及新年时人们年龄的变化等。近期我们发现"新年礼物"是低年龄段幼儿感兴趣的一个内容，其中包含了许多有价值的教育元素。比如，幼儿收到礼物时的感受与礼仪交往，以及打开礼物前的猜测与判断。

但是，幼儿的动手能力较为薄弱。接下来，我们将以礼物为线索，引导幼儿用各种方法来判断礼袋、礼盒中"有"或"没有"礼物，将寻找、猜测礼物，完成科学小实验任务，以及最后分享礼物等环节自然衔接、层层递进，从而使"一家人"在寻找中收获情感、发展语言能力，从探索中寻找方法、发展思维，从分享中体验快乐、尝试交往。

活动目标

① 尝试用各种方法（如摇、捏、闻、掂等）来判断礼物的"有"或"没有"，体验探索的乐趣；大年龄段幼儿试着解读礼物的寓意。

② "一家人"讨论商量，接受别人送的礼物后应该怎样回应。

活动准备

① 前期经验准备：幼儿普遍具有接受礼物的经验，但不一定了解接受礼物后的礼仪。

② 教具学具准备：盒装礼物，袋装礼物，其中部分盒（袋）内没有礼物，只有卡片文字；歌曲《新年好》。

活动流程

寻找礼物→猜测礼袋/礼盒里可做科学实验的礼物。

阅读指导

熟悉接受礼物时的礼仪：

双手接礼物：在接受礼物时，应尽可能使用双手去迎接礼物，避免单手接礼，特别不要用左手接礼物。

脸上有笑容：接受礼物时，保持微笑，双目注视对方，以示尊重和礼貌，不要过于推辞、当面拆封。

认真道谢：在双手接他人礼物时，应立即向对方道谢，表达对送礼者的感激之情。

活动过程

· 寻找礼物

提问　－你是在哪里找到礼物的？

－你是怎么一下子就找到礼物的？（引导幼儿关注礼物的精美包装）

－礼盒、礼袋里究竟有没有礼物呢？

－请先不要打开，想办法猜猜看，这是一件与科学相关的什么礼物。

指导　－事先藏好礼物，营造神秘氛围，激发幼儿的兴趣。

－可以用"哇！你找到一大盒礼物""瞧！他找到的是一袋礼物"等语句，调动幼儿的积极性。

指导语

每个礼袋和礼盒里都有一张小纸卡，请"一家人"根据小纸卡的图示，寻找对应的工具准备进行小实验。

· 猜测礼袋/礼盒里可做科学实验的礼物

提问　－你找到的礼盒、礼袋里有没有礼物？

－礼盒、礼袋里的小纸卡，邀请我们"一家人"完成一个什么样的科学小实验？

指导 － 教师引导幼儿运用摇、捏、闻等方法来判断礼盒、礼袋"有"或"没有"礼物，注意动词的使用。例如：我们用摇的方法，听声音判断里面是否有礼物；我们用捏的方法……；我们也可以用闻的方法……

－ 初步学习接礼物的礼仪：双手接礼物，脸上有笑容，认真道谢，左手不能接礼物。

－ "一家人"根据小纸卡图示完成小实验，并到教师处换新年礼物。

－ 领取礼物，实践礼仪规范（播放歌曲《新年好》）。

指导语

认真完成小实验后，请老大带领"一家人"到老师处领取新年礼物。想一想，领礼物时应该用什么样的礼仪。

当《新年好》的音乐响起，大家一起分享礼物。

活动延伸

在班级区角游戏中，设置多个科学任务关卡，如"测量礼物重量并排序""搭建礼物运输通道""根据礼物特征分类"等供幼儿挑战。幼儿按"家庭"组队完成任务，每通过一关可获得相应积分，积分累积到一定额度后可获得一份新年礼物。

外国人的生肖是十二星座吗

设计思路

近期正在热播动画片《十二星魂之战士的觉醒》。在自由活动时，幼儿总喜欢聚集在一起讨论《十二星魂之战士的觉醒》中的十二星座。我们惊喜地发现，大多数幼儿都能说出自己的星座。有的说："我是天秤座。"有的说："我是双鱼座。"幼儿对十二星座有着浓厚的兴趣。小杰还十分有把握地说："星座，就是外国人的生肖。"作为教师，我们看到幼儿认知水平提升、认知信息增多，深感欣慰；但同时也忧心忡忡，担心幼儿在接触大量信息的同时，可能会接触到不良信息和内容。答疑解惑是教师的职责，面对幼儿群体出现的问题，教师必须创造性地加以解决。

活动目标

① 了解十二星座；知道中国的十二生肖和外国的十二星座不一样，且星座和生肖没有直接关系。

② 初步了解十二星座与人的出生时间的关系。

活动准备

① 前期经验准备：大年龄段幼儿可能受家庭和社会环境的影响，已对十二星座产生好奇心。

② 教具学具准备：十二星座月份排序表、十二生肖年份排序表。

活动流程

十二星座的秘密→十二生肖的秘密→各国的十二生肖都是不一样的。

阅读指导

阅读十二星座月份排序表和十二生肖年份排序表。

417

活动过程

> **·十二星座的秘密**

提问 — 十二星座有名字吗？它们的名字都一样吗？

　　　 — 十二星座是怎样排列的？

　　　 — 你是几月份出生的？请你对照表格，看看你是什么星座。

指导 — 出示十二星座月份排序表，请幼儿仔细观看。识字的大年
　　　龄段幼儿可以发出声音读念；教师同步划字读念，帮助幼儿
　　　仔细观看。

指导语

十二星座对应十二个月，在不同月份出生的宝宝星座不一样（见下表）。

十二星座月份排序表	十二生肖年份排序表
1. 白羊座　3月21日至4月19日	第一年　子鼠
2. 金牛座　4月20日至5月20日	第二年　丑牛
3. 双子座　5月21日至6月21日	第三年　寅虎
4. 巨蟹座　6月22日至7月22日	第四年　卯兔
5. 狮子座　7月23日至8月22日	第五年　辰龙
6. 处女座　8月23日至9月22日	第六年　巳蛇
7. 天秤座　9月23日至10月23日	第七年　午马
8. 天蝎座　10月24日至11月22日	第八年　未羊
9. 射手座　11月23日至12月21日	第九年　申猴
10. 摩羯座　12月22日至1月19日	第十年　酉鸡
11. 水瓶座　1月20日至2月18日	第十一年　戌狗
12. 双鱼座　2月19日至3月20日	第十二年　亥猪
十二星座和十二生肖都配图，便于小年龄段幼儿阅读	

> **·十二生肖的秘密**

提问 — 十二生肖有名字吗？它们的名字都一样吗？

　　　 — 一个新的生肖诞生需要多长时间？（一年）

　　　 — 十二生肖是怎样排序的？

－请对照表格，看看你的属相排在谁的后面、谁的前面。

指导　－出示十二生肖年份排序表，请幼儿仔细观看。识字的大年龄段幼儿，可以发出声音读念；教师同步划字读念，帮助幼儿仔细辨识。

指导语

十二生肖每一年更替一次，每十二年完成一轮回（重新开始）。

> ·各国的十二生肖都是不一样的

提问　－各个国家的十二生肖都一样吗？哪里不一样？

　　　－哪三个国家的十二生肖是一样的？

指导　－出示 10 个国家十二生肖对比表，请幼儿按照教师提出的问题仔细查看、对比。

指导语

大多数国家的十二生肖不相同，有三个国家的十二生肖是一样的（中国/日本/韩国）。

十二星座不是外国人的生肖。尽管星座和生肖都是根据天体运行规律来划分的，但它们之间并没有直接关系。

10 个国家十二生肖对比表

中国	鼠	牛	虎	兔	龙	蛇	马	羊	猴	鸡	狗	猪
越南	鼠	牛	虎	猫	龙	蛇	马	羊	猴	鸡	狗	猪
日本	鼠	牛	虎	兔	龙	蛇	马	羊	猴	鸡	狗	猪
韩国	鼠	牛	虎	兔	龙	蛇	马	羊	猴	鸡	狗	猪
泰国	鼠	牛	虎	兔	龙	蛇	马	羊	猴	鸡	象	猪
印度	鼠	牛	狮	兔	龙	蛇	马	羊	猴	鸡	狗	猪
尼泊尔	鼠	牛	虎	兔	龙	蛇	马	羊	猴	鸡	狗	象
菲律宾	鼠	牛	虎	兔	龙	蛇	马	羊	猴	鸡	狗	熊猫
希腊	鼠	牛	虎	兔	龙/蛇	驴	马	羊	猴	鸡	狗/猪	螃蟹
伊朗	鼠	牛	豹	兔	鲸	蛇	马	羊	猴	鸡	狗	猪

▶ **活动延伸**

把十二生肖图片等材料投放在区域，幼儿日常可玩排序游戏。

新年小小杂技表演

设计思路

　　幼儿十分喜欢观看杂技表演,但每次在惊讶之余却并不知道蕴含在表演中的力学道理。例如:"人的头为什么能顶起一口大缸?""一根羽毛为什么能在鼻尖跳舞?""走钢丝很危险,他们为什么不会掉下来?"

活动目标

　　① "一家人"一起做实验;感知不同形状纸板的不同平衡点;学会在探索实验中自主寻找问题的答案,能手眼协调地顶起纸板,并积累使物体保持平衡的有益经验。

　　② 培养"一家人"对探索活动的喜爱之情,以及在探索过程中的合作精神。

活动准备

　　① 前期经验准备:通过调查发现,幼儿都看过杂技表演,对杂技表演有初步认知。

　　② 教具学具准备:每个幼儿一支铅笔,每个小组一套纸板(不同形状的纸板)、PVC管、彩色笔、矿泉水瓶、固体胶、纸杯、纸巾筒、薯片罐、大纸板等若干份,记录板,杂技表演的视频。

活动流程

　　观看杂技表演→用铅笔顶起一块小纸板→用铅笔顶起不同形状的小纸板→用不同材料顶大纸板。

阅读指导

　　阅读绘本《天才杂技演员》《大象杂技团》。

活动过程

· 观看杂技表演

提问 － 你们从视频中看到了什么？

－ 表演者在进行什么表演？

－ 你们觉得哪个部分的表演最厉害？

指导 － 幼儿交流、讨论和发言。鼓励小年龄段幼儿先讲，大年龄段幼儿补充发言。

－ 出示材料，请老大试一试，能不能用一支铅笔把一块小纸板顶起来。

指导语

刚才我们看了杂技演员的表演，他们的表演是经过很多次练习和研究才成功的。要想用铅笔顶起小纸板，是有一定窍门的，是不是我们还没有找到力量的"支撑点"呢？

· 用铅笔顶起一块小纸板

提问 － 我们"用铅笔顶起纸板"的实验成功了吗？

－ 为什么我们的实验没有成功呢？

指导 － 每个"家庭"每人拿一块纸板和一支铅笔，并用彩色笔在铅笔顶起纸板的位置画圆点标记。

－ 幼儿进行操作，教师巡回指导，重点鼓励幼儿不怕失败，若遇到失败，动动脑筋继续实验。

指导语

你们"家庭"是通过几次实验才获得成功的呢？实验失败并不可怕，不能泄气。科学家们完成一个实验有的时候要经历成百上千次的失败呢！

为什么实验没有成功？顶缸的杂技演员告诉我们，要找一个中心点，耐心找到这个中心点，铅笔就能稳稳地把纸板顶起来了。

· 用铅笔顶起不同形状的小纸板

指导 － 每个"家庭"每人拿一块形状不同的纸板和一支铅笔，并用彩色笔在铅笔顶起纸板的位置画圆点标记。

－幼儿进行操作，教师巡回指导，重点提示幼儿如何找到中心点（平衡点）。

－操作结束后，请"家庭"分享结果。

指导语

纸板中的圆点就是纸板的平衡点，也叫作中心点。在铅笔笔直的情况下，用铅笔顶纸板的中心点（平衡点）。我们一起再试一下，3，2，1——顶。

· 用不同材料顶大纸板

提问 －如果把现在的纸板换成其他大小，或者把纸板换成其他材料，你们敢不敢接受挑战呢？

指导 －出示材料，请"一家人"想一想挑战哪种材料。

－每个"家庭"每人拿一小筐操作材料，每种材料都尝试一下，看看是不是都能顶起来。

－"一家人"合作操作，玩一玩，比一比，自由探索，教师巡回指导。

－挑战结束后，幼儿把材料放回篮子，整理桌面。

－鼓励幼儿复述刚才的实验情况。

－出示统计表，师生一起统计实验结果。

指导语

能用纸杯顶起纸板的小朋友请举手，用数数的方法进行记录……

为什么用薯片罐最容易顶起纸板，而用水管不容易？（请幼儿回答，并出示薯片罐和水管的接触面，进行比较）

小结：用与纸板接触面大的材料最容易顶起纸板。

活动延伸

提供操作材料，鼓励幼儿自由玩耍"顶物"的游戏，挑战自己。

科学·数活动

乘　车

设计思路

幼儿最近对娃娃家新推出的网约车兴趣浓厚。一辆网约车能乘坐几个人？一辆网约面包车又能坐几个人？幼儿在结合自身的数字认知经验与乘车生活经验时，会碰撞出怎样的智慧火花呢？启发幼儿运用数的组成与加减运算，来解决游戏中遇到的问题，不失为一种有益尝试！

活动目标

① 以"新年出游预约怎样的车型才能确保人人都能上车"为切入点，激活幼儿的原有经验。

② 学习解决网约车预约问题，提高幼儿的加减运算能力与数学思维能力。

活动准备

① 前期经验准备：幼儿都有乘坐网约车的经验，但不一定有将车的座位数与人数对应的经验。

② 教具学具准备：2辆轿车、2辆面包车、1辆公共汽车及8位游客的插入教具（每组一份），自制PPT，记录纸，记录笔。

活动流程

投放娃娃家的网约车→我们可以预约哪种类型的网约车→办法总比困难多。

阅读指导

欣赏绕口令《上上下下》：

有一辆大车，很多人上车，很多人下车，车上的人下车，车下的人上车;有的上车不下车,有的下车不上车,有的上车又下车,有的下车又上车,上上下下又上又下,简直乐昏了头。

▶▶ **活动过程**

· 投放娃娃家的网约车

提问 – 娃娃家能不能开设一个网约车预约站呢?

– 网约车车站可以开设在班级的哪一个空间呢?

– 网约车的停车场里都有哪些车辆呢?

指导 – 教师播放自制 PPT,出示带图的字卡,如轿车、面包车、公共汽车、大巴车等。

· 我们可以预约哪种类型的网约车

提问 – 现在有 8 位游客去旅游,请问预约哪辆车比较合适呢?

– 有 5 个人预约 5 人座的小轿车,合适吗?为什么不合适呢?

– 如果有 8 个人预约 5 人座位是人多了,还是位置多了?应该预约什么类型的车?

指导 – 幼儿发表各自的意见:预约哪种类型的车比较合适?人多位置少怎么办?人少位置多怎么办?

– 引导幼儿"反刍"以往经验:以上几种车型分别有几个座位?

– 邀请老大出题。例如:如果我们一共有××个人,请问应该预约什么样的网约车?

– 师生共同讨论,教师引导辅助。

指导语

要根据人数和车辆载人的座位数来预约网约车。

· 办法总比困难多

提问 – 如果我们分"家庭"来玩"预约网约车"的游戏,最好几个"家庭"合成一组呢?

指导 – 第一次以两个"家庭"为一组,选派一名记录员做好记录。团队内自行商议谁担任记录员、谁来出题、谁来回答及记录方式等事宜。在游戏过程中遇到困难自己想办法解决。

－教师在巡视过程中，以问题引导启发幼儿。

例如，1个人乘车，需要预约什么类型的车？1人→5人坐的小轿车。

10个人乘车，需要预约什么类型的车？30人→大巴车。

今天我们计算得对不对，回答得对不对？以后乘车的时候别忘了继续计算。

－请"家庭"记录员上台介绍各自的记录方法。

指导语

如果我们乘坐公交车，又会看到一番怎样的景象呢？（播放绕口令《上车下车》，放松幼儿的情绪）

如果我们乘坐公交车、地铁时，遇到老年人、比自己小的小孩、残疾人、军人，我们该怎么办呢？（留待下回讨论）

活动延伸

将绕口令《上上下下》发给家长，供幼儿在家进行亲子游戏。

认识圆柱体

▶▶ **设计思路**

在日常生活中,尤其是在乐高建构区,有很多圆柱体的物品。然而,大部分的孩子都没有办法准确地说出"圆柱体"这一名称。因此,为了让孩子们系统且准确地认识圆柱体,知道圆柱体的基本特征,能准确地找出圆柱体形状的物体,我们设计了此次活动。

▶▶ **活动目标**

① 在操作中认识圆柱体,探索圆柱体的特征。

② 培养幼儿的动手能力、发现能力和辨别能力。

▶▶ **活动准备**

① 前期经验准备:幼儿已经认识圆形,了解圆形的特征;对于区域里的圆柱体玩具,幼儿已有一定的认识;幼儿认识各种薯片罐和瓶子等物品,知道它们不是圆形。

② 教具学具准备:电池、果汁罐、万花筒、粉笔、橡皮、尺子、硬币。

▶▶ **活动流程**

叠叠→看看→找找→说说。

▶▶ **阅读指导**

阅读绘本《我的建筑形状书》。

▶▶ **活动过程**

> **·叠叠**
>
> **提问** - 把几个圆形的硬币叠在一起后是什么形状?

指导 － 发给每个幼儿各 8 枚硬币，引导幼儿将硬币叠在一起，从而引出圆柱体的概念。

指导语

几个圆形的硬币叠在一起形成的叫圆柱体。

· 看看

提问 － 圆柱体有什么特征？

指导 － 引导幼儿观察叠在一起的硬币（即圆柱体）的特征。

指导语

圆柱体两端是两个同样大小的圆形，中间部分同样粗。

· 找找

提问 － 在这些物品中，哪些是圆柱体？哪些不是圆柱体？

指导 － 出示电池、果汁罐、万花筒、粉笔、硬币、橡皮、尺子等物品，引导幼儿找出哪些物品是圆柱体，哪些不是圆柱体。

指导语

观察粉笔和胡萝卜发现，粉笔两端的圆不一样大，中间部分不一样粗，胡萝卜的两端不是圆形，中间部分也不一样粗。两边圆形一样大小、中间一样粗的才是圆柱体。

· 说说

提问 － 在我们的教室里有哪些是圆形，哪些是圆柱体？

－ 在其他地方你见过哪些圆柱体？

指导 － 引导幼儿说出在日常生活中见到的、用到的物品里面哪些是圆柱体。

活动延伸

继续在生活中寻找圆柱体物品。

日历找新年

▶▶ **设计思路**

在生活中，我们每天都会遇到数字，如日期、钱的多少、人的多少等。每年开展"今年的新年（正月初一）是哪一天啊"此类活动，可以让幼儿学会不受物体排列方式的影响进行计数，探索多种计数方法，尝试运用数学思维和方法解决生活中的实际问题，逐步形成对数字、数量及运算规律快速反应的能力。

▶▶ **活动目标**

① 为老大搭建"我是小老师"的展示平台，让老大讲述关于日历的经验，带领弟弟妹妹初步学习查找日期的方法。

② 在学习查找日期的过程中，了解中国二十四节气的时间分布。

▶▶ **活动准备**

① 前期经验准备：有看日历的经验。

② 教具学具准备：一本大挂历，数字卡片（涵盖 12 个月，365 天，标注每月或有 31、30、29、28 天），每个"家庭"自备一本日历（老大自带）。

▶▶ **活动流程**

看日历我有经验→今年新年是哪一天→老大们的新发现。

▶▶ **阅读指导**

阅读日历相关内容。

活动过程

·看日历我有经验

提问 － 我们每年都会学习看日历，今天有谁能来当小老师，告诉大家你知道的日历知识？

指导 － 出示大挂历，邀请老大上来当小老师，讲讲知道的日历知识。

－ 继续邀请有不同经验的老大进行讲解，也可邀请老二上台讲解。

－ 教师根据"小老师"的讲解，调整规范语词语句，协助翻阅大挂历，最后总结小年龄段幼儿必须知道的知识。

－ 本活动结束后，小年龄段幼儿可离开进行生活活动，有兴趣的可以留下旁听。

指导语

一年有 365 天、12 个月，每个月的天数有所不同，小月有 30 天、29 天、28 天，大月有 31 天。

我们可以通过拳头来记忆大月和小月。

1 月大，2 月小……握紧拳头，骨头凸出来的是大月（31 天），一年有 6 个大月；拳头凹进去的地方是小月（30 天），一年有 6 个小月，特殊的是 2 月份，有的时候是 29 天，有的时候 28 天。

·今年新年是哪一天

提问 － 有谁知道今年新年（正月初一）是哪一天呢？

－ 今年的除夕又在哪一天呢？

－ 你们是怎么知道今年的第一天在哪一天的呢？

指导 － 结合语言活动所学知识，进一步理解元旦（1 月 1 日）和正月初一之间的关系。

－ "一家人"阅读台历，找一找大月和小月，通过天数知道几月份是大月、几月份是小月，尤其注意观察 2 月份的天数。

– 教师出示数字 365，让幼儿认读，并引导他们猜猜这个数字与挂历有什么关系。

指导语

感谢哥哥姐姐带领"一家人"共同学习，也表扬弟弟妹妹学得很认真。我们知道了一年有 365 天，一年有 12 个月，其中有 6 个大月，有 6 个小月。如果我们忘了某个月是大月还是小月，就可以通过拳头来判断。(可以再带领幼儿做一遍)

·老大们的新发现

提问 – 老大们，你们刚才在带领弟弟妹妹学习的时候，有没有发现日历上有立春、雨水、惊蛰、春分等字呢？

– 老大们，你们有没有发现，每个月有几个节气，一年一共有多少个节气呢？

指导 – 请老大们带着问题，继续仔细阅读台历。

指导语

一年共有 24 个节气，平均每个月有 2 个节气。如果我们想知道每个节气有什么特征，与人们的生活有什么关系，与地里的庄稼种植有什么关系，我们在日常生活中就一定要多关注天气变化，关注自然界植物的变化，关注周围环境的变化哦!

活动延伸

在益智区提供包含春节、元宵节、清明节等传统节日的卡片及对应日历页，引导幼儿将节日卡片按时间顺序排列在日历上。

完成后，组织幼儿讨论每个节日的习俗，如"新年要贴春联""春节会放鞭炮""元宵节要吃汤圆"，帮助幼儿理解不同节日的时间关系，强化其对传统节日时间序列的认知。

艺术·美术活动

纸串鞭炮

▶▶ **设计思路**

一提起如何过新年的话题，幼儿齐刷刷地回答——"放鞭炮"，兴奋不已。说起烟花，他们更是津津乐道，什么"天女散花""轰天雷""甩鞭""冲天炮"，讲得头头是道。

幼儿讨论鞭炮和烟花时眉开眼笑、神采飞扬的场景，立刻就把我们带到了新年热闹的气氛中。见到他们对鞭炮如此情有独钟、津津乐道，我轻轻说道："那我们也来做鞭炮吧。"听到我的话，班里一下子炸开了锅。于是，师生开始讨论怎样做鞭炮，用什么材料做鞭炮，做怎样的鞭炮，给鞭炮取什么名字……

▶▶ **活动目标**

① 学习用棉签画出一串串的鞭炮，并按一定的规律画短直线；初步学习用单线条画人物，学习画人的各种姿态。

② 培养幼儿手眼协调的能力及良好的操作习惯。

▶▶ **活动准备**

① 前期经验准备：幼儿已经具备用废旧物料自制一些物件的动手操作经验。

② 教具学具准备：材料类：卷筒纸芯，红色卡纸，红色颜料，塑料水瓶（大小不一）；工具类：红黄颜料，调色盘，棉签，毛笔，红色油画棒等；手工制作鞭炮的视频教程。

▶▶ **活动流程**

我猜我猜我猜猜猜→我们来设计制作纸串鞭炮→介绍我家的鞭炮品名。

▶▶ 阅读指导

阅读绘本《小蛇散步》《好长好长的蛇》《蛇》。

▶▶ 活动过程

· 我猜我猜我猜猜猜

提问 － 请大家猜一猜这是什么：细长长一根藤，藤上开出一串花，哎呀呀，真奇怪，花儿花儿会说话，说什么？噼噼啪啪噼噼啪。

－ 古代人过年放鞭炮吗？他们放鞭炮是为了干什么？他们为什么要把竹竿当鞭炮放呢？

指导语

谜底是"鞭炮""爆竹""烟火"，各地的叫法不一样。

古时，有一个叫"年"的怪兽到村庄里来偷东西吃，村民们就把竹竿放在火堆里烧，使竹竿发出噼里啪啦的声音，"年"因此被吓跑了。经过了许多年，人们发现了火药，又过了很多年，人们开始用火药做鞭炮。鞭炮是火药做的，所以，放鞭炮时要注意安全，不注意安全就可能会炸伤人或引起火灾。

· 我们来设计制作纸串鞭炮

提问 － 我们现在没有火药，可以用什么来做鞭炮呢？

－ 现在的鞭炮都是像竹竿一样长长的吗？

指导 － 教师出示前些日子幼儿收集的废旧材料，如卷筒纸芯、塑料瓶（大小不等）、红纸、长方形纸盒、正方形纸盒等，幼儿讨论是否可以用这些东西做鞭炮，可以做什么样的鞭炮。

－ 老大组织"一家人"确定主题，选择鞭炮款式、制作材料，并根据能力和年龄分配任务，动手制作鞭炮。

－ 播放《过新年》《放鞭炮》等喜庆的音乐。

－ 教师在巡视观察中，重点引导、帮助幼儿解决在制作中遇到的困难，给自制长方形、圆形、方形鞭炮的"家庭"提出装饰意见。

指导语

你们"一家人"确定的主题是什么？选择的材料有哪些？在制作过程中遇到了哪些困难？

·介绍我家的鞭炮品名

提问 —这是谁家的鞭炮，我怎么不认识呢？请每个"家庭"派一名代表大声地向大家介绍。

指导 —请每个"家庭"把自制鞭炮放在老师事先用数字标好的"家庭"位置中（围圈），"家庭"成员站在自制鞭炮的后面。

—从一号"家庭"开始依次介绍自己"家庭"制作的鞭炮，介绍完毕后，全体幼儿鼓掌以示祝贺。教师及时给予表扬，如"一号'家庭'成功了""二号'家庭'了不起""三号'家庭'棒棒棒"……

活动延伸

"一家人"在自制的鞭炮作品前留影，全体幼儿在全班自制的鞭炮作品前留影；把剩余材料投放到美工区，幼儿在区域活动时可以继续设计制作鞭炮。

赠送新年贺卡

设计思路

每年新年时，幼儿都会期待制作贺卡，这是新年主题中幼儿十分喜欢的活动，虽然他们不太会写字，但他们很会画画。在制作创意贺卡的过程中，他们会用自己的情感，为自己亲爱的家人、最好的朋友送上最衷心和美好的祝福。

今年是兔年，兔子是十分可爱的小动物，加上孩子们儿童化的创作，一定会非常独特。

活动目标

① 选择现有的带兔子图案的粘纸制作单面贺卡；学习临摹简笔兔子的方法，充分发挥已有的绘画本领装饰单面贺卡。

② 自制书式贺卡，可以写上有美好寓意的成语。

③ 大年龄段幼儿可以指导帮助弟弟妹妹装饰贺卡，重点是画面上一定要有兔子。

活动准备

① 前期经验准备：对于画简笔兔子，大年龄段幼儿已有基础；对于做贺卡，幼儿也已经积累了一定经验。

② 教具学具准备：自制兔年贺卡的视频；作画材料（美术活动区自取），如大小不一的兔子贴纸等；以"兔"字开头的具有美好寓意的成语或谐音词语，如动如脱兔、东门逐兔等，"兔出贡献""兔围而出""兔飞猛进""兔步青云"等（贺卡主题，大年龄段幼儿使用）。

活动流程

欣赏兔年贺卡→"一家人"制作兔年创意贺卡→"一家人"送贺卡。

阅读指导

阅读绘本《小兔子的圣诞愿望》、微连环画《过年啦!》。

活动过程

· 欣赏兔年贺卡

提问　－你们猜猜小兔是怎样过年的?

　　　－小兔要回家过年,它会为家人和伙伴们准备什么礼物呢?

指导　－"一家人"一起讨论。

　　　－播放视频,幼儿仔细观看。

指导语

小兔说:"我们今天先做第一次,尝试一下,接下来,我们再准备贺卡赠送给小伙伴和家里的亲人。"

· "一家人"制作兔年创意贺卡

提问　－你们准备怎么做兔年创意贺卡?

指导　－老大有经验,请他们告诉弟弟妹妹以往是怎样做贺卡的。

　　　－教师介绍材料,分别提出小年龄段幼儿制作目标语的要求和大年龄段幼儿制作目标语的要求。

　　　－教师注意强调,当弟弟妹妹有困难的时候,老大要给予帮助和指导。

　　　－"一家人"操作,教师根据三个年龄段的目标进行提示式指导。如:老三贴纸,贺卡主人必须是兔子;老二画简笔兔子;老大要设计好书式贺卡每一面的图案,并选择一个四字成语或谐音词语作为贺卡主题。

指导语

请老大向弟弟妹妹介绍自己是怎么设计贺卡的,并准备将贺卡赠送给幼儿园的哪一位老师或叔叔阿姨。

· "一家人"送贺卡

提问　－你们想好了吗,准备将今天制作的贺卡送给幼儿园里哪一位老师或叔叔阿姨呢?

> － 送贺卡的时候要说些什么话呢？
>
> **指导** － 请老大带领"一家人"去送贺卡。
>
> － 鼓励"一家人"讨论一下送贺卡的礼仪和贺卡上写的一句话。
>
> **指导语**
>
> 你们手中的贺卡都送完了吗？他们收到你们的新年贺卡和祝福语时脸上的表情、身体姿态是怎样的？他们收到贺卡后是怎么回应的？
>
> 你们把自己制作的贺卡送给帮助过自己的人，心里感觉怎样？新年是新的一年的到来，所以，我们要感恩在过去一年中帮助过我们的每一个人。

▶▶ 活动延伸

在春节放假之前，老大可以带领弟弟妹妹继续在美工区域做贺卡，并将其送给小伙伴和家人。

艺术·音乐活动

家家户户迎新年

设计思路

在一次"超市"游戏中，"售货员"倩倩热情大方地给"顾客"推销某补品，她说："快要过新年了，给你的爷爷奶奶买两盒补品吧！"听到孩子们热情的推销声，我意识到新年脚步越来越近，年的味道也越来越浓了。中国新年文化中，无论是拜年、发红包、舞龙舞狮、剪窗花、制作春联还是卷爆竹、放鞭炮等活动，都会播放与新年或主旋律等有关的背景音乐。《家家户户迎新年》这首歌能让幼儿知晓新年需要做的事情。

活动目标

① 在歌唱中感知欢快、有节日气氛的音乐节奏；进一步"反刍"中国春节的相关内容，加深印象，提升认知。

② 在歌唱中感受与同伴一起辞旧迎新的喜悦，在欢快的旋律中感受过年的欢乐。

活动准备

① 前期经验准备：在其他活动中和以往过新年的经验中，幼儿已积累很多关于过新年的认知。

② 教具学具准备："新年的鞭炮"PPT；《家家户户迎新年》歌曲；幼儿自制的新年礼物，如红纸画、折纸、贺卡、剪纸等；"小小中国结"新年礼物若干。

活动流程

放鞭炮→欣赏歌曲《家家户户迎新年》→互赠新年礼物。

熟悉《家家户户迎新年》的歌词；学习拜年的习俗、赠送新年礼物时的礼仪。

活动过程

- 放鞭炮

提问 — 我们可以做些什么事情来庆祝新年？

— 什么场合会放鞭炮以示庆贺？

— 鞭炮燃爆后会发出哪些声音？

指导 — 播放 PPT，引起幼儿的兴趣。

— 鼓励幼儿结合自己的已有经验讲述什么时候会放鞭炮以示庆贺。

— 听歌曲的前奏，劈里啪啦、劈里啪啦的鞭炮声，重点是两拍子节奏（强/弱）。

— 教师可以用击掌一次，摊开手掌一次，同时发出劈里-啪啦……

指导语

很多喜庆场合都会放鞭炮，特别是过新年时，家家户户都会放鞭炮。鞭炮声是响亮的、欢快的，也是有节奏的。

- 欣赏歌曲《家家户户迎新年》

提问 — 讨论：过新年时除了放鞭炮，我们还会干什么呢？

— 我们现在听一遍《家家户户过新年》，听听看这首歌曲是欢快的吗？节奏是慢的还是快的？大概是几拍子的？

— 我们又连续听了两遍，现在大家能否讲讲，刚才听到的歌曲唱了哪些事情？

指导 — 播放第一遍歌曲。

— 连续播放歌曲2遍。（注意：2遍之间停顿一下，再次提醒幼儿注意《家家户户过新年》歌曲唱了哪些事情）

－引导幼儿自由发表意见，随着幼儿代表讲述到歌曲的最后部分，教师出示相应的 PPT 图片，如放鞭炮、穿新衣、拜年、敲鼓、穿新衣、彩灯。

－再次连续播放歌曲 2 遍。请幼儿自由寻找空间位置站立，边听、边学唱、边做自己创编的动作。

指导语

《家家户户迎新年》这首歌听上去喜气洋洋的，节奏很欢快。歌曲告诉我们，大年初一要放鞭炮，大年初一要穿新衣服、互相拜年、送新年贺卡、收压岁钱等。总之，过新年是一件非常开心、非常快乐的事情。

> **· 互赠新年礼物**

提问　－你们每个人事先用红纸画的绘画作品、剪的剪纸作品、折叠的手工作品或制作的贺卡能否作为新年礼物，赠送给你们的伙伴呢？

指导　－连续播放 2 遍歌曲。第一遍教师跟着歌词做动作，第二遍教师拿出事先准备的新年小礼物（小小的中国结），边表演边给幼儿送新年礼物。送礼物程序：双手做恭喜动作（3次），嘴里说"恭喜，恭喜，恭喜"（3次），随后把中国结送给第一个孩子。以此类推，以同样的动作、同样的祝贺将中国结送给每一个孩子。

－再连续播放 2 遍音乐，幼儿学习老师赠送礼物的程序，边唱边做动作边将自制的礼物赠送给同伴。

指导语

欢快的音乐活动结束了，大家都收到了礼物，很高兴。可是有人没有收到礼物。谁没有收到礼物呢？（老师、保安叔叔、食堂阿姨、爸爸妈妈等）那些平时一直照顾我们、关心我们、陪伴我们成长的人还没有收到我们的礼物，我们应该怎么做？

▶▶ **活动延伸**

在后续活动中，幼儿用红纸自制新年礼物送给帮助、关心、陪伴自己成长的人。

十二生肖体操舞

设计思路

十二生肖是我们中国几千年积累下来的传统文化。幼儿在语言、生活、节日等一系列活动中已经对十二生肖有所了解。《十二生肖体操》将语言儿歌、体操动作、音乐节奏融为一体,极具趣味性。对混龄班幼儿来说,他们在活动中能各取所需,而且每年都可以复习。

活动目标

① 在两拍子节奏中诵读《十二生肖体操》,并感受韵律;愿意参与将音乐、念读与体操动作完美结合,演绎十二生肖轮回的体操活动。

② 老大带领弟弟妹妹一起快乐歌唱和扮演角色,玩十二生肖的游戏。

活动准备

① 前期经验准备:幼儿知道每个中国人都有对应的生肖,也知道家人的生肖,对生肖很感兴趣。

② 教具学具准备:视频《十二生肖的来历》、歌曲《十二生肖歌》《十二生肖体操》、"十二生肖"PPT、舞蹈教学视频《十二生肖手势舞》、十二生肖头饰、十二生肖图片。

活动流程

说,十二生肖手势→学,十二生肖手势舞→演,十二生肖手势舞。

阅读指导

熟悉《十二生肖歌》的歌词:

老鼠排前头,跟着老黄牛,老虎一声吼,兔子浑身抖,龙在天上游,蛇在地上扭,马儿一路遛,羊儿慢慢走,猴子翻筋斗,金鸡鸣声吼,快点追啊大狗狗,别学老猪空转悠。

活动过程

·说，十二生肖手势

提问
- 猜一猜今天我们要学习的《十二生肖体操》里面会有哪些小动物？
- 想一想每个小动物大概会做什么体操动作呢？

指导
- 播放 PPT，欣赏歌曲《十二生肖歌》。
- 幼儿围绕以上问题，说出一个动物后自创该小动物可能会做什么动作。
- 播放《十二生肖体操》（连续两遍），引导幼儿欣赏。

·学，十二生肖手势舞

提问
- 刚才我们欣赏了有关十二生肖的儿歌和体操动作，大家有哪些体会？
- 《十二生肖手势舞》里的小动物是按什么顺序出场的？谁第一个出来，谁第二个出来，谁最后一个出来？

指导
- 根据幼儿的讲述，逐条播放《十二生肖歌》的歌词。
- 播放第一遍音乐，教师引领幼儿边拍手，边读念，边记忆十二生肖出场的次序。
- 播放第二遍音乐，老大边拍手，边读念，边记忆十二生肖出场的次序，老二、老三仔细听。
- 播放第三遍音乐，老大站起来带领弟弟妹妹一起边拍手，边读念，边记忆十二生肖出场的次序。
- 播放第四遍音乐，鼓励幼儿边模仿小动物们做的体操动作，边记忆小动物们动作的特点。

·演，十二生肖手势舞

提问
- 刚才我们用体操舞的方式，边读念儿歌，边学做动作，你们觉得哪些动作有些难？

指导
- 幼儿提到做某小动物动作的难点时，教师以动作示范做出具体指导，幼儿学习，教师纠正。

- 播放第一遍音乐,老大上台示范表演,老二、老三欣赏观摩。

- 播放第二遍音乐,"一家人"围成一圈表演。

- "一家人"排成一路纵队边唱边表演。(第一遍,老大—老二—老三;第二遍,老二—老三—老大;第三遍,老三—老大—老二)

- 每个幼儿分别戴上十二生肖的头饰,当教师读念到某个生肖时,戴相应生肖头饰的幼儿就站起来做动作表演,其他幼儿坐在原位拍手读念。

指导语

我们在一起说十二生肖,唱十二生肖,舞十二生肖,很快乐。明年是什么年?到时我们再来一起学习,可别忘记哦!

▶▶ 活动延伸

鼓励"一家人"邀请其他"家庭"一起有创意地玩十二生肖的游戏。

"快乐的新年"主题 智力大冲浪

动力定型·温故而知新

智力大冲浪的意义

在开展"快乐的新年"主题活动前，我们围绕新年主题广泛搜集资料，对幼儿关于新年的疑问进行全面整理、分类，并以此为基础精心设计主题网络图、月计划、周计划及日计划，建构起系统的活动框架。

活动启动后的一个半月里，教师与幼儿围绕这些问题展开探究。在集体教学活动中，师生共同交流探讨，进行思维碰撞；在"今天我主持"特色活动里，教师鼓励幼儿自主解答问题，锻炼其表达与组织能力；在区角游戏时间，幼儿以小组形式开展合作探索，在实践中提升实践与协作能力。此外，幼儿化身小记者，通过采访、记录的方式，深入探寻新年的奥秘。

在主题活动的尾声，师生共同走进"快乐的新年"智力大冲浪活动现场。活动设置基础知识题、音乐视听题、动手操作题等丰富题型，以引导幼儿巩固、深化前期所学知识。同时，活动借鉴综艺节目的形式，模拟竞赛场景，旨在培养幼儿的倾听与表达能力，强化幼儿的团队协作意识；在互动交流中引导幼儿养成文明礼貌的优良品质，让幼儿在欢乐的氛围中实现知识、能力与品德的全面发展。

▶▶ 活动目标

① 通过表演与答题相结合的形式，帮助幼儿复习"快乐的新年"主题中的相关知识，同时在表演中提高自信心。

② 在热闹的氛围中，感受新年到来的气氛，体验与同伴共同答题、共同表演的乐趣。

▶▶ 活动准备

① 前期经验准备：各班准备1个新年节目，教师带孩子熟悉音乐、动作；亲子熟悉节目音乐和节目动作；亲子复习相关主题知识；熟悉"快乐

的新年"智力大冲浪相关音乐;带领孩子熟悉智力大冲浪的大口号(智力大冲浪——冲关我们最最棒)及班级小口号;和爸爸妈妈一起准备漂亮的新年元素服装。

②教具学具准备:基础必答题、抢答题题库;表演题:各班上台表演节目;新闻题:各班新闻小主播及新闻播报等;"快乐的新年"舞台背景;4台抢答灯;1台笔记本电脑;每位幼儿穿各自漂亮的新年元素服饰来园;设立文明观众奖、动手动脑奖、多才多艺奖、最佳表演奖、"家庭"奖、个人奖。

▶▶ 组织形式

各组以红、黄、蓝、紫为队名,一个班一个方阵,每队以"家庭"为单位轮流上场竞赛。(备注:以下方阵根据班级的实际人数和服装调整)

红队班级座位		黄队班级座位		蓝队班级座位		紫队班级座位	
"家庭"参赛选手组座位	计分牌	"家庭"参赛选手组座位	计分牌	"家庭"参赛选手组座位	计分牌	"家庭"参赛选手组座位	计分牌
主持人							

▶▶ 活动过程

快乐舞动(冲浪热身)

各班教师以欢快的形体语言带领本班儿童进行赛前热场,如"智力大冲浪口号"、各班级口号(背景音乐《新年好》)。

介绍"智力大冲浪"规则

-通过PPT的形式呈现问题,每班由抢答选手负责按灯,根据难易程度三个年龄段幼儿分别答题。

-抢答要求。主持人说"开始"后,幼儿才能按灯抢答,抢答灯先亮的班级获得答题权。

-回答正确即得分,答错不扣分。(10分制计分)

答题形式

基础必答题

-主持人分别对"家庭"代表老大、老二、老三提问,幼儿回答,当回答不全时,队内其他成员补充作答。

表演题

－参加选手听音乐，根据曲风自由创编动作并表演。

－播放新年走秀音乐，参加答题的选手以新年服饰时装秀出场，各班幼儿按顺序进行新年才艺表演秀。

抢答题：新年成语接龙

－主持人出题，幼儿根据主持人的成语接龙（大年龄段幼儿）。

介绍"智力大冲浪"所设奖项

设立文明观众奖、动手动脑奖、多才多艺奖、最佳表演奖、"家庭"奖、个人奖。

介绍"智力大冲浪"评委要求

各班班主任按班级顺序"咬尾巴"当评委。顺序：混 1 班→混 2 班→混 3 班→混班 4→混 1 班。

智力冲浪颁奖

－评委：请班主任代表或家长代表点评，并公布奖项。

－各班选派一名小评委为获奖幼儿颁奖，获奖幼儿发表获奖感言。（播放颁奖音乐）

－在《新年快乐》舞曲中结束活动。

活动反馈与反思

活动结束后，将活动照片上传至博客，与家长、幼儿及同行分享；鼓励幼儿回家后向家人讲讲今天智力大冲浪活动的情况，并送出新年祝福。

依霖"家庭式"混龄"抛接球问题导向"研究与实践(下)

主　审　　徐　刚

主　编　　王佳颖

副主编　　钟娜曼

编　委　　熊冬梅　周海英　刘　娟
　　　　　乔丽华　谢晓梅　熊金萍
　　　　　张天菊　郁朵朵

江苏大学出版社
JIANGSU UNIVERSITY PRESS

镇　江

图书在版编目（CIP）数据

依霖"家庭式"混龄"抛接球问题导向"研究与实践 / 王佳颖主编. -- 镇江：江苏大学出版社，2025. 3.
ISBN 978-7-5684-2484-4

Ⅰ. G61

中国国家版本馆CIP数据核字第2025TH1156号

依霖"家庭式"混龄"抛接球问题导向"研究与实践
Yilin "Jiatingshi" Hunling "Pao-jieqiu Wenti Daoxiang" Yanjiu Yu Shijian

主　　编/王佳颖
责任编辑/张　冠　徐　文
出版发行/江苏大学出版社
地　　址/江苏省镇江市京口区学府路 301 号 (邮编：212013)
电　　话/0511 - 84446464 (传真)
网　　址/http：//press. ujs. edu. cn
排　　版/镇江文苑制版印刷有限责任公司
印　　刷/镇江文苑制版印刷有限责任公司
开　　本/718 mm×1 000 mm　1/16
总 印 张/46.5
总 字 数/846 千字
版　　次/2025 年 3 月第 1 版
印　　次/2025 年 3 月第 1 次印刷
书　　号/ISBN 978-7-5684-2484-4
总 定 价/128. 00 元 (全二册)

如有印装质量问题请与本社营销部联系 (电话：0511-84440882)

主题 人体的秘密

主题 春天的脚步

主题 交通与道路

主题 海洋的世界

主题 人体的秘密

写在混龄"一家人"主题教学前的
调查问卷之思考

中国的伟大领袖毛泽东主席说过，"没有调查，没有发言权"。

我们认为，教师要转变教育观和儿童观，必须尊重幼儿，遵循幼儿的认知、心理和生理成长规律。这些规律的具体内容随着人类的进步是会变化的；而不变的是，教师必须追随幼儿的发展，了解他们的所思所想和已经具备的能力与认知。

我们还认为，在实施教育活动之前，教师要先听听幼儿的想法，听听他们已经知道什么、还想知道什么。从而可以了解对同一个问题究竟有多少幼儿有兴趣，有多少幼儿懵懂或还未涉及此知识层面。

今天再次阅读十年前的一次"人体问题"的调查收集，感慨万千，不想改动其中一字一句，保留原汁原味。我们希望今天的教师在实施任何一次主题教育前，都先做调查研究，倾听幼儿意见，了解他们的认知状况，不要自以为是地做决定。

通过调查研究，我们可以知道实施这项教学的基本点在哪儿，如何在混龄教学中既照顾到点也照顾到面。这样一来，"一家人"在一起学习就没有了困惑，没有了隔阂，也没有了一刀切造成小孩子"消化不良"、大孩子"吃不饱"的窘态现象，更没有了顾此失彼的现象。混龄"一家人"的教育模式有的放矢地给大年龄段幼儿增加了反刍式学习和当"小老师"的机会，同时为小年龄段幼儿提供了模仿跟随式学习的机会。

十年前，依霖重点围绕幼儿的听闻来寻找正确答案，在这一过程中确定选择哪一条路径最直接明了、哪一种方法符合幼儿学习特征、哪些知识适合这个年龄段，能"跳一跳摘下桃"，每天小步前进。我们相信幼儿的好奇好问，相信他们的求知欲望，相信他们会问无数个"为什么"。在寻找、归纳、思考这些"为什么"的时候，"家庭孩子王"与孩子共成长。

这是对十年前幼儿的提问的归纳，是对依霖混龄班幼儿第一次以人体的秘密为主题的提问的汇总，当时真的给我们这些老师许多惊喜。今天原封不动地呈现，只想告诉同行和作为"家庭孩子王"的父母，不要低估了孩子提出的问题，而要好好利用。

如果今天我们再一次以"人体的秘密"为主题进行提问汇总，幼儿的问题一定比之前的更多、水准更高。

"人体的秘密"主题幼儿提问收集归类

以下这些问题是我们十年前第一次做"抛接球问题导向"教学研究时，"一家人"在"家庭孩子王"的引领下进行提问、发问和追问所留下的原始资料。

幼儿共提出问题281个（同类剔除）。其中，老大（5~6岁）139个问题；老二（4~5岁）116个问题；老三（3~4岁）25个问题。

·内脏（共25个问题）

老大（共14个问题）

内脏是什么？心脏是什么形状的？为什么有的人生下来心脏就不好？活动的时候为什么我能听到心脏怦怦跳的声音，休息的时候心脏却跳得很慢？我们心脏里面到底有什么东西？心脏有什么用？心脏不跳就会死掉吗？为什么我们的心脏跳得很快不好，跳得很慢也不好？胃、大肠、小肠、肺有什么功能？肚子也在身体里吗？肚子有什么特征呢？为什么会有心脏病？为什么有东西插在心脏上人就死了？为什么跑步的时候心跳得很快？

老二（共10个问题）

心脏不好能治好吗？心脏在左边吗？为什么动物的心脏一直在跳？肺在哪里？鱼有胆，弄破了吃鱼肉会很苦，我们有没有胆？为什么有些人心跳很快，有些人心跳很慢？心在什么时候跳得快？心在什么时候跳得慢？心脏是怎么跳动的呢？为什么每个人都有一个心脏？

老三（共1个问题）

为什么心要跳呢？

·血液（共18个问题）

老大（共9个问题）

皮肤摔破了就一定会流血吗？血是从哪里来的？血流多了人会怎么样？

人流多少血会死呢？血为什么是红色的？血能不能喝？为什么每个人身体里都有血？为什么血流光了，人就会死？什么东西会变成血？

老二（共9个问题）

血干了为什么会变成硬块？为什么人会有血管？为什么人的鼻子里也有血管？为什么身体的每个地方都有血管？为什么小孩摔跤了就容易出血，还很疼？为什么大人摔跤了就不出血，还不怕疼？为什么血流得太快很危险？血是红色的，为什么喝白开水能补充血？人的血管断掉会出现什么情况？

> **·骨头（共19个问题）**

老大（共7个问题）

我爸上次被车轧了一下，为什么骨头断成了两截？什么时候骨头会断？摔跤严重了骨头会断掉，这个叫骨折吗？骨头有什么用？骨头长在人体的什么地方？人的骨头断了怎么接起来？骨头是白色的吗？

老二（共11个问题）

人有多少块骨头？为什么人的骨头会长大？骨头断了能不能修复好？为什么人的骨头会生病？婴儿的骨头是软的吗？为什么人要有骨头？骨头很硬，所以就会折断吗？骨头里面有什么？骨头除了帮助人支撑身体，还有没有别的用处？为什么每个人身上都要有骨头，没有骨头就不能支撑吗？人的骨头断掉会发生什么？

老三（共1个问题）

人的骨头都是硬硬的吗？

> **·头部和五官（共61个问题）**

老大（共30个问题）

为什么舌头可以尝味道？舌头为什么能伸出来？鼻子有什么用？眼睛除了能看见东西，还有什么用？五官包括什么？耳朵里有什么？为什么不能拿东西在耳朵里转？耳朵为什么能听见声音？怎样保护好耳朵呢？外国人的鼻子怎么那么高？人的鼻子为什么长得不一样？鼻子为什么有两个鼻孔，而不是一个呢？为什么有的人嘴唇很厚？为什么有些人的牙齿会露到嘴巴外面？牙齿有什么用？人一共有几颗牙齿？大人和小孩的牙齿是不是一样多？小孩的牙齿掉了会长，大人的牙齿掉了会长吗？人的眼珠全都是黑色的吗？为什么黑人的牙齿很白？为什么有些人头上不长头发？为什么人的眼睛是两只而不是一只？为什么每个人头的形状都不一样？后脑勺被撞了会怎么样？为什么看电脑看久了眼睛会很累？为什么人类的牙齿都是一颗一颗长出来的，不能一起长吗？为什么人一定要有牙齿？为什么人要有眼珠呢？为什么头发会一直长？为什么人的头发有黄色、黑色、棕色，没有绿色和紫色呢？

老二（共 19 个问题）

为什么舌头可以帮助我们说话？为什么有的人耳朵大，有的人耳朵小？为什么有的人没嘴唇？为什么人有时候要涂润唇膏？为什么刚生出来的小宝宝没有牙齿？为什么糖吃多了会长蛀牙？牙齿掉了还能不能长出来？为什么有的人头发很长，有的人头发很短？有没有绿眼珠的人？为什么人有眼白，有什么用？为什么人的眼睛会眨？为什么眼睛能看得到东西？为什么人会流鼻涕？为什么人会打喷嚏？为什么揉眼睛，眼睛里就有眼屎？为什么人没有眼睛就看不见了？人没有耳朵就听不见声音吗？为什么每个人都有五官，没有会发生什么？为什么女孩要梳辫子呢？

老三（共 12 个问题）

舌头为什么能卷起来？鼻毛有什么用？牙齿为什么会掉？为什么有睫毛和眼皮？为什么眼睛坏了就不能看东西了？为什么人的鼻子会流鼻血？为什么鼻子里会有鼻屎？为什么耳朵里有耳屎？为什么人会长眼睛？为什么人要有耳朵？为什么嘴巴会吃饭？为什么人会长头发？

　　· **四肢（共 12 个问题）**

老大（共 6 个问题）

为什么人的手会动？为什么人的大腿是粗的？为什么人的脚是用来走路的？为什么冬天泡泡脚就不冷了？是什么让人的手和脚动起来的呢？为什么很冷的时候，腿会发抖？

老二（共 3 个问题）

为什么人的脚有脚指头？为什么指甲不剪就会长呢？为什么有时候脚会发麻？

老三（共 3 个问题）

为什么人会有手？为什么人会有脚？为什么人有手就能做很多事呢？

·大脑（共5个问题）

老大（共3个问题）

人的脑细胞是什么颜色的？大脑有什么功能？为什么有些人很聪明，有些人不聪明？

老二（共2个问题）

大脑是什么样子的？大脑在头的哪里，是不是后脑勺？

·人的来源（共2个问题）

老大（共2个问题）

古代人从哪里来？为什么妈妈要生我？

·消化系统（共3个问题）

老大（共3个问题）

我们吃下去的东西都到哪里去了？食物是被什么吸收的呢？我们吃下去的东西在哪里消化？

·人体健康（共44个问题）

老大（共18个问题）

为什么人会生病？人发烧了为什么可能会把脑子烧坏？为什么人发烧了身体会很烫？妈妈说从舌头可以看出一个人有没有生病，是怎么看出来的？为什么人不能吃添加剂？为什么人吸烟会生病？吸烟有害健康，为什么有的人还要吸烟呢？为什么有的人闻到香烟的味道就想咳嗽？为什么大部分女人都不吸烟，大多是男人在吸烟呢？哪些东西对我们的身体是好的？人为什么会过敏？不喝水人会怎么样？为什么人不能不喝水？为什么人不吃饭会死掉？为什么小时候不能吃一些硬的东西？为什么人喝的水都是透明的，不是带颜色的呢？为什么有的人会长痘痘？为什么不运动就可能长不高了？

老二（共24个问题）

为什么人发烧了就不想吃东西？为什么人发烧了就没力气了？为什么人生病了要吊盐水？为什么小孩不能喝可乐？为什么人不能不生病？为什么有些小孩容易生病？为什么有的小孩喝果汁会拉肚子呢？为什么有添加剂的果汁喝了对身体不好？为什么人吸烟肺会变黑，牙齿也会变黑？为什么小孩一闻到烟味就不舒服？为什么吸烟的人必须到室外去吸？为什么大人能吸烟,小孩不能吸烟?为什么有人吃鸡蛋过敏?为什么咳嗽的人必须戴口罩?为什么人生病了要吃药?还有什么吃的东西对身体不好?为什么有些人吃海鲜会过敏?为什么人生病了会呕吐?为什么人会发烧?为什么大人吃的药是苦的,小孩吃的就不是苦的?为什么人会生不同的病?为什么人一定要喝水?为什么有的人脸上有黑点?为什么经常运动的人很少生病?

老三(共 2 个问题)

为什么有的人不能喝饮料?为什么人要睡觉?

·变老(共 5 个问题)

老大(共 2 个问题)

为什么人会变老?为什么人老了头发会越来越白?

老二(共 3 个问题)

为什么人老了就会死?为什么人老了皮肤就皱了?为什么人老了眼睛就看不清了?

·皮肤(共 4 个问题)

老大(共 1 个问题)

为什么有些人的皮肤白嫩嫩的?

老二(共 2 个问题)

为什么手心的皮肤厚,手背的皮肤薄?为什么要经常洗手和洗澡?

老三(共 1 个问题)

为什么有些人会长痘痘?

·人种区别(共 4 个问题)

老大(共 3 个问题)

为什么有的外国人鼻子那么高?为什么我们和外国人长得不一样?为什么我们的头发是黑的,而有的外国人头发是金色的?

老二(共 1 个问题)

为什么外国人眼珠的颜色跟中国人的不一样?

·排泄(共 13 个问题)

老大(共 2 个问题)

为什么人喝了水就有很多小便?鼻涕是怎么来的?

老二（共 10 个问题）

为什么大便一定要从小肠到大肠才能出去，不能直接出来？为什么大便是一堆堆的，小便是黄黄的水？小便就是水，水是没有颜色的，小便为什么是黄色的？为什么厕所里大便和小便的地方不一样？人为什么会放屁？为什么人要大便和小便？为什么人热了就会流汗？汗是从什么地方"冒"出来的？为什么人会流眼泪？眼泪是从哪里来的？

老三（共 1 个问题）

屁有什么用？

· 人的成长过程（共 14 个问题）

老大（共 5 个问题）

为什么人要生宝宝？小孩是怎么长大的？刚出生的婴儿有头发吗？为什么有的妈妈生宝宝很快，有的就很慢呢？为什么人老了就不能生宝宝了？

老二（共 9 个问题）

为什么女人会生宝宝？为什么刚生出来的小宝宝要喝妈妈的奶？为什么刚生出来的小孩不能很快长大？为什么人会老？为什么人老了就有白头发？为什么人变老就会死？为什么小孩懂得不多，大人懂得很多？为什么小孩会变成成年人，成年人会变成老人？为什么老人容易晕倒？

· 性别（共 4 个问题）

老大（1 个问题）

为什么男的不能生孩子，女的就能生孩子？

老二（共 2 个问题）

为什么女生能穿裙子，男生不能穿裙子？为什么有的男生也穿裙子？

老三（共 1 个问题）

为什么男生不能穿连裤袜？

· 其他（共 23 个问题）

老大（共 9 个问题）

哪里控制我们的笑和哭？为什么有些小朋友看到妈妈不在就会哭？公共汽车的力气大，人的力气小，为什么人能拉得动公共汽车？人在什么情况下会抽筋，为什么会抽筋？为什么手心有线条？为什么手背上有毛？人长汗毛有什么用？为什么每个人都有肚脐眼？为什么一掐脖子呼吸就很困难？

老二（共 11 个问题）

为什么人会笑和哭？为什么人的骨架有大有小？为什么人要穿衣服？为什么人在夏天的时候会出汗？为什么人晚睡觉就没精神？为什么人会喘气，还有的人有哮喘？人的器官是怎么工作的？为什么小孩子吃果冻容易卡在气管？为什么人吃东西快就会卡在气管？为什么气管和食道离得很近？人为什么会得气管炎？

老三（共 3 个问题）

为什么人要结婚？为什么有的人高，有的人矮呢？为什么男人会长胡子，而女人不会长？

"人体的秘密"主题网络

"人体的秘密"主题生活与运动内容、措施（一）

班级：_____　日期：_____年_____月_____日—_____月_____日

混龄学生活	混龄学运动
内容： ● 鼻子流血了该怎么办 ● 打喷嚏时怎么办 ● 不胖也不瘦 ● 怎么"爱护桌椅" ● 我们是有礼貌的孩子 **措施：** ● 讨论"鼻子流血了该怎么办" ● 结合流鼻血时的处理方法的图片，组织幼儿交流讨论正确的止血方法 ● 通过健康活动，大小孩子一起讨论"打喷嚏时怎么办"，总结正确方法 ● 组织孩子们讨论"肥胖好不好""太瘦好不好" 弟弟妹妹：结合图片说说哪些东西吃了会肥胖？提醒孩子们少吃；说说太瘦了会怎么样、什么样最健康 哥哥姐姐：让大孩子知道肥胖与健康的关系，如吃过多油腻食物或甜食影响智力；知道一些防止肥胖的方法，做到餐前先喝汤；知道太瘦会营养不良，要多锻炼、不挑食，多吃健康食品 ● 讲述故事《桌椅对话》，组织幼儿一起讨论怎么"爱护桌椅" ● 表扬有礼貌的孩子；哥哥姐姐做弟弟妹妹的好榜样 弟弟妹妹：吃完饭，收拾桌椅上的垃圾，轻轻推回椅子 哥哥姐姐：边吃饭边观察桌面，保持桌椅整洁干净，人走时轻轻推回椅子，爱护桌椅	**内容：** ● 基本动作活动练习（大型玩具、竹梯、车类、轮胎、皮球、呼啦圈、绳子、飞盘等） ● 安全教育：蚂蚁搬粮、聪明的小狗 ● 快乐游泳 **措施：** ● 观察幼儿能否不用眼睛看传接球 ● 观察兄弟姐妹能否相互照顾、提醒 ● 观察老大、老二和老三能否合作完成动作 ● 在体育锻炼中遇到突发情况时，能做出反应保护好自己 ● 在活动中注意个体差异，鼓励幼儿大胆尝试 ● 观察幼儿是否喜欢玩新增加的游戏 ● 观察哥哥姐姐是否会提醒弟弟妹妹热了要脱衣服并坐在旁边休息 **游戏：** ▲ 运瓜 ▲ 跳橡皮筋 ▲ 你追我赶 ▲ 欢乐蹦蹦跳 ▲ 老猫睡觉醒不了 ▲ 人力车 ▲ 你传我接

"人体的秘密"主题网络基本图示(1) 混龄 班(月 日—月 日)(备注：A是小年龄段，B是大年龄段)

中心：机灵的鼻子

闻味道的鼻子

基础性课程
混龄学生活："鼻子流血了该怎么办"
混龄学做人："感恩医生"
混龄学习：科技"鼻子有什么用(一)"
"鼻子有什么用(二)"
A：计算"鞋子配对" "比较厚薄"
B：计算"认识日历"

游戏与环境
游戏：智力大冲浪"鼻子配对"；创意工坊28号(写生)"给鼻子化妆"；小小建筑师"鼻子"；瑞金医院"保护鼻子""人体""小讲座"
环境："机灵的鼻子"版面创设

鼻子在说话

基础性课程
混龄学生活："鼻子流血了该怎么办"
混龄学做人："感恩医生"
混龄学习：科学"鼻子血了该怎么办"；语言"长鼻子的故事"；游戏"鼻子在说话"
健康"打喷嚏的秘密"
A：计算"有趣的图形"
B：计算"比较轻重"

选择性课程
今天我主持：依霖新闻(小记者收集)K1 K2 K3 Unit 1
集体阅读：《长鼻子的故事》《人体》

游戏与环境
游戏：创意工坊(写生)"鼻子"，小小建筑师"人"，瑞金医院"鼻子流血的处理"
环境："鼻子在说话"版面创设

选择性课程
今天我主持：春节新闻，元宵节新闻
感恩日：2月4日世界抗癌日——感恩医生
英语活动：复习

你的鼻子，我的鼻子

基础性课程
混龄学生活："鼻子流血了该怎么办"
混龄学做人："感恩医生"
混龄学习：美术"你的鼻子我的鼻子"；欣赏"鼻子摄影展"；音乐"雨中接妈妈"；健康"看看谁的鼻子最灵"

游戏与环境
游戏：智力大冲浪"鼻子配对"；创意工坊"各种各样的鼻子"；瑞金医院"鼻子流血的鼻子"
环境："鼻子摄影展"版面创设

选择性课程
今天我主持：全国爱耳日新闻
运动：健康游泳
英语活动：复习
集体阅读：《人体》

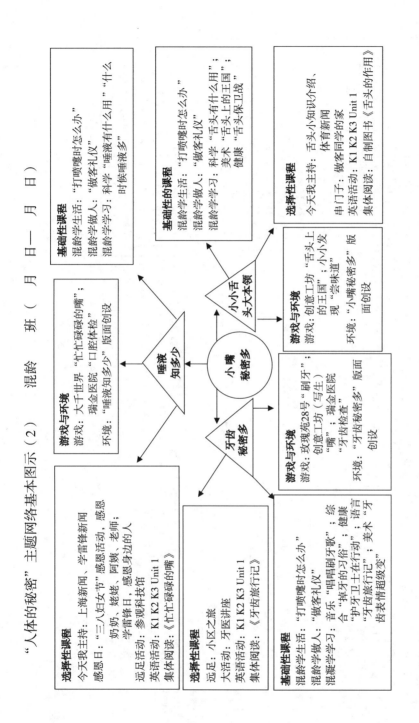

"人体的秘密"主题网络基本图示（2） 混龄 班（ 月 日— 月 日）

459

"人体的秘密"主题网络基本图示(3)   混龄   班(月 日— 月 日)(备注:A是小年龄段,B是大年龄段)

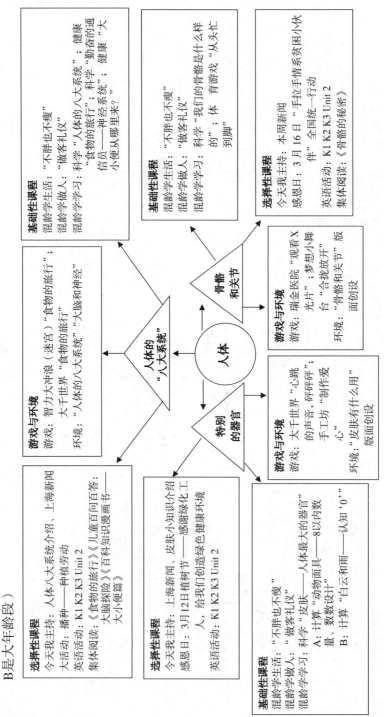

基础性课程

混龄学生活:"不胖也不瘦"

混龄学做人:"做客礼仪"

混龄学学习:科学"人体的八大系统";健康"勤备的通信员——神经系统";健康"大小便从哪里来?"

游戏与环境

游戏:智力大冲浪(迷宫)"食物的旅行";大干世界"食物的旅行"

环境:"人体的八大系统""大脑和神经"

选择性课程

今天我主持:人体八大系统介绍、上海新闻

大活动:播种——种植劳动

英语活动:K1 K2 K3 Unit 2

集体阅读:《食物的旅行》《儿童百问百答——大脑探险》《百科知识漫画书——大小便篇》

基础性课程

混龄学生活:"不胖也不瘦"

混龄学做人:"做客礼仪"

混龄学学习:科学 我们的骨骼是什么样的";体育游戏"从头忙到脚"

选择性课程

今天我主持:本周新闻

感恩日:3 月 16 日"手拉手情系贫困小伙伴"全国统一行动

英语活动:K1 K2 K3 Unit 2

集体阅读:《骨骼的秘密》

游戏与环境

游戏:瑞金医院"观看X光片";梦想小舞台"合拢放开"

环境:"骨骼和关节"版面创设

选择性课程

今天我主持:上海新闻、皮肤小知识介绍

感恩日:3月12日植树节——感谢绿色环境人,给我们创造绿色健康环境

科学"皮肤——人体最大的器官"

英语活动:K1 K2 K3 Unit 2

基础性课程

混龄学生活:"不胖也不瘦"

混龄学做人:"做客礼仪"

混龄学学习:

A:计算 "动物面具——8以内数量、数数设计"

B:计算"白云和雨——认知"0""

游戏与环境

游戏:大干世界"心跳的声音、碎碎碎";手工坊"制作爱心"

环境:"皮肤有什么用"版面创设

人体"八大系统"

骨骼和关节

特别的器官

人体

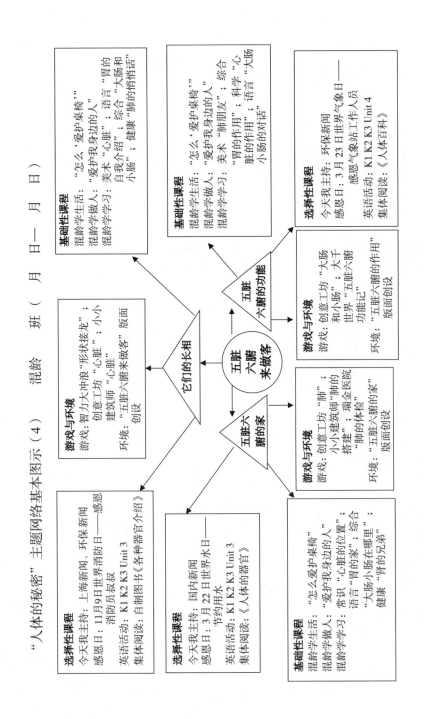

"人体的秘密"主题网络基本图示（4） 混龄班（ 月 日— 月 日）

"人体的秘密"主题网络基本图示（5）　混龄　　班（　月　日－　月　日）（备注：A是小年龄段，B是大年龄段）

基础性课程

混龄学生活："怎么'爱护桌椅'"
混龄学做人："爱护我身边的人"
混龄学学习：
健康"我从哪里来""男生女生"；美术"男生和女生""世界上的人"；计算"串串乐"
语言"人类的来源"；美术"科学""人的自然规律"
A：美术"爸爸的胡须"；计算"买菜"
B：美术"画妈妈"；计算"轻和重"

游戏与环境

游戏：创意工坊"男生、女生"；小小的美美发屋"设计不同人种的头发"
发现"人体模型"
环境："人的来源""性别""人的自然规律"版面创设

选择性课程

今天我主持：不同肤色的人、上海新闻
远足：足球场踢球
英语活动：K1 K2 K3 Unit 4《我从哪里来?》
集体阅读：《我们的身体》

世界上的人

"人体的秘密" 主题生活与运动内容、措施（二）

班级：_____ 日期：_____ 年_____ 月_____ 日—_____ 月_____ 日

混龄学生活	混龄学运动
内容： • 多喝水身体好 • 长大了：睡觉要有好习惯 • 长大了：冷暖我知道 • 外出前要小便 • 噎着了怎么办 • 掉在地上的东西能吃吗 **措施：** • 表扬做得好的哥哥姐姐或弟弟妹妹，发挥好榜样作用 • 小实验：通过实验，幼儿感受水与自身健康的关系，了解一些饮水的常识（空调房里干燥要多饮水等），激发自觉喝水的意识 • 引导大小孩子通过图片、多媒体、情景表演等观看几种睡觉时的行为，比较哪些是睡觉的好习惯 • 引导幼儿关注天气，说说自己对温度的感受，培养幼儿在日常活动中根据所需自觉增减衣物的习惯；大孩子能督促并照顾小孩子 • 以故事的形式与孩子们一起讨论为什么"外出前要小便"。在日常生活中引导大孩子关注小孩子，并能加以提醒 • 通过健康活动，大小孩子一起讨论"噎着了怎么办"。培养幼儿保护自己的意识 • 帮助幼儿积累相关生活经验：掉在地上的东西不能吃，如果有包装，剥去后仍可吃；整块食物掉在地上，经成人处理后才能吃；倾听孩子们对处理这类事情的想法和经验，培养其自主解决问题的能力	**内容：** • 基本动作活动练习（球类、走、跑、平衡区、投掷区、钻爬区、跳跃等） • 安全教育：大力士、小机灵 • 游泳——我是游泳小健将 **措施：** • 在体育锻炼中遇到突发情况时，能做出反应保护好自己 • 观察幼儿能否不用眼睛看传接球 • 在活动中注意个体差异，鼓励幼儿大胆尝试 • 观察幼儿是否喜欢玩新增加的游戏 • 观察兄弟姐妹能否相互照顾、提醒 • 观察老大、老二和老三能否合作完成动作 • 观察哥哥姐姐是否会提醒弟弟妹妹热了要脱衣服、坐在旁边休息，并能主动给弟弟妹妹擦擦汗 • 提醒幼儿互相关心，兄弟姐妹摔倒时主动帮助、安慰 **游戏：** ▲ 黄点黄点变变变 ▲ 高个子 ▲ 海上救援 ▲ 挤牙膏 ▲ 打怪兽 ▲ 灌篮高手

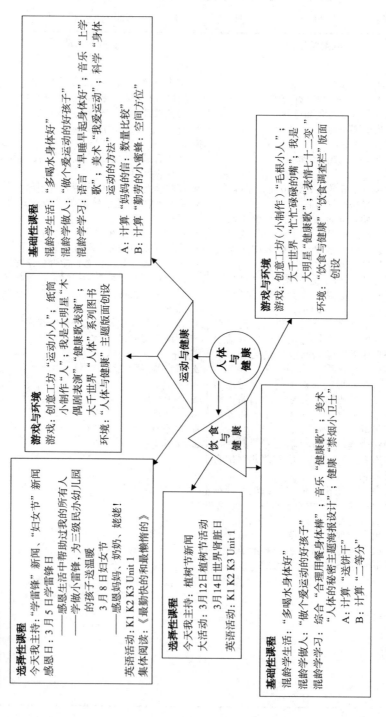

"人体的秘密"主题网络基本图示(1) 混龄 班(月 日— 月 日))(备注:A是小年龄段,B是大年龄段)

选择性课程

今天我主持:"学雷锋" 新闻,"妇女节" 新闻

感恩日:3月5日学雷锋日

——学做生活中帮助过我的所有人

——感恩小雷锋,为三级民办幼儿园的孩子送温暖

3月8日妇女节

——感恩妈妈、奶奶、姥姥!

英语活动:K1 K2 K3 Unit 1

集体阅读:《最勤快的和最懒惰的》

游戏与环境

游戏:创意工坊"运动小人";纸筒小制作"人";"我是大明星"偶剧表演"健康歌表演"

大千世界 "人体" 系列图书

环境:"人体与健康" 主题版面创设

基础性课程

混龄学生活:"多喝水身体好"

混龄学做人:"做个爱运动的好孩子"

混龄学学习:语言 "早睡早起身体好";音乐 "上学歌";美术 "我爱运动";科学 "身体运动的方法"

A:计算 "妈妈的信:数量比较"

B:计算 "勤劳的小蜜蜂:空间方位"

选择性课程

今天我主持:植树节新闻

大活动:3月12日植树节活动 3月14日世界肾脏日

英语活动:K1 K2 K3 Unit 1

基础性课程

混龄学生活:"多喝水身体好"

混龄学做人:"做个爱运动的好孩子"

混龄学学习:综合 "合理用餐身体棒";音乐 "健康歌";美术 "人体的秘密主题海报设计";健康 "禁烟小卫士"

A:计算 "送饼干"

B:计算 "二等分"

游戏与环境

游戏:创意工坊(小制作)"毛根小人";大千世界 "忙忙碌碌的嘴";我是大明星 "健康歌";表情七十二变

环境:"饮食与健康""饮食调查栏" 版面创设

运动与健康

人体与健康

饮食与健康

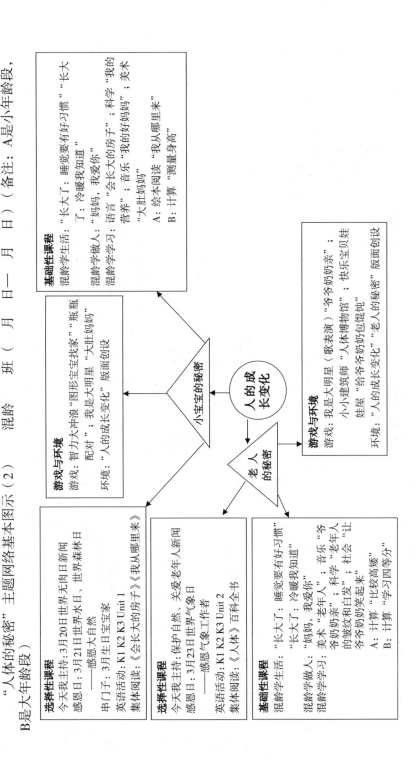

"人体的秘密"主题网络基本图示（2）　混龄　　班（　月　日—　月　日）（备注：A是小年龄段，B是大年龄段）

"人体的秘密"主题网络基本图示（3）　混龄　班（　月　日—　月　日）（备注：A是小年龄段，B是大年龄段）

基础性课程
混龄学生活："外出前要小便"
混龄学做人："保护弟弟妹妹"
混龄学学习：健康"人体的支架"；美术"骨骼的秘密"；科学"血液的秘密"；
歌曲"我的身体"
A：计算"我们身边的数字"
B：计算"看图列算式"

游戏与环境
游戏：智力大冲浪"形状接龙"；小小创意工坊"心脏"；大于世界建筑师"人体"
环境："血液与骨骼"版面创设

游戏与环境
游戏：开心宝贝娃娃屋"保护骨骼"；大于世界"日历故事阅读"；小小建筑师"人体博物馆"；
环境："血液、骨骼与排泄"版面创设

选择性课程
今天我主持：环保新闻
感恩日：3月30日地球1小时
——感恩地球妈妈
英语活动：K1 K2 K3 Unit 2

选择性课程
今天我主持：清明节新闻、卫生日新闻、上海新闻
感恩日：4月2日国际儿童图书日（修补图书馆的图书）
清明节
——感恩革命烈士
英语活动：K1 K2 K3 Unit 2

基础性课程
混龄学生活："外出前要小便"
混龄学做人："保护弟弟妹妹"
混龄学学习：语言"尿从哪里来"；综合"大小便的秘密"；健康"跳动的心脏"
科学"永不停歇的心脏"
A：计算"小小魔术师"
B：计算"交集"

血液与骨骼

血液、骨骼与排泄

心脏与人体的排泄

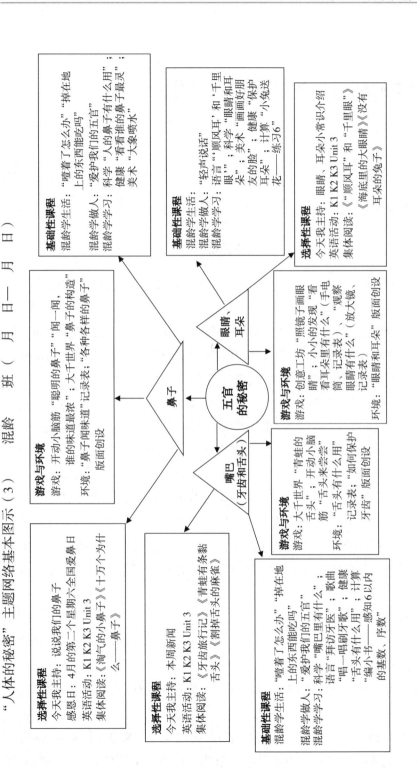

"人体的秘密"主题网络基本图示（3） 混龄 班（ 月 日— 月 日）

467

"人体的秘密"主题家园共育指南

 案例1

人体的秘密

班级：混龄_____班   ____年__月__至____年__月__日

"我从哪里来"这个问题一直很神秘，幼儿对这个问题也非常好奇，我们一直在探索如何把这个科学而神圣的秘密告知他们。如果让幼儿带着问题自己去探索并找出答案，会不会更有意义呢？

"肚子里的宝宝吃东西吗？""为什么女人能生孩子，男人不能生孩子呢？"……幼儿将这一个个疑问迁移到自己和同伴的身上，好奇地问："你吃进肚子里的东西哪里去了？""心脏为什么会跳动呢？""牙齿为什么会掉呢？"……对于大人而言，这是多么稚嫩的话语，又是多么具有探索性的问题。正如蒙台梭利所言，当幼儿专注于某些特定的事件，教师进行适当的引导，可以唤醒他们潜在的情感，诱发他们的兴趣。于是我们通过事先的提问活动，抓住幼儿想要知道人体秘密这一契机，以"人体的秘密"为主题开展了系列探究活动，从科学的角度让幼儿正确了解人体的奥秘，满足幼儿的好奇心。

教育目标

• 初步了解人体的外部器官和内部系统的名称、功能等知识，激发幼儿探索的兴趣和欲望。

• 认识身体主要部位的外部特征，体验它们的作用，学会保护自己的身体。

• 运用测量及比较的方法，体验自己的成长，并为自己长大而高兴。

• 通过实践、参观、现场讲座的形式，体验医生的伟大，感恩医生帮助我们恢复健康。

教育内容

"我从哪里来?""人的皮肤有什么用?""保护小手和小脚""人的舌头有什么用?""人的鼻子有什么用?""拜访牙医""荡秋千的小白牙""大巨人打喷嚏""鼻子摄影展""保护小手小脚""牙齿表情超级变""长鼻子的故事""大拇哥""光脚丫""合拢张开"。

"家庭孩子王"请提示/陪伴孩子"玩"成

序号	内容	时间/数量	评价反馈
1	和孩子一起收集有关人类来源的资料,了解人的种类等	第一周	
2	和孩子谈谈男生和女生的区别,聊聊人进化的规律	第二周	
3	收集头部、五官的 X 光片,将图片带至幼儿园	第三周	
4	准备一个一次性口罩并带至幼儿园,本周老师将带部分幼儿去牙科诊所参观	第四周	
5	经常带孩子到户外锻炼,提醒孩子保护好自己的手、脚、膝盖等	第五周	
6	带孩子到图书馆翻阅人体八大系统相关书籍,初步了解人体八大系统和各器官的功能	第六周	
7	和孩子探索皮肤有什么作用,做做皮肤小实验	第七周	
8	和孩子一起观察全家人的手指甲有什么不一样,了解指甲和健康的关系	第八周	
9	看看宝宝出生时的小脚印和大人的脚印,比较不同,讨论为什么	第九周	

说明:在"评价反馈"一栏,请家长对自己是否是好爸爸、好妈妈做出评价。如做到了给自己一个☆,反之就是✕。

▶▶ 案例 2

人体旅行

班级:混龄_____班　　　　　_____年__月__至___年__月__日

从幼儿走进幼儿园的第一天,我们就告诉他们如何爱自己、爱身边的伙伴、爱自己的家人、爱自己的老师。爱自己,首先要了解自己,了解自己的身体,保护自己的身体。

在开展"人体旅行"主题前的探讨活动中,大年龄段幼儿说出了很多自己想要了解的问题,关于五官、皮肤、骨骼、心脏、头发等。我们收集了很多来自幼儿的问题,例如:

为什么小孩的骨头比大人的多?(老大)

为什么人一定要有心脏?(老二)

为什么老人的头发是白色的?(老三)

为什么有些血管是连通的,有些是关闭的呢?(老大)

为什么人的眼睛要眨呀眨的?(老二)

为什么鼻子可以闻味道?(老三)

人的骨骼是怎么排列的?(老大)

为什么人会骨折?(老二)

……

这些问题的收集,充分表明了幼儿对"人体旅行"主题活动的浓厚兴趣,他们对不同的"身体组成"有很强的探索欲。与之前收集的与"人体的秘密"相关的问题比较后发现,幼儿如今所提出的大部分问题都未与之前的重复,而是有了很多新的角度。全新的切入点拉开了"人体旅行"的序幕。就让我们跟随幼儿强烈的求知欲和探索欲,开始我们的"人体旅行"吧!

教育目标

• 激发幼儿喜欢上幼儿园的情感,懂得自己长大了,要高高兴兴地来幼儿园。

• 培养幼儿的爱心,增进"家庭"混龄幼儿之间的情感交流。

• 鼓励幼儿尝试采用多种方式收集人体五官、皮肤、骨骼、大脑、心脏的信息,了解自己的身体,喜欢自己的身体。

• 通过大活动,让幼儿了解水资源的重要性,珍惜身边的每一滴水,节约用水,不浪费水。

• 通过大活动,让幼儿了解气象与人们生活的关系,学会爱护我们的家园,爱护地球妈妈。

• 知道世界水日是哪一天,知道世界气象日是哪一天,培养幼儿的环保意识,增强幼儿保护环境的责任感。

教育内容

"亮亮的眼睛""我的肖像画""刷牙歌""五官的秘密""认识球体""馋馋的嘴巴""认识正方形""小树苗""强壮的我""认识梯形""认识圆形""有趣的皮肤""做个讲卫生的好宝宝""水宝宝""生命之源——水""快乐的小水滴""我是小水滴""认识椭圆形""好玩的长方体""水滴的旅行""世界气象日的由来""复习长方体、梯形、椭圆形""我从哪里来""复习正方体、圆形""生命的延续""自然界的生命""If happy and you know""Sunny day"。

"家庭孩子王"请提示/陪伴孩子"玩"成

序号	内容	时间/数量	评价反馈
1	做好新学期幼儿情绪的引导工作，使孩子开开心心上幼儿园	第一周	
2	老大向弟弟妹妹介绍五官的特点	第二周	
3	带领幼儿了解人体的秘密，帮助幼儿了解自己的身体，并将精彩照片带到班级分享	第二周	
4	和幼儿一同讲讲骨骼和皮肤的故事	第二周	
5	带领幼儿了解大脑的功能和特点	第三周	
6	带领幼儿了解心脏的功能和特点	第四周	
7	引导幼儿了解生命延续的相关知识	第五周	
8	收集水和气象的相关信息	1 次	
9	陪同幼儿一起欣赏小主播的风采	每周 4 次	
10	与孩子共同阅读故事"人体的秘密""有趣的人体"	日常 15 分钟	

说明：在"评价反馈"一栏，请家长对自己是否是好爸爸、好妈妈做出评价。如做到了给自己一个☆，反之就是×。

"人体的秘密"具体科目教学内容

语言活动

> ### 会长大的"房子"

设计思路

在"人体的秘密"主题的问题收集中,很多幼儿问到"小宝宝在妈妈肚子里吃什么""小宝宝为什么是在妈妈的肚子里,而不是在爸爸的肚子里""小宝宝在肚子里能长多大""为什么妈妈要生我"……

带着一连串幼儿提出的问题,设法引导孩子们一起寻找答案,是教师的职责所在。教师既要鼓励幼儿提出问题,也要想办法帮助他们在力所能及的范围内去找寻答案。

活动目标

① 知道妈妈肚子里有一座"房子",名字叫"子宫";了解宝宝在子宫这个小"房子"里长大的过程,感受妈妈的辛苦。

② 激发幼儿探索人体奥秘的好奇心;让幼儿知道人类、动物都要养育后代。

活动准备

① 前期经验准备:幼儿知道自己是从妈妈肚子里出来的。通过亲子活动"和妈妈交流",满足幼儿的好奇心。回答"妈妈为什么生的是我?""我是怎么来到这个世界上的?"等问题。

② 教具学具准备:PPT《宝宝在妈妈腹内生长》;视频《胎儿成长》。

活动流程

特别的"房子"→会长大的"房子"→我和妈妈连接在一起。

阅读指导

阅读故事《猜猜我有多爱你》，和妈妈一起进行游戏"猜猜我有多爱你"。

活动过程

·特别的"房子"

提问 — 小宝宝在出生之前住在什么地方？

— 妈妈肚子里能住下这么大的小宝宝吗？

— 你是怎样从妈妈肚子里出来的？

指导 — 根据以上问题，引导"一家人"一起说说。

— 请愿意说的幼儿（大年龄段）按自己的意愿回答，教师根据三个问题适当给出提示。

— 教师注意培养大年龄段幼儿大胆讲述、语句流畅的能力。

指导语

出生之前在妈妈肚子里；妈妈肚子会变得越来越大；我是从妈妈肚子里顺产出来的，或是医生在妈妈肚子上开了一刀后，把我抱出来的。

·会长大的"房子"

我们都是从妈妈肚子里来到这个世界上的，那我们是住在妈妈肚子里的什么地方的呢？又是怎样长大的呢？

指导 — 播放 PPT《宝宝在妈妈腹内生长》。

— 根据视频播放的内容"抛接球"，请幼儿讲述在视频中看到了什么。

— 重点指导：

小年龄段幼儿：我看到了……

大年龄段幼儿：我看到视频里……，还看到了……

指导语

每个妈妈肚子里都有一间"小房子"，这间"小房子"的名字叫
"子宫"。

　·我和妈妈连接在一起

提问　- 在妈妈肚子里，宝宝是怎么长大的？

- 胎儿在妈妈的子宫里是怎么吃饭吸收营养的呢？

- 宝宝在子宫里越长越大，子宫太小了，逐渐难以容纳宝
宝，怎么办？

指导　- 出示胎儿在母腹中的解剖图（按由小到大的顺序摆放），
让幼儿直观感受胎儿在母腹中的成长过程。

- 引导幼儿想办法，各自发表意见。

"屁"从哪里来?

▶ **设计思路**

谁放了屁,孩子们总能热火朝天,甚至炸开锅地议论。幼儿不懂"屁是肚中之气,哪有不放之理"这个道理,他们好奇"人为什么会放屁""为什么家里老年人的屁最多""屁有什么作用"……

教师应帮助幼儿了解放屁是一件很自然的事情,不必害羞,也不必嘲笑放屁的人,人人都会经历。

▶ **活动目标**

① 知道放屁是人和动物的一种自然生理现象;了解放屁的原因;知道屁是肚子里产生的气体,和吃的食物、生病、年龄有关。

② 知道放屁不必害羞,也不要嘲笑放屁的人。

▶ **活动准备**

① 前期经验准备:知道屁是从哪里放出来的,有放屁害羞的经历。

② 教具学具准备:视频《"屁"从哪里来?》。

▶ **活动流程**

聊聊放屁这件事→屁从哪里来→屁是肚中之气。

▶ **阅读指导**

阅读《放屁搞笑故事》(合集)、《神奇的音乐会》、《图书馆的插座》。

▶ **活动过程**

· 聊聊放屁这件事

提问 － 你们放过屁吗?一般什么时候人会放屁?

－ 屁是从哪里放出来的?放屁有声音吗?

– 放屁有什么用？

– 人为什么会放屁？

指导 – 以上这些问题都是幼儿提出的，说明他们有一定的生活基础，教师用"抛接球"的方式，让幼儿充分表述自己已有的知识。

– 教师不要否定幼儿的讲述，如果有问题，可以将"球"接过来，换成疑问句再抛回去，引导大家讨论。

– 此环节不要赶时间。幼儿弄不明白这个问题，才有继续探索和学习的欲望。

· "屁"从哪里来

提问 – 人肚子里的屁究竟是从哪里来的？

– 屁为什么会有不同的气味？

指导 – 播放视频《"屁"从哪里来？》。

– 师生共同围绕视频《"屁"从哪里来？》的内容提出问题，进行交流、讨论，了解放屁与身体健康的关系。

· "屁"是肚中之气

提问 – 为什么病人手术后，医生要问病人"你今天放屁了吗"？

– "屁"从哪里来？人放屁好不好？

– 为什么我们放屁不必害羞，也不要嘲笑放屁的人？

指导 – 师生结合生活经验，在来回"抛接球"的过程中释疑。

指导语

在开刀手术中，麻药对全身肌肉包括肠道有麻醉作用，病人的肠道蠕动会减弱甚至停止。所以术后病人放屁了，医生就知道病人的肠道恢复正常了。

我们吃豆类、淀粉类的东西也容易放屁（黄豆、蚕豆、洋芋、红薯等）。如果我们生病了，肠胃功能混乱了，也会放屁增多。

身体健康的人会放屁，年纪大的人肠胃蠕动变慢，更会放屁。放屁是把肚子里的气排出来，让身体更健康。所以想要放屁就大胆地放，不必害羞，也不要嘲笑别人。

活动延伸

引导幼儿明白"屁是肚中之气，哪有不放之理"的道理后，提醒幼儿在别人放屁的时候不要嘲笑别人，自己想要放屁时也不要憋着，不要害羞。

我们不能随便挖耳朵

设计思路

越小的幼儿,自我保护能力越弱,这和其生活经验、所处环境及认知水平有关系。今天,小易小朋友因为感冒、发烧得了中耳炎,班级里大小孩子都纷纷关心起小易来,并好奇地问:"中耳炎是什么病啊?"患中耳炎的人确实不多,所以幼儿的好奇心又泛滥了,这也给了教师一个教育契机。阅读区就有一本故事书《我不挖耳朵》。

活动目标

① 知道自己耳朵的用途;能用耳朵分辨乐音和周围环境的噪音;知道耳朵里面长什么样。

② 帮助幼儿认识耳朵,建立保护耳朵的意识。

活动准备

① 前期经验准备:班里小易小朋友的耳朵得病了——"中耳炎"。

② 教具学具准备:故事书《我不挖耳朵》;人体耳朵立体模型解剖结构示意图;气球皮、玻璃杯、橡皮筋。

活动流程

游戏"听声音"→耳朵的结构和功能→小实验"鼓膜振动"→游戏"手掌捂耳开和收"。

阅读指导

阅读故事书《我不挖耳朵》。

认知耳朵的组织结构:耳廓、耳道、鼓膜、听小骨、耳蜗、听神经等。

活动过程

·游戏"听声音"

提问 — 猜猜，耳朵是靠什么地方听见外面传来的声音的？

— 现在你们听到的是什么声音？

指导 — 敲鼓，讲话，拍手……引导幼儿感知耳朵是通过哪一部分接收外面传来的声音的。

指导语

耳朵不是靠某一个地方（如耳垂、耳朵里面的通道或耳蜗等）来听声音的（可汇总幼儿的讲述）。

·耳朵的结构和功能

提问 — 耳朵究竟是怎样接收外面传来的声音的呢？

指导 — 出示人体耳朵模型，引导幼儿一起观察、讨论，重点观察耳廓、外耳道、鼓膜、鼓室、听小骨、咽鼓、耳蜗、前庭和半规管等部分。

— 教师必须在活动前搞清楚耳朵每个组织器官的正确名称。

— 出示耳朵的构造图，并进行讲解。例如：这是鼓膜，它是外耳和内耳的分界线；这是听小骨，属于中耳；这个像蜗牛壳的是耳蜗；这一束黄黄的就是听神经；这是内耳……

指导语

耳朵是人体的听觉器官，听觉器官的每一个部位都要保持健康，不能损坏，否则耳朵就会生病，影响听力。

·小实验"鼓膜振动"

提问 — 耳朵有这么多组成部分，那它们是怎样疏导声音的呢？

指导 — 我们做个小实验，先把气球皮蒙在玻璃杯上，再用橡皮筋固定，尽量绷紧些，因为我们的鼓膜是一层很薄、有弹性的膜，比气球皮更薄。

— 接着把纸片撒在上面，敲击音叉，观察气球皮上的纸片会发生什么现象——震动。敲击停，震动停；敲击不停，震动不停。

- 把气球皮弄破后，再敲击玻璃杯会发生什么？

指导语

声波由耳廓收集后进入耳道，引起鼓膜振动，振动传达到听小骨，听小骨的振动引起耳蜗里液体的震动，传达到听神经。听神经再把这个信号传达到大脑，形成声音，我们就能听见声音了。

耳朵的耳膜很薄，不能弄破，弄破了就听不见声音了。所以我们千万不能随便挖耳朵。

> **· 游戏"手掌捂耳开和收"**

提问 - 玩游戏"手掌捂耳开和收"时，大家有什么感觉？

游戏规则：

- 选一个指挥官（老师或幼儿）。
- 指挥官发出指令"收"，大家就用双手紧紧捂住自己的两只耳朵。
- 指挥官发出指令"开"，大家就用手掌围住耳朵，留一个小洞。
- 指挥官发出的指令声一会儿大一会儿小，可反复几次，让大家感受。

指导语

游戏中，大家把手掌张开，声音就小；手掌合拢，声音就大。手掌合拢时就像我们的耳廓，可见，耳廓是用来收集声音的。

▶▶▶ **活动延伸**

带着问题继续探索。比如：人的耳朵能听见声音，动物的耳朵也都能听见声音吗？

以亲子问答和阅读的方式，阅读故事书《乌龟的耳朵》《谁的耳朵》《没有耳朵的兔子》《大象的耳朵》等。

拜访牙医

设计思路

　　人的牙齿要经历长牙和换牙两个过程，有的老大正处在换牙阶段。在收集主题"人体的秘密"的问题时，幼儿提出了"为什么人类的牙齿要一颗颗长、一颗颗换呢？""牙齿得了蛀牙怎么办呢？""黑人的牙齿为什么这么白？"等问题。为了让幼儿了解自己牙齿的状况，了解牙医的工作，知道保护牙齿的基本方法，我们决定开展相关教学，让他们眼见为实。

活动目标

　　① 知道要保护好自己的牙齿，知道保护牙齿的基本方法。
　　② 知道牙医是治疗牙齿疾病的医生，了解牙医的工作。

活动准备

　　① 前期经验准备：熟悉自己的牙齿，基本知道牙齿的用途，个别幼儿有长蛀牙的经历。
　　② 教具学具准备：与小区卫生院牙医联系，确定参观的牙科诊所；海报纸、儿童记录本、彩色笔若干；绘本《宝贝牙旅行记》。

活动流程

　　牙科诊所里的牙医→牙科医生我们想问问你→参观牙科诊所。

阅读指导

　　阅读绘本《宝贝牙旅行记》。
　　当妞妞嘴巴里有一颗牙齿开始摇来摇去的时候，她为那颗快要掉落的小牙牙准备了一个温暖又可爱的窝。
　　一天早晨，奇妙的事发生了——"妈妈，小牙牙自己回来了！"妞妞开心地张大了嘴巴。"真是个调皮的小家伙！只露出一点点，不好意思露出全部呢！"

▶▶ 活动过程

• 牙科诊所里的牙医

提问 – 你到诊所看过牙齿疾病吗？为什么要去看牙医？

– 你在牙科诊所见到了什么？

– 牙医是怎么检查牙齿的？

– 你见过哪些看牙的工具？它们各有什么作用？

指导 – 两个"家庭"为一组，参与问答游戏"牙科知识你我知多少"。

游戏规则：

– 甲"家庭"问，乙"家庭"答；乙"家庭"问，甲"家庭"答；

– 根据自己的认知经验问答；

– 家庭成员都可以参与问答；

– 答对记10分，答错不扣分。

指导语

我们虽然有长牙、掉牙、看牙的经历，但刚才在玩游戏"牙科知识你我知多少"时还是有很多问题答不出来，尤其是有关如何保护我们的牙齿的问题。

• 牙科医生我们想问问你

提问 – 关于牙齿的问题，我们可以通过什么方法知道正确答案呢？

– 谁是看牙齿疾病的专家，是对牙科知识懂得最多的人？

– 如果我们去牙科诊所，你想问牙科医生哪些问题呢？

指导 – 启发幼儿思考，通过一些方法和途径找到自己所需的答案。

– 接到幼儿的抛球，教师不急于正面回应。（看书，从书中找答案；问大人；问老师……）

– 讨论即将到医院拜访牙医时想要问的问题，老大可以尝试图示记录。

– "一家人"尝试用图示记录法记录问题，制作海报"牙齿，我们的问题"。文字部分可请老师帮助。

指导语

我们与牙科医生联系一下，让专业的医生给我们讲讲，这办法好！

· 参观牙科诊所

提问 － 参观牙科诊所的时候，我们要注意些什么？

指导 － 引导幼儿讨论，确定此行的要求。例如：注意礼貌，不要
乱动看诊工具，不能大声喧哗，提问环节请举手；注意倾听
牙医介绍牙齿的保健方法……

指导语

小朋友们，我们刚才一起探讨了关于牙齿的问题怎么找到正确答
案——原来牙科医生是这方面最厉害的专家呀！要是我们去牙科诊所，
还可以把心里的小疑问，像"每天刷几次牙才对""为什么会有蛀牙"
这些问题问给医生，这样就能学到好多保护牙齿的好办法啦。

活动延伸

加强家园联系，做到早晚刷牙、中午漱口的习惯，将保护牙齿落实到
每天的实际行动中。

· 活动的需要条件

需要家长或社区资源，在不影响牙科医生为病人看病的前提下完成活
动（注意牙科诊所的时间安排）。

如果没有去牙科诊所的条件，可请牙科医生来幼儿园为幼儿做保护牙
齿的宣讲。

如果请牙科医生的条件也没有，就请幼儿园的保健医生来宣讲。专业
的事情由专业人员来做更好。

· 课时时长调整建议

很多教学活动规定了时间，出于教学内容或环境的需要，可以把时间
裁开，分为上下两部分。一切根据幼儿的学习特征，以达到理想的教学
效果。

科学·探索活动

食物的进出口

▶▶ 设计思路

认识人体,是幼儿园最基础的科普教学。在"人体的秘密"主题中,老大问到一个问题:"人吃下去的东西不同,拉出来的大便是一样的颜色、一样的臭吗?"有一位名人曾在一次讲话中解答了这个问题。他说,有一次好友请他吃饭,为了表示对他的尊重,这顿饭价格不菲。第二天早上排便时,他就想,昨天晚上吃了那顿昂贵的晚餐,今天的大便是否会有所不同?结果还是一样的颜色、一样的臭。这告诉我们一个道理,吃什么不重要,关键是要注意饮食安全、卫生和健康。

美味的食物为什么会变成便便?幼儿很有兴趣探索食物在人体内的"旅行",并了解身体内一些器官的作用。

▶▶ 活动目标

①"一家人"有兴趣地探索食物在人体内的"旅行"。知道吃进去的东西会通过大便、小便的形式排出;初步知道食物进出口的名称;初步了解身体内一些器官的作用。

② 知道吃东西要注意卫生,不能吃得太多,也不能饿坏了胃。

▶▶ 活动准备

① 前期经验准备:幼儿已有三年以上饮食和排便的感受,知道吃进去的东西是香的,排出来的便便是臭的。

② 教具学具准备:自制绘本视频《肚子里的运动会》;视频《为什么进去的美味食物,出来却是臭臭的便便?》。

▶▶ 活动流程

肚子里的消化器官→消化器官在肚子里"开运动会"→从"进口"到

"出口"，消化系统完成任务。

阅读指导

阅读绘本《肚子里有个火车站》《肚子里的运动会》。

活动过程

·肚子里的消化器官

提问 － 肚子里可以装些什么东西？

－ 从嘴巴吃进去的东西到哪里去了？

－ 吃进去的东西第一站到哪里？第二站到哪里？第三站到哪里？最后又去了哪里？

指导 － 引导幼儿交流认知的经验（教师可以肯定，不做否定）。

－ 播放自制绘本视频《肚子里的运动会》。

提问 － 我们身体里的管道是直直的吗？

－ 我们吃下去的东西都要经过哪些地方？

指导语

大肠和小肠在我们身体里是弯弯曲曲的，嘴是食物的入口，所有食物都是从嘴进入我们的身体的。这根管道就是食道，下面的细细的管道叫小肠，粗粗的管道叫大肠。食物经过这些管道到了出口（也就是肛门），便便是从肛门出来的。

·消化器官在肚子里"开运动会"

提问 － 看完视频《肚子里的运动会》，大家有什么问题想提？

指导 － 出示人体上半身的模型，对照人体模型里的消化系统，一一做出讲解。

－ 根据幼儿提出的关于《肚子里的运动会》的疑问，将食物比喻成运动员，肠道比喻成赛道，告知幼儿食物经过胃、小肠、大肠等一系列器官，最后排出身体。

－ 鼓励幼儿在充分交流的基础上，大胆发表自己的见解，尤其是要鼓励老大。

指导语

食道是有弹性的，有的食物没嚼碎时大，嚼碎了就小，所以没嚼碎就吞咽容易噎住。只有细嚼慢咽才能使我们的食道更通畅。胃不停地磨碎食物，加上胃液的帮忙，食物就会慢慢变成糊状，这就是胃的消化。

· 从"进口"到"出口"消化系统完成任务

提问 －食物从嘴巴"进口"，需要通过哪些部门最后到肛门"出口"排泄出来？

－为什么"进口"吃下的食物是香的，"出口"排泄出来的便便是臭的呢？

指导 －引导幼儿讲讲自己的见解（教师可以肯定，不做否定）。

指导语

大便臭的主要原因是蛋白质摄入过多、消化不良、饮食因素、肠道疾病等。

▶▶▶ **活动延伸**

进行"人体的秘密"主题活动时，阅读区内提供充足的关于人体消化系统的绘本，如《便便从哪里来》，让幼儿能够把活动中、生活中和阅读中的知识融合消化，提升对自己身体的认知。

人的平衡

▶ **设计思路**

"老师，走平衡木我很害怕！""老师，我不敢转，我会头晕！""老师，青青为什么总是在运动的时候摔跤呢？"……在日常的运动中，孩子们经常会问到这些问题。在"人体的秘密"主题的探索与学习中，孩子们再一次问及这类问题。借助对五官的了解，这是解开幼儿一直挂念在心中的关于平衡的疑问的最好契机。

▶ **活动目标**

① 在活动中，能用眼睛等感官进行探索，并关注探索结果；通过对平衡的探索，收集有关平衡与触觉、视觉等的关系的信息；在探究中主动与弟弟妹妹合作，通过观察、分析或猜测，了解人的身体平衡主要是视觉、触觉及耳朵里的半规管等共同作用完成的。

② 在活动中，"一家人"能互相商量、合作完成游戏。

▶ **活动准备**

① 前期经验准备：已经习得各种感官认知。

② 教具学具准备：眼罩 18 个；独木桥 6 道；PPT "耳朵"；地面贴上即时贴做标记。

▶ **活动流程**

原地踏步木头人→蒙眼走独木桥→神奇的半规管→比比看谁更稳。

▶ **阅读指导**

阅读科学图画书《机灵的耳朵和鼻子》《耳朵的故事》等。

活动过程

·原地踏步木头人

提问 — 闭眼踏步和睁眼踏步感觉有什么不一样?

— 为什么闭眼踏步会出现弟弟妹妹说的害怕、头晕、踩不到原来的点等现象?

指导 — 比较闭眼、睁眼在圈内踏步的不同。

指导语

眼睛是保持人体平衡的重要器官之一。

·蒙眼走独木桥

提问 — 蒙眼走独木桥时在有人搀扶和没人搀扶的情况下有什么不一样的感觉?

指导 — 教师自己先蒙眼走独木桥。

游戏规则:

— "一家人"负责将独木桥搬到指定地点。

— "一家人"商量谁先蒙眼走独木桥,谁负责保护安全。

— "一家人"每个成员都要蒙眼走独木桥。

— 要把蒙眼走独木桥的体验告诉大家。

指导语

蒙眼走独木桥的时候脚步会放慢;有人搀扶就会有安全感、脚步平稳、走得踏实,我们的(皮肤、神经)触觉和视觉都能帮助我们保持身体平衡。(老三完成这个游戏后可以先退出进行其他活动,如果愿意也可继续旁听)

·神奇的半规管

提问 — 在这张图上你看到了什么?

指导 — 出示人体耳朵的构造图,引导幼儿观察耳朵的构造。

— 转圈游戏,体验耳朵里的半规管在人旋转时会发生什么。

指导语

耳朵通道→前庭→半规管→信息传递大脑→大脑发出命令。

半规管内积满了淋巴液，那里长着密密的绒毛。身体晃动时，淋巴液会随之晃动。绒毛收到情报后传递给大脑，大脑向肌肉下达命令，肌肉用力让身体保持平衡。

·比比看谁更稳

提问　– 老人、"大小孩"和"小小孩"一起转圈，谁更容易晕？为什么？

– 病人和健康的人一起转圈，谁更容易晕？为什么？

指导　– 教师和"一家人"一起根据鼓声的节奏玩"我们一起转圈圈"的游戏。

– 继续游戏，请所有老师一起根据鼓声的节奏转圈。

– 继续游戏，请"一家人"一起根据鼓声的节奏转圈。

指导语

分析游戏结果可以得出一个较准确的结论：如果半规管健康、健全，我们就不容易摔跤。所以，我们要保护好耳朵里的半规管。除了神经、皮肤、眼睛等感官能维持我们身体的平衡外，耳朵里前庭中的半规管也在帮助我们保持平衡。

▶▶ **活动延伸**

在运动中，要经常进行"单脚立""团团转""盲人过马路""盲人走独木桥"等体育游戏。

看看谁的鼻子最灵

设计思路

幼儿的嗅觉这一生理功能已基本成熟,而且有了辨别各种味道的经验。但在日常生活中,我们有时不太注意用鼻子来分辨物体的气味。在同一空间和时间内,相对集中地多提供一些物体,让幼儿用嗅觉来感知每样东西独特的气味,促进幼儿对鼻子嗅觉功能的了解,学会主动用嗅觉来分辨生活中的事物。

活动目标

① 通过探索尝试了解嗅觉器官的作用,能主动用鼻子分辨物品的气味。

② 大年龄段幼儿可以更细地区分出同种食物不同浓度的味道(如酒和酒精),并学习记录。

活动准备

① 前期经验准备:幼儿基本具备鼻子可以闻出各种味道的认知。

② 教具学具准备:尽可能分类,提供幼儿在生活中经常接触到的、无毒无害的食品和物品。

食品类:臭豆腐、饮料、水果、面包、巧克力、矿泉水。

生活用品类:香皂、肥皂、香水、汽油、油漆。

植物类:玫瑰花、菊花、百合花、辣椒、芹菜、香菜、葱、大蒜。

调料类:醋、酱油、麻油、料酒、酒精、糖、盐。

活动流程

什么东西是有味道的→嗅一嗅这是什么味道→猜一猜这是什么味道→嗅觉的具体位置图。

▶▶ **阅读指导**

阅读绘本《五种感觉》《鼻子闻一闻》《闻一闻什么味道》。

▶ **活动过程**

· **什么东西是有味道的**

提问 － 什么东西是有味道的？

－ 你能描述这些味道吗？

指导 －"一家人"玩游戏"我说·你说·他说"，轮流说鼻子可以
闻出什么东西的味道。教师不喊停，游戏就一直进行。老大
用心记录"一家人"一共说了多少东西。

指导语

生活中，我们的食物、生活用品，以及自然界的植物和动物等很多
东西都是有味道的。

· **嗅一嗅这是什么味道**

提问 － 分类提问（食品、生活用品、植物）：你用小鼻子找出了
哪些香的东西，哪些臭的（或刺鼻的）东西？

指导 － 以"小家庭"为单位，老大带着"一家人"探索物品的
味道。

－ 用你们的小鼻子嗅一嗅，哪些物品是香的，哪些物品是臭
的（或刺鼻的）？

指导语

分类归纳小结幼儿探索的结果。

· **猜一猜这是什么味道**

"蒙眼睛嗅味道"游戏：

指导 － 教师用毛巾蒙住另一位教师的眼睛后，让她嗅一嗅食物的
味道并大声说出自己嗅到的是什么东西。

－"一家人"按照教师的示范，商量并合作玩"猜一猜这是
什么味道"的游戏。

－教师记录这些味道的分类（此时小年龄段幼儿可以休息，自由活动）。

－大年龄段幼儿学习记录方法。

记录内容：继续探索和讨论"还有哪些东西是没有味道的？""水、雪等有没有味道？""怎样使水变得有不同的味道？"在区域活动中做实验，提供调料、香料和自来水，让幼儿继续探索。主要探索水与添加剂的关系（浓和淡）。可以回家嗅一嗅爸爸、妈妈等家人身上的味道，找一找生活中还有哪些东西是香的或臭的，并做好记录。

记录方法：用蜡笔涂色的方法，根据要求涂在字体上。

香味：红色；酸味：咖啡色；臭味：黑色；无味：白色。

指导语

鼻子是一个用来呼吸并接受气味的器官。鼻子的不同部位获取不同的气味，并将信息发送到大脑。大脑的额叶能识别传入鼻子中的气味。每个人身上的气味都不一样，不同动物身上的气味也不一样。

· 嗅觉的具体位置图

看过嗅觉的位置图我们就知道，平时不能乱挖鼻孔，要保持鼻腔的清洁和卫生。如果不保护好我们鼻腔里的神经系统，我们的嗅觉就会受影响。

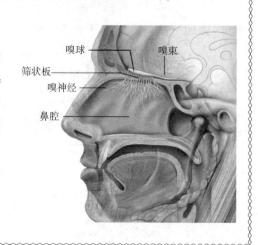

（图注：嗅球、嗅束、筛状板、嗅神经、鼻腔）

▶▶ 活动延伸

加大游戏难度，可以尝试将气味不明显的食物放在不同的袋子里，进行更具挑战性的气味辨别游戏。

人类的起源

▶▶ **设计思路**

"最早的人类距今天有多少年?""人类是从哪里来的?""古代猿人又是从哪里来的?""人是神造出来的吗?""人真的是一条硬骨鱼变的吗?"……种种问题盘旋在每个小脑袋里,他们懵懵懂懂。通过观看视频《人类真的来自这里……》,用讨论、反复观看验证的方法,帮助幼儿初步了解"人类的起源"。

▶ **活动目标**

① 初步感知人类的起源;知道人类的演化是复杂而漫长的过程;明白人是直立行走的动物。

② 引发幼儿对人类的起源的好奇心。

▶ **活动准备**

① 前期经验准备:听过中国传统神话故事"女娲补天";"亲子活动"中与爸爸妈妈一起搜集有关人类起源的资料。

② 教具学具准备:视频《人类真的来自这里……》。

▶ **活动流程**

最早的人类是鱼变的吗?→黑猩猩是人类的祖先吗?→人是直立行走的动物。

▶ **阅读指导**

阅读绘本《人类的旅行》。

活动过程

· 最早的人类是鱼变的吗?

提问 — 人类在最早的时候是由什么动物演变而来的,为什么?

— 鱼是怎样变成灵长类动物的?

指导 — 播放视频第一段/第一遍,请幼儿带着第一个问题观看。

— 播放视频第一段/第二遍,请幼儿带着第二个问题观看。

— 播放视频第一段/第三遍,回顾以上两个问题。

重点:教师在幼儿看了视频后问他们有没有问题,如果幼儿有问题,教师可以抛小问题,或在第二遍看视频时加以提示。

指导语

人类的进化是一个复杂而漫长的过程,涉及多个阶段的演变。人类属于脊椎动物,最早的脊椎动物可以追溯到5.2亿年前的无颌鱼类。这些鱼类逐渐演化出颌和四肢,然后由水生到陆生:两栖动物→爬行动物→哺乳动物。哺乳动物中出现灵长类的祖先,灵长类分化出类人猿,之后类人猿完成了从猿到人的过渡。

· 黑猩猩是人类的祖先吗?

提问 — 灵长类动物是怎样慢慢演化成直立行走的动物的?

指导 — 播放视频第二段/第一遍,验证讨论的结果,同时带着问题仔细观看视频。

— 引导幼儿讨论解答问题。

重点:教师在幼儿看了视频后问他们有没有问题,如果幼儿有问题,教师可以抛小问题,或在看视频时加以提示。

指导语

到今天为止,经科学家研究证明,人类是从鱼类演变而来的。为了生存,鱼类慢慢演化成两栖动物、爬行动物、哺乳动物,最后出现直立行走动物。

· 人是直立行走的动物

提问 — 最早的人类诞生在哪里?

指导
－ 他们逐渐学会了用什么捕猎？他们还掌握了什么能力？
－ 地球的南方，非洲草原上。
－ 他们学会了用木棍和石器，还会用计谋捕猎。为了生存，他们还学会了团结作战、和平共处。

指导语
请大家完整地看视频，回顾前面提出的问题，以及大家讨论的问题，认知人的起源和进化。

▶▶ **活动延伸**

关于人类起源的视频有很多，可以在吃完午饭后播放儿童版的相关视频，幼儿可以随意观看或倾听。

"千里眼"与"顺风耳"

设计思路

"千里眼""顺风耳"是中国古代神话传说中的两个人物,在古典小说《西游记》中,他们是玉帝的得力耳目。在孙悟空闹东海、搅地府后,事达天庭,玉帝询问"妖猴"来历。"千里眼""顺风耳",以及"妖猴"的来历能引发幼儿兴趣。古人在神话中用"千里眼""顺风耳"等能腾云驾雾的神仙来寄托自己的美好愿望。到了20世纪,现代科学技术发展之快、社会变化之大,是人们始料未及的,也给人们带来了意想不到的惊喜,"千里眼"和"顺风耳"已经存在于人们的生活之中。

活动目标

① 对"千里眼""顺风耳"感兴趣;知道科学家已经把古典故事里的"千里眼"和"顺风耳"变成了现实;有热爱科学的情感,以及学习和探索科学奥秘的兴趣。

② 知道探索科学奥秘是一件十分有趣的事,喜欢参与这类探索活动。

活动准备

① 前期经验准备:听过古典小说《西游记》中"千里眼""顺风耳"的故事,理解"千里眼"和"顺风耳"的词义。

② 教具学具准备:视频《这就是空中之眼的千里眼和顺风耳》;视频《千里眼、顺风耳》。

活动流程

神话中的"千里眼"和"顺风耳"→现代版的"千里眼"和"顺风耳"→操作"千里眼"和"顺风耳"。

▶▶ 阅读指导

阅读《中华民族故事·千里眼和顺风耳》。

▶ 活动过程

· 神话中的"千里眼"和"顺风耳"

提问 – 你们听过"千里眼"和"顺风耳"的故事吗？知道故事讲
的是什么吗？

– "千里眼"和"顺风耳"出自哪个神话故事？

– 你们觉得世界上存在"千里眼"和"顺风耳"吗？

指导 – 讨论之前的认知。

– 阅读《中华民族故事·千里眼和顺风耳》。

指导语

古代神话小说《西游记》中出现了"千里眼"和"顺风耳"，二人
的职责是巡视人间。"千里眼"拥有观千里的能力，能够看清世间万物；
而"顺风耳"能耳听八方，听千里之外的声音。

· 现代版的"千里眼"和"顺风耳"

提问 – 你见过现代版的"千里眼"和"顺风耳"吗？

– 现代版的"千里眼"与"顺风耳"有哪些作用？

指导 – 请幼儿讨论什么东西可以看得很远、什么东西能够帮助我
们听到远方的声音。

– 请幼儿观看视频《千里眼、顺风耳》。

– 请幼儿观看视频《这就是空中之眼的千里眼和顺风耳》。

– 请幼儿讲述自己看短片的感受。

指导语

现代版的"千里眼"通常指卫星。卫星能够在太空中拍摄地球的照
片，提供清晰度高的图像，帮助我们观测地球表面的各种变化，如气候
变化、自然灾害等。

现代版的"顺风耳"指的是互联网。互联网可以使信息迅速传递到
世界的每一个角落，让人们能够及时获取和分享信息，就像"顺风耳"

一样，能够及时捕捉并传递远方的声音。

> · 操作"千里眼"和"顺风耳"

提问 — 除了刚才短视频里看到的卫星和互联网是"千里眼"和
"顺风耳"，你还知道生活中有哪些科技产品是"千里眼"
和"顺风耳"？

指导 — 引导"一家人"之间利用手机进行通话。

— 师生共同操作电脑与手机，进行视频对话。

— 引导"家庭"与"家庭"之间通过手机和电脑对话。

指导语

望远镜、夜视仪等能观察远距离事物的工具，可称"千里眼"。电
话、手机、喇叭音响、收音机等能传递声音、使我们迅速获取信息的工
具，可称"顺风耳"。

▶▶ 活动延伸

可以继续在科学区域阅读科学绘本，找一找还有哪些科技产品也属于
"千里眼"或"顺风耳"。

可以在绘画区域发明创造新的、想象中的"千里眼"与"顺风耳"。

科学·数活动

学习"四等分"

▶ **设计思路**

　　分发点心、分发玩具、分发学习用品等是幼儿园每天都会出现的数学活动。什么是二等分、四等分、八等分？孩子们对这些概念的认识比较模糊，但对等分已有了初步的经验。要把幼儿对不同形状物体和食物的自主探索（一样多）提升到对等分概念的理解，为今后的学习打好基础。我们需将这些生活经验进行整合和提升，使幼儿对对等分概念形成清晰认知。

▶ **活动目标**

　　① 知道"一样多"；知道"一分为二，一样多"；知道等分的概念。

　　② 知道等分的数学概念在日常活动中有很多用处，学会把等分的数学知识运用到生活中。

▶ **活动准备**

　　① 前期经验准备：幼儿日常生活中已经有把食品、玩具等物品分为"一样多"的几份的等分意识。

　　② 教具学具准备：小熊娃娃、蛋糕等；各种几何图形、四等分图片等；"一家人"几何图形若干；视频《四等分一样多》。

▶ **活动流程**

　　给小熊分蛋糕→图形纸等分的变化→整体大于部分。

▶ **阅读指导**

　　阅读绘本《小熊分蛋糕》《奇妙的数学王国》。

活动过程

·给小熊分蛋糕

提问 –"一样多"是什么意思?

–"一样大小"是什么意思?

–"等分"是什么意思?

指导 –通过故事情境表演"小熊分蛋糕",引起幼儿学习四等分
的兴趣。

–小熊说,正方形饼干分四等份,要一样大小。

–小熊说,长方形饼干分四等份,要一样大小。

–小熊说,圆形饼干分四等份,要一样大小。

–小熊说,三角形饼干分四等份,要一样大小。

–小熊说,椭圆形饼干分四等份,要一样大小。

指导语

什么是四等分?把一个物体分成同样大小的四份,叫四等分。如果
把一个物体分成同样大小的六份,叫几等分?以此类推说一说。

·图形纸等分的变化

提问 – 这些图形现在都是完整的一个,如何把它们分成2~6个等
份呢?

指导 – 正方形纸二等分;

– 三角形纸二等分;

– 长方形纸三等分;

– 正方形纸四等分;

– 圆形纸六等分;

– 正方形纸八等分。

指导语

请老大听清楚问题,带领"一家人"一起完成任务。老大自主判断
什么题目分给老三、什么题目分给老二、什么题目自己完成。

"一家人"完成之后,老大要负责检查弟弟妹妹完成任务的情况,
若有错,指导弟弟妹妹纠正。

请幼儿说一说自己是怎样分的，启发幼儿想出和别人不一样的分法。

- **·整体大于部分**

提问 — 正方形二等分后变成了什么图形？

— 正方形四等分后图形和原来的一样大吗？

指导 — 启发幼儿观察、比较图形等分前后大小、形状的变化，理解整体与部分的关系。

指导语

等分后，部分小于整体，理解整体与部分的关系。

四等分，就是将一个物体平均分成四份。

▶▶ **活动延伸**

在数学区域内，提供各种图形的手工纸，鼓励幼儿继续分等份，能分出图形与别人不一样的等份来。

看图列式

设计思路

幼儿左右脑发育的个体差异很大，有些老三能搞清楚的问题，老大却看不懂，左右脑的发育需"个人订制"，并且要反复训练、动力定型。

"一家人"都喜欢玩计算游戏——碰球列式。每当玩到计算游戏时，"一家人"的状态都是积极、快乐的。在玩碰球列式时，个体差异就很明显，这种差异有时候与年龄无关。我们应帮助更多幼儿掌握"看图—列式"的数学方法。

活动目标

① 能仔细观察图片上的内容；能用三句话讲出图片上的内容；找出图片上的实物并能说出实物的总数。

② 引导大年龄段幼儿根据实物图片列出算式，算出总数，体验计算活动的乐趣。

活动准备

① 前期经验准备：幼儿有看图说话的能力，有认识阿拉伯数字的基础，有认识加减号的基础。

② 教具学具准备：1棵苹果树的图片；苹果卡图计算试题若干；与实物苹果相对应的数字卡若干。

活动流程

碰球游戏→看图说话/列式题。

阅读指导

阅读绘本《生活中数字的应用方法》。

活动过程

·碰球游戏

游戏规则：

– 如两个数合起来是6。

– 老大带领"一家人"一起做游戏。老三说："我的1球碰几球?"全家一起说："我的1球碰5球。"如果说错了，其他幼儿可以纠正，游戏重新开始。

·看图说话/列式题

指导 – 依次出示实物图片，教师启发幼儿逐幅观察图片，并用自己的语言讲出图意（用三句话讲述）。

– 如：苹果树上一共有5只苹果，掉了3只，还剩几只？

– 问：苹果树上的苹果比原来多了还是少了？用减法还是加法？幼儿讲述正确，教师才出示数题5-3=2。

– 教师调整苹果树上的苹果，鼓励"一家人"合作看图列式。

– 大年龄段幼儿能独立完成第二至第五个看图列式操作。

活动延伸

中午可以在草地上晒晒太阳，多玩玩碰球游戏。

将材料投放至智力冲浪学习区，以同样的方式鼓励幼儿继续学习。

提示

这一活动可采用"混龄"教学活动中小年龄段幼儿"先进先出"的组织形式。

看图列式题是一种通过观察图片来解决问题的方法，它要求根据图片中的信息找出与问题相关的条件，然后运用适当的数学公式进行计算。

教师的思路与引导幼儿思考的步骤一定要清晰。

五步骤：明确题意→提取信息→观察图形→列式计算→得出答案。

编译电话号码

▶▶ 设计思路

生活中充满了数字,如手机号码、密码等。幼儿也知道密码是自己编的,不能让别人知道或破译。记忆电话号码和破译数字密码的活动,可以提高幼儿加减法的心算和口算能力。

▶▶ 活动目标

① 巩固 10 以内数字的大小排列知识;巩固 10 以内数字的组合,以及单数、双数、相邻数等知识;引导幼儿运用学会的数学本领提高对数字的敏感性。

② 锻炼幼儿运用逆向思维进行运算的能力,培养幼儿的运算兴趣,让幼儿充分感受成功解决数学问题的乐趣。

▶▶ 活动准备

① 前期经验准备:幼儿熟悉 10 以内的数字,并会运用数字进行一些游戏活动。

② 教具学具准备:电话卡两张;1~10 的数字卡;幼儿准备熟悉的手机号码;电话号码册、铅笔、橡皮等。

▶▶ 活动流程

导入活动→破解数字密码→设计数字密码→编译密码。

▶▶ 阅读指导

阅读绘本《妈妈让我记住的电话号码》。

提醒:此活动可采用小年龄段幼儿"先进先出"的组织形式。如果小年龄段幼儿已处理好个人生活(小便、喝水等),可以自由活动,也可以围观哥哥姐姐学习(不出声)。

活动过程

·导入活动

提问 — 我们生活中哪些电话号码是重要的?

　　　　— 妈妈让我们必须记住哪些电话号码?

指导 — 播放故事《妈妈让我记住的电话号码》。

　　　　— 讨论讲述,故事里妈妈要宝宝必须记住哪几个电话号码?

指导语

119 是火警电话;110 是报警电话;120 是急救电话;114 是查询电话;12345 是市民服务热线。要记住,这几个电话只有在紧急需要的情况下才可以拨打,不能乱打。

·破解数字密码

提问 — 电话号码是用汉字还是阿拉伯数字编写的?

　　　　— 一般怎样正确编写手机号码呢?

　　　　— 手机号码由几个数字组成?

指导 — 出示一组手机号码,请老大带领"一家人"探索手机号码一共由几个数字组成;请小年龄段幼儿报数字。

　　　　— 同时出示两组手机号码,请老大带领"一家人"确认每组手机号码都是由几个数字组成的;比对两组号码后发现号码的数字相同、位置不同。例如,13912345678 和 13923456781;13815677889 和 13815698877。

指导语

中国大陆地区的手机号码由 11 位数字组成。

·设计数字密码

提问 — 如果手机号码前四位第一个数是 0 和 1 合起来的数,第二个数是 2 和 3 合起来的数,第三个数是 1 和 2 合起来的数,第四个数是 3 和 3 合起来的数,这个号码前四位是哪几个数字?

– 如果手机号码中间三位第一个数是 4 和 3 合起来的数,第二个数是 4 和 4 合起来的数,第三个数是 4 和 2 合起来的数,这个号码中间三位是哪几个数字?

– 如果手机号码的最后四位第一个数是 1 和 1 合起来的数,第二个数是 1 和 0 合起来的数,第三个数是 6 和 0 合起来的数,第四个数是 3 和 3 合起来的数,这个号码最后四位是哪几个数字?

指导 – 验证号码。出示 11 位数字 15367862166,请幼儿对照自己记录的数字仔细验证。

– 修改密码。比如,数字"6"除了拆分成"5+1",还可以拆分成哪两个数字组成密码?

– 互解密码。请幼儿互相交换由数字"6"拆分的电话密码进行验证及修改。

· 编译密码

提问 – 你知道自己爸爸的手机号码吗?

指导 – 请你把每个数字用加法拆分为两个数字,并且编成密码,待会儿让大家一起来破解一下。例如,可以把 7 拆分成 1+6……

– 教师在白板上写一个数字,请大年龄段幼儿在纸上进行拆分,并讲述自己是怎样拆分这个数字的。

指导语

为什么每个人的手机号码会不一样,现在我们有一点点知道了。一个数字可以通过加法或者减法变成不同数字。

如,5 可以通过 5-4、5-3、5-2、5-1 变成其他数字,也可以通过 5+1、5+2、5+3、5+4、5+5 变成别的数字。数字很有趣。(可写在白板上,更直观)

▶ 活动延伸

可以在科学区域的数学活动区玩"编译密码""破译密码"的游戏。

　　爸爸妈妈的手机号码你们自己要牢牢记在大脑里，不能忘记，也不能随便告诉别人，遇到紧急情况，只能告诉警察叔叔和老师。

　　回家检查一下爸爸和妈妈的手机号码是不是由 11 位数字组成的，用减法或加法拆分一下爸爸或妈妈的手机号码，你可以得到几组不同的手机号码。

圆圆的世界

▶▶ **设计思路**

最近幼儿学习了圆形和球体,喜欢去寻找圆圆的东西。在寻找过程中,他们发现圆圆的物体可以滚动起来,可以用手推,可以用脚轻轻踢,很有趣。

▶▶ **活动目标**

① 通过观察和实践,感知圆形、圆柱体的不同特征;建立幼儿对几何图形的认知。

② 培养幼儿的探究能力。

▶▶ **活动准备**

① 前期经验准备:一起玩过滚皮球游戏,玩过滚积木游戏。

② 教具学具准备:奶粉罐、矿泉水瓶、塑料圈、三角形大积木、纸球(人手一份)。

▶▶ **活动流程**

泡泡来做客→真的都是圆的→我的玩具会滚动。

▶▶ **阅读指导**

阅读绘本《圆圆和方方》。

▶▶ **活动过程**

· 泡泡来做客

提问 - 你们观察到的泡泡是什么形状的?

- 轻轻吹一下泡泡会发生什么?

– 泡泡落到地上后，你发现了什么？

– 泡泡真的一直都是球形的吗？

指导 – 出示吹泡泡器具，引导幼儿观察泡泡瓶的外观，引起幼儿参与活动的兴趣。

– 引导幼儿观察吹出的泡泡，用简单的语言描述自己看到的泡泡是什么形状、什么颜色的。

指导语

刚吹出来的泡泡是球形的，轻轻吹口气会飞上天，但风吹来时，泡泡就会改变形状，落到地上就会消失。

· 真的都是圆的

提问 – 请你说说这里哪些物体是圆的。

指导 – 引导幼儿用完整的语言表达，如"……是圆的"。

– 除了泡泡是圆的，你还见过哪些东西是圆的？

– 教师出示奶粉罐、矿泉水瓶、塑料圈、三角形大积木、纸球，让幼儿说说哪些是圆的，为什么。

指导语

纸球是球体，可以随意滚动，而奶粉罐、矿泉水瓶都是圆柱体，不可以随意滚动，只能沿着一个方向滚动。

· 我的玩具会滚动

提问 – 你的玩具会滚动吗？

– 它是怎么滚动的？

– 为什么它能/不能滚动？

指导 – 引导幼儿每人选择不同废旧物品滚一滚，在实践探索中说说哪些玩具可以朝任何方向滚动，哪些玩具不能滚动。

指导语

球体的东西会滚动；圆柱体只能顺着一个方向滚动；呼啦圈自己不能滚动，需要助力；正方体、三角形等有棱角的物品都不能滚动。

▶▶ **活动延伸**

幼儿在区域活动时继续寻找各种物体随意探索，但要做好记录。观察哪些物体可以自由朝任何方向滚动；哪些物体需要躺下来才能顺着一个方向滚动。逐渐验证有棱角的物体不能滚动。

艺术·美术活动

拍摄·心电图

设计思路

心脏是人体最重要的器官之一。人生病后，医生通常会检查患者的心脏跳动是否正常，有时还要拍一个心电图进一步诊断。

在"人体的秘密"主题的第一次活动中，幼儿提出了 21 个关于心脏的问题。例如："心脏是什么形状的？""心脏生病了能不能治好？""心脏有什么用？""为什么心脏跳得很快不好，跳得很慢也不好？""心脏有多大？"今天我们通过绘制"心电图"的方式，探究心跳节律、心脏大小、心跳声音等。

活动目标

① "一家人"学会用心灵去感受心脏跳动的节律，用作画的方式讲述自己笔下的心脏跳动。

② 让幼儿知道我们的心脏和拳头一样大小，要好好保护。

活动准备

① 前期经验准备：亲子互动，听听自己和家人心脏跳动的节律；在语言·科学学科活动中认识心脏的外形特征；知道心脏对人的生命的意义。

② 教具学具准备：A4 开白纸；心脏跳动的节律；心脏跳动的视频；心脏模型。

活动流程

听，心脏跳动的节奏→绘画，跳动的心脏→说，这是谁的心脏在跳动。

阅读指导

阅读绘本《跳动的心脏》。

活动过程

·听,心脏跳动的节奏

提问 —每个人每分钟的心跳次数都一样吗?(大人和小孩,男人和女人,健康人和病人,运动前和运动后,等等)

—每个人的心脏大小都一样吗?

指导 —每个人心脏的跳动速度不一样(成人和儿童正常 60~100 次/分钟)。

—请幼儿起身跑步 1~2 分钟,体验心脏跳动的速度是否加快。

—正常人的心脏和自己的拳头一样大小。

·绘画,跳动的心脏

指导 —"一家人"围成一桌,用绘画的方式画自己和家人的心脏,并创设心跳符号(健康的、运动的、生病的……)。

—教师巡视观察,发现不理解的画可以询问幼儿,问问他是怎么想的,不要否定,更不要替代。

—教师通过幼儿画的画,解读幼儿的绘画语言,了解他们内心的想法,并逐渐读懂每个孩子的基本性格。

—小年龄段幼儿如果遇到困难,可以请求哥哥姐姐的帮助。

·说,这是谁的心脏在跳动

提问 —我画的是谁的心脏呢?

—这颗心脏是健康状态下的,运动状态下的,还是生病状态下的?是大人的还是小孩的?

—这颗心脏每分钟跳多少次?

指导 —"一家人"内部交流,老大带头。

—邀请大年龄段幼儿讲述、交流自己画的"心电图"。

活动延伸

亲子活动:运用绘画的方式,给"家庭"成员的心脏画"心电图"。

关节机器人

设计思路

关于人体骨骼，在"一家人"第一次活动时，老三问了 1 个问题（"人身上的骨头都是硬硬的吗？"），老二问了 10 个问题（"为什么人要有骨头？""骨头很硬，会折断吗？"等），老大问了 7 个问题（"人的骨骼在身体内是怎样连接的？"等）。

人的骨头是怎样连接和支撑人体运动的？这不仅仅是知识认知问题，更是幼儿画人体时要具备的一个很重要的认知，我们必须帮助幼儿释疑。

活动目标

① 通过看看、拆拆、画画，小年龄段幼儿对人体骨骼关节连接点有基本认识；大年龄段幼儿对人体腿部关节移动后人体形体随之发生变化有基本了解。

② 根据自己的认知，把探索人体骨骼的过程画出来，并能讲述哪一部分是控制双腿和手臂活动的关节点。

活动准备

① 前期经验准备：阅读过科学区域有关人体探索的图片；拆装过人体模型；知道成年人一般有 206 块骨头。

② 教具学具准备：人体骨骼（人体架构）的图片、模型；视频《医学模拟人体骨骼移位和错位如何复位》（可以多看几遍）；自制《骨骼的奥秘》前 38 秒的剪辑视频。

阅读指导

阅读绘本《骨骼的奥秘》。

▶ **活动流程**

摸一摸我们的骨骼→尝试"圆点—直线"组画→我们创造的关节机器人。

▶ **活动过程**

· 摸一摸我们的骨骼

提问　– 我们身体上哪些地方有骨骼？

　　　　– 我们的身体是靠什么弯曲的呢？

　　　　– 我们的关节是可以随便弯曲的吗？

指导　– 观看视频《骨骼的奥秘》第一遍。

　　　　– 观看视频《骨骼的奥秘》第二遍，摸一摸自己身体上的骨骼。

　　　　– 观看视频《骨骼的奥秘》第三遍，理解可以弯曲的部分叫关节。

　　　　–"一家人"可以相互找一找，找出手臂和腿部的主要关节点。

指导语

人体可以弯曲，主要依靠骨骼之间的关节，但是也有不能弯的地方，比如"胳膊不能往外弯"。

通过观察触摸手臂的主要关节（肩关节→肱关节→腕关节→手指关节）；腿部的主要关节（髋关节→膝关节→踝关节→趾关节）。人体还有两个关节很重要，是连接身体上部分和下部分的关节——颈椎关节和腰椎关节。

· 尝试"圆点—直线"组画

指导　– 教师用记号笔在白板上示范。圆点代表关节，直线代表骨头。

　　　　– 鼓励幼儿用已知的手臂和腿部关节点充分想象关节机器人在做什么（如跑步、跳舞、跳跃、踢球、坐、站、爬树、睡觉、看书……）。

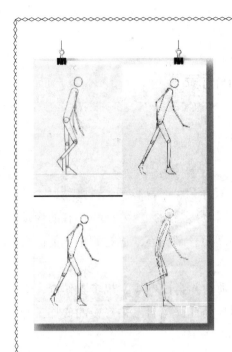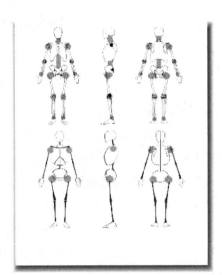

· 我们创造的关节机器人

　　把幼儿画的"关节机器人"全部粘贴在白板上，大家一起猜想，第几排第几张的"关节机器人"在干什么。

活动延伸

　　幼儿可以在来园活动时以"点→线→人体四肢"的顺序创作简笔关节画。

模特与小画家

设计思路

幼儿都知道人脸上有两只眼睛、两只耳朵、一只鼻子、一张嘴巴,还知道人的脸型都是不一样的,有的圆(圆脸),有的方(方脸),有的像瓜子(瓜子脸),有的像鹅蛋(鹅蛋脸),等等。但是在绘画过程中,他们很少观察眼睛、鼻子、嘴巴的特征。

初步了解五官定位很有必要。应鼓励幼儿尝试不按常规步骤作画,懂得结合五官定位画人脸的基本知识,引导幼儿画出自己最喜爱的伙伴,并表达个人的独特感受。

活动目标

①"一家人"根据"人体阅读口诀"尝试画人脸。(小年龄段幼儿只需拿笔参与,老大应能懂五官定位的意思)

②引导"一家人"互画对方的脸,画出自己最喜爱的伙伴;"一家人"相互观察以后再画人脸,可以请会画的教不会画的。

活动准备

①前期经验准备:幼儿对人脸都熟悉,不陌生。

②教具学具准备:自制纸质相框(废旧硬板纸),存放一家人脸部特写照片;3种浅色手工纸和HB铅笔;剪刀、粘胶若干;16开彩色卡纸。

活动流程

人脸五官定位→模特与小画家→"一家人"的合照。

阅读指导

阅读绘本《脸,脸,各种各样的脸》。

活动过程

· 人脸五官定位

提问 – 人脸上的五官指什么，都叫什么名字？（小年龄段幼儿答题）

– 五官是怎样分布在脸上的？

– 你们想请老师先画谁的脸呢？（用铅笔在 16 开纸上画）

指导 – 顺序口诀：中间是鼻子，鼻子上方左右两边是眼睛（一样大），鼻子下面是嘴巴，鼻子左右两边是耳朵（一样大）。

– 教师示范画。

指导语

我画人脸，不管圆脸和方脸；拿起笔随手就画一个圈，圆圈中心位置点一点，鼻子；鼻子至圆顶上面一半位置左右两边对称点一点，两只眼睛；鼻子至圆顶下面一半位置点一点，嘴巴鼻子左边圆圈外面画个小半圆，鼻子右边圆圈外面画个小半圆。啊哈，我的人脸画成功了。不像也像，像也像，真的像！（这段指导语可提问式自言自语，也可与幼儿互动）

· 模特与小画家

提问 – "一家人"里面你想画谁呢？

– 每个人都必须有一张写生画的脸，谁给老大、老二、老三当模特呢？

指导 – 教师介绍材料。

– 请幼儿自选颜色纸作画。

– 独立思考，尝试作画。

– "一家人"轮流做模特，进行实践练习。

指导语

你们都能将老二的表情画出来，如果能将某一特征画出来就更好了，比如胖脸、瘦脸或者瓜子脸。

· "一家人"的合照

提问 — 现在"一家人"手上都是单独的画像,如何把它们装在一个相框里呢?

指导 — 引导幼儿打开"脑洞",教师不限制"一家人"的想法和做法,幼儿只要完成"一家人"合照即可。

— 教师巡回指导,如"家庭"有困难,可给予其语言引导或动作指导。

指导语

刚才"一家人"都在为把单独的画像装进同一个相框想办法,大家的小脑袋里冒出了好多奇妙的主意呢!有的"家人"把画像摆成一个圈,像围在一起讲故事;有的让画像挨得紧紧的,仿佛在互相拥抱;还有的给画像添上小手拉在一起,让"家人"的联系更亲密……不管是哪种摆法,大家都没有被固定的想法困住,用自己喜欢的方式让"一家人"的画像在相框里聚在了一起,变成了一张特别的合照。这张合照里,藏着每一位"家人"的创意,更藏着"一家人"团团圆圆的温暖。

▶▶ **活动延伸**

教师把幼儿在幼儿园的"一家人"合照发给家长,请家长鼓励幼儿画"家庭"成员。

亲子活动:用人脸五官定位的方法画"家庭"成员,并完成"合照"。

妈妈肚子里的小宝宝

设计思路

在"人的来源"这个问题上，老大提出了一些有质量的问题，如"为什么妈妈要生我?""我想知道人是从哪里来的?""古代的人又是从哪里来的?"等。大部分幼儿眼睛里闪烁的目光很复杂，也很迷惘。

绘本《我从哪里来?》很受幼儿喜欢，他们对自己从哪里来非常感兴趣。幼儿从绘本中了解到自己是从妈妈肚子里来的、肚子里的"我"是怎样的、"我"又是如何在肚子里长大的。

活动目标

①"一家人"能合作完成"妈妈肚子里的小宝宝"主题绘画；老二、老三能初步进行添画，老大能掌握整幅作品的布局和构图。

②"一家人"通过绘画，体验合作作画的乐趣和成就感。

活动准备

① 前期经验准备：在历年来的"人体的秘密"主题探索研究中，大年龄段幼儿已经能问一些更深层次的问题，完全可以当"小老师"带领弟弟妹妹阅读绘本《我从哪里来》。

② 教具学具准备：A4 彩纸；背景音乐《世上只有妈妈好》；视频《大肚子妈妈》《我爱妈妈》。

活动流程

世上只有妈妈好→妈妈肚子里的小宝宝→我爱妈妈。

阅读指导

阅读绘本《我从哪里来》。

活动过程

· 世上只有妈妈好

指导 － 倾听歌曲《世上只有妈妈好》(1遍),感受有妈的孩子很
幸福。

－ 跟唱歌曲《世上只有妈妈好》(1遍),想一想妈妈平时是
怎样爱自己的。

－ 播放视频《大肚子妈妈》和背景音乐《世上只有妈妈好》。

指导语

我们都知道自己的生命是妈妈爸爸给的,在妈妈肚子里时自己的脐
带连着妈妈的脐带,出生后我们是喝着妈妈的乳汁长大的。看见自己在
妈妈肚子里的模样,心里很激动吧?

· 妈妈肚子里的小宝宝

提问 － 我们是从哪里来到这个世界上的?

－ 在妈妈肚子里时,我们吃什么?是怎样长大的?

－ 妈妈肚子里只能有一个宝宝吗?

指导 － 根据以往的经验,"一家人"在老大的带领下围绕这3个
问题进行简短的讨论。

－ 每人选择一张 A4 彩纸,画"妈妈肚子里的宝宝"。

－ 提醒幼儿可以画一个宝宝,也可画双胞胎、三胞胎、四
胞胎……

－ 幼儿在背景音乐《世上只有妈妈好》中作画。

指导语

小年龄段幼儿如果遇到困难,可请求哥哥姐姐帮助,也可请求老师
帮助。重点不在画得像不像,而是画作里有一个自己理解的宝宝。(读
图主要读意)

· 我爱妈妈

指导 － 观看视频《我爱妈妈》。

- 把今天自己画的"妈妈肚子里的小宝宝"献给妈妈，感谢妈妈的养育之恩。

指导语

我们的妈妈就像故事里的小兔妈妈爱小兔一样爱着我们，为我们做了很多事情，我们要感谢妈妈、爱妈妈。

活动延伸

鼓励幼儿回家告诉妈妈"我是从哪里来的""妈妈是怎样爱我的"，感谢妈妈。

艺术 · 音乐活动

> ### 我是女生（男生）

▶▶ **设计思路**

幼儿对自己的性别已经有初步了解。通过《男生女生不一样》的歌唱，幼儿可以感受到男女生和谐相处给双方带来的乐趣，了解男女生既有共性，又有差异，从而学会理解、欣赏异性特有的思维方式和行为特征；知道在男女生交往中，男生要有绅士风度，女生要落落大方；知道生活中男女生要互相谦让，学习中要互相鼓励，学会和谐相处。

▶▶ **活动目标**

① 通过生活实例，能够让幼儿认识到男生和女生在穿着、外表、兴趣爱好等方面的不同；通过歌唱的方式，培养幼儿的性别认知和表达能力。

② 感受合唱带来的美好体验。

③ 学会听前奏和间奏的最后一节音符。

▶▶ **活动准备**

① 前期经验准备：幼儿熟知男女生生理的不一样，更深层次的意义还需在生活、学习中领会。

② 教具学具准备：歌曲《男生女生不一样》的视频。

▶▶ **活动流程**

男女生哪里不一样→我们是男生/我们是女生→男女生对歌。

▶▶ **阅读指导**

阅读《我是男孩，我是女孩》（《生命的故事——幼儿性启蒙绘本》系列之一）。

活动过程

·男女生哪里不一样

提问　– 男生和女生哪里不一样？

　　　　– 什么是绅士风度？什么是落落大方？

指导　– 引导男生找一个女生，互相观察外表装束，看看哪里不一样。

　　　　– 邀请一位男生和一位女生分别介绍男女生哪里不一样。男生讲女生，其他男生可以补充；女生讲男生，其他女生也可以补充。

　　　　– 教师根据幼儿的讲述随即归类。

指导语

刚才我们一起找了找男生和女生的不一样，有的小朋友说女生会扎小辫子、戴漂亮的发夹，男生的头发比较短；有的小朋友注意到女生可能穿裙子，男生更多穿裤子；还有的小朋友发现女生的衣服上可能有可爱的花朵图案，男生的衣服上或许有汽车、机器人图案……大家观察得可真仔细呀！

在分享的时候，男生讲女生的特点，女生说男生的不同，还互相补充，把这些不一样归成了外表、装束类，特别棒！其实呀，除了这些能看到的不一样，男生可以有绅士风度，比如主动帮助别人、说话温和有礼；女生可以落落大方，比如自信地表达自己、待人热情友好。不管是男生还是女生，都有自己的闪光点，我们要学会欣赏彼此的不同，友好相处！

·我们是男生/我们是女生

提问　– 请仔细听一听这首歌是什么拍子的？（1~2遍）

　　　　– 请仔细听一听这首歌唱了什么？（分段听）

指导　– 播放歌曲《男生女生不一样》，如果幼儿能答出2/4拍就一遍过，反之继续打节奏听。

　　　　– 播放歌曲第一段。问大家歌词唱了些什么。（进厕所看清男女标识）

- 播放歌曲第二段。问大家歌词唱了些什么。(穿西装/裙子)
- 完整播放歌曲,验证一下大家前面是否听清楚了。(2~3遍)

指导语

这首歌男生和女生是可以对唱的。想一想,讨论一下哪句由男生唱比较合适,哪句由女生唱比较合适。教师可以抛出小问题,与幼儿交流碰撞。

· 男女生对歌

提问 — 大家讨论好了吗? 哪一句由男女生一起合唱,哪一句由男生唱,哪一句由女生唱?

指导 — 全班幼儿组成男队和女队,分别站在教室的两侧,面对面。

— 教师指挥。教师两手一起举表示合唱,举起右手表示女生唱,举起左手表示男生唱。(2~3遍)

— 可请一位男生、一位女生一起来指挥。(可以重复进行)

指导语

人类就是由男性和女性组成的。家里是这样,幼儿园也是这样。有的职业男性多一些(如军人、警察等),有的职业女性多一些(如护士、幼儿园教师等)。男性和女性在生理上不一样,适合的工作也不一样,我们只有和谐相处、互相帮助,社会才能进步。

▶▶ **活动延伸**

幼儿回家试着指挥爸爸唱男生部分、妈妈唱女生部分,全家一起唱《男生女生不一样》第一段。

健康歌

设计思路

《健康歌》是一首经典说唱歌曲，旋律欢快跳跃，爷爷和萱萱的对话诙谐有趣，是每一年龄段幼儿都十分喜欢的歌曲。

歌唱和做操都是有益于身体健康的活动，可以经常做一做，调整一下身体状态。

活动目标

① 理解《健康歌》歌词内容；感受其轻快的律动，能随音乐演唱并加上动作进行表演。

② 通过《健康歌》，幼儿知道体育锻炼的重要性，知道有关健康的好习惯。

活动准备

① 前期经验准备：幼儿已经熟悉做广播操的口令 1234、2234、3234、4234。

② 教具学具准备：音乐《健康歌》（歌曲总时长 2 分 55 秒）；了解《健康歌》是 4/4 拍的。

活动流程

跟着音乐一起来舞动→跟着爷爷做"健康操"→身体健康心情快乐。

阅读指导

阅读《健康歌》歌词：

第一段（1 分 07 秒至 1 分 50 秒）。

爷爷：小萱萱，来来来，跟爷爷做个运动。左三圈，右三圈，脖子扭扭，屁股扭扭，早睡早起，咱们来做运动。抖抖手啊，抖抖脚啊，勤做深

呼吸,学爷爷唱唱跳跳,你才不会老。笑眯眯,笑眯眯,做人客气,快乐
容易。

萱萱:爷爷说的容易,早上起床哈啾哈啾。

爷爷:不要乱吃零食,多喝开水,咕噜咕噜,我比谁更有活力。

第二段 (1分51秒至2分55秒)。

萱萱:左三圈,右三圈,脖子扭扭,屁股扭扭,早睡早起,咱来做运
动。抖抖手呀,抖抖脚呀,勤做深呼吸,学爷爷唱唱跳跳,我也不会老。
笑眯眯,笑眯眯,对人客气,笑容可掬。

爷爷:你越来越美丽,人人都说 nice nice。

萱萱:饭前记得洗手,饭后记得漱口漱口。健康的人快乐多。

早操口令 (45秒)。

最后一段 (1分钟,第二教时教学)。

▶▶ **活动过程**

· **跟着音乐一起来舞动**

提问　– 歌里有几个人的声音?

　　　　– 爷爷和萱萱唱了一首什么名字的歌曲?

　　　　– 你知道什么是说唱歌曲吗?

　　　　– 歌曲里爷爷说了什么?萱萱又说了什么?

　　　　– 歌曲里的爷爷和萱萱做了一件什么事?

指导　– 这是一首4/4拍子的歌曲。播放第一遍音乐,鼓励幼儿打
　　　　节拍。

　　　　– 这是一首说唱歌曲。播放第二遍音乐,鼓励幼儿安静听爷
　　　　爷唱了什么、萱萱唱了什么。

　　　　– 播放第三遍音乐,仔细听听爷爷和萱萱一起做了一件什么
　　　　事。当喊早操口令时,邀请幼儿一起大声喊。

· **跟着爷爷做"健康操"**

提问　– 在做操的时候双脚可以怎么跳动?

　　　　– 看看爷爷和萱萱是怎么做"健康操"的?

> **指导** — 播放第一遍音乐，幼儿起立，双脚跟着音乐节奏跳起来，逐渐踏准节拍。
>
> — 欣赏观看爷爷和萱萱边唱边跳的短视频。
>
> — 播放第二遍音乐，全体幼儿跟着视频中的爷爷和萱萱做早操。
>
> **提问**：怎样才能使我们的身体更健康呢？（多喝水、少吃零食、饭前便后洗手、饭后漱口）
>
> **· 身体健康心情快乐**
>
> **提问** — 想成为健康的人，除了运动还应该做什么？
>
> **指导** — 喝水、吃饭、睡觉、刷牙漱口有助于身体健康。
>
> — 多交流、心态好、善于表达有助于心理健康。
>
> **指导语**
>
> 播放《健康歌》第一段 2~3 遍，提醒幼儿跟上节奏，鼓励幼儿整齐喊做操的口令。

活动延伸

在音乐区投放《健康歌》的音乐及各式各样的乐器，鼓励幼儿演唱或进行伴奏。

歌声与微笑（第二教时）

设计思路

在第一教时的基础上，幼儿很喜欢哼唱这首《歌声与微笑》。这段时间，只要活动室里播放音乐，幼儿就要求播这首歌，还会找好朋友手拉手跳起二步或四步舞曲。

活动目标

① 能初步唱准这首歌的节奏；学会整首歌的歌词；试着唱准旋律。

② 通过学唱歌曲，培养幼儿热爱生活、积极向上的精神风貌。

活动准备

① 前期经验准备：幼儿已经熟悉歌曲《歌声与微笑》的旋律和第一段的歌词。

② 教具学具准备：歌曲《歌声与微笑》，收集幼儿日常随意哼唱此歌的录像片段。

活动流程

学唱《歌声与微笑》→把我的歌带走，把你的微笑留下→我们一起舞蹈。

阅读指导

阅读《歌声与微笑》歌词：

请把我的歌带回你的家，请把你的微笑留下；

请把我的歌带回你的家，请把你的微笑留下；

明天明天这歌声，飞遍海角天涯，飞遍海角天涯；

明天明天这微笑，将是遍野春花，将是遍野春花。

活动过程

·学唱《歌声与微笑》

提问 — "飞遍海角天涯"这句话是什么意思？

— "将是遍野春花"这句话是什么意思？

指导 — 播放鸟儿飞翔在蓝天大海之间的短视频。

— 播放漫山遍野的花草树木在阳光下的短视频。

指导语

我们的祖国这么美丽，我们依霖宝贝生活在祖国的大花园里有多么温暖。所以，在唱《歌声与微笑》这首歌时，我们要有一种奔走相告的开心。告诉认识和不认识的人们，要把微笑留下，大家都要开开心心的。如果遇到不愉快的事情，就唱一唱这首歌，不愉快的心情就会烟消云散啦。

·把我的歌带走，把你的微笑留下

提问 — 你们能用自己的动作来表演歌曲里的歌词吗？

— 你们的脚是怎样踏出4/4拍节奏的？

— 这个动作表示哪一句歌词？

指导 — 播放《歌声与微笑》2~3遍，指导《歌声与微笑》"4拍子"节奏型的脚步练习（双手叉腰）。

— 师生对唱：老师唱前面两句，幼儿唱后面两句，老师再唱前面两句，幼儿再唱后面两句，之后可以一起唱。

— 提醒幼儿在前奏和间奏时可以拍手打节奏、晃动身体。

— 我们要学会听清楚前奏和间奏的最后一个音符，然后赶快接上拍子演唱。

·我们一起舞蹈

指导 — 请"一家人"手拉手一起演唱《歌声与微笑》。

— 请邀请两个"家庭"手拉手一起演唱《歌声与微笑》。

— 请邀请三个"家庭"手拉手一起演唱《歌声与微笑》。

— 请全班师生手拉手一起演唱《歌声与微笑》。

指导语

我们去请求园长妈妈,明天早操后,我们班级把《歌声与微笑》的歌舞表演给幼儿园所有小伙伴看,邀请大家一起唱、一起跳,好吗?

 活动延伸

委派"一家人"代表去找园长,提出"一家人"的请求。

第二天早上,表演并带动幼儿园全体小伙伴一起歌舞。

小伙伴筑成和谐的家

设计思路

为什么把园歌放在"人体主题"学习中？这里的"小伙伴"泛指依霖全体"家庭孩子王"与孩子们。因为职业需要，我们经常要"和孩子一样高"，做一个快乐的"家庭孩子王"。依霖员工充满了爱，充满了阳光，依霖是纯洁且有利于幼儿身心发展的地方。无论成人还是孩子，名字的前面都有一个定语——"依霖的"，我们自豪又幸福。

活动目标

① 进一步熟悉《依霖园歌》的旋律，会哼唱；学唱中间部分的歌词；大年龄段幼儿能做"小老师"带领弟弟妹妹学唱依霖园歌。

② 体会歌曲中的师生情、家园情。

活动准备

① 前期经验准备：幼儿在很多活动中已经比较熟悉依霖园歌的旋律；大部分老大会唱儿童主歌部分，也熟悉教师头尾副歌部分的旋律。

② 教具学具准备：自制历届大班毕业典礼幼儿唱依霖园歌的视频；录制日常小伙伴们在一起欢快游戏、学习、生活的视频（背景音乐为依霖园歌）。

活动流程

欣赏依霖园歌→老大是弟弟妹妹的"小老师"→小伙伴筑成和谐的家。

阅读指导

师：轻轻地闭上眼睛，闭上眼睛许个愿，孩子的一切，一切你我都挂念，依霖园中的小宝贝，祖国的幸福花朵越开越鲜艳。

幼：老师领着我，爸妈望着我，知识是我吸收阳光；老师喜欢我，爸

531

妈喜欢我,我要学会努力生活。

幼:老师领着我,爸妈望着我,小伙伴筑成和谐的家;老师喜欢我,爸妈喜欢我,我们健康诚实又活泼。

师:轻轻地闭上眼睛,闭上眼睛许个愿,真诚的愿望,愿望一定会实现,依霖园中的小苗儿壮,永远付出我们都无怨无悔。

▶ 活动过程

· 欣赏依霖园歌

提问 — 什么是依霖园歌?

— 依霖园歌是依霖幼儿园的歌吗?其他地方有没有这首歌?

— 你们猜猜依霖园歌是谁写的?

— 你们熟悉这首歌的旋律吗?有谁会唱吗?

指导 — 哦,老大会唱歌曲中间小朋友唱的部分,请老大来唱一唱。播放整首歌,前面部分由老师领唱,中间部分由大年龄段幼儿演唱,弟弟妹妹拍手为哥哥姐姐打节奏。

指导语

依霖园歌是徐园长妈妈亲自为依霖小朋友和老师写的歌曲。为幼儿大致解释歌词词意:

对于老师来说,依霖的孩子都是小宝贝,老师为你们付出一点儿也不悔怨。老师领着你们朝前走,这是老师们许下的心愿。

对于依霖的宝贝们来说,我们是依霖园中的小苗儿,老师喜欢我们,爸妈也喜欢我们,他们领着我们成长,我们在依霖幼儿园里幸福又健康。

· 老大是弟弟妹妹的"小老师"

提问 — 老大会唱,弟弟妹妹不会唱,怎么办呢?

— 老大用什么方法教会弟弟妹妹呢?

指导 — 根据老大的想法,随机应变。或分段播放音乐,"一家人"围在一起,老大领着弟弟妹妹先学唱第一段;或连续播放第一段,不要停,等老大说"可以了"再停止。

– 教师巡回观察指导，重点观察老大对第一段歌词和节奏的把握。

– 教师小结，讲解发现的问题，可带领全体幼儿一起清唱2~3遍。

– 再次请老大当"小老师"，领着弟弟妹妹学唱第二段歌曲，注意第二段最后两句歌词的变化。（连续播放3遍第一段音乐）

– 教师再次巡回观察指导，重点观察老大对第二段歌词和节奏的把握。

– 教师小结，讲解存在的问题，带领全体幼儿清唱纠正。

指导语

老大可以当"小老师"，教老三唱，带着他们唱。

· 小伙伴筑成和谐的家

提问 – 依霖幼儿园里的小伙伴都有谁？

– 我们天天生活学习在一起，怎样才能筑成一个和谐的家呢？

指导 – 老师也是你们的小伙伴。

– 教师深情演唱（清唱）歌曲首尾部分，请幼儿唱中间部分。幼儿演唱时，教师指挥（注意节奏）。

指导语

这首歌的中间部分是可以改编的，改编成我们自己想说、想表达的话。

活动延伸

爸爸妈妈也熟悉这首歌的旋律，请爸爸妈妈帮助改编中间儿童部分的歌词，和爸爸妈妈一起唱"家庭版"的依霖园歌。

爷爷亲奶奶亲

设计思路

《爷爷亲奶奶亲》是一首旋律优美、节奏感强的抒情歌曲,内容通俗易懂,符合幼儿年龄特点。现在大多数孩子的爸爸、妈妈白天都要上班,平时基本上都是爷爷、奶奶在照顾他们,非常辛苦。借此活动让孩子们在欣赏、学习本歌曲之余,懂得感恩长辈。

活动目标

① 熟悉歌曲旋律;学会哼唱歌曲旋律和歌词;在学唱基础上学习改编歌词。

② 愿意在集体面前进行歌唱表演,并能通过表演表达自己尊敬、热爱长辈的情感。

活动准备

① 前期经验准备:爷爷奶奶、外公外婆都是幼儿生命中不可或缺的亲人。大部分幼儿都有与老人一起生活的经验。

② 教具学具准备:歌曲《爷爷亲奶奶亲》;宋祖英演唱《爱我中华》的视频;班级幼儿视频、图片若干。

活动流程

"亲"的字词解读→学唱歌曲《爷爷亲奶奶亲》→小伙伴们也亲亲。

阅读指导

阅读《爷爷亲奶奶亲》歌词:

爷爷亲呦,奶奶亲呦,我是您的好宝宝呦。

宝宝不撒娇呦,宝宝不胡闹呦,我是您的好宝宝呦。

> **活动过程**

> **· "亲"的字词解读**

提问 － 请问有谁知道"亲"或"亲亲"这个字（词）的含义？

－ 我们可以和谁说"亲"或"亲亲"这个字（词）？

－ 为什么说56个民族是一家？

指导 － 有血缘关系的可以说亲，如自己家里的人。

－ 还有拥有相同语言和文化的人，如中国人。

－ 播放视频《爱我中华》。

指导语

我们都是中国人，中国人有中国人的黄皮肤和黑头发；我们是"一家人"，要相亲相爱。我们要热爱自己的祖国，学好本领保卫我们的国家；我们"一家人"也要团结友爱、互相帮助，相亲相爱不分开。

> **· 学唱歌曲《爷爷亲奶奶亲》**

提问 － 歌曲里的小朋友先和谁亲亲呀？

－ 歌曲里的小朋友说，现在请你们和外公外婆亲亲，可以吗？

－ 歌曲里的小朋友又说，现在请你们和爸爸妈妈亲亲，可以吗？

－ 歌曲里的小朋友还说，现在请你们和"一家人"亲亲，可以吗？

－ 歌曲里的小朋友最后说，现在请你们和老师亲亲，可以吗？

指导 － 播放歌曲《爷爷亲奶奶亲》，欣赏并倾听歌曲，感受歌曲优美的旋律。

－ 继续播放歌曲，帮助幼儿熟悉歌词，理解歌词意思。

－ 请老大指挥"一家人"跟随音乐旋律倾听歌词，熟唱歌词。

小年龄段幼儿可以离开，也可继续跟随学习音乐。

· 小伙伴们也亲亲

提问　– 除了和爷爷奶奶亲，我们还可以和谁亲亲？

　　　　 – 怎么改编歌词？改编哪几句？

指导　– 幼儿讨论还可以和谁亲亲。

　　　　 – 师生共同讨论可以改编哪几句歌词，幼儿讲述，教师随机
　　　　 应变地唱出可改编的地方。比如，把爷爷改成爸爸、老师或
　　　　 者小伙伴；两个带"不"的词语改成会写字、会跳舞、会唱
　　　　 歌或者会运动等。

　　　　 – 讨论确定改编后，播放音乐把改动后的新词唱进歌里。

　　　　 – 进行游戏"把你编进歌里去"。

游戏规则：

　　　　 – 看见电视机屏幕上出现谁的照片，就立刻改变歌词。

　　　　 – 音乐有两段，在播放每一段音乐间奏时调整视频人物照
　　　　 片、食物照片、动植物照片。看谁的反应速度快。

指导语

　　其实，很多歌曲的歌词都是可以改编的。只要你学会了旋律，把自
己心里想的唱进去就不怎么难了，我们以后可以自己试试。

活动延伸

　　在音乐区域活动时，请老大当"小老师"带着弟弟妹妹继续改编歌词。

　　放学后唱给爸爸妈妈、爷爷奶奶听，唱给路边的小草小花听，唱给小
动物听。

"人体的秘密"主题 智力大冲浪

动力定型·温故而知新

智力大冲浪的意义

在每一个主题开始前，我们都会向孩子们收集相应的主题问题，随后将收集到的问题进行整理和分类，再绘制相应的网络图，制订月计划和周计划。

在主题开始后一个半月内，我们和孩子们一起带着他们感兴趣的问题寻找答案。有时候我们在集体教学中相互"碰撞"；有时候我们在"今天我主持"中解答问题；有时候我们在区域游戏中以小组的形式探索学习；有时候我们变成小记者，通过采访、记录寻找我们想要的；有时候我们悄悄地走进幼儿园的角角落落，比如秋天的银杏世界，一起采摘、浸泡、剥皮、晒干、烘烤银杏果，从而发现银杏树和银杏果的"秘密"；有时候我们将课堂搬到农庄、菜场、文化节中，在真实情境下学习知识……

在每个主题结束后，我们会和孩子们一起走进"智力大冲浪"，在"智力大冲浪"的基础知识题、音乐题、视听题、操作题、新闻题等各种形式的问题中帮助孩子们反刍已习得的知识；同时，也在"智力大冲浪"中培养孩子们的倾听与表达能力，以及文明礼貌等优良品德。

▶ 活动目标

① 巩固已学过的"人体"主要部位的知识，进一步激发孩子们学习的兴趣及主动获取相关知识的积极性。

② 体验"一家人"在一起通过互相鼓励、互相帮助完成任务，共同感受成功的快乐。

▶ 活动准备

① 前期经验准备：对人体的"五官""内脏""皮肤"等已经有一定了解和经验；开展过谈话活动（"智力大冲浪活动"中我们要注意哪些问题？

当小朋友在回答问题的时候,我们要注意什么? 当小朋友答完题后,我们要注意什么?);亲子复习已学的 "人体" 小知识。

② 教具学具准备:班牌 3 个、鼓 3 套、啦啦队道具 3 套 (红、蓝、黄);空白的人体轮廓图若干;邀请每班 1 名家委会成员做评委;棒棒糖 (数量与班级人数相等) 用包装盒装起来,写上奖项;红、黄、蓝队服 (每个班级 1 种颜色)。

组织形式

各组以红、黄、蓝、紫为队名,一个班一个方阵,每队以 "家庭" 为单位轮流上场竞赛。(备注:以下方阵根据班级的实际人数和服装调整)

红队班级座位		黄队班级座位		蓝队班级座位		紫队班级座位	
"家庭" 参赛选手组座位	计分牌	"家庭" 参赛选手组座位	计分牌	"家庭" 参赛选手组座位	计分牌	"家庭" 参赛选手组座位	计分牌
主持人位置 (这里是舞台)							

活动过程

冲关准备 (热热身)

主持人: "小朋友们,早上好! 很高兴又和大家见面了,今天我们的 '智力大冲浪' 分两场进行,相对人也少了,答题的机会更多了,你们有信心取得成功吗?"

各班: "我们的口号是 '智力大冲浪' (教师), '冲关我们最最棒' (幼儿)!" "我们班级的口号是 '混一混一' (教师), '永远第一' (幼儿)!" ……

● 播放开场音乐《健康歌》,全场跟主持人互动。

● 介绍评委嘉宾——其他年级组教师代表。

● 播放奖项 PPT,主持人介绍奖项:能说会道奖、聚精会神奖、专注倾听奖、文明礼仪奖。

答题形式

基础必答题

- 以 "家庭" 为单位答题,可以互相补充。

- 两个 "家庭" 为一组,每组 3 小题,分别针对老大、老二、老三出题,3 个小题答完后轮换下一组,共 2 轮。

视听抢答题

— 以 PPT 形式呈现题目；按灯抢答，先亮灯的班级获得答题权，主持人说"开始"才能抢答。

— 完成 4 题后，轮换下一组，共 3 轮。

音乐必答题

— 以"家庭"为单位答题，可以互相补充。

— 播放音乐前奏，说歌名。

— 回答正确即得分，答完后班级完整演唱一遍歌曲。

— 每班 2 首音乐（按自己班级在主题中所教音乐选取 2 首），共 2 轮。

操作题

— 画人体。

— "一家人"一起在全开铅画纸上线描人体。

颁奖啦

— 教师评委点评并宣布各班所获奖项。

— 播放颁奖音乐，家长评委颁奖，幼儿代表发表获奖感言。

— 在舞曲《刷牙歌》中结束活动。

▶ 活动反馈与反思

活动结束后，以"家庭"为单位的情景模式讨论以下问题："我们班级在活动中的表现怎么样？""哪些方面做得特别好？""哪些方面还要加强？""评委老师对我们的评价是什么？"

通过图文并茂的形式，将活动情况发在家园微信群里，与"家庭孩子王"分享。

班组成员进行交流和讨论，总结活动中的经验并反思存在的问题。

主题　春天的脚步

"春天的脚步"主题幼儿提问收集归类

以下这些问题是我们十年前第一次做"抛接球问题导向"教学研究时，"一家人"在"家庭孩子王"的引领下进行提问、发问和追问所留下的原始资料。

关于"春天的脚步"这个主题，第一次依霖"一家人"在"抛接球"活动中提出了165个问题，涉及7个方面。其中，老大提出50个问题、老二提出71个问题、老三提出44个问题。

今天启用十年前的原始资料作为案例，就是想证明，无论何时何地，"好奇、好问、好探索"永远是学龄前孩童的天性，不容置疑。

·春天的植物（共48个问题）

老大（共15个问题）

为什么花不是只在春天开，而是在夏天也开，在冬天也开？桃花为什么在春天开？为什么春天会有很多美丽的花？花要怎样才能开（花开的条件）？花为什么不能都在一个季节里开？为什么春天开的花和夏天开的不一样，春天荷花会开吗？春天的花是一朵一朵开的还是一串一串开的？为什么春天花开了，过段时间又掉（凋谢）了呢？为什么春天桃花会开，冬天梅花会开，它们长得很像吗？为什么春天到了，就有竹笋呢？春天的竹笋变成竹子了吗？为什么春天树叶也会落下来呢？为什么一到春天，花草树木都睡醒了呢？为什么春天会万物生长？为什么春天是花草树木竞相争艳的日子呢？

老二（共20个问题）

为什么一到春天花就开了？春天刚发的芽怎么有的是红色的？为什么冬天草都枯了，树叶也掉了，到了春天草木又都绿了？为什么春天会长草？春天开的花是哪些花？春天的花是不是一起开放的？春天的花是什么颜色的？栀子花是不是春天开的？向日葵是夏天开花还是春天开花？茶花是不是春天开？桃花开到什么时候呢？为什么春天有郁金香？冬天那么冷，为什么有些花在冬天开，而不是在春天开？为什么到了春天树才会发芽？为什么树不是夏天发芽？为什么春天的树叶跟其他季节的树叶不一样？为什么春天树叶的颜色都不一样？春天的树叶是不是最多的呢？为什么树会一点点发芽？芽是从哪里来的？

老三（共 13 个问题）

春天花开到什么时候？为什么春风一吹，花就开了？为什么到了春天草就变绿了？为什么春天的油菜花是黄黄的呢？为什么到了春天叶子会变绿？为什么春天的新叶有点儿黄黄的？春天刚发的芽怎么有的是红色的？为什么春天到了，有的树叶还没有长出来呢？为什么春天也有树叶掉下来？树叶是怎么长大的呢？为什么春天来了，小草就钻出来了？为什么春天到了，石头缝里也有小草在发芽？为什么春天什么都很美？

·春天的动物（共 8 个问题）

老大（共 1 个问题）

为什么春天有蝴蝶？

老二（共 1 个问题）

为什么春天小鸭子都去游泳了，是不是因为天热了？

老三（共 6 个问题）

为什么春天有蜜蜂？别的时候有没有蜜蜂？为什么到了春天小松鼠都出来了？春天我在杭州看到了松鼠，怎么还没看到小燕子？为什么到了春天小蝌蚪就出来了？为什么春天小动物醒了？

·春天的种子与播种（共 24 个问题）

老大（共 4 个问题）

为什么种子种完后需要下雨？为什么种子不埋进土里就不发芽，埋进土里就能发芽？春天播种和秋天播种有什么不一样？不同的种子在春天都一起种下去吗？

老二（共 12 个问题）

为什么播种要在春天？为什么种子要温度（才能发芽）？为什么春天给种子浇点儿水还没有发芽，还要（继续）浇点儿水呢？种子在土里要过多久才发芽？怎么播种？芽是从哪里来的？没有水种子能不能发芽？种子能不能在一个水潭里发芽？为什么种子有的大有的小？怎么能让种子发芽？

为什么花、种子要施肥才能长得好呢？为什么播完种子要浇点儿水？

老三（共8个问题）

为什么有的种子种在盆里，有的种在土里？为什么有的芽发出来会死掉呢？种子除了圆圆的，还有什么形状的？有黑色的种子吗？有没有白色的种子？为什么向日葵的种子是葵花籽，还有的种子是像芝麻一样很小的呢？浇水浇得多一点儿，为什么有的花还是很矮呢？为什么种子可以发芽？

> **·春天的气温和天气（共23个问题）**

老大（共11个问题）

春天很暖和，小动物都出来了，为什么春天的太阳很舒服？为什么春天总是下雨？每年的春天都一样吗？春天会下多少天雨？为什么到春天冰会化掉？春天是不是下雨最多的季节？为什么春天的天气很舒服？春天到了，为什么天气会一点点地暖起来？为什么春天下雨会打雷？为什么到了春天会变暖和，而不是变冷呢？为什么春天有时候热有时候冷？

老二（共6个问题）

为什么春天的气温比较高，但没有夏天的高？为什么春天的阳光是暖暖的？为什么春天的太阳有点儿大？为什么春天小孩子玩一会儿就会冒汗？为什么春天太阳天（晴天）很多？为什么春天不下雪？

老三（共6个问题）

春天会一直下雨吗？为什么春天天气这么好？为什么有的花一下雨就会开？为什么春天越来越暖和了？打雷了我们该怎么办？为什么春天不需要开空调？

> **·春天人们的着装（共3个问题）**

老三（共3个问题）

为什么到了春天人的衣服就穿得少了？为什么到了春天人的鞋子也穿得薄了？为什么到了春天衣服和鞋子没有毛毛（不起静电）了？

> **·伞的种类（共23个问题）**

老大（共8个问题）

有什么特别的伞？太阳伞能不能淋雨？什么样的伞能挡阳光，是不是太阳伞？为什么伞既能挡雨又能挡阳光？降落伞为什么能带人？有没有人雨天跳伞（降落伞）？除了降落伞，还有什么伞可以带着人在天上飞？降落伞怎么控制平衡？

老二（共 14 个问题）

为什么小孩子的伞是小的？为什么有些电瓶车上也有伞？电瓶车上的伞是怎么放在上面而不摇的？伞能不能飞起来？为什么大人撑的是大伞，小孩子撑的是小伞？自动伞是怎么做的？为什么有些伞可以自动打开，有些伞却不是自动的？为什么降落伞没有伞的那个架子？为什么降落伞可以保护人？为什么降落伞能飞？为什么降落伞装在背包里？降落伞怎么降落？我们的伞为什么不能当降落伞？降落伞怎么一会儿往东飘，一会儿往西边晃呢？

老三（共 1 个问题）

有没有用木头做的伞？

· 伞的作用（共 36 个问题）

老大（共 11 个问题）

雨伞边上为什么有一个个小圆形呢？伞淋了雨会不会生锈，怎样能让它不生锈？伞为什么能撑起来？伞的钩子有什么用？伞面的花纹有多少种？伞面是用什么做的？为什么伞上有小片片？伞面为什么不会漏水？为什么很多伞柄都是拐杖形状的？伞除了用来挡雨，还能干什么？为什么很热的时候伞也可以用来挡阳光？

老二（共 18 个问题）

为什么雨伞有各种各样的花纹？有没有不是用金属做的伞柄？为什么雨伞柄上都有个尖尖的东西？有的伞（面）是纸做的，下雨会不会湿掉？伞上尖尖的东西是用来干什么的？伞柄都是拐杖形状的吗？为什么伞（面）会高低不平？伞架子是用什么做的？为什么伞有各种颜色？布做的伞（面）为什么也不漏雨？为什么有的伞有花纹，有的伞没有花纹？为什么伞用久了那个柱子（伞架）就会生锈？为什么伞（面）是圆形的，有没有其他形状的伞？伞柄有什么用？伞可以用来做什么？为什么伞可以挡住雨？有什么特别的伞？撑着伞会不会被闪电打到？

老三（共 7 个问题）

为什么伞是五颜六色的？荷叶可以当伞吗？为什么雨滴在伞上面就滑下来了？伞有的时候为什么会被风吹起来？伞柄是可以拿的吗？伞的颜色是怎么弄上去的，是画上去的吗？雨伞会坏掉吗？

"春天的脚步"主题网络

"春天的脚步"主题生活与运动内容、措施

班级：_____日期：_____年_____月_____日—_____月_____日

混龄学生活	混龄学运动
内容： • 常洗自己的小手，好处多 • 走丢了怎么办 • 小小清洁员 • 摔跤了怎么办 • 和伙伴吵架了怎么办 **措施：** • 故事《不爱洗手的小猪》，引导幼儿讨论小猪生病的原因 • 值日生督促，做得好的哥哥姐姐或弟弟妹妹发挥好榜样作用 • 观看录像，讨论与交流"走丢了怎么办""平时和家里人一起出去的时候要注意些什么" • 知道家里的电话号码，懂得紧急情况下可以通过哪些办法来帮助自己 • 结合劳动节，讲讲劳动节的由来和相关故事，体验劳动的快乐 • 定期组织幼儿参加各种劳动（种植、花草照料、整理活动室） • 组织孩子们讨论"安全小常识""摔跤了怎么办"等 弟弟妹妹：弟弟妹妹摔跤后能主动告诉老师，并初步了解保护自己身体的小常识 哥哥姐姐：能很好地保护自己，不做危险动作，并能做"小老师"，当看到弟弟妹妹做出危险动作或遇到危险时能给予引导和帮助 • 以故事的形式与孩子们一起讨论"和伙伴吵架了怎么办" • 帮助幼儿从"冲突"中获取知识、懂得道理，学习独立解决问题，培养孩子正确与人交往的技能	**内容：** • 基本动作活动练习（大型玩具、玩沙区、车类区、轮胎竹梯、球类区、平衡区、投掷区、钻爬区、走跳区） • 安全教育：大力士、小机灵 • 游泳——我是游泳小健将 **措施：** • 创设有挑战性的运动环境，使幼儿保持活动的兴趣，并不断从克服困难、掌握知识和发现问题中获得快乐 • 及时创设多层次的、难易程度不一的运动环境，让不同年龄幼儿体验到参与和成功的喜悦 • 练习顺时针、逆时针方向跑圈 • 观察幼儿运动的密度和强度是否达标 • 观察幼儿能否按游戏规则进行游戏 • 观察哥哥姐姐是否会提醒弟弟妹妹热了坐旁边休息，并能主动给弟弟妹妹擦汗 • 提醒兄弟姐妹互相关心，摔倒时主动帮助、安慰 • 观察"一家人"能否合作玩游戏，在游戏中能否相互照应 • 观察幼儿在体育锻炼中遇到情况时能否做出反应保护好自己 **游戏：** ▲ 抓老鼠 ▲ 蝴蝶飞 ▲ 钻山洞 ▲ 小兔找窝 ▲ 熊出没

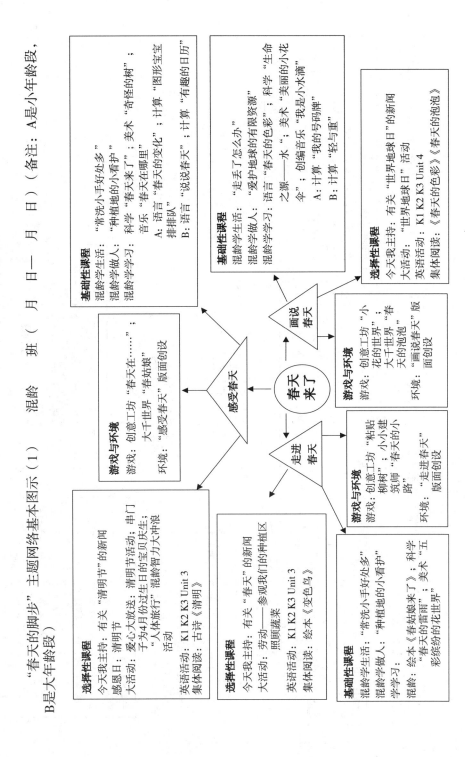

"春天的脚步"主题网络基本图示（1）　　混龄　　班（　月　日—　月　日）（备注：A是小年龄段，B是大年龄段）

"春天的脚步"主题网络基本图示（2）　　混龄　　班（　月　日—　月　日）（备注：A是小年龄段，B是大年龄段）

选择性课程
今天我主持："世界地球日"的新闻
有关"世界读书日"的新闻
感恩日："世界地球日"感恩地球妈妈
"世界读书日"依霖小读书节
英语活动：K1 K2 K3 Unit 3
集体阅读：《遇见春天》

选择性课程
今天我主持：春天赏花新闻　上海食品安全新闻
英语活动：K1 K2 K3 Unit 4
集体阅读：《彩虹色的花》

游戏与环境
游戏：小小建筑师"春天的公园"；大干世界"遇见春天"；我是大明星"我和小草"来比赛；"遇见春天"表演
环境："春天的树，春天的小草"版面创设

春天的树和草

春天的植物

春天的花

基础性课程
混龄学生活："走丢了怎么办"
混龄学做人："爱护树和草"
混龄学习：社会"找春天"；音乐"我和小树"来比赛；美术"春天的树"；科学"谁在春天掉叶子"；美术"春天多么美"主题海报设计

游戏与环境
游戏：创意工坊（手指点画）"桃花"；小小建筑师"春天的公园"；大干世界"春天花儿开"
环境："春天的花"版面创设

基础性课程
混龄学生活："小小清洁员"
混龄学做人："护花小使者"
混龄学习：语言《蝴蝶花》；科学"春天的花朵"；打击乐美术"春天的花朵"；写生"郁金香"；"桃花朵开"；"春天的花朵"计算
A:计算"春天的花朵"
B:计算"给春天的信"

"春天的脚步"主题网络基本图示（3）　　混龄　　班（　月　日—　月　日）（备注：A是小年龄段，B是大年龄段）

基础性课程
混龄学做人："小小清洁员"
混龄学做人："环保小卫士"
混龄学学习：语言"春雨"；音乐"落大雨"

游戏与环境
游戏：植物角"植物观察记录"；气象角"小小气象员"；我是大明星"落大雨"
环境："春天的天气"版面创设

春天的天气

春天的小动物和天气

春天的小动物

游戏与环境
游戏：我是大明星（歌曲表演）"青蛙最伟大"；智力大冲浪"树叶妈妈和树叶宝宝"；大千世界"蚯蚓的日记"；美美发屋"蝌蚪、青蛙"造型设计
环境："春天的小动物"版面创设

选择性课程
今天我主持：有关"国际劳动节"的新闻、国内新闻
感恩日：5月1日国际劳动节
5月3日国际太阳日
英语活动：K1 K2 K3 Unit 4

选择性课程
今天我主持：有关"母亲节"的新闻、微笑日新闻
感恩日：5月8日世界红十字与红新月日
世界微笑节
母亲节——感恩妈妈
英语活动：K1 K2 K3 Unit 4
集体阅读：《好饿好饿的毛毛虫》《蚯蚓的日记》

基础性课程
混龄学做人："摔跤了怎么办"
混龄学做人："保护小动物"
混龄学学习：语言"好饿好饿的毛毛虫"；
科学"蝴蝶、蜜蜂的秘密"；
美术"青蛙最伟大"；音乐"蝴蝶最美丽"
A：计算"春天的电话亭"
B：计算"春天的景色"

549

"春天的脚步"主题网络基本图示(4) 混龄 班(月 日— 月 日)(备注:A是小年龄段,B是大年龄段)

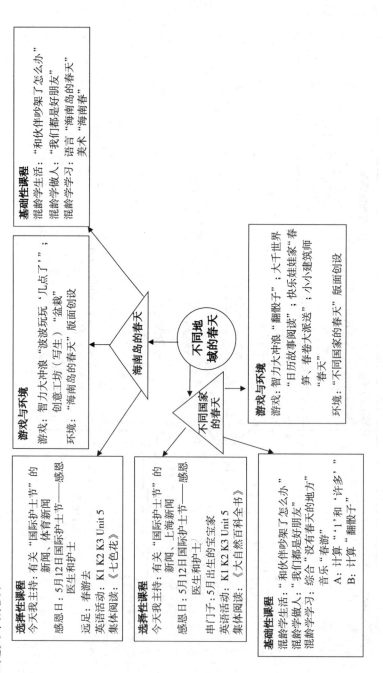

基础性课程
混龄学生生活:"和伙伴吵架了怎么办"
混龄学做人:"我们都是好朋友"
混龄学学习:语言"海南岛的春天"
美术"海南春"

游戏与环境
游戏:智力大冲浪"波波玩玩'几点了'";
创意工坊"盆栽"(写生)
环境:"海南岛的春天"版面创设

不同地域的春天

海南岛的春天

不同国家的春天

游戏与环境
游戏:智力大冲浪"翻散子";大千世界
"日历故事阅读";快乐娃娃家"春
笋、春卷大派送";小小建筑师
"春天"
环境:"不同国家的春天"版面创设

选择性课程
今天我是主持:有关"国际护士节"的
新闻、体育新闻
感恩日:5月12日国际护士节——感恩
医生和护士
远足:春游去
英语活动:K1 K2 K3 Unit 5
集体阅读:《七色花》

选择性课程
今天我是主持:有关"国际护士节"的
新闻、上海新闻
感恩日:5月12日国际护士节——感恩
医生和护士
串门子:5月出生的宝宝家
英语活动:K1 K2 K3 Unit 5
集体阅读:《大自然百科全书》

基础性课程
混龄学生生活:"和伙伴吵架了怎么办"
混龄学做人:"我们都是好朋友"
混龄学学习:综合"没有春天的地方"
音乐"春游"
A:计算"1"和"许多"
B:计算"翻散子"

"春天的脚步—雨中花伞"主题网络

"春天的脚步—雨中花伞"主题生活与运动内容、措施

班级：＿＿＿＿ 日期：＿＿＿＿年＿＿＿＿月＿＿＿＿日—＿＿＿＿月＿＿＿＿日

混龄学生活	混龄学运动
内容： ● 劳动乐趣多 ● 怎样擦脸才不会变成大花脸 ● 怎样保护自己 ● 尿裤子了怎么办 ● 汤洒了怎么办 ● 我爱劳动 **措施：** ● 定期组织幼儿参加各种劳动（种植、花草照料、整理活动室） 弟弟妹妹：吃完饭，哥哥姐姐做"小老师"手把手教弟弟妹妹 哥哥姐姐：学会正确的擦脸方法（打开小毛巾，用毛巾的一面擦嘴，擦嘴后对折毛巾再擦脸，脏的一面折在里面，擦脸后再对折擦双手） ● 组织幼儿讨论"安全小常识""摔跤了怎么办"等 弟弟妹妹：弟弟妹妹摔倒后能主动告诉老师，并初步了解保护自己身体的小常识 哥哥姐姐：能很好地保护自己，不做危险动作，并能做"小老师"，当看到弟弟妹妹做出危险动作或遇到危险时能给予引导和帮助 ● 组织幼儿讨论"尿裤子了该怎么办" ● 组织幼儿讨论汤洒了的正确处理方法 ● 通过种植园地拔草、社区义工、专用活动室的整理，提升幼儿的劳动意识	**内容：** ● 基本动作活动练习（足球、跳跃、走跑、羊角球、平衡、钻爬类、投掷、大型玩具、玩沙、车类、轮胎竹梯） ● 安全教育：闪躲密技、三人两足 ● 快乐游泳 **措施：** ● 观察幼儿在奔跑遇到危险时能否及时躲避 ● 练习顺时针、逆时针方向跑圈 ● 观察老大、老二和老三能否合作完成动作 ● 观察幼儿在体育锻炼中遇到情况时能否做出反应保护好自己 ● 观察兄弟姐妹在活动中能否相互照顾、提醒 ● 在活动中注意个体差异，鼓励幼儿大胆尝试 ● 观察幼儿是否喜欢玩新增加的游戏 ● 观察哥哥姐姐是否会提醒弟弟妹妹热了要脱衣服、坐旁边休息，"家庭"成员是否会互相提醒擦汗 **游戏：** ▲ 抬轿子 ▲ 穿拖鞋 ▲ 小小邮递员 ▲ 猫捉老鼠 ▲ 马兰花 ▲ 狮子饿了

"春天的脚步—雨中花伞"主题网络基本图示（1） 混龄 班（ 月 日— 月 日）
（备注：A是小年龄段，B是大年龄段）

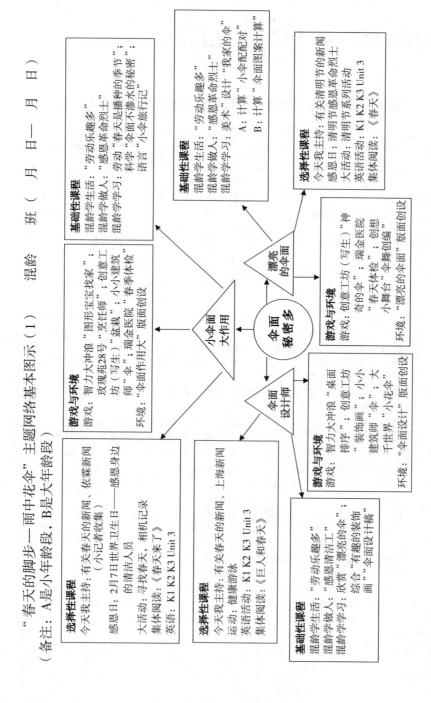

基础性课程
混龄学生活："劳动乐趣多"
混龄学做人："感恩革命烈士"
混龄学学习：劳动"春天是播种的季节"；
科学"伞面不渗水的秘密"；
语言"小伞旅行记"

游戏与环境
游戏：智力大冲浪"图形宝宝找家"；
玫瑰苑28号（写生）"烹饪工"；创意工
坊"伞"；瑞金医院"春季体检"；小小建筑
师"伞面作用大"版面创设
环境："伞面作用大"版面创设

选择性课程
今天我主持：有关春天的新闻、依霖新闻
（小记者收集）
感恩日：2月7日世界卫生日——感恩身边
的清洁人员
大活动：寻找春天、相机记录
集体阅读：《春天来了》
英语：K1 K2 K3 Unit 3

选择性课程
今天我主持：有关春天的新闻、上海新闻
运动：健康游泳
英语活动：K1 K2 K3 Unit 3
集体阅读：《巨人和春天》

基础性课程
混龄学生活："劳动乐趣多"
混龄学做人："感恩清洁工"
混龄学学习：欣赏"漂亮的伞"；综合"有趣的装饰
画"；"伞面设计"版面创设

游戏与环境
游戏：智力大冲浪"桌面
排序"；创意工坊"小小
装饰画"；建筑师"伞"、大
千世界"小花伞"
环境："伞面设计"版面创设

漂亮的伞面

游戏与环境
游戏：创意工坊（写生）神
奇的伞"；瑞金医院"创想
小舞台"伞舞创编
环境："漂亮的伞面"版面创设

基础性课程
混龄学生活："劳动乐趣多"
混龄学做人："感恩革命烈士"
混龄学学习：美术"设计'我家的伞'"
A：计算"小伞配对"
B：计算"伞面图案计算"

选择性课程
今天我主持：有关清明节的新闻
感恩日：清明节感恩革命烈士
大活动：清明节系列活动
英语活动：K1 K2 K3 Unit 3
集体阅读：《春天》

伞面秘密多
小伞面大作用
伞面设计师

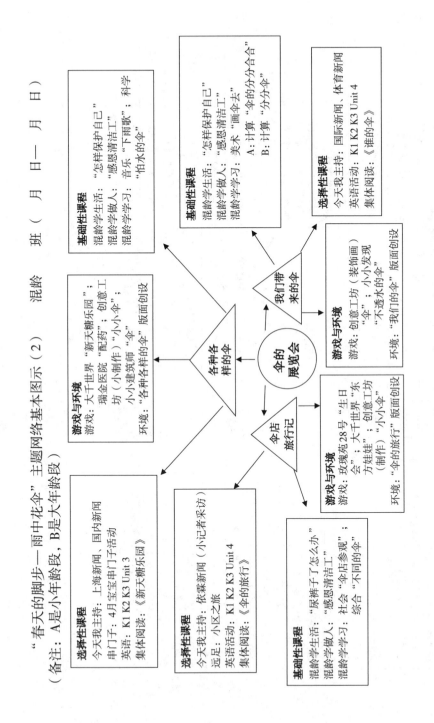

"春天的脚步——雨中花伞"主题网络基本图示（2） 混龄 班（ 月 日— 月 日）
（备注：A是小年龄段，B是大年龄段）

基础性课程
混龄学生活："怎样保护自己"
混龄学做人："感恩清洁工"
混龄学学习：美术 "画雨伞"
　　　A：计算 "伞的分分合合"
　　　B：计算 "分伞"

选择性课程
今天我主持：国际新闻、体育新闻
英语活动：K1 K2 K3 Unit 4
集体阅读：《谁的伞》

基础性课程
混龄学生活："怎样保护自己"
混龄学做人："感恩清洁工"
混龄学学习：音乐 "下雨歌"；科学
　　　"怕水的伞"

游戏与环境
游戏：大干世界 "新天糖乐园"；
瑞金医院 "配药"；创意工
坊（小制作）"小小伞"；
小小建筑师 "伞"
环境："各种各样的伞"版面创设

各种各样的伞

伞的展览会

我们带来的伞

游戏与环境
游戏：创意工坊（装饰画）
"伞"；小小发现
"不透水的伞"
环境："我们的伞"版面创设

伞店旅行记

游戏与环境
游戏：玫瑰苑28号 "生日
会"；大干世界 "东
方娃娃"；创意工坊
（制作）"小小伞"
环境："伞的旅行"版面创设

选择性课程
今天我主持：上海新闻、国内新闻
串门子：4月宝宝串门子活动
英语：K1 K2 K3 Unit 3
集体阅读：《新天糖乐园》

选择性课程
今天我主持：依霖新闻（小记者采访）
远足：小区之旅
英语活动：K1 K2 K3 Unit 4
集体阅读：《伞的旅行》

基础性课程
混龄学生活："尿裤子了怎么办"
混龄学做人："感恩清洁工"
社会 "伞店参观"；
综合 "不同的伞"

553

"春天的脚步——雨中花·伞"主题网络基本图示（3）　混龄　班（　月　日—　月　日）

（备注：A是小年龄段，B是大年龄段）

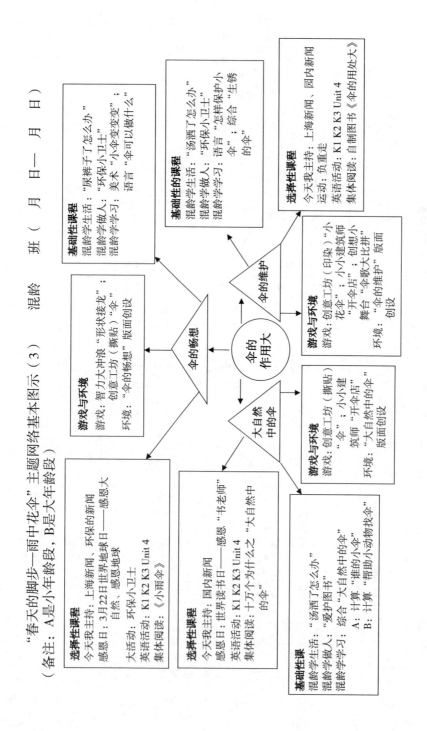

基础性课程
混龄学生活："尿裤子了怎么办"
混龄学做人："环保小卫士"
混龄学学习：美术"小伞变变变"；语言"伞可以做什么"

游戏与环境
游戏：智力大冲浪"形状接龙"；创意工坊（撕贴）"伞"
环境："伞的畅想"版面创设

基础性的课程
混龄学生活："汤洒了怎么办"
混龄学做人："环保小卫士"
混龄学学习：语言"怎样保护小伞"；综合"生锈的伞"

选择性课程
今天我主持：上海新闻、园内新闻
运动：负重走
英语活动：K1 K2 K3 Unit 4
集体阅读：自制图书《伞的用处大》

游戏与环境
游戏：创意工坊（印染）"小花伞"；小小建筑师"开伞店"；舞台"伞歌大比拼"
环境："伞的维护"版面创设

游戏与环境
游戏：创意工坊（撕贴）"伞"；小小建筑师"开伞店"
环境："大自然中的伞"版面创设

伞的畅想　伞的维护　大自然中的伞　伞的作用大

选择性课程
今天我主持：上海新闻、环保的新闻
感恩日：3月22日世界地球日——感恩大自然、感恩地球
大活动：环保小卫士
英语活动：K1 K2 K3 Unit 4
集体阅读：《小雨伞》

选择性课程
今天我主持：国内新闻
感恩读书日——感恩"书老师"
英语活动：K1 K2 K3 Unit 4
集体阅读：十万个为什么之"大自然中的伞"

基础性课
混龄学生活："汤洒了怎么办"
混龄学做人："爱护图书"
混龄学学习：综合"大自然中的伞"
A：计算"谁的伞大"
B：计算"帮助小动物找伞"

"春天的脚步——雨中花伞"主题网络基本图示（4）　　　混龄　　班（　月　日——　月　日）

（备注：A是小年龄段，B是大年龄段）

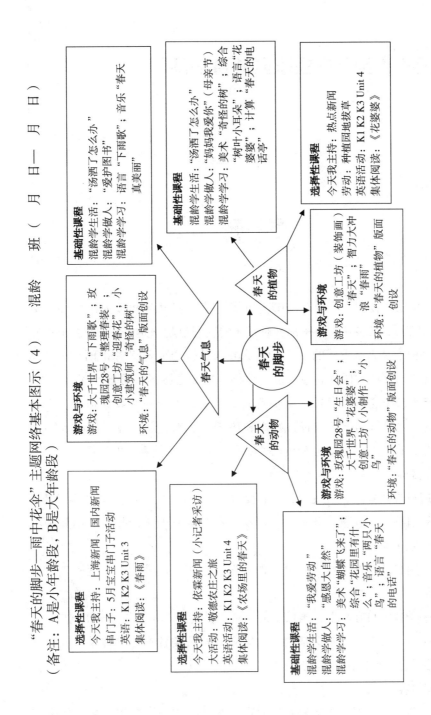

基础性课程
混龄学生活："汤洒了怎么办"
混龄学做人："爱护图书"
混龄学学习：语言"下雨歌"；音乐"春天真美丽"

游戏与环境
游戏：大千世界"下雨歌"；玫瑰园28号"整理春装""迎春花"创意工坊"奇怪的树"小建筑师
环境："春天的气息"版面创设

基础性课程
混龄学生活："汤洒了怎么办"
混龄学做人："妈妈我爱你"（母亲节）
混龄学学习：综合"奇怪的树"；语言"树叶小耳朵"；计算"花婆婆"；语言"春天的电话亭"

选择性课程
今天我主持：热点新闻
劳动：种植园地拔草
英语活动：K1 K2 K3 Unit 4
集体阅读：《花婆婆》

游戏与环境
游戏：创意工坊（装饰画）；智力大冲浪"春雨"
环境："春天的植物"版面创设

春天气息

春天的植物

春天的脚步

春天的动物

选择性课程
今天我主持：上海新闻，国内新闻
串门子：5月宝宝串门子活动
英语：K1 K2 K3 Unit 3
集体阅读：《春雨》

选择性课程
今天我主持：依淼新闻（小记者采访）
大活动：敬德农庄之旅
英语活动：K1 K2 K3 Unit 4
集体阅读：《农场里的春天》

基础性课程
混龄学生活："我爱劳动"
混龄学做人："感恩大自然"
混龄学学习：美术"蝴蝶飞来了"；综合"花园里有什么"；音乐"两只小鸟"；语言"春天的电话"

游戏与环境
游戏：玫瑰园28号"生日会"；大千世界"花婆婆"创意工坊（小制作）"小鸟"
环境："春天的动物"版面创设

555

"春天的脚步"主题家园共育指南

 案例1

春天的脚步

班级：混龄＿＿＿＿＿班　　　　　　＿＿＿年＿月＿至＿＿＿年＿月＿日

　　天气越来越暖和了，春天的脚步近了，孩子们拿起相机去户外寻找春天，他们发现了很多春天的秘密，对春天的疑问也越来越多了！"泥土里有什么？""种子是怎么发芽的？""为什么春天总是会下雨？""下雨了小动物也撑伞吗？"，这些问题既有趣，也很神秘。想知道答案就得自己探索下去，老大带着老二和老三，通过一个个真实的实验，大家一起收集信息，慢慢寻找答案。立即行动吧，爸爸、妈妈和孩子一起来，以"春天的脚步"为主题，让孩子从真实的大自然中了解春天的秘密，感受春天的温情。

　　教育目标

　　● 通过寻找春天，发现春天，感受春天，说出自己对春天的疑问。

　　● 知道树木、花草、蔬菜、农作物、水果都有种子，并尝试用几种不同的方法播种。

　　● 能用自然美好的声音演唱歌曲，努力运用不同速度、力度来表现音乐的性质。

　　● 感受春雨打在伞上、雨披上的声音，并能用"歌曲"表现出来。

　　● 探索大自然中的伞状植物，收集并了解菌类食物的名称及对人体的益处，尝试合作烹饪菌类食物。

　　教育内容

　　"寻找春天""泥土里的秘密""泥土再造""种子嘟嘟想变成什么？""春天是播种的季节""我是一颗小种子""种子品尝会""春雨的色彩"

"雨的形成""下雨歌""雨具加工厂""大自然中的伞""会变魔术的伞""画伞""吃伞咯"。

"家庭孩子王"请提示/陪伴孩子"玩"成

序号	内容	时间/数量	评价反馈
1	和孩子一起出去散步、郊游，注意观察大自然，感受春天的美，感知身边事物在春天的变化，并能用嘴巴说出来	第一周	
2	每人带一个相机（儿童的）来园，由老师带领去户外摄影寻找春天	第一周	
3	收集花卉一盆，写上"班级""姓名""花的生活习惯"来园，参加依霖第一届"花博会"	第一、第二周	
4	收集种子1-2种来园，参加"种子展览会"，介绍它是什么植物的种子，需要怎么种植	第二周	
5	收集"各种废旧桌布、尼龙、塑料纸"等，为"雨具加工厂"活动准备材料	第三周	
6	收集家里各种各样的伞来园展示，了解伞的各种花纹	第四周	

说明：在"评价反馈"一栏，请家长对自己是否是好爸爸、好妈妈做出评价。如做到了给自己一个☆，反之就是×。

▶▶ **案例2**

雨中花伞

班级：混龄_____班   ____年__月__至____年__月__日

伞在我们的生活中扮演了不可或缺的角色，也是幼儿熟悉并经常使用的日常物品。由于它色彩鲜艳、花样品种多，深受幼儿喜爱。每当下雨的时候，孩子们总喜欢拿着自己的伞与别人比一比。和孩子们在讨论伞的问题时，有的孩子表露出自己喜欢撑着小伞一边走一边玩；有的喜欢将伞转一转，小花伞就成了一个大转盘；有的说会把小伞倒过来变成一艘小船……

伞除了本身的实用功能外，还有文化和艺术的特性，人们用伞来搭配服装造型的时候，或者将伞作为家中的装饰与摆设的时候，伞就增添了我们的生活情趣。

阴雨绵绵的4月，我们将带领幼儿从认识伞入手，引导其观察伞的外观、种类、花样，探索伞的特性，感受伞的重要性，进而帮助幼儿形成对伞的联想带来的丰富经验。

教育目标

● 通过对伞的细心观察，以及自己使用伞的亲身体会，了解伞的结构及其作用。

● 根据伞的形状、大小、颜色的不同，以及可张可收的特点，对其进行分类、排序、拼搭。

● 根据对伞的了解，设计出不同形状、不同花纹的伞。

● 尝试操作开伞、收伞，学习伞的正确使用方法。

● 探究伞的面料与防水性能的关系。

● 感受伞的多样性及不同图案的美，初步了解伞的制造过程。

● 认识制作油纸伞的材料与制作过程，尝试探索"油纸"材料的特征。

● 探索大自然中伞状的植物，分享有关伞状植物的知识。

教育内容

"爱画画的公主""开伞收伞""怕水的伞""伞的选美会""伞可以做什么""伞下的感受""听清楚""油纸伞""吃伞喽""大自然中的伞""过伞关""花伞去咯""伞会变魔术""伞下的家""下雨歌""彩绘伞面""超级淘气伞""降落伞""伞的儿歌大会串""我会做伞""我是一把小雨伞""创意伞面造型大会"。

"家庭孩子王"请提示/陪伴孩子"玩"成

序号	内容	时间/数量	评价反馈
1	下雨的时候，请爸爸、妈妈和幼儿一起撑着雨伞在雨中漫步，静心感受雨天的情趣	不限	
2	请家长根据主题内容，与幼儿一起收集资料，解答幼儿的有关问题，丰富和积累幼儿有关伞的知识	不限	
3	收集伞的相关书籍，并鼓励幼儿与同伴共同分享	不限	
4	家长可利用休息日带幼儿到大自然中寻找伞壮的植物，把它画下来或收集像伞的图片并订成册子，如树、蘑菇、荷叶等	不限	
5	请家长与幼儿共同准备有特色的伞或漂亮的伞的图片，带到班上来，并尝试用语言讲述伞的主要特征	第一、二周	
6	请家长协助幼儿收集不同的面料，如油纸、玻璃纸、蜡纸、塑料布、一般吸水布、无纺布等，进行面料防水性能的实验	第三周	
7	和孩子一起利用废旧物等制作各种各样的伞	第四周	

说明：在"评价反馈"一栏，请家长对自己是否是好爸爸、好妈妈做出评价。如做到了给自己一个☆，反之就是✕。

"春天的脚步"具体科目教学内容

语言活动

> ### "一家人"讲新闻——"春天的脚步"主题新闻

设计思路

天天讲新闻、人人讲新闻，是我们幼儿园混龄课程内容的重要组成部分。平时，孩子们可以根据自己的兴趣选择各种类别的新闻（时事新闻、节日新闻、主题新闻等）来园讲给同伴听。

主题新闻是多姿多彩的，每一个主题开始前我们都会和孩子们一起收集与主题相关的问题。在这个过程中，老大、老二、老三都会提出自己的问题，带着问题和爸爸妈妈一起寻找答案、制作新闻、讲新闻。孩子们对讲新闻乐此不疲，因为这是他们自己提出的问题，是他们感兴趣的事情。由此，"春天的脚步"主题新闻活动随着主题的展开拉开了序幕。

活动目标

① 愿意讲新闻，愿意和哥哥姐姐一起听新闻；喜欢讲新闻，并尝试用较为完整的句子讲短新闻；敢于在集体面前讲新闻，能用比较有序、连贯的语言讲新闻，并尝试主动与小观众互动。

② 喜欢讲新闻，喜欢与兄弟姐妹交流、分享新闻，体验当"新闻小主播"的乐趣。

活动准备

① 前期经验准备："春天的脚步"主题问题收集；教师将每个孩子的主

题问题整理分类后发给家长,亲子选择问题并确定主题新闻内容;亲子寻找答案;亲子制作新闻海报或PPT。

②教具学具准备:"春天的脚步"主题新闻海报3份;人体主题新闻PPT 4份;电视机1台;电脑1台;小黑板1块。

▶▶ 活动流程

"一家人"讲新闻→弟弟妹妹讲新闻→哥哥姐姐讲新闻。

▶▶ 阅读指导

阅读新闻稿。

▶▶ 活动过程

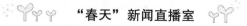

"春天"新闻直播室

通过"春天"新闻直播室情境引出活动,激发幼儿参与活动的兴趣。

· "一家人"讲新闻

指导 — 先请老大讲新闻。

— 树立榜样,激发老大、老二、老三讲新闻的欲望。

— 教师观察新闻小主播和小听众现场互动的情况,适时给予鼓励和表扬。

· 弟弟妹妹讲新闻

指导 — 鼓励老三大胆表达。

— 引导哥哥姐姐给予老三鼓励和表扬。

— 根据需要,适时给予支持和帮助。

— 鼓励哥哥姐姐做文明小听众。

指导语

老三可以离开,若愿意参与哥哥姐姐讲新闻的环节,也可以留下继续听。

· 哥哥姐姐讲新闻

指导 – 鼓励老二用较为完整的语言大胆表达，并尝试在集体面前讲新闻。

– 鼓励老大用完整、连贯的语言表达，并尝试主动与小听众互动。

– 引导台下小听众积极响应小主播的提问。

– 老大、老二、老三同时进入。

指导语

刚才的新闻播报活动里，老大、老二、老三都勇敢地参与进来，表现得特别棒！老二虽然是第一次在集体面前讲新闻，但在鼓励下，还是用比较完整的语言大胆说出了自己的想法，声音也越来越响亮，真是越来越勇敢啦！老大不仅能用完整、连贯的语言分享新闻，还试着主动和台下的小听众互动，比如问大家"你们觉得有趣吗"，带动着小听众们一起参与，特别有小主播的样子呢！

台下的小听众们也特别积极，当小主播提问时，都主动举手、大声回应，让整个活动充满了热闹又温馨的氛围。

这次活动中，不管是老大、老二还是老三，都在自己的基础上有了进步，通过表达和互动，大家也更勇敢、更自信了，真为你们开心！

活动延伸

鼓励幼儿结合自己提出的其他主题问题或新的问题，和爸爸妈妈一起制作新闻海报，并继续讲新闻。

科学·探索活动

春天是播种的季节

▶ **设计思路**

春天是万物复苏的季节，也是播种的季节，更是孩子们放飞身心的季节。春天午后的阳光会让人感受到温暖，给人带来愉悦的心情。教育的成功，最根本的就是让受教育者快乐地参与和学习。种植活动一定能让孩子们放飞心情，享受大自然的美好。

▶ **活动目标**

① 学习"一家人"合作播种；探索播种的基本程序：选种、播种、压实、浇水。

② 在活动中感受"一家人"共同种植的快乐。

▶ **活动准备**

① 前期经验准备：有种植和管理植物角的经验。

② 教具学具准备：请幼儿回家收集 1~2 种种子（如黄豆、花生、大蒜、玉米）若干；播种的工具（浇水壶、铲子）；种子成长记录表。

▶ **活动流程**

认识种子→怎样播种→种子的成长。

▶ **阅读指导**

阅读绘本《种子嘟嘟想变成什么呢?》。

> **活动过程**

·认识种子

提问 － 怎样才能让这些种子发芽长大？讨论种子发芽的条件。

指导 － 出示收集的种子，重点辨认花生、黄豆、大蒜、玉米的种子。

指导语

种子发芽需要水，没有水不会发芽；种子发芽需要适宜的温度，太冷了不会发芽；种子发芽需要土壤，没有土壤也不会长大。

·怎样播种

提问 － 有了种子，我们怎么播种呢？

指导 － 选种。

－ 筛选：选出粒大饱满的种子，经自然风干；播种：根据种子的种类及大小，进行点播、条播或撒播，覆土厚度为种子直径的2~3倍，细小的种子可不必覆土；压实：使种子与土壤密切结合，以便吸收水分而发芽；浇水：用细喷壶喷水，使整个苗床吸透水。

－ 指导幼儿实践：幼儿园种植园地内，"一家人"商量怎样分工合作；领取种子和劳动工具；完成种植任务并做好第一次记录（老大或老二负责）。

指导语

不要忽视劳动后的整理，包括工具的整理，以及衣服、鞋子等的清洁整理。

·种子的成长

指导 － 教师讲解表格，让幼儿学习记录。（重点指导老大）

－ 可以用文字记录，也可以用图示记录。

－ 一周记录1次，至少坚持10次。可以利用餐后散步去观察。

日期	花生（或其他植物）的成长记录

记录人（或家庭）签名：

▶▶ **活动延伸**

幼儿将自己带来的种子种在班级的种植盆里，可以种在水里，也可以种在泥土里；根据习得的种植知识管理并记录自己种植的种子发芽长大的过程；将收集到的各种种子放在同样大小的塑料袋里，贴上标签，办一个"种子展览会"。

没有春天的地方

设计思路

春天又称为春季，是一年中的第一个季节，北半球的春天为公历 3、4、5 月，而南半球的春天是 9、10、11 月。春天气候温暖适中，天气多变，乍暖还寒，万物生机盎然。不过，南北极常年严寒，赤道国家则常年炎热。随着主题的深入，孩子们对春天又多了几分了解，从而产生了其他的问题："存在没有春天的地方吗?"为此，教师设计了这一次活动。

活动目标

① 通过辩论小游戏，帮助幼儿了解"没有春天的地方"的概念;探索并解决主题问题收集中的"存在没有春天的地方吗?"这一问题。

② 通过活动，激发幼儿主动探索的欲望。

活动准备

① 前期经验准备:没有春天的地方比较冷门，幼儿一般在生活中接触不到，但在看地球仪的时候，有些大年龄段幼儿会提出类似问题，产生疑问。

② 教具学具准备:地球仪（标出南极、北极）;手电筒;冬季和极地动物图片若干。

活动流程

听小故事→辩论小游戏→没有春天的地方。

阅读指导

阅读绘本《没有春天的地方辩论比赛》，在地球仪上找出南极、北极、南半球、北半球、南极圈、北极圈。

活动过程

· 听小故事

提问 － 世界上哪些地方是没有春天的?

指导 － 播放自制视频《没有春天的地方争论比赛》,正确答案留
在视频最后。

指导语

故事中,小狗认为存在"没有春天的地方",南北极常年严寒,是
没有春天的地方。而小猫认为不存在"没有春天的地方",即使是南北
极,也会有温度变化,南北极的暖季很冷,但还是比寒季要暖和一点
儿。从小狗、小猫两方的观点,引导幼儿进行辩论。

· 辩论小游戏

指导 － 开启"抛接球问题导向"模式,引导幼儿用"我认为……"
句式表达自己的想法。

－ 根据小狗、小猫两方的观点,引导幼儿像故事里的小动物
们一样,分成两支队伍表达自己的观点。

指导语

我们把大家表达的观点记录在白板上,然后继续用"抛接球问题导
向"模式辩论吧。

· 没有春天的地方

指导 － 引导幼儿总结自己一方的观点。

－ 播放视频的最后一段,公布小故事《没有春天的地方辩论
比赛》的结果。

指导语

科学家告诉我们,温度约连续一星期在 10 ℃ 以上则为春天的开始,
但是仍然有人认为即使稍微有温度变化,也能算作春天。

活动延伸

幼儿回家跟爸爸妈妈讨论有没有"没有春天的地方",举行一场"家

庭"辩论赛。

辩论可加入第二部分内容，即讨论"极地的'春天'在哪里?"这一问题。

观察地球仪

1. 请幼儿找到南极、北极的位置，触摸感受"地球最冷的两端"。

2. 用手电筒照射地球仪，观察垂直照赤道的时候极地的光是否是"斜着照"的（对比赤道）。

讨论总结

展示企鹅和北极熊的生活图片，提问："它们需要厚衣服吗? 为什么?"

对比本地春天万物复苏景象与极地冰雪场景。

或重新写一篇教案《南极北极有春天吗?》，进行科学小实验"太阳公公为什么'不爱'极地"。

帮助幼儿理解极地阳光少、温度低的原因。

【小资料】

故事《没有春天的地方辩论比赛》

在一个遥远的森林中，有一个狮子国王，他有两个得力助手：宰相小猫与将军小狗。可奇怪的是，小猫与小狗一见面就吵架，他们都讨厌对方。

有一天，狮子国王提出了一个问题："聪明的宰相，勇敢的将军，你们能不能告诉我，存不存在没有春天的地方?"

小猫马上站出来说："尊敬的国王，臣认为存在没有春天的地方，就像南北极常年严寒，没有春天的地方就在南北极。"

小狗一听，眉头一拧，高声道："小猫! 你错了! 尊敬的国王，臣则认为没有春天的地方是不存在的! 南北极虽然每天都很冷很冷，但还是会有温度变化，所以没有春天的地方是不存在的。"

其他的小动物一听，马上分成两派，一派支持小猫，认为没有春天的地方是存在的，就在南北极。而另一派支持小狗，认为没有春天的地方是不存在的。

小狐狸站出来说："尊敬的国王陛下，我认为小猫说得对，春天应该是温暖的季节，南北极每天都很冷，怎么会有春天呢?"

小鸟马上笑着说："哈哈，小狐狸你糊涂了吧? 尊敬的国王陛下，我认为小狗说得对，在南北极，假如每天都是冬天，那怎么能居住呢?"

所有的小动物马上争论起来，狮子国王觉得这样争论不休是不行的，于是马上请智慧长老猫头鹰爷爷出来评评理。猫头鹰爷爷说："其实地球的南北两端有个南极圈和北极圈。在这两个圈里面各有一个点，叫作南极点、北极点。北极圈、南极圈里还是会有季节变化的，也能住人，但是南极和北极是没有春天的，那里每天都是寒冷的天气，所以小猫说的是对的，没有春天的地方就在南极和北极。"

听到这个答案，所有的小动物都恍然大悟。原来，南极、北极也分季节，但是南极、北极是没有春天的。

有趣的指纹

设计思路

指纹，即手指指腹皮肤上凸起的纹路。人的指纹是遗传与环境共同作用产生的，因而指纹人人皆有但各不相同。

幼儿对于指纹既熟悉又陌生。玩橡皮泥的时候他们在作品上留下了许多痕迹，却不知道那就是指纹的痕迹。

每个人的指纹都是独特的存在。幼儿有必要了解什么是指纹、指纹的种类和指纹识别技术。

活动目标

① 初步了解指纹识别技术在生活中的用途，知道每个人的指纹都不一样；在自主探索中认识指纹，发现指纹的独特性；在仔细寻找比较中初步了解指纹大体分为斗形纹、箕形纹和弓形纹三种。

② 对新发现的事情有探究的兴趣和欲望。

活动准备

① 前期经验准备：幼儿知道自己手上有很多纹路，狭义上的指纹是指手指上的纹路。

② 教具学具准备：印泥、放大镜9份，每个"家庭"1份；白纸、湿纸巾若干；指纹创意画2幅；指纹记录表9张；3种指纹的图片；关于指纹用途的视频。

活动流程

探寻指纹的奥秘→独一无二的指纹→指纹的作用。

阅读指导

阅读绘本《手印童话·拇指姑娘》《指纹的秘密》。

活动过程

· 探寻指纹的奥秘

提问 － 手的指纹在哪里?(在手指肚上)

－ 指纹除了可以画画,还可以做什么?

指导 － 出示指纹画,幼儿欣赏讨论。

－ 启发讨论,请幼儿回忆生活中指纹还可以做什么。

指导语

原来指纹还能画画呢。除了画画,指纹还可以……(总结幼儿的讲述)

· 独一无二的指纹

提问 － 我们十个手指头的指纹都是一样的吗?

－ 比比"一家人"的右手拇指指纹,是一样的吗?

－ 指纹有名字吗?

指导 － 做游戏"手指盖印章",请老大做示范。

－ "一家人"操作,请老大帮助需要帮助的老二、老三。

－ 教师巡回指导,看到问题用语言提示幼儿。

－ "手指盖印章"游戏完成后,请幼儿带着问题仔细观察自己十个手指印是否一样。

－ 用放大镜比对"一家人"右手拇指指纹,观察是否一样。

－ 出示不同类型指纹的图片。

－ 记录你手上的斗形纹、弓形纹、箕形纹,看一下是否有相同的指纹?

指导语

打开印泥盖,把右手的五个指头按在印泥上,然后抬起手用力、稳稳地按在白纸上,用湿纸巾把手指擦干净后,换另一只手,用同样的方法记录指纹,然后观察验证。

指纹有三种类型:

斗形纹:闭合的圆形或椭圆形的图案,看起来像漩涡;

弓形纹:像射箭的弓一样;

箕形纹：纹线一边开口，形状像簸箕。

我们每个人的指纹都是独一无二的。

·指纹的作用

提问 — 人手上的指纹有哪些作用？

指导 — 引导幼儿讲述已知经验。

　　　　— 播放小视频《指纹有哪五个作用》。

指导语（重点讲前三点）

— 公安机关可以根据指纹的鉴别抓住坏人；

— 指纹能够增加手指的摩擦力，让我们抓住东西的时候不容易滑落；

— 指纹具有排汗的功能，能够在手部温度升高的时候，通过排汗来调节体温；

— 在医学领域，通过人的指纹和掌纹的变化，能够查出某种遗传性疾病；

— 指纹能够使我们的感觉更加灵敏，盲人可以用手来读盲文。

为什么手部皮肤往往比身体其他地方更加敏感？因为有了指纹，所以触觉才会那么灵敏。

我们的指纹是独一无二的，人们可以利用指纹来做些什么呢？科学家基于指纹的特点产生了许多奇思妙想，让我们一起来看看吧：指纹付款、手机指纹锁、汽车指纹锁、电脑指纹锁，还有用指纹破案。

▶ 活动延伸

鼓励幼儿带着问题继续探索。比如，指纹会自动消失吗？指纹能被人为去除吗？

播放视频《独一无二的指纹》。

科学·数活动

感知高和矮

设计思路

小年龄段幼儿总会自信满满地说:"过年了,我们又长高了。"大年龄段幼儿说:"新年过后,幼儿园保健医生又要给我们测量身高体重了。"

活动目标

① 学习比较物体的高矮,初步体验物体高矮的不变性和相对性;能用词语"高""矮"表示比较结果。

② 引导幼儿在思考与解答问题的活动中提出自己的想法,逐渐养成独立思考的习惯。

活动准备

① 前期经验准备:平时引导幼儿注意观察和比较人与物体的高矮,对比较高矮有初步的经验。

② 教具学具准备:椅子1张。

活动流程

感知高与矮→感知高矮的相对性。

阅读指导

阅读绘本《长颈鹿和小山羊的故事》。

活动过程

·感知高与矮

提问 - 我们班级里哪个人最高?(注意包括保教人员)

－我们班级里女生谁最高？男生谁最高？最高的女生和最高的男生比谁高？

－我怎么一会儿矮一会儿高呢？

指导 －请幼儿找比自己矮的人握握手做朋友；找比自己高的人抱一抱做朋友。

－"一家人"排排队，看看谁最高？为什么有的老二比老大高，有的老二又比老三矮呢？

指导语

高和矮小时候与年龄有关，长大了就不一定。但是，小时候长得不高一定和吃饭、睡觉、运动有关系。

> **·感知高矮的相对性**

提问 －高的东西一定永远都是高的，矮的东西一定永远都是矮的吗？

－同样一个人，怎么一会儿矮一会儿高呢？

指导 －请学生比高矮，甲和乙比较，甲比乙高；再请丙来与乙比较，乙又比丙高了。

指导语

世界上很多事情，比如高矮、胖瘦、长短等，都要靠比较才能得出准确答案。

活动延伸

幼儿到户外寻找物体比较高矮；回家后和爸爸妈妈或爷爷奶奶分别比高矮。

感知左和右

▶▶ 设计思路

以自己的身体为中心,越小的幼儿越分辨不出左右。大人总是告诉幼儿,拿勺子和筷子的手是右手,那么左撇子怎么办呢?

分辨前后左右关乎大脑空间概念的形成,有利于幼儿建立方向感。有趣的是,"一家人"外出,老大请老三走在他的右边,请老二走在老三的右边,老三走在老大和老二的中间,可就是这一左一右的事情,老三和个别老二却糊里糊涂。

教育部《幼儿园教育指导纲要(试行)》中指出:"引导幼儿对周围环境中的数、量、形、时间和空间等现象产生兴趣,建构初步的数概念,并学习用简单的数学方法解决生活和游戏中某些简单的问题。"空间方位指的是物体的空间位置和物体间的相互关系。在教学活动中,幼儿区分上下、前后、左右都是从以自身为中心定向逐步过渡到以客体为中心定向的(如照镜子)。

▶▶ 活动目标

① 能够初步并逐渐熟练地以自身为中心区别左右;发展空间方位知觉和判断力。

② 老大能够当"小老师",把自己的经验传递给弟弟妹妹,"一家人"一起学习。

▶▶ 活动准备

① 前期经验准备:平时引导幼儿注意区分左右,有感知左右的初步经验。

② 教具学具准备:红头绳若干(数量与幼儿人数相同)。

▶ 活动流程

我的左右手和你的左右手→左右手游戏。

▶ 活动过程

· 我的左右手和你的左右手

提问　– 你的一双手，哪只是左手？哪只是右手？

　　　– 我的一双手，哪只是左手？哪只是右手？（镜面）

指导　– 请你用右手举起红头绳！请你用左手举起红头绳！请你双手举起红头绳！（口令不断加速，可请大年龄段儿童发出指令）

　　　– 请老二把红头绳放在我的左手上；请老大把红头绳放在我的右手上；请老三把红头绳放在我的双手上。

　　　– 请老三拿我左手上的红头绳，请老二拿我左手上的红头绳，请老大拿我右手上的红头绳。（这些指令可以千变万化，所拿物品也可以是小狗、小马等玩具）

　　　–"一家人"一起玩"猜猜猜"的游戏：什么东西在我的右手里？什么东西在我的左手里？我的左手有几颗豆子？我的右手有没有豆子……

指导语

　　感知左右需要我们经常在生活中学习和练习，要杜绝说"这个手"或"那个手"之类的词语。大多数中国人是用右手敬礼、拿筷子、写字、画图、举手发言的。

· 左右手游戏

指导　– 通过游戏区分左右手。

　　　游戏1　举举，快速举起右手/左手。

　　　游戏2　拉拉，听口令快速完成动作：用右手拉右耳；用左手拉左耳；用右手拉左耳；用左手拉右耳。

　　　游戏3　拍拍，用右手拍左腿；用左手拍右腿；用右手拍右腿；用左手拍左腿。

游戏4　说说，我左边的是××小朋友，我右边的是××小朋友。

游戏5　找找，左边墙上挂了些什么? 右边墙上挂了些什么?

▶▶ 活动延伸

　　可在日常生活中随时随地进行区分左右手的活动，如让孩子两两面对面站立，分别举起左手和右手。

认识梯形

设计思路

中班孩子已经认识圆形、正方形等一些基本的图形，掌握了这些图形的特征，并能区分它们。所以，教师可以加大难度，让幼儿认识梯形，从长方形的演变来掌握梯形的特征，初步了解梯形的形状特点，能区分出梯形。

活动目标

① 在探索中感知梯形的主要特征，并能找出相同或相似形状的物体。

② 培养幼儿积极探索的兴趣和能力。

活动准备

① 前期经验准备：幼儿已经认识长方形，并了解长方形的特征。

② 教具学具准备：《松树》PPT 6 张；练习纸（上面绘有圆形、长方形和梯形）若干（数量与幼儿人数相等）；蜡笔 1 盒。

活动流程

感知梯形→认识梯形→寻找梯形。

阅读指导

阅读绘本《梯形的故事》《梯形是谁发明的》。

活动过程

· 感知梯形

提问 — 你在 PPT 里看到了哪些形状？

— 哪种物品的形状你不认识？

指导 － 播放 PPT，复习圆形、长方形和正方形的知识，感知梯形。

指导语

我们已经认识了圆形、长方形和正方形，还有一些和长方形很像但对边不相等的形状，我们一起来探索一下。

· 认识梯形

提问 － 梯形和长方形有什么相同之处？

－ 梯形和长方形有什么不同之处？

指导 － 教师出示长方形，然后把长方形变成梯形，让幼儿比较长方形和梯形的相同之处和不同之处。

指导语

相同点：梯形和长方形一样，都有四条边、四个角。

不同点：长方形的两组相对的边分别等长，对边平行，四个角一样大；梯形的四条边不一定一样长，但是上下平行，四个角不一样大。

· 寻找梯形

指导 － 引导幼儿找找周围哪些物品是梯形的。

－ 幼儿人手一张练习纸，在圆形、长方形和梯形中寻找出梯形，再用蜡笔涂上自己喜欢的颜色。

指导 － 引导幼儿相互交流，看自己是否找到了正确的图形，巩固梯形的基本知识。

▶▶ **活动延伸**

引导幼儿继续感知认识各种梯形，寻找梯形的物品；继续阅读有关梯形的绘本故事书；户外活动中找一找大型玩具里有哪些是梯形的。

椭圆形遇到圆形

设计思路

有一次，一个小朋友拿来椭圆形的糖与小朋友们分享，大家都说糖是圆形的，粗看也类似圆形。为了让幼儿能准确区分圆形和椭圆形，掌握辨认圆形和椭圆形的技能，我们带领幼儿复习和温习相关知识。

活动目标

① 能发现椭圆形的特征；会用语言描述椭圆形的特征；能按指示空间方位的图示找出一模一样的图形。

② 提升幼儿对存在细微差别的物体的观察能力，教师需要采用滴灌式教育。

活动准备

① 前期经验准备：小年龄段幼儿已经认识圆形，大年龄段幼儿也基本掌握了圆形和椭圆形的相关知识。

② 教具学具准备：圆形、椭圆形各 1 个；教室里摆放好椭圆形的镜子和钟表；椭圆形和圆形练习纸；记号笔若干。

活动流程

认识椭圆形→找找椭圆形→添画椭圆形宝宝。

活动过程

· 认识椭圆形

提问 － 说说你看到的这个形状有什么特点。

－ 它和圆形有什么区别呢？

指导 － 教师出示椭圆形，引导幼儿认识椭圆形。

— 出示圆形，引导幼儿比较圆形和椭圆形，巩固对椭圆形特征的认知。

— 教师把圆形和椭圆形重叠在一起，让幼儿观察、比较。

指导语

椭圆形具有对称性、均衡性、长轴和短轴、离心率等特性。

· 找找椭圆形

提问 — 请找找自己家里或者教室里有哪些物品是椭圆形的。

指导 — 引导幼儿说说自己家里和教室里有哪些椭圆形的物品。

指导语

我们教室里有椭圆形的钟表，有椭圆形的镜子。

· 添画椭圆形宝宝

提问 — 椭圆形和圆形一样吗？哪里一样，哪里不一样？

指导 — 播放视频《椭圆形的认识》，通过视频认识椭圆形和圆形之间的区别。

— 小年龄段幼儿添画：

引导幼儿在有椭圆形和圆形的练习纸上找到椭圆形；

鼓励幼儿给找到的椭圆形"宝宝"画上五官；

教师检查并点评幼儿的作品。

— 大年龄段幼儿根据教师的语言指导，记住教师手上椭圆形的图案，寻找相同形状的"宝宝"图片。

指导语

椭圆形的特点：椭圆形是长圆形，比圆形扁；椭圆形属于圆形的一类；椭圆形和圆形一样，边缘很光滑，没有角。

活动延伸

让幼儿找一找教室里面椭圆形的物品；在美工区内投放椭圆形，让幼儿给椭圆形的物品画五官；让幼儿回家找一找家里有哪些东西是椭圆形的。

艺术·美术活动

"春天多么美"主题海报设计

设计思路

本周进入活动"春天多么美",在探索前,我们收集了幼儿关于春天的问题,他们很愿意将自己的问题粘贴到自己"家庭"创设的主题海报中进行展示,于是我们设计了这个主题活动。

活动目标

① "一家人"展开无限想象,合作完成"春天多么美"主题海报设计,体验合作作画的乐趣。

② 初步学习大面积涂色的方法;尝试在大纸张上根据需要进行添画;能把握整体海报布局并进行合理分配。

活动准备

① 前期经验准备:"一家人"有共同作画的经历,完成过风筝、荷花等画作。

② 教具学具准备:海报纸 14 张;海报设计图片若干;视频《奇妙的动物》。

活动流程

海报欣赏→"一家人"设计海报→"一家人"展示海报。

阅读指导

阅读绘本《美丽的春天的动物园》。

活动过程

·海报欣赏

提问 – "春天多么美"主题海报可以用哪些素材来进行设计?

指导 – 引导幼儿仔细观察各海报图片,了解海报的特点。

– 引导幼儿大胆表达自己的想法,帮助幼儿总结设计"春天多么美"海报可以用的素材。

指导语

大家在欣赏海报时想一想自己的"家庭"想画春天里的什么场景。

·"一家人"设计海报

提问 – 你们"一家人"想设计怎样的"春天多么美"海报?

指导 – 通过个别幼儿示范操作,激发幼儿兴趣。

– 播放视频《画神闲》,通过"画神闲"的方法,帮助幼儿直观了解海报的设计方法。

–"一家人"分散操作,教师巡回指导,重点观察老大分配任务和"一家人"讨论作品主题的过程。

指导语

设计海报要明确主题,如今天的海报主题是春天;要想一想老三、老二、老大各自会画的内容;要思考以什么颜色为主进行涂色;还要考虑近大远小,天空画在纸的上面,草地、河流画在纸的下面,其他的画在纸的中间部分。

·"一家人"展示海报

提问 – 你喜欢哪个"家庭"设计的海报?为什么?

指导 – 展示"一家人"的作品,请"一家人"向大家介绍自己"家庭"的作品。

指导语

刚才我们一起欣赏了各个"家庭"设计的海报,每个"家庭"的小成员们都勇敢地站出来,向大家介绍了自己"家庭"作品的想法和亮点,有的"家庭"说海报上画了一家人去公园玩的场景,有的说用很多鲜艳的颜色是想表达春天开心的心情，大家说得都特别清楚！

在讨论喜欢哪个"家庭"的海报时，小朋友们也积极说出了自己的想法，有的说喜欢某个海报的图案很可爱，有的觉得某个海报的颜色搭配很舒服，还有的被海报里藏着的"家庭"小故事打动了。

不管是设计海报的"家庭"，还是分享想法的小朋友，都特别用心。

活动延伸

在区域活动时，"一家人"可以再进美术区共同作画。

设计"我家的小伞"

▶▶ **设计思路**

主题活动"我家的小伞"开始后,孩子们带来了各种各样的伞,他们总是"一家人"一起观察伞、讨论伞、欣赏伞……这段时间,孩子们对伞面的设计产生了浓厚的兴趣:"这伞真漂亮!""这把伞好像是画出来的。""我也好想有一把自己画的伞哦!"

好吧,就让我们满足一下幼儿的需求!

▶▶ **活动目标**

① 在游戏中,"一家人"能发挥各自所长合作完成作品,并体验"一家人"共同作画的快乐。

② 引导幼儿感受不同材料在伞的创作中产生的不同效果,增强幼儿的审美意识。

▶▶ **活动准备**

① 前期经验准备:对伞面花纹有较为细致的观察和了解;对装饰画有一定了解,各"家庭"已经设计好伞的样稿;大孩子已有水粉画绘画经验。

② 教具学具准备:透明伞 12 把;各色颜料若干;水粉画笔若干;剪刀若干;画有图案的即时贴若干。

▶▶ **活动流程**

小伞猜猜猜→设计"我家的小伞"→小伞展览会。

▶▶ 阅读指导

阅读绘本《美丽的雨伞》。

活动过程

· 小伞猜猜猜

提问 – 班级里的这些伞是用来做什么的呢？谁来说说看？

– 怎样能让这些透明的伞变得更好看呢？

– 现在是春天，我们"一家人"应该一起在伞上面画什么呢？

指导 – 以上问题全请幼儿讨论并表达，教师不加以任何指导，充分鼓励"一家人"经过商量后进行自由创造。

· 设计"我家的小伞"

指导 – 引导幼儿协商决定各"家庭"成员应完成什么任务，并引导老大做"小干部"，交代"家庭"成员各自需要完成的任务。

– 鼓励"家庭"成员互相商量，合作在自家伞上画出、粘贴花纹或图案。

– 提示幼儿正确使用颜料，并提醒幼儿正确使用剪刀，注意安全。

– 引导老大、老二在画图案时注意整体布局，并引导老三在粘贴时与大年龄段幼儿商量，也要注意整体布局。

· 小伞展览会

提问 – 你最喜欢哪个"家庭"设计的伞？为什么？

指导 – 鼓励"一家人"积极大胆讲述自己设计小伞的想法。

指导语

刚才，每个"家庭"都大胆讲了自己设计小伞的想法。大家也说了最喜欢哪个"家庭"的伞，有的爱图案，有的喜欢颜色，每个小伞都藏着"家人"的巧思，特别棒！

▶ 活动延伸

将幼儿绘好的伞放在活动室展览；在区域中提供小型伞，供幼儿继续操作；提供一次性餐盘、吸管，供幼儿设计伞面并制作小伞。

艺术·音乐活动

春 游

▶▶ 设计思路

《春游》是一首由著名音乐家李叔同作词作曲、歌唱家李谷一演唱的歌曲,曲调优美,旋律荡漾,动听抒情。

《春游》的歌词是一首诗,描绘了春天的各种场景。幼儿通过学习本歌曲,感受春天的气息,学会用歌曲表现春天里游玩的快乐。

▶▶ 活动目标

① 欣赏《春游》歌曲的旋律;理解歌曲所表达的意境;知道三拍子歌曲的特点(强→次强→弱)。

② 学会用身体的晃动表现歌曲的优美,充分聆听李谷一奶奶那饱含情感且动听的声音。

▶▶ 活动准备

① 前期经验准备:幼儿对三拍子曲调的歌曲比较陌生。

② 教具学具准备:下载李谷一演唱《春游》的视频。

▶▶ 活动流程

春天有多美→欣赏歌曲《春游》→一起哼唱三拍子《春游》。

▶▶ 阅读指导

阅读《春游》歌词:

春风吹面薄于纱,春人装束淡于画。游春人在画中行,万花飞舞春人下。

梨花淡白菜花黄,柳花委地芥花香。莺啼陌生人归去,花外疏钟送夕阳。

活动过程

·春天有多美

提问 — 春天来了，大家有什么话想对春天说？

— 春天的哪些地方很美？（天、地、花、草、风、人、小鸟等）

指导 — 引导幼儿说出春天的变化。

— 教师根据歌词组织幼儿的讲述，春天的风、春天的人、春天花开蝶舞，像一幅美丽的画，人在画中行走。

— 白色的梨花开了，柳絮纷飞，芥花飘香，小鸟叽叽喳喳，晚上夕阳也美丽。

指导语

有一首好听的歌曲《春游》，是李叔同写的，很美（教师有感情地朗读一遍）。李叔同大师创作的这首歌由著名的歌唱家李谷一演唱（教师播放歌曲《春游》，幼儿欣赏）。

·欣赏歌曲《春游》

提问 — 你们觉得这首歌曲听起来怎么样？

— 歌曲里的春天是什么样子的？歌曲里的小朋友在春天做了什么事情？

指导 — 歌曲是三拍子的，演唱的时候有种荡漾的感觉，很优美，很抒情。

— 幼儿用欢快的心情轻轻跟着哼唱。

— 再次播放歌曲（可连续播放2~3遍），幼儿自然跟唱。在跟唱中我们可以轻轻摇晃身体，用美好的心情和笑脸跟着哼唱，还可以配合旋律做些简单的动作。

·一起哼唱三拍子《春游》

提问 — 你们觉得怎样来唱这首歌最好听？

指导 — 播放歌曲《春游》，教师邀请老大一起跟随三步曲子的曲调走步，全体幼儿观摩欣赏。

- 请 "一家人" 站起来，手牵着手，跟着音乐的节奏走步，腰背挺直，节奏要平稳，鼓励能力强的老大加入自己的动作。

指导语

《春游》这首歌好听吗？走步的时候是不是感觉很美？教室太小了，我们大家去操场上一边欣赏音乐，一边翩翩起舞吧！

▶ 活动延伸

第二教时继续学习《春游》这首歌，幼儿园组织去春游的时候，大家一路歌唱，一路享受春天。

乐器游戏"幸福拍手歌"

设计思路

设计此类奥尔夫音乐游戏活动，歌曲的选择余地比较大，如 2/4 拍、4/4 拍、3/4 拍。幼儿通过玩乐器可以感受歌曲节奏与歌曲情感的连接。

乐器在音乐学习中十分重要，奥尔夫教学法常通过各种乐器游戏的方式呈现各种乐器敲打的方法，对于训练幼儿的视觉、听觉、秩序感有很大帮助。《幸福拍手歌》无关年龄，幼儿只要参与其中，就能感受到音乐节奏与歌曲之间连接的喜悦感。

活动目标

① 在《幸福拍手歌》的旋律中，幼儿根据节奏与歌词发挥想象力。
② 选择适当的乐器进行演奏。

活动准备

教具学具准备：双响筒、碰铃、手鼓、三角铁、沙锤等打击乐器。

活动流程

认识三种乐器→探索各种乐器不同的声音→小乐队演奏《幸福拍手歌》→认识图谱。

活动过程

· 认识三种乐器

提问　- 你们认识这些乐器吗？
　　　　- 你们知道这些乐器分别会发出什么声音吗？

指导　- 逐一出示打击乐器，鼓励幼儿辨认并答出以上问题。

– 小年龄段幼儿先回答，也可个别回答。大年龄段幼儿需同时回答这是什么乐器、会发出什么声音。

指导语

这些乐器的名字就如大家说的一样，有的乐器名字叫小铃，有的乐器名字叫三角铁，还有的……

敲击这些乐器会发出不同声音。有的会发出嘟嘟嘟的声音，有的会发出叮叮叮的声音，还有的会发出嘀嘟嘀嘟的声音……很有趣。

· 探索各种乐器不同的声音

提问 – 你们有谁会玩这些乐器吗？

指导 – 邀请几位大年龄段幼儿正确示范双响筒、铃鼓等乐器的敲击方法，教师可以示范。

– 教师演奏乐器，请孩子们思考这些乐器还能演奏出哪些不同的声音。

– 请全部幼儿选择自己喜欢的乐器并跟随《幸福拍手歌》的音乐节奏敲击。

– 请兄弟姐妹交换手里的乐器，再次跟随《幸福拍手歌》的音乐节奏敲击，仔细听听自己的敲打声是否跟着音乐节奏走了。(连续三次交换练习)

– 分乐器练习。边看教师的指挥手势，边听歌曲，进行分乐器练习。教师手势表示敲小铃，其他的乐器都停止；同样，教师手势表示敲双响筒，其他的乐器都停止。(以此类推练习2遍)

· 小乐队演奏《幸福拍手歌》

提问 – 刚才每个人敲自己手中的乐器，听上去感觉怎样？

– 看着老师的指挥手势敲乐器听上去又是怎样的感觉？

– 你们去看过音乐会吗？乐团的叔叔阿姨是怎样演奏乐器的呢？(挖掘以往经验)

– 为什么拿同样乐器的人要坐在一起呢？

指导 － 调换座位，拿同样乐器的幼儿坐在一起。重点在于乐器人员的组成和分配。拿同样乐器的幼儿坐在一起，这样音乐声音可以更集中。

指导语

教师根据教学现场情况，用正面鼓励的方式纠正乐器打击未在拍子上的情况。

　·认识图谱

提问 － 谁能看懂这张图谱？

－ 图谱上面的竖线我们可以用什么乐器来演奏？

－ 图谱下面的圆点该用什么乐器来演奏呢？

指导 － 拿出一张声音图谱，请大年龄段幼儿回忆以往经验，给小年龄段幼儿讲讲可以选择什么乐器来演奏此图谱。

－ 歌曲共有五段，讨论确定每一段歌曲前奏由大家齐奏，中间部分可由两种乐器配合演奏，音乐到每段最后两句时乐器齐奏。

－ 每一遍由哪两种乐器领衔配合演奏，由师生共同商量确定。

指导语

以上奥尔夫音乐打击乐教学活动的设计，重点利用大年龄段幼儿已有的生活及学习经验，由他们代替教师发挥主导作用，带领"一家人"一起学习。教师要随机应变，抓住现场，但凡幼儿有点滴经验也要设法迁移，帮助幼儿完成自由、个性的表达。

活动延伸

将小乐器全部投放在音乐区域。在区域活动时，幼儿可以自由选择乐器，播放音乐或歌曲，自由组队演奏打击乐器，指挥者一般由幼儿推荐的老大担任。

"春天的脚步"主题 智力大冲浪

动力定型·温故而知新

智力大冲浪的意义

在每一个主题开始前,我们都会向孩子们收集相应的主题问题,随后将收集到的问题进行整理和分类,再绘制相应的网络图,制订月计划和周计划。

在主题开始后的一个半月内,我们和孩子们一起带着他们感兴趣的问题寻找答案。有时候我们在集体教学中相互"碰撞";有时候我们在"今天我主持"中解答问题;有时候我们在区域游戏中以小组为单位探索学习;有时候我们变成小记者,通过采访、记录寻找答案;有时候我们悄悄地走进幼儿园的角角落落,比如秋天的银杏世界,一起采摘、浸泡、剥皮、晒干、烘烤银杏果,从而发现银杏树和银杏果的"秘密";有时候我们将课堂搬到农庄、菜场、文化节中,在真实情境下学习知识……

在每个主题结束后,我们会和孩子们一起走进"智力大冲浪",在"智力大冲浪"的基础知识题、音乐题、视听题、操作题、新闻题等各种形式的问题中帮助孩子们反刍已习得的知识;同时,也在"智力大冲浪"中,培养孩子们的倾听与表达能力,以及文明礼貌等优良品德。

▶▶ 活动目标

① 通过"智力大冲浪"的形式,帮助幼儿巩固已学过的有关春天的"天气""雨""伞""动植物"等主要知识。

② 在各种形式的题目中,进一步激发幼儿喜欢学习、主动学习的积极性。

▶▶ 活动准备

① 前期经验准备:对春天的"天气""雨""伞"等已经有一定了解和经验;熟知新闻播报"智力大冲浪"中的文明行为和答题注意事项;亲子复习已学的"春天的脚步"相关小知识;观看综艺节目"智力大冲浪"视频。

② 教具学具准备：必答题（基础必答题、音乐必答题）、PPT 找错抢答题、操作题题库（各班负责）；邀请老师评委代表（每班 1 位）；抢答灯 4 个；操作题材料（铅画纸、油画棒、记号笔）；小黑板 4 块；统一服装：藏青色背带裤、短袖格子衬衫；开场舞和结束舞等音乐；设立班级集体奖（春光明媚奖、莺歌燕语奖、雨后春笋奖、万紫千红奖）；会场环境、摄影、摄像、音响；自制计分牌（每班 1 个）。

▶▶ 组织形式

各组以红、黄、蓝、紫为队名，一个班一个方阵，每队以"家庭"为单位轮流上场竞赛。（备注：以下方阵根据班级的实际人数和服装调整）

红队班级座位		黄队班级座位		蓝队班级座位		紫队班级座位	
"家庭"参赛选手组座位	计分牌	"家庭"参赛选手组座位	计分牌	"家庭"参赛选手组座位	计分牌	"家庭"参赛选手组座位	计分牌
主持人位置（这里是舞台）							

▶▶ 活动过程

冲关准备（热热身）

主持人："小朋友们，早上好！很高兴又和大家见面了，今天我们的'智力大冲浪'分两场进行，人相对也少了，答题的机会更多了，你们有信心取得成功吗?"

各班："我们的口号是'智力大冲浪'（教师），'冲关我们最最棒'（幼儿)!""我们班级的口号是'混一混一'（教师），'永远第一'（幼儿)!"……

● 播放开场音乐《Copy Me》，全场跟主持人互动。

● 介绍评委嘉宾——其他年级组教师代表。

● 播放奖项 PPT，主持人介绍奖项：春光明媚奖、莺歌燕语奖、雨后春笋奖、万紫千红奖。

答题形式

基础必答题

- 以"家庭"为单位答题，可以互相补充。

- 两个"家庭"为一组，每组 3 小题，分别针对老大、老二、老三出题，3 个小题答完后轮换下一组，共 2 轮。

视听抢答题

– 用 PPT 形式来呈现题目；按灯抢答，先亮灯的班级获得答题权，主持人说"开始"才能抢答。

– 完成 4 题后，轮换下一组，共 3 轮。

音乐必答题

– 以"家庭"为单位答题，可以互相补充。

– 播放音乐前奏，说歌名。

– 回答正确即得分，答完后，班级完整演唱歌曲一遍。

– 每班 2 首音乐（按自己班级主题中所教音乐选取 2 首），共 2 轮。

操作题

– 意愿画春天、小伞花。

– "一家人"一起在 8 开铅画纸上绘画。

颁奖啦

– 请教师评委点评并宣布各班所获奖项。

– 播放颁奖音乐，家长评委颁奖，幼儿代表发表获奖感言。

– 在舞曲《黄鹂鸟》中结束活动。

▶ 活动反馈与反思

活动结束后，以教师评委的一封信、以"家庭"为单位的情景模式，展开讨论："我们班级在活动中的表现怎么样?""哪些方面做得特别好?""哪些方面还要加强?""评委老师对我们的评价是什么?"

通过图文并茂的形式，将活动情况发在家园微信群里，与"家庭孩子王"分享。

两两班组成员进行交流和讨论，总结活动中的经验并反思存在的问题。

主题　交通与道路

"交通与道路"主题幼儿提问收集归类

以下这些问题是我们十年前第一次"抛接球问题导向"教学研究时，"一家人"在"家庭孩子王"的引领下进行提问、发问和追问所留下的原始资料。

关于交通主题，第一次依霖"混龄一家人"在"抛接球"活动中提出了153个问题。其中，老大46个问题、老二65个问题、老三42个问题，共涉及9个方面。

今天启用十年前的原始资料作为案例，就是想证明，无论何时何地，"好奇、好问、好探索"永远是学龄前孩童的天性，不容置疑。

> **· 交通标志（共24个问题）**

老大（共8个问题）

有哪些交通标志？交通标志怎么都是蓝色的？高速公路上有很多写有数字的牌子，是什么意思？为什么有些交通标志有红色的条条？为什么有些交通标志有箭头，有的还转个弯？为什么交通标志有的是圆形的，有的是方形的？停车场的标志为什么有个字母P？为什么掉头的标志是个弧形箭头？

老二（共9个问题）

为什么马路上要有交通标志？斑马线为什么是白色的？为什么交通标志有各种各样的图片？为什么有交通标志P，车子就可以停到那儿了？为什么有的牌子上画的是一个喇叭，上面还有这样子的一个东西（斜杠）？为什么交通标志上有箭头，马路上也有箭头？为什么有些地方不能停车，有个标志大家就明白了？为什么马路上有各种各样的交通标志？为什么交通标志都不一样？

老三（共7个问题）

转弯的标志是什么样的？为什么有时候找不到地方，看到标志就知道了？为什么交通标志有的表示"可以"，有的表示"禁止"？为什么会有不同的标志？为什么有些地方标志很少，有些地方很多？为什么高速公路上的牌子（标志牌）都很大？为什么路都有名字？

· 交警和交通规则（共 25 个问题）

老大（共 5 个问题）

车子要转弯的手势交警为什么只能这样做，能不能换呢？为什么警车、救护车闯红灯交警都不抓？为什么看见交警的手势（左转或右转），车就一定要往这边，能不能交换？为什么堵车了，出交通事故了，旁边还有很宽的路（单向车道）车子都不走呢？什么时候汽车不能按喇叭？

老二（共 14 个问题）

为什么有些地方（十字路口）没有警察（交警）？警察（交警）不穿那个衣服（制服）能不能管车子和人？为什么有些人不走斑马线就过马路？摩托车是两个轮子的，为什么可以跟汽车在一条路上跑？斑马线为什么都在路口（十字或丁字等路口）？为什么在有的马路上不能按喇叭？警察在马路上能不能按喇叭？有人开车闯红灯，交警会不会拦？车子为什么不能闯红灯？如果闯了，交警怎么知道呢？为什么车子一定要分成超速和不超速？为什么交警叫你停，你就必须得停呢？交警会做什么动作（指挥交通）？在不能按喇叭的地方按了喇叭，会怎么样呢？

老三（共 6 个问题）

为什么有的时候出交通事故了车子就很堵？在车子很堵的情况下，警察（交警）怎么还能（过）来？警察（交警）能不能抓坏人？红灯的时候不能过马路，绿灯的时候就可以了，对吗？摩托车能乱穿马路吗？为什么我们每一次过马路都要走斑马线呢？

· 交通事故（共 6 个问题）

老大（共 1 个问题）

撞车了，车子为什么要将车移到路边？

老二（共 2 个问题）

撞车了怎么办？为什么晚上在高架上不开那么亮的灯（大灯）就容易撞车？

老三（共 3 个问题）

为什么晚上下雨就容易撞车？为什么车子开得很快很快时就容易撞上？撞车了为什么就只有救护车能救？

· 红绿灯（共 16 个问题）

老大（共 7 个问题）

红绿灯是怎么发明的？没有红绿灯就容易出事故，为什么有些路段（路口）没有红绿灯？你看到的高架上的灯是一个颜色的还是三个颜色的？为什么绿灯行、红灯停，不可以反过来吗？为什么绿灯、红灯还有黄灯使用规则不能调换一下？为什么注意行人的标志一定要用黄色，不能用蓝色吗？为什么车行道是绿灯的时候，斑马线就是红灯呢？

老二（共 3 个问题）

为什么高速公路上没有红绿灯？为什么高架上没有红绿灯？红绿灯坏了谁来修？

老三（共 6 个问题）

为什么会有红绿灯？红灯是什么意思？为什么我去幼儿园的时候路过的高架上也有红绿灯？黄灯是用来干什么的？红绿灯没有人操控，为什么会变颜色？为什么红绿灯有电线？

· 交通工具（共 35 个问题）

老大（共 11 个问题）

为什么挖土机不能在马路上开？为什么爬山车可以在山路上走，其他车就不能？为什么下雨天的时候刹车经常来不及（没那么好使）？为什么下雨天要开雨刮器？为什么火车在地面上，地铁在地下？为什么汽车需要汽油才能开？为什么吊车可以吊很重的东西？为什么消防车上有很多工具？为什么小学、中学、大学一般都有校车？为什么消防车是红色的？为什么车牌上有拼音字母？

老二（共 17 个问题）

为什么下雨天路上的车子开得很慢？为什么晚上车开得快？为什么有的车高，有的车低？为什么有的车子能在水里走？为什么坐公交车的时候车要走走停停（到站就要停）？车子刹车坏了怎么停车？为什么会有汽车？为什么地铁比汽车开得快？为什么火车上有窗户？为什么地铁走地下？为什么地铁那么长？为什么轻轨在高架上开？为什么地铁和火车差不多长？为什么挖土机是黄色的？为什么警车车顶上要有灯？为什么救护车车顶上的灯和警车的不一样？为什么救护车比警车开得还要快？

老三（共 7 个问题）

为什么有的车子是三个轮子的？为什么车子都要有牌照呢？为什么有些车子上有电视？为什么下雨的时候透过车子的玻璃就看不见外面了？地铁有没有方向盘？为什么老火车会冒烟？为什么火车没有扶手，地铁有扶手？

·高架桥与高速公路（共 12 个问题）

老大（共 3 个问题）

车为什么在高架上可以开得很快，在地面上就要开得慢？为什么在高架左边跑的车不能开到右边，右边的也不能开到左边？为什么我爸爸说车子上高架更容易爆胎呢？

老二（共 7 个问题）

出交通事故了，高架上没有交警，也没有救护车怎么办？为什么高架上会有很多车子？为什么有的高架上面两边都有东西拦住？为什么在高架上有的车子开得快有的车子开得慢？为什么上高速要付钱？为什么下桥的时候车子开得很快？为什么有的车子在桥下面走，有的是在山洞里走？

老三（共 2 个问题）

为什么高速公路上的牌子（标志牌）都很大？高架桥都很高，是怎么造出来的？

·海上交通（共 13 个问题）

老大（共 5 个问题）

轮船有多少种类？世界上航速最快的船是什么船？航空母舰上能放多少架飞机？世界上真的有海盗吗？在海上出事故，人们怎么逃生？

老二（共 5 个问题）

为什么有的船不能运客人？轮船最快可以走多快？为什么有的船有桨，有的船没有？为什么船漏水了就会沉下去？船是怎么驾行的？

老三（共 3 个问题）

为什么船可以在海上航行？快艇是怎么开的？船会漏水吗？

·空中交通（共 12 个问题）

老大（共 4 个问题）

飞机有多少种类？为什么飞机经常会延误？为什么乘飞机不可以带液体的东西？飞机为什么要在跑道上滑行一会儿再起飞？

老二（共 4 个问题）

为什么有的飞机可以运人，有的飞机不能运人？为什么飞机要安检？战斗机可以坐几个人？飞机出了事故，人们怎么逃生？

老三（共 4 个问题）

飞机最高可以飞多高？飞机有标志吗？战斗机可以打子弹吗？飞机最快可以开多快呢？

·未来交通（共 10 个问题）

老大（共 2 个问题）

未来的交通会这么拥挤吗？未来我们可以去外星球居住吗？

老二（共 4 个问题）

未来是不是就没有车子了？未来我们是不是可以坐火箭上学了？未来的交通是什么样子的？未来我们可以飞去月球吗？

老三（共 4 个问题）

未来的车子是什么样的？未来的飞机是什么样的？未来的车子有多快？未来的飞机有多快？

"交通与道路"主题网络

"交通与道路"主题生活与运动内容、措施（一）

班级：＿＿＿＿　日期：＿＿＿＿年＿＿＿＿月＿＿＿＿日—＿＿＿＿月＿＿＿＿日

混龄学生活	混龄学运动
内容： ● 小水珠走丢了 ● 道路交通安全：讨论步行安全 ● 道路交通安全：讨论乘车安全 ● 道路交通安全：讨论过马路怎样注意安全 ● 道路交通安全：发生交通事故怎么办 ● 道路交通安全：学习儿歌《交通标志要看清》 ● 文明行车 **措施：** ● 通过故事《小水珠走丢了》，引导幼儿讨论。观察哥哥姐姐能否提醒弟弟妹妹洗完手在水池里甩干，不要甩到外面，并帮助弟弟妹妹拉袖子。 ● 和孩子们一起讨论行人步行时的规则：走人行道，靠右侧行走；不在马路上打闹、猛跑；横穿马路要走人行横道；等等。组织孩子们开展"安全小常识""马路上摔跤了怎么办"等谈话活动。 ● 了解乘车规则：所乘车辆靠站停止前，不要向车门方向涌动。车辆停稳后，先下后上，按顺序上下车；上车后，扶好或坐好，保管好自己的随身物品；乘车过程中，不把身体的任何部位伸向车外，不向车外抛撒物品。 ● 过马路时，要注意观察交通信号灯的变化：红灯亮时，不能过马路；绿灯亮时，要看清楚确定没有车再过马路。讨论：路口一般不止有一个信号灯，应该看哪一处的呢？ ● 师生互动：发生交通事故怎么办？通过视频了解发生交通事故后的处理方法。 ● 辨认常见的交通标志，知道遵守交通规则；通过学习儿歌知道交通标志所表示的意思。 儿歌《交通标志要看清》： 嘀嘀嘀，嘀嘀嘀，我是汽车小司机，交通标志要看清。 嘀嘀嘀，嘀嘀嘀，看见单行道标志，车辆就别往前跑。 嘀嘀嘀，嘀嘀嘀，看见惊叹号标志，注意前面有危险。 嘀嘀嘀，嘀嘀嘀，看见大叉号标志，提醒车辆不能停。	**内容：** ● 基本动作活动练习（平衡、钻爬类、球类、跳跃、车类、轮胎竹梯、走跑、投掷、大型玩具、玩沙等） ● 安全教育：汽车开来了、抬轿子 ● 快乐游泳 **措施：** ● 观察幼儿能否绕障碍物行驶车类，并能按交通标志行驶。 ● 观察幼儿能否根据渐快的音乐节奏掌握传帽的方法。 ● 观察幼儿间是否学会互相合作及配合游戏，体会集体游戏的快乐。 ● 观察幼儿间"抬轿子"的方法是否正确。 ● 观察幼儿能否用不同的肢体动作来表现司机开车的技术。 ● 在活动中注意个体差异，鼓励幼儿大胆尝试。 ● 观察幼儿在体育锻炼中遇到情况时能否做出反应保护好自己。 ● 观察兄弟姐妹在活动中能否相互照顾、提醒。 ● 观察幼儿是否喜欢玩新增加的游戏。 ● 关注哥哥姐姐能否热了自己擦汗，并主动提醒、帮助弟弟妹妹擦汗。 **游戏：** ▲ 传帽游戏 ▲ 汽车开来了 ▲ 小小邮递员 ▲ 渔夫捕鱼 ▲ 抬轿子 ▲ 我是小司机 ▲ 加油站

"交通与道路"主题生活与运动内容、措施(二)

班级:_____ 日期:_____年_____月_____日—_____月_____日

混龄学生活	混龄学运动
内容: • 热了,我会自己脱衣服 • 进餐中的"四净+一静",我知道 • 多喝水,好处多多 • 体锻毛巾怎样擦汗呢 • 区域整理小能手 **措施:** • 通过案例讲述《我很热》,帮助幼儿分析现在的天气(早晚凉,中午热),鼓励幼儿根据自身的冷暖穿脱衣服。 • 值日生督促,做得好的哥哥姐姐或弟弟妹妹发挥好榜样作用,促进幼儿根据冷暖穿脱衣的同时,学会将自己的衣服保管好(脱了及时放进书包等)。 • 通过讨论与交流再次了解"四净+一静"的含义:桌上、身上、地面、碗里干净,进餐过程中保持安静。 • 通过教师分组督促及榜样作用,增强幼儿在实际进餐过程中的"四净+一静"意识。 • 懂得水对人体的重要性,以及人体吸收水分与温度的关系。 • 天气炎热:通过饮水督察员的监督,在保证幼儿一天饮水量的同时,增加每位幼儿的喝水次数。 • 通过"小老师"榜样示范,再次巩固正确使用毛巾擦汗的方法。 • 通过值日生,督促每一位幼儿在体育锻炼后使用毛巾。 • 通过区域管理员的督促与观察,增强孩子们自觉整理区域的意识。	**内容:** • 基本动作活动练习(大型玩具、玩沙区、车类区、轮胎竹梯、球类区、走跳区、平衡区、投掷区、钻爬区等) • 安全教育:大力士、小机灵 **措施:** • 通过创设运动场景,提高孩子对活动的兴趣。 • 及时创设多层次、难易程度不一的运动环境,让不同年龄的幼儿体验到参与和成功的喜悦。 • 观察幼儿能否较好地与同伴配合、合作完成部分运动。 • 观察大孩子能否参与运动场景的设计,并能较合理地设计活动内容。 • 观察幼儿的运动密度和强度是否达标。 • 通过跳绳、跑圈等运动增加肥胖幼儿运动的强度和密度。 • 观察哥哥姐姐是否会提醒弟弟妹妹热了坐旁边休息,并能主动给弟弟妹妹擦擦汗。 • 观察"一家人"能否合作游戏,在游戏中能否相互照应。 • 提醒兄弟姐妹互相关心,摔倒时主动帮助、安慰。 • 观察幼儿在体育锻炼中遇到情况时能否做出反应保护好自己。 • 通过听信号进行走、跑、跳的动作练习,发展幼儿灵活的反应能力。 **游戏:** ▲ 打地鼠 ▲ 做冰块 ▲ 看谁摸得高 ▲ 荷花荷花几月开 ▲ 飞机轮船蹲蹲跳 ▲ 老鼠笼

"交通与道路"主题（第一年）网络基本图示（1）　混龄　　班（　月　日—　月　日）（备注：A是小年龄段，B是大年龄段）

基础性课程
混龄学生活："讨论步行安全"
混龄学做人："感恩清洁人员和医务人员"
混龄学学习：音乐"汽车上"；谈话"认识车的标志"
美术"各种各样的车"；科学"我知道的标志"
　　A: 计算"汽车配配对"
　　B: 计算"谁开车了"

基础性的课程
混龄学生活："讨论乘车安全"
混龄学做人："感恩母亲"
混龄学学习：美术"神奇的地铁"；科学"地铁的秘密"
　　A: 计算"乘客有多少"
　　B: 计算"看图列式"

游戏与环境
游戏：智力大冲浪"停车场"；创意工坊（写生）"小汽车"；端金小小建筑师"汽车"；医院"外科就诊"
环境："各种各样的车"版面创设

选择性课程
今天我主持：介绍各种汽车的标志，有关"国际劳动节"的新闻
感恩：5月1日国际劳动节——感恩身边清洁人员
5月12日国际护士节——感恩医务人员
大话动：感恩医生和护士
环保小卫士走进社区
英语活动：K1 K2 K3 Unit 5
集体阅读：《各种各样的汽车》《汽车嘟嘟》

选择性课程
今天我主持：特殊车辆小介绍，国内新闻
运动：健康游泳
感恩：母亲节——感恩母亲
大话动：参观小学
英语活动：K1 K2 K3 Unit 5
集体阅读：《特种车来了》

各种各样的车

交通工具你我知

快速交通工具

特殊车辆的秘密

"交通与道路"主题(第一年)网络基本图示(2)　混龄　班(　月　日—　月　日)
(备注：A是小年龄段，B是大年龄段)

交通标志大搜索

红绿灯　指示指路标志　警告禁令标志

基础性课程
混龄学生活：讨论"过马路怎样注意安全"
混龄学做人："无烟日宣传小卫士"
混龄学学习：音乐"红绿灯，大眼睛"；手工"红绿灯"；小小建筑师(制作)"十字路口的卫兵"；科学"红绿灯要看清"；社会"常识红绿灯"；语言"亮眼睛"的秘密

选择性课程
今天我主持：音乐"交通标志要看清"
混龄学做人：社会"警告禁令标志"
混龄学学习：美术"画标志"；综合"禁令标志"；音乐"小司机"；语言《小猴的出租车》

选择性课程
今天我主持：警告、禁令标志，介绍体育新闻
英语活动：K1 K2 K3 Unit 6
集体阅读：《交通标志》《小猴的出租车》

游戏与环境
游戏：大千世界"红绿灯眨眼睛"；瑞金医院"配药"；创意工坊(制作)"红绿灯"；小小建筑师"马路上的红绿灯"
环境："红绿灯小知识"版面创设

游戏与环境
游戏：小小建筑师"马路上"；梦想舞台"小司机"
环境："警告标志、禁令标志"版面创设

选择性课程
今天我主持：体育新闻，5月31日世界无烟日宣传
串门子：5月出生的宝宝们
大活动：展英语才艺，秀自信风采——"Superfun"才艺秀
英语活动：K1 K2 K3 Unit 6
集体阅读：《红绿灯眨眼睛》

选择性课程
今天我主持：6月6日世界爱眼日宣传，上海新闻
远足：城市规划馆之旅
大活动："六一儿童节"游园活动
英语活动：K1 K2 K3 Unit 6
集体阅读：《交通标志》

基础性课程
混龄学生活：音乐"交通标志要看清"
混龄学做人："爱护眼睛"
混龄学学习：科学"各种行驶指示标志"；美术"指示标志我来画"
综合"文明小司机"；
A：计算"标志找朋友"
B：计算"标志有多少"

游戏与环境
游戏：玫瑰苑28号"生日会"；创意工坊(制作)"马路上的标志"；大千世界"识标志"
环境："指示标志"版面创设

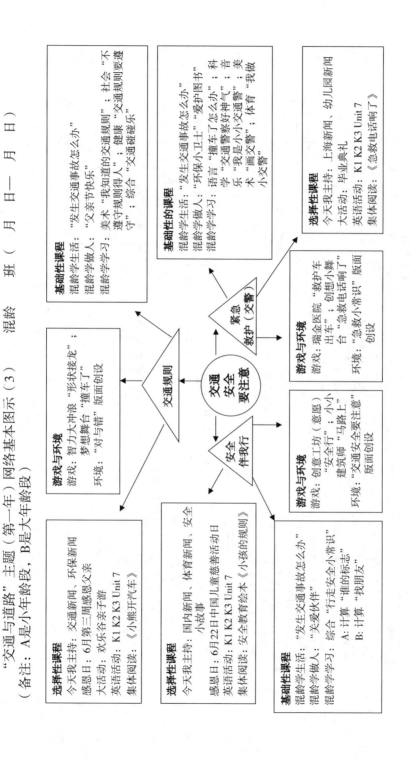

"交通与道路"主题（第一年）网络基本图示（3） 混龄 班（ 月 日— 月 日）
（备注：A是小年龄段，B是大年龄段）

选择性课程
今天我主持：交通新闻，环保新闻
感恩日：6月第三周感恩父亲
大活动：欢乐谷亲子游
英语活动：K1 K2 K3 Unit 7
集体阅读：《小熊开汽车》

游戏与环境
游戏：智力大冲浪 "形状接龙" ；
梦想舞台 "撞车了"
环境："对与错" 版面创设

选择性课程
今天我主持：国内新闻、体育新闻、安全
小故事
感恩日：6月22日中国儿童慈善活动日
英语活动：K1 K2 K3 Unit 7
集体阅读：安全教育绘本《小孩的规则》

基础性课程
混龄学生活："发生交通事故怎么办"
混龄学做人："关爱伙伴"
混龄学学习：综合 "行走安全小常识"
A：计算 "谁的标志"
B：计算 "找朋友"

游戏与环境
游戏：创意工坊（意愿）；小小
建筑师 "马路上"
环境："交通安全要注意" 版面创设

交通规则

安全伴我行

交通安全要注意

紧急救护（交警）

基础性课程
混龄学生活："发生交通事故怎么办"
混龄学做人："环保小卫士"
混龄学学习：语言 "撞车了怎么办"；科学 "交通警察好神气"；音乐 "我是小小交通警"；体育 "我做小交警"；美术 "画交警"

选择性课程
今天我主持：上海新闻，幼儿园新闻
大活动：毕业典礼
英语活动：K1 K2 K3 Unit 7
集体阅读：《急救电话响了》

游戏与环境
游戏：瑞金医院 "救护车
出车"；创想小舞台 "急救电话响了"
环境："急救小常识" 版面创设

基础性课程
混龄学生活："发生交通事故怎么办"；社会 "不
遵守规则得人"；健康 "交通规则要遵
守"；综合 "交通碰碰乐"
混龄学做人："父亲节快乐"
混龄学学习：美术 "我知道的交通规则"

"交通与道路"主题(第一年)网络基本图示(3) 混龄 班(月 日— 月 日)
(备注:A是小年龄段,B是大年龄段)

道路与交通

高速公路 / 附近的路 / 立交桥

基础性课程
混龄学生活:"文明行车"
混龄学做人:"世界难民日是什么"
混龄学学习:科技"高速公路";社会"附近的高速公路上的特别速公路";科学"高速公路的高标记";语言"上海的高速公路"
A:计算"小羊过桥——倒着数"
B:计算"区分时间,方位"

基础性课程
混龄学生活:"文明行车"
混龄学做人:"感谢发明地球的人"
混龄学学习:社会"来幼儿园的路";科学"幼儿园附近过马路的路";综合"上海知名路"
A:计算"猜数字1-10"
B:计算"认识年,季,月,日,星期"

选择性课程
今天我主持:上海新闻
感恩日:感谢发明地图的人,让我们的出行更方便
英语活动:总复习
集体阅读:"依霖幼儿园小地图""上海地图"

游戏与环境
手工坊"制作路牌";建筑依霖幼儿园立体地图";制作体验幼儿园立书馆"上海地图"
游戏:"制作路牌";建筑工地"制立体地图"
环境:"我们附近的路"版面创设

游戏与环境
游戏:小小手工坊(设计)"新型高速公路";数字俱乐部(数学)"方位图";建筑工地(搭建)"未来高速公路"
环境:"高速公路"版面创设

游戏与环境
游戏:手工坊"立交桥";建筑工地"未来立交桥";图书馆"立交桥摄影图本"
环境:"立交桥"版面创设

选择性课程
今天我主持:本周热门新闻
大活动:6月20日世界难民日
英语活动:总复习
集体阅读:上海市高速公路地图

选择性课程
今天我主持:本周热门新闻
大活动:6月26日国际禁毒日——远离毒品,世界更美好
集体阅读:《立交桥摄影》

基础性课程
混龄学生活:"文明行车"
混龄学做人:"国际禁毒日是什么"
混龄学学习:科学"认识立交桥";美术儿歌"立交桥图纸";建构"搭建立交桥"
A:计算"开火车;数下数"
B:计算"认识星期昨天今天和明天"

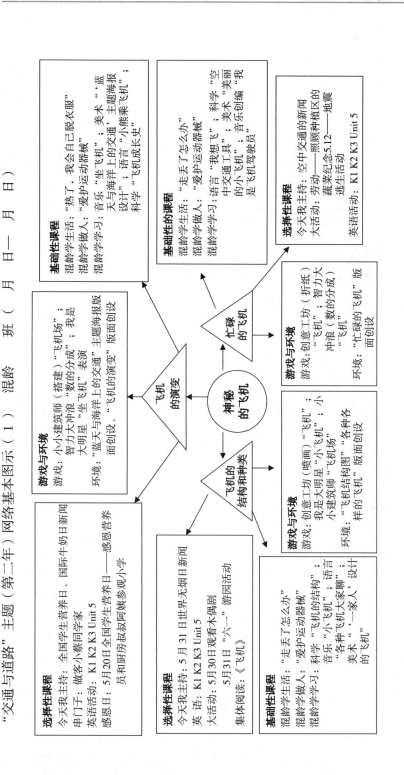

"交通与道路"主题（第二年）网络基本图示（1）　混龄　班（　月　日一　月　日）

"交通与道路"主题(第二年)网络基本图示(2) 混龄 班(月 日— 月 日)(备注:A是小年龄段,B是大年龄段)

基础性课程:
混龄学生活:"多喝水,好处多多"
混龄学做人:"感恩地球妈妈"
混龄学学习:语言"认识火箭";科学"火箭为什么能上天";美术"火箭";音乐"我是小小宇航员";美术"小树"
制作——火箭"
A:计算"拼小树"
B:计算"排序"

游戏与环境
游戏:植物角"植物观察记录";气象角"小小气象员";我是大明星"我是小小宇航员"
环境:"神奇的火箭"版面创设

选择性课程
今天我来主持:6月1日儿童节新闻,6月5日世界环境日新闻,6月6日全国爱眼日新闻
感恩日:6月5日感恩地球妈妈 6月6日感恩眼科医生
英语活动:K1 K2 K3 Unit 6
集体阅读:《火箭》百科全书

神奇的火箭

火箭

"交通与道路"主题（第二年）网络基本图示（3） 混龄_____班（___月___日—___月___日）（备注：A是小年龄段，B是大年龄段）

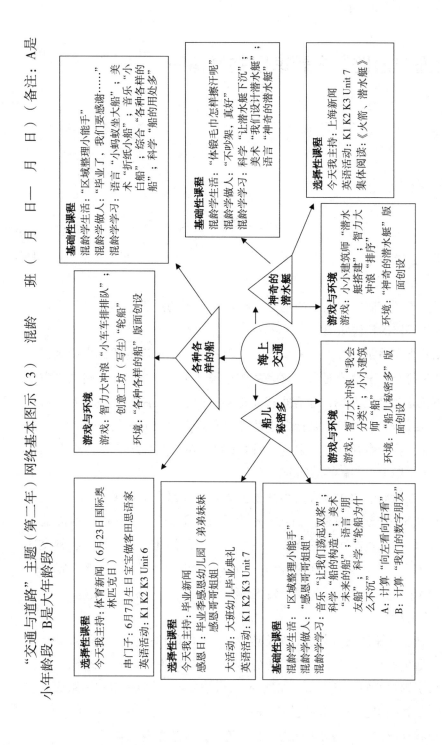

选择性课程

今天我主持：体育新闻（6月23日国际奥林匹克日）

串门子：6月7月生日宝宝做客田思语语家

英语活动：K1 K2 K3 Unit 6

选择性课程

今天我主持：毕业新闻

感恩季：感恩幼儿园（弟弟妹妹）、感恩哥哥姐姐

大活动：大班幼儿毕业典礼

英语活动：K1 K2 K3 Unit 7

基础性课程

混龄学生活："区域整理小能手"

混龄学做人：感恩哥哥姐姐

音乐"让我们荡起双桨"；美术"未来的船"；语言"朋友船"；科学"轮船对什么不沉"；

计算A："向左看向右看"；计算B："我们的数字朋友"

游戏与环境

游戏：智力大冲浪"我会分类'船'"；小小建筑师

环境："船儿秘密多"版面创设

游戏与环境

游戏：智力大冲浪"小车排排队"；创意工坊（写生）"各种各样的船"

环境："各种各样的船"版面创设

基础性课程

混龄学生活："区域整理小能手"

混龄学做人："毕业了，我们要感谢……"

混龄学学习：语言"小蚂蚁坐大船"；美术"折纸小船"；音乐"小白船"；综合"各种各样的船"；科学"船的用处多"

神奇的潜水艇

海上交通

各种各样的船

船儿秘密多

游戏与环境

游戏：小小建筑师"潜水艇搭建"；智力大冲浪"排序"

环境："神奇的潜水艇"版面创设

基础性课程

混龄学生活："体锻毛巾怎样擦汗呢"

混龄学做人："不吵架，真好"

混龄学学习：科学"让潜水艇下沉"；美术"我们设计潜水艇"；语言"神奇的潜水艇"

选择性课程

今天我主持：上海新闻

英语活动：K1 K2 K3 Unit 7

集体阅读：《火箭、潜水艇》

"交通与道路"主题家园共育指南

 案例1

交通与道路

班级：混龄＿＿＿＿＿班 ＿＿＿年＿月＿至＿＿＿年＿月＿日

马路是孩子们非常熟悉的地方，在日积月累的过程中幼儿已经积累了一些关于马路的粗浅知识。

幼儿走在马路上时，来来往往的车辆一下就把他们的注意力给吸引住了。几乎每个孩子都能对自己感兴趣的车滔滔不绝。当然，马路上吸引幼儿的不仅是来往的车辆，还有很多其他的东西。"马路上为什么要有斑马线？""很多圆圈里的标志是什么意思？""马路上白色的线代表什么？""红绿灯为什么会变换颜色？""发生车祸了警察不在该怎么办？"这些都是幼儿想从这个主题中得到解答的问题。

平时在运动中幼儿很喜欢小汽车，他们每天都会带很多玩具车来幼儿园和伙伴们一起玩。但是他们会满教室地乱"开车"，导致"交通混乱"。在这个主题中，我们通过图片法、观察法等引导幼儿了解马路上各种交通设施（红绿灯、斑马线及各种标志）与我们城市生活之间的关系，期待平时幼儿园中的"交通混乱"现象能得到解决。

教育目标

- 初步了解常见的交通工具及其功能，并能认识一些车的标志。
- 通过平时的观察，对马路边的标志、数字等进行识别和归类。
- 了解常见的交通设施，如红绿灯、斑马线等；能够识别马路边的基本标志，并了解这些标志和我们的关系。
- 有兴趣识别马路边的标志、数字等，并乐意探索。

- 有初步的遵守交通规则的意识。

教育内容

"汽车上""各种各样的车""我知道的车""认识车的标志""老消防车的新工作""马路上的车""大吊车""马路上的汽车""交通警察真正好""神奇的地铁""马路上的斑马线""幼儿园门前一条路""马路上的标志""未来的警车""红绿灯,大眼睛""画标志""警告标志""禁令标志""小司机""各种行驶指示标志""文明小司机""指示标志我来画""标志有多少""撞车了怎么办?""求救的方法""行走安全小常识""不遵守规则的人""交通规则要遵守""交通碰碰乐"等。

"家庭孩子王"请提示/陪伴孩子"玩"成

序号	内容	时间/数量	评价反馈
1	和孩子一起收集有关交通工具的资料,选择了解一种交通工具的功能和特点等	第一周	
2	收集各种交通工具玩具:汽车、火车等	第二周	
3	和孩子用废旧纸盒等物品制作一辆"环保车"	第三周	
4	选择一个时间,和幼儿一起到马路上观察马路上的标志	第四周	
5	收集各种交通标志,并带来班级分享	第五周	
6	找路(选择家附近的一条路,和孩子一起设计路线图,记录经过的标志)	第六周	
7	跟孩子聊聊交通安全小故事	第七周	

说明:在"评价反馈"一栏,请家长对自己是否是好爸爸、好妈妈做出评价。如做到了给自己一个☆,反之就是✕。

▶▶ **案例 2**

主题:蓝天和海洋上的交通

班级:混龄_____班　　　　　　　___年_月_至___年_月_日

交通工具是人类出行不可或缺的一部分。随着时代的变迁和科学技术的进步,我们周围的交通越来越发达,给每个人的生活都带来了极大的便利。陆地上的交通、海洋上的交通和蓝天上的交通极大缩短了人们交往的距离。

我们之前一起和孩子们探索了陆地上的交通，他们对交通工具、交通规则、交通标志等产生了极大的兴趣。随着时间的推移，我们的交通主题再次呈现，这一次幼儿对蓝天和海洋上的交通有着强烈的探索欲望。在主题问题的收集中，"一家人"的问题比往常更多，2小时收集时间结束后，他们想要提问的小手仍如同春笋般高高举起。于是，"交通与道路"主题课程在他们的热情下开始萌芽，我们与幼儿一起提出问题、解决问题、找到正确答案，激发幼儿好奇心和探索欲望的教学活动相继展开。

教育目标

- 观察并了解飞机、轮船，体会它们都能给人们带来方便。
- 通过调查、参观、制作、实验等活动，认识船（飞机），并初步了解船（飞机）的发展。
- 知道船（飞机）的基本结构、功能和用途，激发幼儿对船（飞机）的探究兴趣。
- 了解船（飞机）的基本特征和用途，知道各种船（飞机）的不同之处，并学会分类。
- 知道潜水艇沉与浮的秘密，知道怎样使浮的东西沉下去、使沉的东西浮上来。
- 了解潜水艇等有特殊用途的工具的构造及作用。
- 能较自如地使用剪刀、透明胶等工具，并能利用各种材料制作自己喜欢的船（飞机），使孩子们的动手操作和想象创造得以满足和表现。
- 引导幼儿积极思考、大胆操作和较完整连贯地表达。
- 引导幼儿了解轮船码头的主要设备及主要作用，知道它是船的辅助设施；了解乘船规则。
- 能积极地参加多种形式的语言活动（如欣赏儿歌、绘本阅读等），能用较丰富的词汇、完整的语句表达自己的想法和观点。

教育内容

"小熊乘飞机""各种飞机大家聊""神奇潜水艇""小蚂蚁坐大船""朋友船""各种各样的船""坐飞机""小飞机""我是小小宇航员""小白船""折纸小船""未来的船""'蓝天与海洋上的交通'主题海报设计""'一家人'设计的飞机""小制作——火箭""我们设计潜水艇""火箭""飞机成长史""飞机的结构""火箭为什么能上天""让潜水艇下沉""船

的用处多"" "船的构造"" "认识火箭"" "拼小树"" "排序"" "向左看向右看"
"我们的数字朋友"。

"家庭孩子王"请提示/陪伴孩子"玩"成

序号	内容	时间/数量	评价反馈
1	带各种飞机、船、火箭、潜水艇等玩具至班级,供幼儿观察其外形特征	第一周每人1~2种	
2	亲子制作海、空交通工具:老大——潜水艇或各种船,老二——各种飞机,老三——火箭(大小50 cm * 50 cm 以上,无上限)	第二周(上交作品)	
3	请家长根据主题内容,与幼儿一起收集资料,解答幼儿的有关问题,丰富和积累幼儿有关海、空交通的知识经验	不限	
4	收集与飞机、轮船、潜水艇、火箭等相关的书籍,并鼓励幼儿与同伴分享	不限	
5	和孩子谈谈海、空交通的话题,满足孩子的好奇心	不限	
6	继续收集废旧物品带来幼儿园,供孩子制作交通工具或搭建"飞机场""轮船码头"等	不限	
7	为幼儿收集并准备各种海、空新闻,播报海、空交通的新闻	不限	
8	讲讲航天员的故事	不限	

　　说明:在"评价反馈"一栏,请家长对自己是否是好爸爸、好妈妈做出评价。如做到了给自己一个☆,反之就是✗。

"交通与道路"具体科目教学内容

语言活动

> ### 会飞的箱子(第二课时)

▶ 设计思路

有一次,我偶然发现孩子们在班级图书角里拿着《会飞的箱子》聚精会神地讨论着,于是我也身不由己凑过去看看究竟。我发现,此绘本内容离奇怪异,没什么道理与知识可言,可为什么孩子们会如此喜爱,以至于津津乐道?于是我也认真阅读起来。原来,奇幻的构图可提供很多值得联想的线索,可激发孩子们发散思维和展开想象,难怪孩子们爱不释手。大胆的想象符合5~6岁儿童的天性,因为他们也一样拥有自己的梦幻,喜欢天马行空地幻想着奇异的世界。

顺着《会飞的箱子》的线索续编故事情节,可以提升幼儿的语言讲述能力、创编能力及想象力。

师生同心,于是我和孩子们开始了《会飞的箱子》续编故事之旅。

▶ 活动目标

① 愿意用语言表达自己的想法;能连贯、清楚地说说自己的旅行经历;乐于参与讨论问题,发挥想象力,能在弟弟妹妹面前完整表达自己的想法。

② 感受故事奇幻、有趣的情节,体验"异想天开"带来的乐趣。

▶ 活动准备

① 前期经验准备:亲子谈话、亲子交流、亲子阅读《会飞的箱子》

绘本。

②教具学具准备：下载图片自制旅行图画视频（可以是幼儿旅游的照片）；白纸、记号笔若干；《会飞的箱子》背景音乐。

活动流程

瑞奇的奇思妙想→假如我是瑞奇→我们的"奇思妙想"。

阅读指导

阅读绘本《会飞的箱子》。

活动过程

· 瑞奇的奇思妙想

提问 — 今天瑞奇的箱子带着他又飞到了哪里？他看到了什么？会发生什么事情？

指导 — 出示图片"火山世界"引导幼儿有兴趣地观察。

— 仔细观察画面，大胆讲述画面上的内容（重点）。

— 根据三个年龄段幼儿的语言要求，鼓励幼儿讲述；幼儿要能运用连贯的语言讲述，能用完整语词讲述。

— 过程中教师重点注意幼儿表述的情况，及时鼓励与肯定。

指导语

阅读绘本小结：这一次，箱子先带着瑞奇飞到了火山，在火山间来回穿梭，探索火山的奥秘；随后，又飞到了大狗身边，瑞奇和大狗开心地聊了天；接着，又飞到了正在荡秋千的雪人身旁，瑞奇和雪人一起做游戏；最后，箱子带着瑞奇飞过了一个水塘，瑞奇看见一条大蛇正在水塘里戏水，忍不住大声地喊道："喂，大蛇，水里好玩吗？"……

· 假如你是瑞奇

提问 — 假如你是瑞奇，你会飞到哪里去旅行？

— 在旅行途中可能会看到什么？可能会遇到什么事情？

指导 — 请幼儿找到"会飞的箱子"并寻找自己的旅行目的地。

— 自选3~4张不同类别的图片粘贴在箱子正面。

－跟随背景音乐"飞"出"基地",享受"飞"的过程。

－鼓励幼儿自由结对找朋友交流,讲述各自关于旅行的奇思妙想(讲述自己箱子上的图片)。

－邀请2~3名幼儿与大家分享自己关于旅行的奇思妙想。

－教师提示幼儿完整、清楚地表述,并注意帮助提炼。

·我们的"奇思妙想"

提问 － 如果再次让你们带着"会飞的箱子"去旅行,你们又会有怎样的奇思妙想呢?(全体静思30秒)

指导 － 请幼儿带着"会飞的箱子"寻找4个好朋友组队旅行。

－小组成员每人自选1张"旅行"图片粘贴在箱子正面。

－播放音乐,小组成员跟着音乐"飞"出"基地"。

－音乐停,小组成员自由交流,合作创编"旅行"经历。

－每组成员自由协商,选派1名代表讲述本组的"旅行"经历。

▶活动延伸

自由活动时,老大带领"一家人"到户外玩绘本中隐藏的"路路通"游戏。

马路上的交通规则

设计思路

在现阶段我班开展的主题"交通与道路"学习过程中，孩子们有了一定的生活经验积累，关注到的关于这一主题的内容也越来越多。最近电视里一直在宣传上海市民遵守交通规则的活动，作为新一代生活在上海的孩子，从小就应该知道马路上的交通规则。交通安全教育对于提高幼儿自我保护意识和能力是非常必要的。

活动目标

① 能讲清楚为什么要遵守交通规则；通过对交通标志的比对回忆，逐步知道马路上有哪些交通规则；喜欢观察常见的交通标识。

② "一家人"尝试将交通标志按一定的规律分类；培养幼儿遵守交通规则的意识。

活动准备

① 前期经验准备：幼儿对马路上的交通标志和一些浅显的交通规则有所知晓。

② 教具学具准备：呼啦圈若干；常见的交通标志和交通设施的图片或卡片若干；下载因不遵守交通规则而发生交通事故的视频若干（影像最好带有孩子）；十字路口的交通视频图。

活动流程

马路上的红绿灯→"小司机"开车犯规了几次→马路上的交通事故。

阅读指导

阅读绘本《红灯绿灯眨眼睛》《安全过马路》《坐上安全座椅，防止乘意外》。

活动过程

· 马路上的红绿灯

提问 – 你在什么地方见过红绿灯?

– 为什么马路上要设置红绿灯?

– 红绿灯分别有什么用途?

指导 – 幼儿每人手持一辆小型玩具车,秒变"驾驶员",去户外
活动场地学"开车"。

游戏规则:

– 沿着场地上的白线开车。

– 要遵守"左右原则",不能乱开。

– 要看好警察举的红绿黄灯牌(分别对应车停、车开、车慢
速停)。

指导语

总结"小司机"们开车的情况及出现的问题,分析评判。重点在于
黄灯时车如何行驶,一定有幼儿会错看或忘看红绿灯,以及误听指令,
发生"意外交通事故"。(为接下来的教学提供讨论问题)

· "小司机"开车犯规了几次

提问 – 刚才玩"马路上的红绿灯"游戏,哪位"司机"犯规了?
请把手举起来!

指导 – 请刚才犯规的幼儿站起来说说自己为什么会犯规。

– 出示马路上的各种交通标志,引导幼儿交流各种标志所代
表的意思。

– 展示十字路口的交通视频图,老师用玩具车演示,请幼儿
观察哪辆开错了。

指导语

我们总结一下前面大家讨论的马路上的交通规则,大家过马路一定
要集中注意力,事故往往发生在两三秒之间。

· 马路上的交通事故

提问 － 为什么马路上交通事故的发生只需要两三秒钟呢？

指导 － 请幼儿边看教室里时钟的秒针，边正常数数，感受2~3秒钟的时间长度。

－ 播放马路上发生交通事故的视频，进一步感受交通事故的发生就在一瞬间。

指导语

小朋友们不但要认识马路上的交通标志，知道这些交通标志的含义，还要按规定路线行走，告诉爸爸妈妈外出开车要遵守交通规则，安全回家。

▶▶ **活动延伸**

幼儿根据自己积累的知识，在教室预设的十字路口的马路交通简笔图上添画马路上的人、交通工具和交通标志。

科学·探索活动

> ## 军舰的种类

▶▶ **设计思路**

"海军"可谓是一个永恒的话题。有的孩子说:"海军好看,整齐地站在军舰上帅极了。"有的孩子说:"军舰上的炮艇朝向天空,立在那里很威武。"有的孩子说:"军舰在大海里开,可以看见很多海洋世界里的动物和鱼类。"孩子们会问:"不久前的海上演习都有哪些军舰?""哪一种军舰最厉害呀?"他们还说:"我看过海上阅兵。""我也看过,我看过的是海军特色表演,海军叔叔们挥手很整齐,看得我头皮都发麻,太漂亮了。"可想而知,幼儿的见多识广,有时候超出了教师的预设。所以有句话说:"一名优秀的幼儿教师,必须成为《十万个为什么》。"

▶▶ **活动目标**

① 会仔细观察自己感兴趣的军舰;探索未知的军舰;能记住我国有哪些主要的军舰。

② 激发幼儿对军舰的兴趣和对海军生活的向往;了解军舰和设计军舰的科学家们的故事,点燃幼小心灵中热爱与敬畏英雄的火种。

▶▶ **活动准备**

① 前期经验准备:幼儿在阅读区或家里已经阅读过一些关于军舰的图书,或和爸爸妈妈讨论过一些关于海军的问题,关心新闻中关于军舰的信息。

② 教具学具准备:自制视频《航母,启程了!》和《核潜艇,出击!》;军舰玩具、军舰模型、军舰图片(包括我国最新研究的军舰)若干。

▶▶ **活动流程**

航母,启程了! →中国的军舰可厉害了→潜水艇出击。

▶▶ 阅读指导

阅读中国军事科普绘本《航母，启程了!》《战舰，出航了!》《核潜艇，出击!》《战舰的秘密》。

▶ 活动过程

· 航母，启程了!

提问 － 你们知道航空母舰吗?

－ 航空母舰上主要有些什么武器?

指导 － 引导幼儿说说自己的已知经验，共同讨论。

－ 播放有关我国航空母舰辽宁舰（第一艘）、山东舰（第二艘）、福建舰（第三艘）的视频。

指导语

航空母舰上有导弹发射坑，可以发射巡航导弹、防空导弹等，有直升飞机、战斗机等各种军用飞机，简直就是一个巨大的军火库。

· 中国的军舰可厉害了

提问 － 陆军的武器都有分类，海上的军舰也有分类吗?

指导 － 播放视频《航母舰队》。

－ 展示军舰图片供幼儿认知。

注：不一定要让他们记住军舰具体的名称，只要通过感官感知我们的伟大祖国有一支强大的海军，保卫着我们的国家，保卫着我们的人民即可。

指导语

最大的军舰就是航空母舰，我国有 001 型航母辽宁舰、002 型航母山东舰、003 型航母福建舰。

航母战斗群还包括 055 型驱逐舰、052D 型驱逐舰、054A 型护卫舰、056 轻型护卫舰、901 型补给舰、903A 型补给舰等多种舰艇。

· 潜水艇出击

提问 － 你们见过核潜艇吗?

— 你们知道我国第一艘核潜艇是哪位伟大的科学家设计的吗？

指导 — 播放视频《可爱的人们》，让幼儿了解"中国核潜艇之父"黄旭华隐姓埋名 30 年的故事。

指导语

眼前这位老人亲手将我国第一艘核潜艇推向大海。他隐姓埋名 30 年身份才得以解密，他就是我国"核潜艇之父"和"共和国勋章"获得者——黄旭华。

1926 年，黄旭华爷爷出生于广东汕头医学世家，从小耳濡目染，早就立下了学医救国、救死扶伤的志向。1937 年，日本军侵华战争爆发，中华大地上残垣断壁，民不聊生，目睹同胞们受难后，他毅然转变了志向。1945 年 9 月，黄旭华以第一名的成绩考入交通大学（今上海交通大学和西安交通大学的前身）。家国仇恨，使得黄旭华学习异常刻苦，他的专业水平也就此与同学拉开差距。

1954 年 1 月，美国第一艘核潜艇"鹦鹉螺号"下水；1958 年，苏联的 N 级核潜艇开始服役。此时，英国、法国也正在积极实施核潜艇研制计划。面对核垄断大国不断施加的核威慑，我国核潜艇研究工作也迫在眉睫，可核潜艇长什么样大家都不知道，怎么搞？此时中国向苏联寻求帮助却被无情拒绝。得知苏联方面的回复后，毛泽东主席铿锵有力地说道："核潜艇，一万年也要搞出来！"

1958 年 8 月，黄旭华接到了上级派来的神秘任务——"到北京出差去"，没有告诉他具体任务。黄旭华依旧说道："我愿意。"后来，黄旭华说能够参加核潜艇的研制是幸运的，即便这份幸运需要他一辈子隐姓埋名。然而，对于当时的中国来说，常规潜艇的研制都需要苏联转让技术，何况还没有见过核潜艇，更没有现成的图纸和模型。黄旭华担起重担，带领团队自力更生，一切从零开始，日夜苦干。没有计算机，他们就用算盘，就这样，他们用算盘"算"出了一艘核潜艇。

1970 年 12 月 26 日，我国第一艘核潜艇"长征一号"下水，我国成为世界上第五个拥有核潜艇的国家。1988 年，我国核潜艇首次进行 300 米极限深潜试验。就在试验前不久，美国核潜艇在深潜试验中葬身大海，参加人员全部遇难。因此事影响，不少要参加深潜试验的工作人员悄悄给家里写信，嘱咐家人安排后事。为了稳定军心，60多岁的黄旭华亲自带队进行300米极限深潜试验。黄旭华是世界上首位参与深潜试验的核潜艇总设计师。同年9月，水下导弹发射成功，中国终于成了具备二次核打击能力的国家。

30年前他风华正茂，30年后他完美完成任务，但早已两鬓斑白，他为国家奉献了一生，对家却满怀愧疚。接受任务前，黄旭华最后看望了一次父母，父母跟他说，希望他常回家看看，怎料他这一去竟"人间蒸发"30载。就连父亲去世他也没能回家，而家人寄给他的信也皆石沉大海。

直到1987年一篇名为《赫赫而无名的人生》的文章，黄旭华的身份才得到解密。文章的出现也终于解开了他母亲的心结。老人老泪纵横，因为她终于知道儿子这30年去做了什么。

30载岁月如歌，黄旭华爷爷心有大我，志诚报国，埋下头来，甘心做一位无名英雄。

（根据《大国重器》黄旭华的故事整理改编）

▶ **活动延伸**

幼儿可以画自己心爱的军舰，也可以用彩纸折出军舰模型。

聊聊芯片这件事

设计思路

现代科技发展迅猛。特斯拉、比亚迪等品牌的电动汽车陆续推向市场，无人机、机器人等相继诞生，无人驾驶的种种交通工具也如雨后春笋般冒出来。幼儿这些日子问的问题，无论幼儿园教师还是"家庭孩子王"都难以招架。《十万个为什么》这本书又要增添新问号了。

这么多高科技产品，我们从哪里说起好呢？思来想去，许多科技产品都有一个共同的关键要素——芯片，它可谓是所有高科技的"大脑"。

活动目标

① 了解无人驾驶（汽车、飞机、火车、机器人等），并对此感兴趣；能观察比较事物，发现其异同；能在观察比较的基础上发现并描述事物的特征或变化，以及它们之间的关系。

② 通过讲新闻的方式激发幼儿对新科技的兴趣，懵懂地感知周围事物正在发生变化。

活动准备

① 前期经验准备：在半个月内请每一个老大讲一次新闻，新闻主题内容以无人驾驶汽车等"黑科技"产品为主（邀请"家庭孩子王"协助）。

② 教具学具准备：收集通信领域、计算机领域、汽车电子领域、工业控制领域、医疗电子领域、物联网领域、军事领域、家用电器领域等的图片和生活中的电动用具（吹风机、吸尘器、空调）；下载与机器人、无人驾驶等相关的视频。

活动流程

聊聊无人驾驶"黑科技"→芯片与人脑→中国"龙芯之母"黄令仪的故事。

▶ **阅读指导**

阅读绘本《"中国龙芯"的小故事》，了解"华为芯片"的事例，以及中国"龙芯之母"黄令仪的故事。

▶ **活动过程**

· 聊聊无人驾驶"黑科技"

提问 ——有谁见过无人驾驶汽车、无人驾驶飞机等交通工具？

指导 ——开启"抛接球"模式，积极鼓励幼儿讲述半个月来积累的点滴认知。幼儿哪怕讲述一点点，教师也要给予表扬。

——幼儿讲述时，教师不要阻止或急于给出标准答案。

指导语

刚才大家通过讨论分享了见过的无人驾驶汽车、飞机等。有的小朋友说见过无人驾驶汽车在路上跑，有的提到无人机的样子，哪怕只说一点点，都特别棒！每个人的分享都很有意义，让我们知道了更多关于它们的知识。

· 芯片与人脑

提问 ——为什么刚才讲到的车子、飞机不需要人也能自己开动起来呢？

——这几张图片，大家觉得它们哪些地方一样，哪些地方不一样呢？

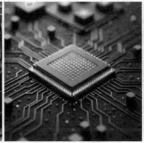

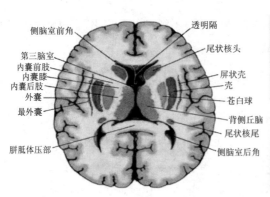
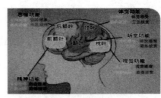
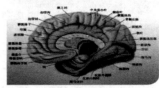

侧脑室前角　　　　　　透明隔
第三脑室　　　　　　　尾状核头
内囊前肢　　　　　　　屏状壳
内囊膝　　　　　　　　壳
内囊后肢　　　　　　　苍白球
外囊　　　　　　　　　背侧丘脑
最外囊　　　　　　　　尾状核尾
胼胝体压部　　　　　　侧脑室后角

指导　– 出示芯片和人脑的图片。

　　　　– 引导幼儿比较图片，讲述自己的看法，初步感知"芯片堪比人的大脑"。

指导语

芯片的概念：芯片是一种集成电路，是电子设备的"大脑"，可以执行各种任务，如处理信息、存储数据、执行计算和控制操作等。

> **· 中国"龙芯之母"黄令仪的故事**

提问　– 黄令仪是谁，小朋友们听说过吗？

指导　– 教师用自问自答的方式讲述伟大科学家"龙芯之母"黄令仪的故事。

指导语

美国人怎么也想不到，最终打破芯片技术壁垒的竟然是一位头发花白的耄耋老人！从 2018 年起，她每年为国家节省上万亿元。

在科技领域，总有一些传奇人物，他们的光芒时刻照耀着我们前行的路程。今天，老师要跟你们聊聊一个奇迹般的故事，一个让人惊叹的传奇女性，她就是被誉为中国"龙芯之母"的黄令仪。

黄令仪，一个名字，一个传奇。当你听到这个名字时，或许你会想到一个头发花白、行动迟缓的老太太，但绝对不会想到她竟然是中国芯片技术的代表人物！

黄令仪的童年充满了战乱，她生活在惊涛骇浪之中。但是，她没有因此而放弃，相反，这更加坚定了她要为国家做出贡献的决心。她踏上了科技之路，一路充满了坎坷和艰辛。

黄令仪在华中工学院（今华中科技大学）和清华大学接受了良好的教育，毕业后投身于微电子领域。尽管起步艰难，但她并没有被困难吓倒，反而通过不断的努力，填补了国内半导体领域的空白，是这个领域的先驱。

黄令仪的成就远不止于此。她一直致力于解决国家面临的技术难题，带领团队克服了种种困难，突破了"两弹一星"中的瓶颈，最终成功研制出了半导体三极管。无论二极管、三极管，还是大规模集成电路、第一枚 CPU 芯片，都是她毕生心血的结晶。

黄令仪不仅仅是一位杰出的科学家，更是一位伟大的国家英雄。她用自己的智慧和汗水，打破了国外对芯片技术的垄断，为国家的科技事业做出了不可磨灭的贡献。

2023 年 4 月 20 日，黄令仪因病在北京逝世，享年 86 岁。一代巨星陨落，无数人为之感到悲痛。虽然她已离世，但她的精神永远熠熠生辉，她是值得我们铭记的英雄，她的事迹将激励着一代又一代的科技人。

在黄令仪的故事中，我们看到了奋斗、坚持、拼搏的精神，这正是中国科技事业取得成功的关键所在。让我们铭记她的成就，传承她的精神，为实现中华民族伟大复兴而努力奋斗吧！

▶▶ **活动延伸**

与"家庭孩子王"一起继续探索哪些东西是需要芯片的。最后的结论是：芯片虽然很小，但是它在我们生活中无处不在。家里的冰箱、洗衣机、空调、电视机，还有马路上的红绿灯、摄像头等都需要芯片。

科学·数活动

黑猫警长破案

设计思路

歌曲《啊哈!黑猫警长》虽然已经发行很多年,但这是一首经典的歌曲,幼儿仍然十分喜欢。既然幼儿这么喜欢黑猫警长,视它为英雄,如果我们将黑猫警长和交通道路的主题结合起来,利用黑猫警长在孩子们心目中的地位,通过游戏渗透交通道路的知识,效果会如何呢?

活动目标

① 引导幼儿识别马路的基本走向,以及门牌码的规律(单双数)。

② 通过活动,"一家人"在游戏中获取生活经验,提升玩滑板车技能,锻炼身体。

活动准备

① 前期经验准备:学习演唱歌曲《啊哈!黑猫警长》,知道马路上的交通标志。

② 教具学具准备:模拟都市路和春申路场景;幼儿一人一辆滑板车;黑猫头饰;纸制胡萝卜若干;白纱布条、黄布条各1块;题板若干;录制《啊哈!黑猫警长》歌曲。

活动流程

黑猫警察局→警长介绍地形→黑猫警队出击→继续追踪一只耳→破译房间号→继续寻找赃物。

阅读指导

阅读绘本《黑猫警长》。

活动过程

· 黑猫警察局

提问 - 警察需要锻炼身体吗？

- 为什么人人都要锻炼身体？

指导 - 今天我们要扮演黑猫警长，在没有接到上级任务前，我们一起先来做做律动操，活动一下筋骨。

· 警长介绍地形

提问 - 都市路和春申路这两条马路的方向是一样的吗？什么地方不一样？

- 谁用过这些绷带和黄布条？罪犯是谁？（一只耳）

指导 - 比如，都市路的南面，都市路的北面，春申路的南面，春申路的北面……

- 警报响起，警长（老师扮演）接电话。

- 全体黑猫警员们，现在警报响了，有任务了，全体起立。

· 黑猫警队出击

指导 - 小白兔报警："黑猫警长，我是小白兔，我家的粮仓被偷了。"

- 黑猫警长："你家在哪里？"小兔："我家在，啊……"（电话中断）黑猫警长："喂……喂……"

指导 - 黑猫警员们，请大家骑上滑板车，排查现场，寻找线索。根据警长发出的指令，警士们分别占领各路段，各小组由老大带队。

- 到达目的地后，老大和老二分别站在商铺的两边，老三站中间。

- 到达商铺后，各小组的老大报告所在商铺号和搜索情况。（多次重复）

指导语

城市的道路主要是南北走向和东西走向的。都市路是南北走向的，春申路是东西走向的。警长告知警员们凶手在都市路的北面,请各小组紧急出发到现场查找凶手。

在都市路1号找到犯罪现场,发现犯罪证据:胡萝卜、绷带和黄布条。胡萝卜是小白兔家的,绷带和黄布条是一只耳用过的,这说明小白兔家的粮仓被盗案罪犯就是一只耳。

·继续追踪一只耳

提问 — 各位警员,春申路的门牌号码有什么规律?

指导 — 副警员报告:在都市路门牌号是1、3、5、7、9、11、13……号的商铺里发现一只耳的踪迹,请速派人搜查。(警员小组分别占领以上商铺)

— 副警长又报告:一只耳又逃亡到都市路2、4、6、8、10、12……号的商铺里,请速派人去搜查。(多次重复)

指导语

一般情况下,在道路的门牌号中,单数号集中在马路一边,双数号集中在马路另一边。我们掌握这个知识后,很快就能找到目的地了。

·破译房间号

提问 — 这是一组大楼的门牌号码,大楼门牌号编制哪几个元素呢?

— 如数字答案是75502,我们应该怎么读门牌号呢?

指导 — 鼓励幼儿结合生活经验和自家的门牌号讲述。

— 按顺序解密每一组数字:如,3+4,2+3,5+0,5-5,1+1;或,2+5,1+4,3+2,3-3,2+0

……

— 我们可读成"7幢,5号门,502室"。

— 副警长找到一块数字拼图,是一只耳留下的犯罪线索,拼出数字就能找到一只耳躲藏的地点。

— 警长命令副警长示范拼贴数字板,并计算数字得出结果,请警员们猜猜这是一组什么数字。

指导语

选取幼儿正确的回答。例如，哪个小区、小区楼号、单元号、门牌号、房间号；根据破译的门牌号带领警员去查看房间，发现犯罪证据——小兔的胡萝卜。

> **· 继续寻找赃物**

指导
- 副警长又找到了各种号码的数字拼版，请各警员小组破译，追回赃物，抓捕一只耳。
- 请根据各小组破译的房间号寻找相应的房间，寻找赃物和一只耳的下落。
- 副警长报告"一只耳逃跑"，警报响起，警长命令各警员小组出发追捕一只耳。
- 《啊哈！黑猫警长》音乐响起，黑猫警员们又出发了，活动结束。

▶▶ **活动延伸**

将相关材料投放至区角，供幼儿日常继续探究。

交通工具大调查

设计思路

毛泽东主席说过:"没有调查,就没有发言权。"只有在调查的基础上,我们才有发言的依据。借助"交通工具大调查"的学习,幼儿一定有话会说、有话能说并能主动地说。

通过调查、访问,了解交通工具的变迁,使幼儿能自己畅想并设计未来的交通工具,提升在实践中的学习能力和创新能力。

活动目标

① 在街道的路边安全地带——对应地数数各种车子的数量;借助调查,依据颜色种类统计数量;能借助实际情境和对车牌的记录,用简单的记录表统计数量关系。

② 大年龄段幼儿了解统计记录表,知道每一行表格的含义,并在相应的表格里填写数字,统计同伴上幼儿园乘坐的交通工具。

③ 能积极参与讨论,懂得用简单的方法清楚地表示所记录的内容。

活动准备

① 前期经验准备:熟悉家用小汽车,认识汽车颜色、车牌号码和品牌标志;教师事先同"家庭孩子王"沟通好,带孩子去看小区里的汽车,认识车辆的颜色、车牌号码和品牌标志。

② 教具学具准备:记录板;统计表;铅笔;白板上的统计记录图表。

活动流程

谈话:怎样上幼儿园→怎样记录调查结果→我们的调查结果。

阅读指导

认识各种车标。

活动过程

· 谈话：怎样上幼儿园

提问 — 你们乘坐过小汽车吗？

指导 — 引导幼儿结合生活认知互相交流。看谁能讲出更多车辆的颜色、标志及更多不同地区的车牌字母。

指导语

重点归纳幼儿的讲述，如颜色、车牌号码、品牌标志。

· 怎样记录调查结果

提问 — 如果让我们"一家人"拿着记录表格去小区现场调查，我们该怎么调查呢？

— 你们"家庭"想要记录哪些内容？怎么记录？（请老大回答）

指导 — 小年龄段幼儿可以用——对应的方法，数一数各种颜色的车子分别有几辆（可请老大帮助记录）；大年龄幼儿可以根据车牌来统计，老大还可以把车牌上的数字编成一道加法题，算出总数。

— 出示记录表，引导幼儿观察、感知、阅读记录表。

指导语

进小区时要有礼貌，打招呼；要注意安全，严格遵守在规定的区域调查记录的规则，不能跟陌生人走，遇到问题及时呼叫老师；老大先指导弟弟妹妹进行——对应的数数，然后完成自己的调查任务，但要不时关心弟弟妹妹。

弟弟妹妹也可以始终跟着老大，"一家人"一起学习。

· 我们的调查结果

提问 — 我们一起聊聊，刚才调查得怎么样？

— 请各组幼儿介绍调查结果，引导幼儿观察他们调查的结果是否一样？

指导 — 鼓励"家庭"里的老大找另一个"家庭"互相交流，延续快乐。

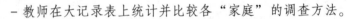

　　　　– 教师在大记录表上统计并比较各"家庭"的调查方法。
　　指导语
　　在实景调查情况下，评判分析每个"家庭"活动时的亮点，以及还
存在的问题。

▶▶ 活动延伸

　　可用同样的调查方式，走出园门、突破围墙进行调查，可在安全可控
范围内多次进行。

拼一拼依霖幼儿园

设计思路

幼儿已经能识别正方形、长方形、三角形，但是对于它们之间的转化，认知还很模糊。为了让幼儿掌握图形的折叠、分割、拼摆，辨认正方形、长方形、三角形及其关系，发展空间知觉和动手动脑能力，我们设计了这次的活动。

活动目标

① 通过观察、比较，能正确辨别三角形、长方形和正方形，能说出三种图形的名称，能辨认三角图形之间的转化关系。

② 发展空间知觉和动手动脑能力，激发幼儿对图形探索的兴趣。

活动准备

① 前期经验准备：3~6岁幼儿已认识正方形、长方形和三角形，但对图形之间如何变化、为什么一种图形会变成另一种图形还是充满好奇心。

② 教具学具准备：手工做的正方形纸、长方形纸、三角形纸；工具铅笔、短尺、小刀。

活动流程

变魔术→我们都是魔术师→我们美丽的幼儿园（图形组合）。

阅读指导

阅读绘本《形状变变变》（全三册）。

活动过程

· 变魔术

提问 — 在黑板上你看到了什么呀?

— 它们之间有什么关系?

— 现在你看到了什么?你觉得神奇在哪里?

指导 — 引导幼儿猜想正方形能不能变成三角形、小正方形、长方形或更多形状。

— 请幼儿注意教师的操作。

指导语

魔术很神奇,它能将正方形一会儿变成长方形,一会儿变成三角形,一会儿变成小正方形,可以一直变下去。

· 我们都是魔术师

提问 — 我这里有笔,有短尺,还有小刀,该怎么用呢?

— 谁会用笔和短尺,谁会用小刀呢?

指导 — 引导幼儿讨论工具的使用。

— 引导幼儿将正方形变成4个小正方形,比比谁变得快,再将4个小正方形拼成原来的形状。

— 将正方形变成4个小三角形,然后还原。

— 将正方形变成1个长方形和2个正方形,再还原。

— 幼儿操作,教师有针对性地指导。

指导语

现在我们都成了魔术师,能变出各种各样的图形了。

· 我们美丽的幼儿园 (图形组合)

提问 — 你看到了什么?它们是由哪些图形组合在一起的?你能用这些图形组合出我们的幼儿园吗?

指导 — 请幼儿观察老师的简笔画——图形组合的幼儿园。

— 小年龄段幼儿把哥哥姐姐变出来的几何图形——对应地贴到"美丽的幼儿园"设计图上。

— 教师巡回观察指导,发现问题,用提示性问题加以指导。

指导语

　　我们设计的幼儿园都是由哪些图形建造的？这里可以进行发散性讨论，议题很多，如颜色归类数数、图形大小排队数数、说出总数等。

▶▶ **活动延伸**

　　在建构区用三角体、正方体和长方体等搭建我们美丽的幼儿园。

区分长方形、梯形和椭圆形

设计思路

数学是一门抽象且逻辑性很强的学科，图形则是连接具体与抽象的桥梁。通过区分长方形、梯形和椭圆形，幼儿能直观感受图形的美丽与趣味。研究这三种图形的相同点和不同点，幼儿能够在轻松愉快的氛围中接触和学习数学概念，减少对数学的畏惧感，激发持续学习的兴趣和动力。

活动目标

① 巩固小年龄段幼儿对长方形、梯形和椭圆形特征的认知；大年龄段幼儿通过观察，能比较出这些图形的异同。

② 在有趣的图形比较中，幼儿能成功探索和发现这三组图形的异同，体验成功的喜悦。

活动准备

① 前期经验准备：已经认识长方形、梯形和椭圆形；玩过亲子游戏"图形宝宝找家"。

② 教具学具准备：人手一张图形拼图的练习纸；蜡笔；小老鼠、铅笔、蛋糕的图形图片。

活动流程

我们一起发现→我们一起思考→我们一起寻找。

阅读指导

阅读《智力数学大篷车》，跟着老师一起认识长方形、梯形和椭圆形。

活动过程

·我们一起发现

提问 － 图中画了什么？
－ 它们是由哪些图形组成的？

指导 － 出示图片（小老鼠、铅笔、蛋糕）。
－"一家人"讨论一分钟：小老鼠、铅笔、蛋糕分别由什么图形组成。
－ 请"家庭"中小年龄段幼儿回答，如果回答正确，全体幼儿鼓掌表扬。

指导语

小老鼠是由椭圆形和圆形组成的；铅笔是由长方形组成的；蛋糕是由梯形组成的。

·我们一起思考

提问 － 梯形、长方形和椭圆形这三种图形什么地方不一样？
－ 这三种图形什么地方又是一样的？

指导 － 引导幼儿一起回忆梯形、椭圆形和长方形的特征。
－ 请小年龄段幼儿讲述长方形的特征，大年龄段幼儿讲述梯形和椭圆形的特征。

指导语

不同的是：长方形有四条边，对边一样长；梯形上下两条线不一样长，是平行的；椭圆形是长长、扁扁的圆。

相同的是：它们都有一个共同的名字——图形。

·我们一起寻找

提问 － 哥哥姐姐怎么当"小老师"帮助弟弟妹妹区分这三种图形呢？

指导 － "一家人"领取练习纸，练习纸上有许多大小不一的这三种形状的组合，老大用自己的游戏方式指导弟弟妹妹准确辨认图形。

— "一家人"在创造游戏时,教师巡回观察,看到哪一个 "家庭" 的游戏有新意,可以即刻叫停,请老大介绍他们 "家庭" 的游戏,然后继续进行游戏。

— 根据教师指令,长方形涂红色,梯形涂绿色,椭圆形涂蓝 色。"一家人"分配任务并协商完成任务。

▶▶ **活动延伸**

继续玩 "一家人" 找图形的游戏,可以扩展图形,增加图形色彩,由 老大带着弟弟妹妹一起玩游戏。

艺术·美术活动

"海陆空交通工具"主题海报设计

设计思路

夏日炎炎，自然就少不了海洋、海风和海浪。这个时段正值暑期，幼儿来园人数不确定，所以一般多组成"临时家庭"。幼儿似乎不在乎，只要"一家人"齐齐整整，有老大、老二、老三即可。本周开始进入"海陆空交通工具"大会展，幼儿很兴奋，因为他们自认为对交通工具已经十分熟悉了。好吧，就让他们大显身手"炫"一把！

活动目标

① 尝试"一家人"协商合作完成"海陆空交通工具"主题海报设计，体验"一家人"合作作画的乐趣。

② 初步学习大面积涂色；尝试在大纸张上根据需要进行添画；能把握整体海报布局，并能进行合理分配。

活动准备

① 前期经验准备：幼儿打小就喜欢各种汽车、飞机、轮船，而且有一定真实体验；对海陆空交通工具的基本形状比较熟悉。

② 教具学具准备：海报纸若干张（按"家庭"）；收集各种模式的海陆空交通工具图片；阅读区域提供绘本《空中交通工具》《陆地交通工具》《海洋交通工具》。

活动流程

什么地方需要交通工具→"一家人"的海报设计→"一家人"设计的海报。

◆▶ **阅读指导**

阅读绘本《海洋交通工具》《空中交通工具》《陆地交通工具》。

◆▶ **活动过程**

· **什么地方需要用交通工具**

提问 — 在这个世界上,哪些地方需要交通工具?

指导 — 幼儿随意讲述,教师利用白板帮助分类。

— 引导幼儿大胆表达自己的想法,帮助幼儿总结本次主题海报可以用的素材。

— 记录时,教师必须引导幼儿讨论刚才某幼儿讲到的交通工具应该归到天空、陆地还是海洋。

天空	
陆地	
海洋	

· **"一家人"的海报设计**

提问 — 你们"家庭"想设计怎样的交通工具海报?

指导 — 运用个别幼儿示范操作的方法,激发幼儿兴趣。

— 播放"画神闲"的方法,帮助幼儿直观了解海报设计。

— 引导大年龄段幼儿创造新的交通工具。

指导语

刚才大家一起聊了"家庭"想设计的交通工具海报,个别小朋友的示范操作特别精彩,"画神闲"的方法也让大家清楚知道了怎么设计。每个"家庭"都有自己的好想法,老大们还能发挥想象,创造新的交通工具。

· **"一家人"设计的海报**

提问 — 你喜欢哪个"家庭"设计的海报,为什么?

— 你们喜欢哪张海报上的交通工具,为什么?

> **指导**　－将"一家人"的作品全部展示出来，引导幼儿能正确看到
> 　　　　　别人好的地方，也夸夸自己能坚持完成任务。

▶▶ **活动延伸**

　　第二天美工区域活动时，请幼儿将海报上的交通工具一一剪下来，粘贴在"家粘画"海报编辑部展览墙上，组成一幅更大的交通工具海报宣传图。

我设计的潜水艇

▶设计思路

在讨论潜水艇这个话题时,孩子们的讨论特别热烈。有的孩子问:"潜水艇为什么是沉在水里的?"有孩子马上回答:"因为名字里就写了'潜水'。"又有孩子补充道:"其实潜水艇不都是沉在水里的。"我们这个月学习了潜水艇的运行原理,孩子们对潜水艇的外形特征等已经非常了解,我们从进一步激发幼儿兴趣、契合幼儿认知等角度,设计了这次美术活动,主要是想让孩子们通过艺术创作感受海洋探索的奇妙。

▶活动目标

① 能用简单的图形组合表现潜水艇;尝试用线条和图案装饰潜水艇;了解潜水艇的基本结构和功能,能表现潜水艇各个部分的结构关系和基本特征。

② 引导幼儿尝试大胆创造,培养想象力和创造力,体验自主创作的乐趣。

▶活动准备

① 前期经验准备:收集潜水艇图片,举办"我知道的潜水艇"等谈话活动,帮助幼儿了解潜水艇的主要特征。

② 教具学具准备:油画棒;潜水艇模型;记号笔;潜水艇图片。

▶活动流程

一起说说潜水艇的构造→画一画潜水艇→我们的作品秀。

▶阅读指导

阅读有关潜水艇的书,了解潜水艇的构造。

活动过程

· 一起说说潜水艇的构造

提问 – 小朋友们，你们见过潜水艇吗？你们见到的潜水艇是什么样子的？

指导 – 潜水艇主要由艇身、操纵系统、动力系统、武器系统和导航、观察、通讯设备组成。

指导语

人们把潜水艇比作"海里的鲨鱼"，鲨鱼在海洋里很厉害，潜艇在海洋深处也是很厉害的。

· 画一画潜水艇

提问 – 潜水艇模型跟图片形状有什么不一样？为什么不一样？

– 你想设计什么样的潜水艇？你希望它在水面还是潜在水里？请你们来画一画。

指导 – 出示潜水艇图片，让幼儿观察图片和潜水艇模型有什么不一样。

– 潜水艇并不是全部在水里的。

· 我们的作品秀

幼儿展示自己的作品，并说一说自己的设计。

活动延伸

幼儿到美工区利用废旧物品制作潜水艇模型。

艺术·音乐活动

我是宇航员

设计思路

《我是宇航员》这首歌曲活泼、欢快，写的是孩子们感兴趣的小小宇航员。我猜想孩子们会非常喜欢这首歌曲，因此设计了此次音乐活动。

活动目标

① 在感受歌曲活泼、风格欢快的同时学唱歌曲，能用自然的声音愉快地演唱。

② 大胆地在"一家人"面前创编动作并表演歌曲，引导幼儿认真聆听前奏、间奏和对白，此歌是 2/4（强/弱）拍的。

活动准备

① 前期经验准备：通过"新闻小主播""宇航员的绘本故事"和"谈话活动"帮助幼儿初步了解宇航员。

② 教具学具准备：下载"宝宝巴士益智儿歌"《我是宇航员》。

活动流程

聊一聊中国火箭和宇航员→我想做小小宇航员→我们也是宇航员。

阅读指导

阅读歌曲《我是宇航员》的歌词：

宇航员，我是小小宇航员——宇航员；

出发了，坐上火箭出发了——出发了；

跟着我，按下按钮轰隆隆，火箭发射上太空，飞向神秘的宇宙——到宇宙；

宇航员，我是小小宇航员——宇航员；

出发了，坐上火箭出发了——出发了；

跟着我，按下按钮轰隆隆；火箭发射上太空，飞向神秘的宇宙——到宇宙；

到宇宙，迈开脚步慢慢走——慢慢走；

停下来，看看远方是什么——是什么；

是星球，它有蓝色的海洋，还有绿色的森林，一颗美丽的星球——是地球。

（说白：快看，那一片雪白是什么地方；那是冰雪的世界——是南极）

到宇宙，迈开脚步慢慢走——慢慢走；

停下来，看看远方是什么——是什么；

是星球，它有蓝色的海洋，还有绿色的森林，一颗美丽的星球——是地球。

> ▶▶ **活动过程**
>
> · 聊一聊中国火箭和航天员 ·
>
> **提问**　– 有谁知道中国有哪些航天员？
>
> – 中国有几位女性航天员呢？
>
> – 中国航天员中谁是第一个上太空的？
>
> – 谁是中国第一位进入太空的女航天员？
>
> **指导**　– 播放自制视频《中国的宇航员》，中国的主要航天员包括杨利伟、费俊龙、聂海胜、翟志刚、刘伯明、景海鹏、刘旺、刘洋、王亚平、蔡旭哲、宋令东、王浩泽等。
>
> – 播放杨利伟照片：中国进入太空的第一人，于2003年乘坐神舟五号飞船进入太空，完成了中国首次载人航天飞行。
>
> – 播放王亚平照片：中国首位进驻空间站的女航天员，参与了多次太空任务。
>
> – 自制视频的背景轻音乐是歌曲《我是宇航员》。
>
> **指导语**
>
> 什么样的人可以当航天员呢？
>
> 生活：要具备良好的身体素质和健康的体魄。做人：要有强大的心

理素质,不怕困难,勇敢稳直;正直、诚实、有责任感,喜欢帮助别人。学习:学习要好,语言表达能力好,具备团队合作精神。

以上这些我们小朋友只要努力都能做到,说不定等你们长大了真的会有人进入太空呢。

· 我想做小小宇航员

提问 – 歌曲里的小小宇航员是怎么上太空的?

– 歌曲里的小小宇航员在太空里看到了什么?

– 歌曲里的小小宇航员上太空的心情怎么样?

指导 – 带着第一个问题,欣赏歌曲前半部分("到宇宙"部分);师生交流,教师清唱幼儿说到的句子。

– 带着第二个问题,欣赏歌曲后半部分("是地球"部分);师生继续交流,教师清唱幼儿说到的句子。

– 完整播放一遍歌曲,帮助幼儿感受歌曲活泼、欢快的曲调,尤其是对白。

– 师生对话。例如,师:"快看,那一片雪白是什么地方?"幼:"那是冰雪的世界,是南极。"换角色,男女生对问,大小年龄段幼儿对问,"家庭"之间对问。

– 播放歌曲,教师唱,幼儿念白。

– 播放歌曲,幼儿哼唱,教师念白。

– 播放歌曲,师生一起唱。

注:小年龄段幼儿由生活教师带领进入生活活动。

· 我们也是宇航员

提问 – 你们想不想自己来建造神州十九号宇宙飞船呢?

– 用什么材料建造?

指导 – 大年龄段幼儿按"家庭"分成两组,分别为神舟十九号宇宙飞船设计建造1号组和2号组。

– 鼓励幼儿大胆想象,用教室里现有的材料建造神舟十九号宇宙飞船模型。

－继续播放歌曲《我是宇航员》，直到教学活动结束。

指导语

大家都很想自己建造神舟十九号宇宙飞船，还想到了用教室里的材料。老大老二分成两组，分别设计建造出了 1 号和 2 号模型，大家一定都能发挥想象，造出了特别棒的飞船模型！

活动延伸

希望通过《我是宇航员》这首歌曲，在幼儿内心世界里种上一粒小小的飞天梦的种子。

把歌曲视频发给家长，邀请"家庭孩子王"一起唱歌，或陪伴孩子一边唱歌，一边设计宇宙飞船。

"交通与道路"主题 智力大冲浪

动力定型·温故而知新

智力大冲浪的意义

温故而知新。经过 40 天左右"交通和道路"的主题活动，根据《上海市幼儿园办园质量评价指南》，分析 3~6 岁幼儿认知是否达到基本水平、因人而异的教学目标是否达成、幼儿学习习惯和认知动因是否符合他们年龄标准。"智力大冲浪"这种新型的集体活动，"一家人"都喜欢参与。活动的意义在于积极参与、互相影响、互相交流、互相学习，促使幼儿大脑神经系统的神经元（突厥）再次对接即将被遗忘的经验，在集体温习过去的知识经验中得到新的理解与体会。

▶▶ 活动目标

① 通过多种游戏形式，幼儿在听、看、说、做中提升关于交通与道路的相关知识与经验。

② 能积极参与竞赛活动，大胆表述，增强集体荣誉意识，体验集体游戏的乐趣。

▶▶ 活动准备

① 前期经验准备：收集各班在"交通与道路"主题活动中探索的共同性内容和非共同性内容，分别出题（共同性的问题一起答题，非共同性的问题由各班答与自己班相关的题目）；幼儿对"交通与道路"已经具备一定经验；新闻播报"智力大冲浪"倒计时；亲子复习"交通与道路"相关小知识。

② 教具学具准备：各班出一张智力大冲浪主题海报（各班的口号融入体现）；视听题 PPT、找错题 PPT、抢答题、必答题；拼图；闪卡；统一队服；开场舞和结束舞等的音乐；设立奖项（聚精会神奖、能说会道奖、专注倾听奖、动手动脑奖、家庭奖、个人奖）；会场环境、摄影、摄像、音

响；自制计分牌各班 1 个。

组织形式

各组以红、黄、蓝、紫为队名，一个班一个方阵，每队以"家庭"为单位轮流上场竞赛。（备注：以下方阵根据班级的实际人数和服装调整）

红队班级座位		黄队班级座位		蓝队班级座位		紫队班级座位	
"家庭"参赛选手组座位	计分牌	"家庭"参赛选手组座位	计分牌	"家庭"参赛选手组座位	计分牌	"家庭"参赛选手组座位	计分牌
主持人位置（这里是舞台）							

活动过程

班级啦啦队

– 主持人以唱《啦啦歌》的形式进行全场互动。

–"智力大冲浪"口号互动："智力大冲浪"口号、班级口号、"家庭"口号。

– 各班："我们的口号是：'智力大冲浪'（教师），'冲关我们最最棒'（幼儿）！""我们班级的口号是：'混一混一'（教师），'永远第一'（幼儿）！"……

– 介绍评委嘉宾——大班组幼儿代表。

– 播放奖项 PPT，主持人介绍奖项，重点介绍家庭奖和个人奖。

答题形式

基础必答题

– 以"家庭"为单位答题，可以互相补充。

– 3 个年龄段分别一对一答题、多项选择答题。

– 主持人说明口述答题的要求。

视听抢答题

– 视听题（各种汽车声音）。

– 找错题（汽车标志、交通标志）。

速度题

– 以 PPT 的形式呈现题目；按灯抢答，先亮灯的班级获得答题权，主持人说"开始"才能抢答。

－完成 4 题后，轮换下一组，共 3 轮。

拼图题

－最先完成的"一家人"获动手动脑奖。

－游戏竞赛：拼读汽车牌照。

－按照 3 个年龄段，将汽车牌照分别切成 3~5 块，要求幼儿在 30 秒时间内完成拼图，并完整读出车牌号。

获奖啦

－小评委（大班幼儿）点评并公布奖项。

－播放颁奖音乐，小评委颁奖，获奖代表发表获奖感言。在音乐《欢乐颂》中结束活动。

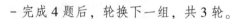

活动反馈与反思

活动结束后，观看"智力大冲浪"视频，边观看边对照问题交流各自"家庭"的表现情况，和孩子们共同分析和改进。

通过图文并茂的形式，将活动传递到公众号或班级微博上，与"家庭孩子王"分享。

主题　海洋的世界

"海洋的世界"主题幼儿提问收集归类

以下这些问题是我们十年前第一次"抛接球问题导向"教学研究时,"一家人"在"家庭孩子王"引领下进行提问、发问和追问所留下的宝贵原始资料。

关于海洋的主题,混龄一班的幼儿在第一次"抛接球"活动中提出或追问了 153 个问题,涉及 5 个方面,其中老大 83 个问题、老二 45 个问题、老三 25 个问题。

今天启用十年前的原始资料为案例,就是想证明,无论何时何地,"好奇、好问、好探索"永远是学龄前孩童的天性,不容置疑。

·海洋里的哺乳动物(共 42 个问题)

老大(共 17 个问题)

海滩上有没有鲨鱼?为什么鲨鱼在海里呢?为什么海豚要在海面上跳呢?为什么海豚皮肤很光滑?为什么鲨鱼是在海里(生活),不是在陆地上(生活)?鲨鱼为什么喜欢吃肉,没有肉吃可以吃草吗?海里还有哪些吃肉的动物?在浅海里没有鲸,为什么呢?为什么鳄鱼能上陆地,鲨鱼就不行呢?为什么海狮会讲话?为什么海狮是平着走的?为什么鲨鱼会咬人?为什么鲨鱼的牙齿那么尖?为什么鲨鱼比电鱼还厉害?鲸鱼为什么要喷水?为什么鲨鱼每天吃小鱼呢?为什么鲨鱼会游泳?

老二(共 14 个问题)

为什么海里有很凶的鲨鱼?海豚的心脏会不会跳?鲨鱼喜欢吃什么?鲨鱼为什么喜欢咬人?为什么鲨鱼不会出现在沙滩边上?鲨鱼大还是鲸鱼大?海里的王是不是鲨鱼?鲸鱼为什么背上要喷水呢?鲸鱼的眼睛怎么那么小?为什么鲨鱼的牙齿很大很尖?海洋里的鲨鱼会吃人吗?有没有鲨鱼是金色的?为什么海豚会跳?为什么海里的鲨鱼要吃小鱼?

老三（共 11 个问题）

为什么动物园里也有海豚？为什么鲨鱼这么大？海豚吃什么？鲨鱼会不会吃鲸鱼？鲸鱼很大，会不会咬我们？鲨鱼没有尾巴会怎么样呢？为什么海里有海豚？为什么鲨鱼有尖尖的牙齿？为什么海豚会跳舞？为什么海里有鲨鱼？鲨鱼的天敌是谁？

> · 海洋里的其他动物（共 81 个问题）

老大（共 48 个问题）

海洋里有多少（种）鱼？为什么其他的鱼都不像海豚一样跳出海面？妈妈说海里有飞鱼，飞鱼能飞吗？为什么飞鱼不能像鸟一样离开水？鱼和鸟有什么不一样？为什么鱼都有尾巴，有什么用？鱼没有尾巴会怎么样呢？鱼有尾巴，（其他）动物也有尾巴，有什么不一样？为什么鱼会产卵？鱼是怎么生出宝宝来的呢？章鱼是鱼吗？海洋里的动物生病了怎么办？为什么海鳗会放电？为什么海里的虾很大？为什么章鱼有的是真的有的是假的？为什么章鱼游得那么快？小鱼睡觉的时候睡在哪里？为什么有些水母有毒？为什么水母会放大缩小？为什么海蜇会蜇人？为什么有鱼来攻击刺豚的时候，它会鼓得像球一样？为什么海星有五个角？为什么海蛇像陆地上的蛇一样？为什么有种像章鱼一样的东西能在海上漂而不会沉下去？为什么水母有电？为什么海里的动物有些咬人有些不咬人？为什么电鳗和鲨鱼、海蜇生活在一起？为什么刺豚身上都是刺？为什么水里的鱼放在地上就会一直跳来跳去的？为什么海龟可以到陆地上也可以到水里？为什么食人鱼会咬人？为什么海里的章鱼身上会有圆点点？为什么水母和海星身上都有圆点点？为什么海里有小鱼？为什么章鱼的脚上有吸盘？为什么海星切断一只手还会长出来？章鱼为什么不到海面上来？为什么海的深处有海蜘蛛呢？海蜘蛛有没有毒？海里面的鱼能吃吗？章鱼为什么跟别的鱼不一样，有八只脚？章鱼为什么会喷墨？章鱼的墨有没有毒？海里谁是王呢？为什么乌龟在我们班的鱼缸里，海龟是在海里呢？海龟和乌龟哪里不一样？为什么水母有很多脚？（触角）海星是不是也是跟星星一样有多个角呢？

老二（共 22 个问题）

为什么有的鱼不一样？海里还有哪些动物跟飞鱼一样有翅膀？为什么小丑鱼叫这个名字？为什么海马也是鱼？为什么海马是爸爸生的呢？海洋里最小的动物是什么？为什么乌贼会喷墨汁？生活在海里的东西都有尾巴

吗,它们都一样吗?为什么乌龟会游泳?海里的鱼能活多久?为什么海里有那么多鱼?为什么鱼是用鳃呼吸的?为什么螃蟹有那么多爪子?海下有章鱼吗?为什么海下有鱼?为什么章鱼和小鱼会游泳?为什么海星会黏住?海星住在哪里?水母是怎么保护自己的?为什么海龟是在海里的,乌龟不是在海里的?水母是不是动物?人被海蛇咬人该怎么办呢?

老三(共11个问题)

飞鱼能不能飞到天上?为什么家里的鱼缸里也有鱼?为什么鱼不可以到陆地上呢?为什么小鱼很容易被欺负呢?小丑鱼是海洋里的吗?海洋里的动物会生病吗?大海里有哪些鱼呢?为什么海里有小鱼大鱼?后面带个刺的是什么鱼?为什么章鱼没有翅膀?海里有海蛇吗?

·海洋里的植物(共16个问题)

老大(共9个问题)

海草跟陆地上的草有什么不一样?海里有什么植物,只有海草吗?水草会不会死?海里的花也会开吗?为什么水藻是绿色的?为什么海带是绿色的?海藻就是海草吗?珊瑚是海草吗?海里有树林吗?

老二(共5个问题)

为什么海里有海草?海洋里的植物都在海底吗?为什么海里的水草一样高?为什么水里的海藻和地上的海藻有点儿像?波力海苔是海藻吗?

老三(共2个问题)

大海下面为什么有水藻?紫菜是紫色的吗?

·海水(共13个问题)

老大(共8个问题)

为什么我们喝的水都是没有味道的,而海水是咸的呢?海洋的水被污染了就有很多黑泡泡吗?海水能喝吗?海水是蓝色的吗?是不是每个地方都有海呢?为什么海水有时候是咸的,有时候是苦的?海水有多深?为什么海水是蓝色的?

老二(共4个问题)

为什么海水有的是黄色的,有的是很漂亮的蓝色的呢?海上的垃圾是从哪里来的呢?海里的水是从哪里来的呀?海浪为什么很高?

老三（共 1 个问题）

为什么海那么深？

· 其他问题（共 1 个问题）

老大（共 1 个问题）

爸爸带我玩的海边有沙子，海底有没有沙子？

"海洋的世界"主题网络

"海洋的世界"主题生活与运动内容、措施

班级:_____ 日期:_____年_____月_____日—_____月_____日

混龄学生活	混龄学运动
内容: • 我们是有礼貌的孩子 • 小手真干净 • 不做"漏嘴巴" • 健康中国宝宝 • 餐后小毛巾怎么用 • 我们都是节约用水的孩子 • 汤洒了怎么办 **措施:** • 表扬做得好的哥哥姐姐或弟弟妹妹,发挥好榜样作用。 • 在日常生活中注重引导幼儿学说和运用礼貌用语。 • 关注年龄和个性差异,加强个别指导。 • 引导大孩子学做"小老师",督促并帮助小孩子用正确方法洗手。 • 通过"漏嘴巴"的故事,讨论为什么小男孩是"漏嘴巴"。 • 引导孩子养成餐后检查桌面的习惯,发现每天自己用餐后桌面干净程度的变化。 • 通过健康活动,大小孩子一起讨论:什么样的宝宝是健康的? • 通过健康儿歌,了解健康密钥,懂得怎样做能让我们的身体更健康。 • 弟弟妹妹:养成餐后用毛巾擦嘴巴的习惯,学习正确擦嘴的方法。 • 哥哥姐姐:每次餐后都能用正确的方法擦嘴,并能关注弟弟妹妹擦嘴的情况。 • 适当地提醒大孩子在洗手时要随时关水龙头,做弟弟妹妹的好榜样。 • 组织孩子们讨论"浪费水的坏处"和"节约用水的好处"。 弟弟妹妹:结合图片看看说说:浪费水会给我们带来怎样的后果?提醒孩子们不浪费水。 • 讨论:汤洒了我们怎么办?总结幼儿观点。	**内容:** • 基本动作活动练习(走、跑、平衡区、投掷区、钻爬区、跳跃) • 安全教育:轮胎倒挂走、你传我接 • 篮球特色活动 **措施:** • 观察幼儿在体育锻炼中遇到情况时能否做出反应保护好自己。 • 观察幼儿能否不用眼睛看就能传接球。 • 在活动中注意个体差异,鼓励幼儿大胆尝试。 • 观察幼儿是否喜欢玩新增加的游戏。 • 观察兄弟姐妹能否相互照顾、提醒。 • 观察"家庭"成员是否会互相提醒擦汗。 • 提醒兄弟姐妹互相关心,摔倒时主动帮助、安慰。 • 观察老大、老二和老三能否合作完成动作。 • 观察哥哥姐姐是否会提醒弟弟妹妹热了坐旁边休息,并能主动给弟弟妹妹擦擦汗。 • 观察幼儿在奔跑遇到危险时能否及时躲避。 **游戏:** ▲ 看谁不出圈 ▲ 小鱼快跑 ▲ 鲨鱼来了 ▲ 小动物变 ▲ 你传我接 ▲ 球滚滚 ▲ 快速变点

"海洋的世界"（第一年）主题网络基本图示（1） 混龄　　班（　月　日－　月　日）（备注：A是小年龄段，B是大年龄段）

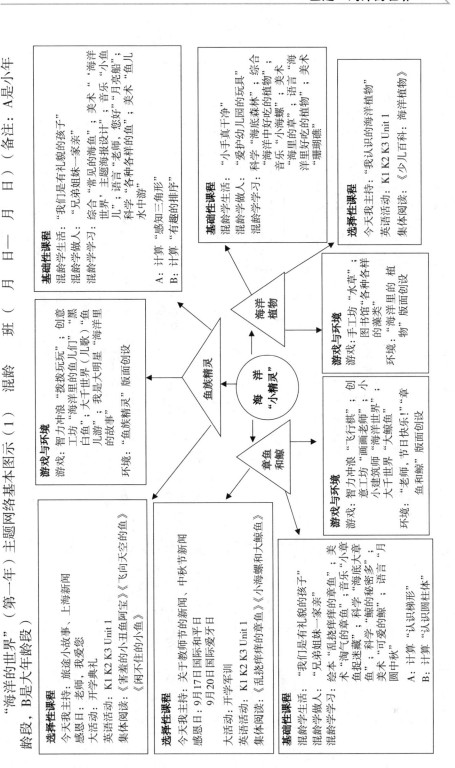

选择性课程

今天我主持：旅途小故事、上海新闻

感恩日：老师，我爱您

大活动：开学典礼

英语活动：K1 K2 K3 Unit 1

集体阅读：《害羞的小丑鱼阿宝》《飞向天空的鱼》《闲不住的小鱼》

选择性课程

今天我主持：关于教师节的新闻、中秋节新闻

感恩日：9月17日国际和平日
9月20日国际爱牙日

大活动：开学军训

英语活动：K1 K2 K3 Unit 1

集体阅读：《乱挠痒痒的章鱼》《小海螺和大鲸鱼》

基础性课程

混龄学生活："我们是有礼貌的孩子"

混龄学做人："兄弟姐妹一家亲"

混龄学学习：绘本"淘气的章鱼"；美术"乱挠痒痒鱼"；音乐"海底大章鱼"；科学"鲸的秘密"；语言"可爱的鲸"；美术"圆圆中秋"

A：计算"认识梯形"
B：计算"认识圆柱体"

游戏与环境

游戏：智力冲浪"拔拔玩玩"；创意工坊"海洋里的鱼儿们"；黑白鱼；大千世界（儿歌）"鱼儿游"；我是大明星"海洋里的故事"

环境："鱼族精灵"版面创设

基础性课程

混龄学生活："我们是有礼貌的孩子"

混龄学做人："兄弟姐妹一家亲"

混龄学学习：综合"常见的海鱼"；美术"海洋"小鱼儿"；主题海报设计，您好"月亮船"；语言"老师，您好"；科学"各种各样的鱼"；美术"鱼儿水中游"

A：计算"感知三角形"
B：计算"有趣的排序"

基础性课程

混龄学生活："小手真干净"

混龄学做人："爱护幼儿园的玩具"

混龄学学习：科学"海底森林"；综合"海洋中好吃的植物"；音乐"小海螺"；语言"海洋里的草"；美术"海洋植物"；美术"珊瑚礁"

选择性课程

今天我主持："我认识的海洋植物"

英语活动：K1 K2 K3 Unit 1

集体阅读：《少儿百科：海洋植物》

游戏与环境

游戏：手工坊"水草"；图书馆"各种各样的藻类"

环境："海洋里的植物"版面创设

游戏与环境

游戏：智力冲浪"飞行棋"；创意工坊"画画老师"；小建筑师"海洋世界"大千世界"大鲸鱼"

环境："老师，节日快乐！"章鱼和鲸"版面创设

鱼族精灵

海洋植物

海洋
"小精灵"

章鱼
和鲸

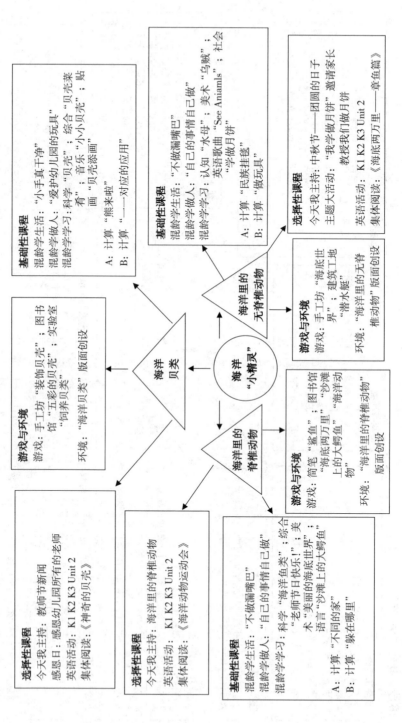

"海洋世界"(第一年)主题网络基本图示(2) 混龄 班(月 日— 月 日)(备注: A是小年龄段, B是大年龄段)

基础性课程
混龄学生活: "小手真干净"
混龄学做人: "爱护幼儿园的玩具"
混龄学学习: 科学"贝壳"; 综合"贝壳来看"; 音乐"小贝壳"; 贴画"贝壳添画"
A: 计算"熊来啦"
B: 计算"——对应的应用"

选择性课程
今天我主持: "不做漏嘴巴"
混龄学做人: "自己的事情自己做"
混龄学学习: 认知"水母"; 美术"乌贼"; 英语歌曲"See Aniamls"; 社会"学做玩具"
A: 计算"民族挂毯"
B: 计算"做玩具"

选择性课程
今天我主持: 中秋节——团圆的日子
主题大活动: "我学做月饼" 邀请家长
教授我们做月饼
英语活动: K1 K2 K3 Unit 2
集体阅读:《海底两万里——章鱼篇》

游戏与环境
游戏: 手工坊"装饰贝壳"; 图书馆"五彩的贝壳"; 实验室"饲养贝类"
环境: "海洋贝类"版面创设

游戏与环境
游戏: 手工坊"海底世界"建筑大工地"潜水艇"
环境: "海洋里的无脊椎动物"版面创设

游戏与环境
游戏: 简笔"鲨鱼"; 图书馆"沙滩上的大鳄鱼"海洋两万里"海洋动物"
环境: "海洋里的脊椎动物"版面创设

海洋贝类
海洋里的无脊椎动物
海洋里的脊椎动物
海洋"小精灵"

选择性课程
今天我主持: 教师节新闻
感恩日: 感恩幼儿园所有的老师
英语活动: K1 K2 K3 Unit 2
集体阅读:《神奇的贝壳》

选择性课程
海洋里的脊椎动物
英语活动: K1 K2 K3 Unit 2
集体阅读:《海洋动物运动会》

基础性课程
混龄学生活: "不做漏嘴巴"
混龄学做人: "自己的事情自己做"
混龄学学习: 科学"海洋鱼类"; 综合; 美术"海洋节日快乐!"; 语言"不同的家"
A: 计算"躲在哪里"
B: 计算"沙滩上的大鳄鱼"

"海洋的世界"（第1年）主题网络基本图示（3）混龄 班（ 月 日— 月 日）

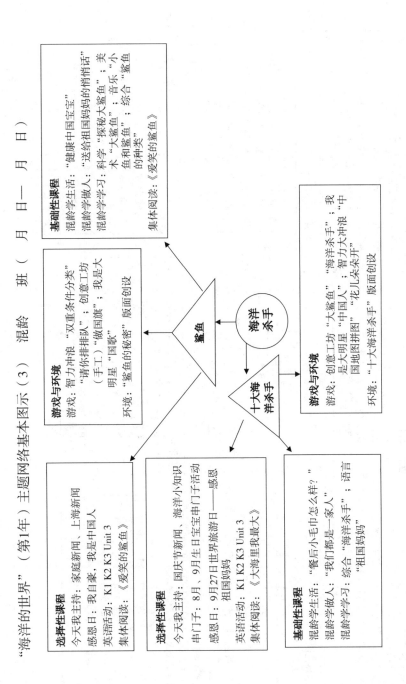

基础性课程

混龄学生活："健康中国宝宝"
混龄学做人："送给祖国妈妈的悄悄话"
混龄学学习：科学"探秘大鲨鱼"；美术"大鲨鱼"；音乐"小鲨鱼"；综合"鲨鱼的种类"
集体阅读：《爱笑的鲨鱼》

游戏与环境

游戏：智力冲浪"双重条件分类"；创意工坊"请你排排队"；"做国旗"（手工）"做国歌"；我是大明星"国歌"
环境："鲨鱼的秘密"版面创设

鲨鱼

海洋杀手

十大海洋杀手

选择性课程

今天我主持：家庭新闻、上海新闻
感恩日：我自豪，我是中国人
英语活动：K1 K2 K3 Unit 3
集体阅读：《爱笑的鲨鱼》

选择性课程

今天我主持：国庆节新闻，海洋小知识
串门子：8月、9月生日宝宝串门子活动
感恩日：9月27日世界旅游日——感恩祖国妈妈
英语活动：K1 K2 K3 Unit 3
集体阅读：《大海里我最大》

基础性课程

混龄学生活："餐后小毛巾怎么样？"
混龄学做人："我们都是一家人"
混龄学学习：综合"海洋杀手"；语言"祖国妈妈"

游戏与环境

游戏：创意工坊"大鲨鱼"；"海洋杀手"；我是大明星"中国人"；智力大冲浪"中国地图拼图""花儿朵朵开"
环境："十大海洋杀手"版面创设

"海洋的世界"(第一年)主题网络基本图示(4) 混龄 班(月 日—月 日)(备注：A是小年龄段，B是大年龄段)

基础性课程
混龄学生活："餐后小毛巾怎么用"
混龄学做人："各爷奶奶我爱您"
混龄学学习：语言 "黑色"的海水 ；美术 "生气的海洋动物"；音乐 "好娃娃"；社会 "重阳节"
A：计算 "认识圆柱体"
B：计算 "认识梯形"

选择性课程
混龄学生活："我们都是节约用水的孩子"
混龄学做人："我是海洋小卫士"
混龄学学习：科学 "海产品"，语言 "海洋与人"；音乐 "七大洋"；语言 "保护海洋倡议书"；美术 "海鸥"

选择性课程
今天我主持："保护海洋环境的重要性"
英语活动：K1 K2 K3 Unit 4
集体阅读：海洋系列《十万个为什么》

海洋益处

游戏与环境
游戏："智力大冲浪"；创意工坊 "有趣的沙画" ；"钓鱼"
环境："海洋益处"版面创设

海洋污染

保护海洋

海洋小卫士

游戏与环境
游戏：快乐娃娃家 "重阳节的准备"；创意工坊(手工)"重阳贺卡"；我是大明星 "好娃娃"
环境："海洋污染"版面创设

游戏与环境
游戏：小小建筑师 "海洋世界"；我是大明星 "大家来环保"；智力大冲浪 "数的分成"
环境："海洋小卫士""爱护海洋小海报"版面创设

选择性课程
今天我主持：重阳节新闻，国内新闻
感恩日：重阳节——感恩 各爷奶奶
英语活动：K1 K2 K3 Unit 3
大活动：10月9日世界邮政日 10月13日重阳节

选择性课程
今天我主持：海洋环保新闻
感恩日：10月15日国际盲人日 10月16日世界粮食日
英语活动：K1 K2 K3 Unit 4
集体阅读：《海洋污染3000问》

基础性课程
混龄学生活："我们都是节约用水的孩子"
混龄学学习：科学 "海洋污染的危害"；语言 "海洋动物的一封信"；音乐 "大家来环保"；美术 "爱护海洋小海报"；语言 "保护海洋"
A：计算 "5以内排序"
B：计算 "5的组合学习"

"海洋的世界"（第1年）主题网络基本图示（5） 混龄　　班（　月　日—　月　日）（备注：A是小年龄段，B是大年龄段）

基础性课程
混龄学生活："汤洒了怎么办"
混龄学做人："海洋小卫士"
混龄学学习：语言"海的女儿"；科学"水的秘密"；美术"大海"；音乐"它们一样多吗？"
A：计算"大海"
B：计算"双数和单数"

选择性课程
今天我主持："我们都是节约用水的孩子"
"我是海洋小卫士"
科学"台风过后"；美术"海啸"；音乐"外婆的澎湖湾"
英语活动：K1 K2 K3 Unit 5
集体阅读：台风、海啸新闻 台风、海啸系列《十万个为什么》

游戏与环境
游戏：智力大冲浪"小手戴戒指"；创意工坊："海的女儿"是大明星
环境："海水的秘密"版面创设

游戏与环境
游戏：智力大冲浪"扑克牌"；创意工坊"台风来了"
环境："海洋现象"版面创设

游戏与环境
游戏：小小建筑师"沙子建筑"；智力大冲浪"量沙"；创意工坊"沙画"
环境："好玩的沙子"版面创设

海与自然

海水的秘密　　海洋现象　　好玩的沙子

选择性课程
今天我主持：上海新闻、体育新闻
感恩星：感恩大海
大活动：亲子运动会准备
英语活动：K1 K2 K3 Unit 4
集体阅读：绘本《海的女儿》

选择性课程
今天我主持：有趣的沙子
集体阅读：《沙子的秘密》
英语活动：K1 K2 K3 Unit 5

基础性课程
混龄学生活："我们都是节约用水的孩子"
混龄学做人："我是海洋小卫士"
混龄学学习：语言"认识沙"；科学"好玩的沙子"；美术"美丽的沙画"；音乐"小鱼排队"
A：计算"小海军"
B：计算"排序"

663

"海洋的世界"主题家园共育指南

▶▶▶ 案例 1

海洋世界

班级：混龄_____班　　　　　　　____年__月__至____年__月__日

湛蓝、深邃而神秘的大海是许多人的神往之地。当我们和海亲密接触时，或许我们都有着和孩子们一样的疑惑：海洋世界里藏着什么？在平静的海面下有什么秘密？

在与孩子们的谈话中，我们了解到很多孩子都有到海边游玩的经历，他们讲述着在海滩上玩耍的快乐，踏着海浪，捡着海螺。在讲述的过程中，孩子们不时地产生疑惑："老师，海边会不会出现鲨鱼？""被水母蜇到了可怎么办呀？"从孩子们的讲述中，我们感受到了他们对海洋世界强烈的探索欲望。于是，"海洋的世界"主题教学从收集主题问题那一刻开始，就悄然走进了我们的课堂。

教育目标

- 观看有关海洋的课件，知道奇妙的海洋世界里有着不同的海洋生物。
- 初步了解海洋中常见的鱼类，如黄鱼、带鱼、剑鱼、鲨鱼等。
- 知道大海中有丰富的动物和植物，能说出几种常见动物和植物的名称及其生长特点。
- 能根据自己确定的标准对海洋中的动物、植物进行分类。
- 想象海底的景色，联想其中丰富的色彩，愿意和兄弟姐妹合作完成各类有关海洋的作品。
- 一起聆听录音带中"海洋里的声音"，并尝试分辨鲸鱼、海豚和海狮发出的声音。

• 了解海洋污染对人类的影响，尝试找出污染的原因并商讨治理污染的对策。

• 了解海洋动物与人之间的关系，初步建立保护海洋的意识。

教育内容

"常见的海鱼""'海洋世界'主题海报设计""小鱼儿""老师，您好""男孩女孩排排队""5的组合学习""乱挠痒痒的章鱼""淘气的章鱼""小章鱼捉迷藏""海底大章鱼""鲸的秘密多""可爱的鲸""月圆中秋""认识梯形""认识圆柱体""爱笑的鲨鱼""探秘大鲨鱼""大鲨鱼""小鱼和鲨鱼""鲨鱼的种类""海洋杀手""祖国妈妈""'黑色'海水""生气的海洋动物""好娃娃""重阳节""海洋污染的危害""海洋动物的一封信""大家来环保""爱护海洋小海报"。

"家庭孩子王"请提示/陪伴孩子"玩"成

序号	内容	时间/数量	评价反馈
1	开学典礼：老大准备节目秀；老二制作亲子贺卡（送弟弟妹妹）	9月第一周	
2	亲子活动，一起完成海洋世界调查表	9月第一周	
3	新学期家长会	9月第二周	
4	海洋世界书籍分享会	9月第二周	
5	与孩子一起讨论：鲨鱼需要我们的保护	9月第四周	
6	爸爸妈妈协助孩子完成：写给爷爷奶奶的一封信（活动与邮政日、重阳节相结合）	10月第一周	
7	与孩子共同阅读有关海洋的故事或图书	每周1次	
8	大班幼儿：准备海洋小知识新闻播报	至少1次	
9	与孩子一起观看有关海洋的影像资料	不限	
10	收集中秋节、国庆节相关新闻	1次	
11	与孩子一起讨论海洋污染的危害、怎样保护海洋等	1次	
12	带孩子参观海洋水族馆	不限	

说明：在"评价反馈"一栏，请家长对自己是否是好爸爸、好妈妈做出评价。如做到了给自己一个☆，反之就是×。

案例 2

蓝色海洋

班级：混龄_____班   ___年_月_至___年_月_日

我班最近在开展"蓝色海洋"主题活动，孩子们分享了很多想法："海水是咸的，因为里面有很多的盐。""海里面有鲨鱼，很凶猛的。""海里面还有小丑鱼。""海里面有很多很多的动物，我们数也数不清。"有个孩子提议："我们去看一看《海底总动员》的 VCD 吧。"

下午，我们利用游戏活动时间带幼儿观看了这部影片，在观看中，我寻找机会对孩子们提出各种各样的问题。比如，"尼莫是谁呀？"（答案：小丑鱼）；"它们住的那个粉红色的地方是什么呀？"（答案：海葵）；"这些发光的鱼是什么鱼啊？"（答案：翻车鱼）；等等。回到教室，孩子们的热情仍然不减。

第二天，辰辰小朋友从家里带来了《海底世界》的碟片，在观看过程中，孩子们对影片中出现的各式各样的生物感到惊奇不已，发出一阵阵"哇"的惊叹声，对海底世界也越来越感兴趣。根据幼儿的需要，我们设计了"海洋的世界"这个主题。

教育目标

- 交流分享海底世界的秘密，知道大海里有各种各样有趣的生物。
- 初步知道海洋中常见的鱼类，如黄鱼、带鱼、剑鱼、鲨鱼等，培养保护鱼类生存环境的意识。
- 对海洋生物有探索的兴趣，并能表达自己的问题和想法。
- 培养幼儿爱护海洋环境的良好品质。
- 能够用线条、色彩画海洋里的生物。
- 培养用语言完整表达对海洋的热爱之情的能力。
- 知道海洋生物的分类情况。
- 了解海洋鱼类的生活习性、特征。
- 可以对海洋生物进行分类。
- 喜欢探寻海洋生物的秘密。

教育内容

"我和爸爸妈妈一起去看海""多种多样的鱼""神秘的海水""鱼儿水中游""百变小金鱼""海产品""彩虹鱼""好玩的沙子""认识沙""帮帮小蚂蚁""海底的故事""海底总动员""有趣的排序""感知三角形""海底世界真神奇""椭圆形乐园""轻与重""月亮船""多变的天气""认识椭圆形""小螃蟹""水果篮"。

"家庭孩子王"请提示/陪伴孩子"玩"成

序号	内容	时间/数量	评价反馈
1	请家长配合帮助幼儿收集新闻资料	日常	
2	收集关于海洋动物和自我保护的资料（图书、标本、PPT 等）	上旬/本月	
3	带孩子在海边玩耍时，赤脚走在沙滩上，感受沙子的柔软，用相机留下美好的回忆	下旬/本月	
4	海边玩耍，收集海螺、海蟹等	中旬/本月	
5	海边玩耍，收集贝类饰品	下旬/本月	
6	家长与孩子亲子制作海上交通工具模型	下旬/本月	
7	建议家长陪孩子看《动物世界》等节目	每周	
8	带孩子去海洋公园或书店，收集图片、资料，让家长了解、参与活动	上旬/本月	
9	在菜场找寻可以食用的海洋生物，在超市发现用海洋生物制成的干货	下旬/本月	
10	请义工妈妈来班级给孩子们讲故事	下旬/本月	

说明：在"评价反馈"一栏，请家长对自己是否是好爸爸、好妈妈做出评价。如做到了给自己一个☆，反之就是✕。

"海洋的世界"具体科目教学内容

语言活动

"黑色"的海水

设计思路

现在的孩子见多识广,有些孩子小小年纪就跟随父母出国游玩了,所以对带灯的地球仪和地球拼版特别感兴趣。地球仪上蓝色的是海洋。地球仪上标有"黑海"的地方,海水是黑色的吗?

我们有时候看到蓝汪汪的海洋中会有一抹黑,这是什么原因?而这一抹"黑色"的海水,到底是人类造成的,还是天然形成的?"黑色"的海水对海洋和海洋生物是有益还是有害的呢?孩子们自发讨论起来。

活动目标

① 初步了解黑海的海水不是黑色的;知道"黑色"的海水有可能是指被人为污染的海水。

② 初步了解"黑色"海水的形成原因,激发对保护环境、保护海洋的认知情感。

活动准备

① 前期经验准备:大多数幼儿都有对大海的认知,大年龄段幼儿会玩地球仪,对黑海的海水是否为黑色产生了想要解密的兴趣。

② 教具学具准备:下载黑海视频;下载海洋被污染的视频;下载日本往海洋里倒核污水,破坏海洋资源导致鱼类死亡的视频。

活动流程

黑海的水不是黑色的→海水怎么会变成黑色→怎样保护我们的海洋。

阅读指导

活动过程

・黑海的水不是黑色的

提问 － 这黑色、红色的海水是什么？（被污染的海水、赤潮）

指导 － 播放黑海的视频。

指导语

黑海的海水并不是黑色的。

黑海之所以被称为"黑海"，并不是因为其海水的颜色，而是因为其水色比地中海的更深，呈现出深蓝色。

海水（湖水）的颜色越深，说明这片区域的海底（湖底）就越深。

・海水怎么会变成黑色

提问 － 为什么海洋中有时候会出现黑色的海水，有时候又会出现红色的海水呢？

指导 － 播放海洋被污染的视频，引导幼儿观察视频中人类做了哪些事情导致海洋变成黑色。

－ 继续播放海洋被污染的视频，引导幼儿观察视频中海洋被污染后水质的变化情况。

－ 播放日本不顾全世界的反对，把核污染废水倒进海洋里，导致大量鱼类死亡的视频。

－ 播放一段视频后就可以用"抛接球"模式进行讨论，引导幼儿发散性思考。教师始终用"指导语"（正确答案）引领，鼓励幼儿学习提问，从而学会思考。

指导语

黑色的海水是人类在开发、炼制石油等或驾驶轮船、运输船的时候因事故而漏油，导致海洋环境被破坏，蓝色的海水变了颜色。

人们把红色的海水称为"赤潮"，赤潮是因人类往海水中倒入大量含营养物质的生活污水而导致某些浮游植物、原生动物或细菌等爆发性增殖或高度聚集而引起水体变色的一种有害生态现象。赤潮并不一定是红色的，根据引发赤潮的生物种类和数量的不同，海水会呈现黄色、绿色、褐色等不同的颜色。

以后我们看到这样的海水就知道这里的海水可能被污染了。

·怎样保护我们的海洋

指导　－充分允许幼儿发挥想象讲述自己的想法，不要说教，来回"抛接球"。可以记录幼儿提出的有趣的问题，或形成亲子继续探讨契机，或成为下次热点话题。

指导语

禁止向海里倾倒垃圾和污水；禁止过度捕捞海洋生物（禁渔期）；禁止捕捞海洋里的珍稀动物（鲸鱼）；等等。

▶ 活动延伸

学会关注与环保有关的新闻播报，学会观察环境，知道哪些错误做法会污染环境。

爱笑的鲨鱼

▶ 设计思路

9月22日以后，"海洋的世界"主题教学将进入"海洋杀手"小主题，幼儿在最初的主题问题收集中，对"海洋杀手"表现出了极大的兴趣，尤其是海洋中的鲨鱼。幼儿对鲨鱼的已知经验是"鲨鱼是凶残的"。其实鲨鱼也是一种需要保护的海洋动物。

《爱笑的鲨鱼》塑造了一个生下来就长着尖利的牙齿，又总是张大嘴巴的鲨鱼"笑笑"的形象。所有海洋生物看到鲨鱼笑笑时，都会惧怕于它的威猛，从而对它敬而远之。但是鲨鱼"笑笑"可怕的外表下藏着一颗善良、真诚的心。于是，恐惧和善良之间的矛盾就这样展开了。故事的最后，鲨鱼笑笑用自己的善良和智慧赢得了友谊。

希望通过阅读绘本，帮助幼儿了解鲨鱼的另一面，同时感受交往的智慧——不要以貌取人，无论外表怎样，只要真心微笑，真诚帮助他人，就会被他人接受。

▶ 活动目标

① 知道鲨鱼笑笑有一颗善良的心；观察故事画面，理解主题内容；懂得真心助人就会拥有朋友的道理。

② 鼓励"一家人"用自己的语言大胆表述对故事画面的理解。

▶ 活动准备

① 前期经验准备：认识鲨鱼，知道鲨鱼是海洋世界里的凶猛动物，会咬人。

② 教具学具准备：绘本《鲨鱼笑笑》PPT课件；柔美的音乐。

▶ 活动流程

我眼中的海洋动物鲨鱼→爱笑的鲨鱼→我们也要做鲨鱼笑笑。

671

阅读指导

阅读绘本《鲨鱼笑笑》《鲨鱼先生》。

活动过程

· 我眼中的海洋动物鲨鱼

提问 － 这是在哪里？你是怎么看出来的？

指导 － 播放《鲨鱼笑笑》视频开始部分，引发幼儿探索的兴趣。

－ 用"抛接球问题导向"的教学方法，引导幼儿根据已知经验，充分提问或相互解答。

指导语

这是一个充满爱、充满阳光、非常有趣的海底世界，也是很多鱼儿的家。在这个美丽的海底世界里，住着一个特殊的、既凶猛又由国家保护的海洋动物，猜猜，它是哪位朋友呢？

· 爱笑的鲨鱼

继续欣赏故事《鲨鱼笑笑》的中间部分。

提问 － 猜猜看，笑笑是一条什么样的鲨鱼？

－ 你们喜欢它的笑吗，为什么？

－ 海底的动物愿意和笑笑做朋友吗？你是从哪里看出来的？

－ 天使鱼愿意和笑笑做朋友吗？你是从哪里看出来的？

－ 刺豚愿意和笑笑做朋友吗？你是从哪里看出来的？

－ 大家都不愿意和笑笑做朋友，笑笑的心情怎么样？

－ 现在笑笑心情很不好，你们有什么办法可以安慰它？

指导 － 播放《鲨鱼笑笑》视频，欣赏中间部分的故事情节，帮助幼儿理解故事内容。

－ 逐幅理解图片，引导幼儿用完整的句子表达。

－ 教师用神秘的语气（"忽然⋯⋯"）引发幼儿继续阅读《鲨鱼笑笑》的兴趣。

指导语

笑笑听了你们的安慰，心里舒服多了，它擦干了眼泪。

继续欣赏故事《鲨鱼笑笑》的最后部分。

提问 － 怎么了？发生了什么事？

－ 你觉得笑笑还会来帮忙吗，为什么？

－ 笑笑是怎么帮助它们的？

指导 － 播放《鲨鱼笑笑》视频的最后部分，欣赏故事的高潮。

－ 模拟危机"救命声"，引发幼儿的好奇心。

指导语

鲨鱼笑笑终于用它尖尖的牙齿帮助海里的小动物们脱离了危险，使小动物们获救了。继续欣赏故事《鲨鱼笑笑》的结尾部分。

提问 － 小动物们获救了，会对笑笑说些什么呢？

－ 为什么它们现在又愿意和笑笑做朋友了呢？

指导 － 播放《鲨鱼笑笑》视频的最后部分，升华幼儿的情感。

指导语

爱笑的鲨鱼笑笑用它灿烂的微笑、真诚的爱去帮助海洋里的每一位小动物，终于得到了很多朋友的喜欢。

> · 我们也要做鲨鱼笑笑

完整欣赏配乐故事《鲨鱼笑笑》。

如果课时来得及，可以在课时中完成；如果时间不够，可以继续播放，幼儿进行生活活动，尤其是小年段幼儿，可以自己管理生活事宜。

▶▶ **活动延伸**

将绘本《鲨鱼笑笑》《鲨鱼先生》投放至图书区，供幼儿继续阅读。

美丽的海蝴蝶

▶▶ 设计思路

海洋是地球之母,没有海洋就没有生物,就没有我们人类。我们应该珍惜海洋,爱护海洋,更要依靠海洋去发展。海洋是人类文明的摇篮,而且目前正日益成为世界经济的大舞台,成为国际竞争的"新高地",成为全球经济增长的重要引擎。

夏天,家长常带幼儿去海边旅游,这是幼儿最期盼和最喜欢的暑期活动之一。老三的问题主要集中在海洋动物鲨鱼和鲸鱼,希望爸爸妈妈能带着他们在旅游中设法解答这些问题;老二共提出 49 个问题,涉及的海洋生物也更广泛,尤其关注海洋哺乳动物的生活习性;老大的提问所涉及的知识面就更广了,他们设法探索海洋与人类的相互影响和相互作用。

我们鼓励幼儿带着"海洋的世界"主题教学中提出的 153 个问题,去探索海洋的秘密。

▶▶ 活动目标

① 暑假中如果去看大海,要带着三个问题与大海亲密互动:小年龄段幼儿要带着"我们生活中会用到哪些海洋资源?"去与大海互动,大年龄段幼儿要带着"海洋会不会发怒?什么时候发怒?"去与大海对话。

② 进一步丰富幼儿的生活经验,引导幼儿树立环保意识。

▶▶ 活动准备

① 前期经验准备:反刍问过的有关大海的问题,回忆是否提到过"海蝴蝶"。

② 教具学具准备:下载"美丽的海洋蝴蝶"图片和视频;形容词字卡(美丽的、漂亮的、轻盈的等)。

▶▶ 活动流程

海洋里的蝴蝶→哪些海洋生物有"海蝴蝶"的美称→海蝴蝶的美丽。

▶▶ 阅读指导

阅读《海洋小精灵：翩翩起舞的"海蝴蝶"》、海洋儿童故事《漂亮的花蝴蝶》。

▶▶ 活动过程

· 海洋里的蝴蝶

提问 – 你们有谁见过海洋里的蝴蝶？

– 海洋里的蝴蝶长什么样？

– 海洋里的蝴蝶生活在海洋的哪里？

指导 – 鼓励幼儿根据看见过的蝴蝶天马行空地描述想象。

– 出示视频《美丽的海洋蝴蝶》，请幼儿仔细观察。

– 重点讲述：海蝴蝶住在海洋的哪里？长得怎么样？

指导语

"翼足螺"拥有"海蝴蝶"的美称。

· 哪个海洋生物有"海蝴蝶"的美称

提问 – 哪个海洋生物拥有"海蝴蝶"的美称，为什么？

– "翼足螺"吃什么？

– 人类的活动会不会影响它呢？

指导 – 鼓励幼儿大胆描述"翼足螺"的外形特征，讲述它哪里像蝴蝶。

– 鼓励幼儿根据美丽的"翼足螺"进行讨论。

指导语

"翼足螺"拥有"海蝴蝶"的美称,因为它的侧足形似双翼在海中游动,宛如蝴蝶。它们色彩斑斓,生活在珊瑚礁等地方,摄食浮游生物和藻类维持水体结晶。

人类活动有可能威胁它们的生存,需要保护它们的家(栖息地)。

"翼足螺"是生态平衡的象征,让我们共同保护"海蝴蝶",为海洋世界增添色彩与活力。

· 海蝴蝶的美丽

提问 - 海洋里还有哪些生物也可能有"海蝴蝶"的美称呢?

指导 - 鼓励幼儿根据"翼足螺"拥有的"蝴蝶"特征,结合生活中熟悉的水产品,想想还有什么"螺""壳"会获得"海蝴蝶"的称号。

- 配音科普奇怪的生物——播放"海蝴蝶"视频,请幼儿认真欣赏。(反复数遍)

- 命题画:"我眼中美丽的海蝴蝶"。

指导语

海洋生物里拥有"海蝴蝶"美称的有400多种,它们色彩缤纷,五颜六色,非常美丽。

▶▶ **活动延伸**

"一家人"完成命题画"我们眼中美丽的海蝴蝶"。

科学 · 探索活动

海底大章鱼

设计思路

随着对海洋世界的探索和了解，尤其是在参观上海海洋水族馆后，许多幼儿对章鱼产生了好奇。章鱼属于鱼类吗？它为什么有那么多只脚？鱼都有尾巴，章鱼的尾巴在哪里？章鱼有没有牙齿？章鱼吃什么？章鱼会睡觉吗？章鱼那么多条状的东西不是脚又是什么呢？章鱼的手和脚能分清楚吗？章鱼能吃吗？小孩子吃章鱼对身体有害吗？章鱼的身体造型为什么这么奇特？一提到章鱼，孩子们便围上来七嘴八舌地讨论了起来。

活动目标

① 热爱探索海底的章鱼。
② 能说出章鱼的特点和生活习性。

活动准备

① 前期经验准备：提供书单给爸爸妈妈，请"家庭孩子王"与幼儿亲子阅读一本关于章鱼的绘本故事；阅读绘本后，请家长为每个幼儿准备1~3个有关章鱼的问题，幼儿带到幼儿园供"一家人"相互问答时使用。
② 教具学具准备：下载绘本《大海里的章鱼》自制问题式视频；下载视频《章鱼的防身绝招》。

活动流程

章鱼，你我知多少→探索章鱼的生活习性→章鱼的防身术。

阅读指导

阅读绘本故事《小美人鱼和章鱼》《爱吃手的章鱼》《章鱼先生买雨伞》《章鱼爸爸大变身》《挠痒痒的章鱼》《大海里的章鱼》。

~~~
活动过程
~~~

· 章鱼，你我知多少

提问　–"八爪怪物爱喷汁，甲壳动物为它食。"猜猜这是什么海洋
动物？

　　　–提到有很多脚的海洋生物，你们能想到谁？它是什么样子
的，有几只脚？

指导　–谜底"章鱼"。

　　　–今天的活动是大家一起互相问答有关章鱼的问题。如1号
"家庭"的老三问"章鱼有几只脚"，知道的小朋友都可以
举手抢答。

　　　–"一家人"一次只能问一个问题，先由准备好的"家庭"
的老二开始提问，然后是老三提问，最后是老大提问。(如
果有的幼儿没问题，就自然跳过)

指导语

刚才关于章鱼我们"一家人"一共抛出了×个问题，我们答对了×
个问题。表扬大家学会了问问题，也学会了回答问题。

· 探索章鱼的生活习性

提问　–你们刚才问得对不对，答得对不对呢？

指导　–播放《大海里的章鱼》视频，请每个幼儿在视频中寻找
答案。

指导语

如果我们遇到自己不知道的问题，就可以提出来，"一家人"一起
讨论，或者看绘本，或者请教爸爸妈妈，或者请教老师。记住一句话：
"三人行，必有我师。"不懂，不知道，就问别人或者到书本里去找答
案，这样知识是自己学来的，能记得久，也会很高兴。

· 章鱼的防身术

提问　–章鱼遇到危险的时候会怎样保护自己？

指导　– 回忆之前学过的动物保护自己的方式，猜测章鱼自我保护的方式。

　　　　– 播放视频《章鱼的防身绝招》。

指导语

章鱼的"防身术"有变色隐身、喷墨"烟幕弹"、毒死敌人。

▶ **活动延伸**

继续搜集更多有关章鱼的资料跟大家分享，并在美术活动中画章鱼。

海洋中好吃的植物

设计思路

在"海洋世界"主题活动中,孩子们收集了许多关于海底的资料图片。其中,海带引起了孩子们的兴趣,孩子们对此展开了激烈的讨论。既然幼儿想对海底的植物一探究竟,不如我们就去一次腾冲路菜场的"海鲜一条廊",进行一次现场调研。

活动目标

① 参观海鲜摊位,了解我们日常吃的海鲜的品种;通过现场考察,进一步了解海洋中我们能吃的海洋植物;体验小记者采访的心情。

② 培养幼儿的调查能力,提升过目成诵的观察能力。

活动准备

① 前期经验准备:通过绘本阅读,初步了解海洋动物与海洋植物的区别。

② 教具学具准备:教师先与菜市场的主管和卖鱼的雇主沟通,请他们做一些介绍;准备一些能吃的海鲜植物的图片;下载视频《我国沿海地区海藻养殖基地》。

活动流程

菜市场寻找海洋植物→人需要海洋植物的营养→保护海洋植物资源。

阅读指导

阅读图片,认识海带、海藻、海苔。

活动过程

活动前一天下午带领幼儿去幼儿园附近的腾冲路菜市场"海鲜一条廊"一探究竟,为第二天活动做准备。

·菜市场寻找海洋植物

提问 – 你们知道哪些海洋植物是可以吃的吗?

– 我们吃的食物里有哪些是由海洋植物做成的?

指导 – 启发幼儿回忆昨天下午去腾冲路菜市场"海鲜一条廊"的调查情况。

– 根据幼儿的讲述,逐一出示海洋植物的图片。

– 重点介绍几种常见的海洋植物(海带、海藻、海苔、裙带菜、紫菜和螺旋藻等)。

– 引导幼儿回忆自己吃过的用海洋植物做成的食品。

指导语

我国有丰富的海洋资源,海洋里的植物为我们提供了人体需要的营养,帮助我们长身体,补充各种营养成分。

·人需要海洋植物的营养

提问 – 我们吃的海藻类植物能提供给我们哪些营养成分呢?

指导 – 海带:含有碘,常用来凉拌或炖汤,有助于控制血压。

– 裙带菜:低热量、低脂肪、钙含量高,常用来凉拌或炖汤,适合减肥。

– 紫菜:富含蛋白质、维生素、矿物质和膳食纤维,常被做成海苔片或紫菜,能够为人体提供丰富的维生素和矿物质。

– 螺旋藻:富含藻蓝蛋白、多酚、维生素;是一种重要的微藻资源;提供必需营养素。

指导语

海藻类食物是儿童成长的"保护神",对幼儿成长的影响是多方面的,能够提供丰富的营养,促进骨骼发育,促进消化和吸收,增强免疫力,预防疾病,等等。

· 保护海洋植物资源

指导 – 观看短视频《我国沿海地区海藻养殖基地》。

指导语

保护好海洋，就如同保护我们人类的身体健康一样。

活动延伸

煮一煮海带汤；尝一尝海苔片；吃一吃凉拌螺旋藻；喝一口紫菜鸡蛋汤。

鲸鱼的秘密多

设计思路

在"海洋的世界"主题开展过程中，每年幼儿都会多次提到鲸鱼，对于这个庞然大物，他们有太多的问题，如"为什么鲸会喷水？""鲸鱼的身体这么大，它们吃什么呢？""为什么日本人要捕捉鲸鱼？""鲸鱼是海洋世界里的保护动物，能捕捉吗？""鲸鱼的寿命有多长？""鲸鱼是哺乳动物吗？""中国的鲸鱼和外国的鲸鱼长得一样吗？""鲸鱼会唱歌吗？""最大的鲸鱼有多大？"等。

活动目标

① 初步了解鲸鱼的种类，知道 2 种以上的鲸鱼；知道鲸鱼更多的秘密。

② 在了解鲸鱼的过程中，喜欢探索鲸鱼，体验探索鲸鱼的乐趣。

活动准备

① 前期经验准备："一家人"都知道鲸鱼的外形特征，个别大年龄段幼儿对鲸鱼的生活习性有所了解。

② 教具学具准备：下载纪录片《鲸鱼的秘密》。

活动流程

鲸鱼的种类→鲸鱼身体的秘密→鲸鱼是人类的好朋友。

阅读指导

阅读绘本《鲸鱼的秘密》《月夜鲸鱼》。

活动过程

·鲸鱼的种类

提问 － 你们认识的鲸鱼是什么样子的?

－ 鲸鱼有哪些种类呢?

－ 鲸鱼属于鱼类吗?

－ 鲸鱼哪些地方很厉害?

指导 － 鼓励"一家人"主动积极地将自己对鲸鱼的认知讲出来,
与大家分享。

－ 播放纪录片《鲸鱼的秘密》。

指导语

鲸鱼不是鱼,是哺乳动物,是海洋中最大的动物。它们像人一样用
肺呼吸。

鲸鱼根据摄食方式分为两大类:

一类是没有牙齿的须鲸类。须鲸类鲸鱼出生后就没有牙齿,下颌大
于上颌,有鲸须,用于滤食浮游生物;有长须鲸、蓝鲸、座头鲸、灰鲸
等;一般吃微生物和小鱼小虾。

另一类是有牙齿的齿鲸类。齿鲸类鲸鱼有锋利的牙齿,无鲸须,鼻
孔一般有 1~2 个;有抹香鲸、独角鲸、虎鲸等;是食肉动物。

·鲸鱼身体的秘密

提问 － 鲸鱼为什么会喷水?

指导 － 鲸喜欢成群结队地在海里生活。当呼吸时,鲸就需要游到
水面上,利用头上的鼻孔来呼吸。呼气时,空气中的湿气会
凝结而形成喷泉状水柱。在水底闭气最厉害的是抹香鲸,它
能在水里停留 1.5 个小时。

指导语

接下来我们做游戏,和鲸鱼比比谁闭气最厉害。

·鲸鱼是人类的好朋友

提问 － 为什么鲸鱼是人类的好朋友?

　　　　　　　－ 人类可以捕杀鲸鱼吗？

　指导　－ 鼓励幼儿根据以往经验展开想象，思考为什么鲸鱼是人类的好朋友。

　　　　　　　－ 教师总结幼儿的讲述，对能准确讲述的幼儿给予表扬和鼓励。

　　　　　　　－ 应该拒绝捕杀鲸鱼，给鲸鱼一个美好的生存环境。

指导语

为什么说鲸鱼是海洋生态系统中的顶级消费者呢？因为鲸鱼捕食小鱼和浮游生物，控制了小鱼和微生物的数量，避免了某些物种的过多繁殖，维护了生态系统的平衡。因此，鲸鱼被视为海洋的守护者和智慧的象征。

世界上有法律和政策保护鲸鱼，保护鲸鱼不仅体现了人类对自然界的敬畏之心，也是对人类自己的保护。

提示

在整个"鲸鱼的秘密多"教学过程中，教师可以不断设置自问自答的教学语境。

▶ **活动延伸**

鼓励幼儿开展有关鲸鱼的新闻播报。

科学·数活动

海星宝宝与数字 8

设计思路

大海里的海星在我们的植物角里也有，是好几位家长与幼儿去大海边游玩时带回来和大家分享的。海星有不同颜色、不同花纹和不同大小。有幼儿喜欢海星，会在植物角里用数字为海星们分类、数数灯等。这些活动能提升幼儿的想象能力和判断能力，也能激发幼儿的兴趣和好奇心。

以点带面，让幼儿当"小老师"，把经验传递给"家人"们，也一定非常有趣。

活动目标

① 认识数字 8，感知物体的大小多少；能应用数数的方式比较两组物体的多少；能借助实际情况和实物操作，理解"加"和"减"所表达的实际意义。

② 在能力强的大孩子教小孩子的学习操作中，激发幼儿动手操作的兴趣，在判断多少、对错中了解数的实际意义。

活动准备

① 前期经验准备：对数字大小、数量多少，"一家人"或多或少都知晓一些，但有一定层次差异，这与因人而异的脑发育有关。因此，教学中教师应强调自然而然地吸收。

② 教具学具准备：实物海星若干；8 种类型的 8 张海星图片；1~8 数字卡片；记录纸和笔若干。

活动流程

我是这样玩海星宝宝的→数字对应海星宝宝→纸牌游戏"合起来是数字 8"。

认识数字 8。

· 我是这样玩海星宝宝的

提问 － 你们知道××小朋友是怎么玩班级置物架上的海星宝宝的吗？

指导 － 请××小朋友来当"小老师"，教教我们他是怎样用数字和海星宝宝一起玩的，一共有几种玩法。（教师协助）

－ 第一种，把大小海星分类，数一数，放上相应的数字卡。

－ 第二种，把相同海星分在一组，数一数，放上数字卡。

－ 第三种，把同一组的海星再分成 2 组，数一数，放上数字卡 1 和 7，教师在白板上贴上 1 和 7 的数字大卡。（以下以此类推）

－ 第四种，把海星平分成 2 组，一样多（4 和 4）。

指导语

××小老师把海星分成了 1 和 7、4 和 4、5 和 3、7 和 1、5 和 3、6 和 2、2 和 6 几种。

我们请××小老师来把她分类后的海星宝宝的数字从左到右排一排，看看会发生什么情况。

　　1 和 7　　2 和 6　　3 和 4　　4 和 4　　5 和 3　　6 和 2　　7 和 1

· 数字对应海星宝宝

提问 － 你们"一家人"同一种类型的海星卡图有多少张呢？让数字去对应海星卡图。

指导 －"一家人"用自己的方式玩"数字找海星宝宝"游戏，老大做好记录。

指导语

原来 8 可以分成 7 对好朋友。7 对好朋友的数字合（加）起来都是数字 8。

· 纸牌游戏"合起来是数字8"

指导　–"一家人"一副牌，留下数字牌，其余都去掉。

　　–玩法：三个人一起出牌，每次每人出一张，去掉其中最大的一张数字牌。

　　–老三认读这两个数字是数字几；老二比较这两个数字的大小；老大要说出两个数字合起来是几。（合起来数字超过8的，说错了不计算错误率）

　　–教师巡回指导，也可以视情况参与其中。

▶▶ **活动延伸**

　　将纸牌投入科学—数字类操作区，引导幼儿翻牌唱数比大小，翻牌合（加）数或减数，看谁先说出正确答案。

数字遇上水族馆

设计思路

数学活动对幼儿来说是一项比较抽象、枯燥的活动。平时幼儿学习数学的积极性不是很高，这和该阶段幼儿的认知发展有关系。这一阶段的幼儿思维是直观的，难以理解抽象的数学概念。依霖教师鼓励幼儿在生活中学数学，在"无数学"概念下"玩数学"。

《幼儿园教育指导纲要（试行）》中提到，要让幼儿"能从生活和游戏中感受事物的数量关系并体验到数学的重要性和趣味性"。如何让幼儿在生活游戏中轻轻松松学数学，寓教于乐呢？我们决定找一个他们喜欢的游戏主题，让他们通过感知和运动来认识实体与数量的关系。

活动目标

① 认识数字 1~10；巩固将 10 以内数与物进行对应的能力；能比较 10 以内数量的多少，理解多与少的相对性。

② 在数字水族馆的活动中，体验数字连贯重复出现的趣味性。

活动准备

① 前期知识准备：幼儿已经对 10 以内数字分合变化组合有一定基础认知，通过"海洋馆与数字"游戏，巩固对 10 之内的数字与数概念的理解。

② 教具学具准备：数字卡；海洋馆背景图；各种幼儿生活中熟悉的鱼类的卡图；笔和纸。

活动流程

互动游戏"看书举卡"→学习与操作"多还是少"→游戏活动"找个朋友比一比"。

活动过程

· 互动游戏"看书举卡"

提问 — 猜一猜,这张图片的背景是哪里?

— 数一数这里一共有几种类型的鱼?(默默记在心里)

— 每种类型的鱼有几条?(默默记在心里)

指导 — 出示海族馆背景图。

— 出示有鱼的海族馆图,引导幼儿仔细观察有几种鱼、每一种鱼有几条。

— 幼儿根据每种鱼的数量举起相应的数字卡,教师在课件相应的位置填写幼儿所举卡片上的数字。

指导语

水族馆的鱼一共有7类。

红金鱼有2条,水泡眼金鱼有3条,月光鱼有3条,黑尾鱼有4条,恐龙鱼有4条,孔雀鱼有5条,锦鲤鱼有5条。

注:大年龄段幼儿可以记录,小年龄段幼儿此时可以自由进行生活活动。

· 学习与操作"多还是少"

提问 — 水族馆里哪些鱼最多?

— 孔雀鱼/锦鲤鱼的数量是多少?

— 孔雀鱼的数量比谁多?和什么鱼(锦鲤鱼)一样多?

— 红金鱼有几条?与黑尾鱼相比,数量多还是少?多几条?少几条?……

指导 — 通过观察,了解多和少是具有相对性的。

— 对照课件,比较孔雀鱼与锦鲤鱼、锦鲤鱼与水泡眼鱼数量的多少,并将结果记录在纸上(大年龄段幼儿)……

指导语

单独的某样东西是不能确定多与少的,一定有2种或2种以上的东西才能比出多与少。

注:小年龄段幼儿如有兴趣,此处可以加入游戏。

· 游戏活动"找个朋友比一比"

提问 － 你们脖子所挂的牌子上的数字都一样吗?

指导 －"一家人"先比一比谁的数字大,谁的数字小,谁和谁的数字一样大。

－"一家人"中的老大计算:老大和老三的数字合(加)起来是数字几;老大和老二的数字减一减是数字几;老二和老三的数字谁大,相加或相减分别是数字几。

－老三找老三,告诉对方自己的数字是几。

－老二找老二,比较一下谁的数字大和大多少。

－老大找老大,比一比大小;加一加,减一减。

－音乐响起,找数字朋友,音乐一停就比大小。

▶ **活动延伸**

游戏名称:蹲下—站立(巩固对大和小相对性的掌握)。

规则:

－教师举牌,同时说出一个数字。

－幼儿每人脖子上挂一块数字牌。

－自己牌子上的数字比教师举起的牌子上的数字小的蹲下,比老师举起的牌子上的数字大的就站在小椅子上,和教师举起的数字牌上的数字相同的站立不动。

－请幼儿说说游戏中自己为什么一会儿蹲下,一会儿站起来,和谁比大了,和谁比小了。

指导语

数字大的站到小椅子上,一样大的站着不动,数字小的请蹲下。

提示

幼儿十分喜欢这样的活动。此活动关键靠教师的随机应变能力,现场观察幼儿比较数字的熟练程度,考虑是增加游戏题目还是转向下一个环节。

圆形遇上球体

设计思路

　　幼儿对球体特征的认知其实比对其他形体的认知形成得更早，球体会滚动，更能吸引幼儿的视觉系统。圆形和球体到底有什么区别？人体器官有哪些是球体的？球体的东西为什么看起来会近大远小？

　　生活中有很多圆形和球体的物体，但是如果我们不去发现或寻找，就可能忽视它们。随着幼儿学习的深入开展，幼儿大脑神经元之间的连接越来越频繁。帮助幼儿了解球体与圆形的区别，挖掘他们对潜在事物的认识能力，教师义不容辞。

活动目标

　　① 能初步分清圆形和球体；能找出球体的特征；了解球体在生活中的应用。

　　②"一家人"共同探索圆形和球体，激发幼儿对几何的兴趣。

活动准备

　　① 前期经验准备：幼儿已在日常生活中熟悉圆形和球体的外在。

　　② 教具学具准备：圆形物体（圆纽扣、钥匙圈、唱片等）、球体（乒乓球、地球仪等）物体若干；每人 1 个一元硬币、1 粒球形珠子、1 张练习纸。

活动流程

　　圆的东西都会转/滚→你看到的圆形和球体→摸摸圆形和球体→圆形和球体有什么不一样。

活动过程

· 圆的东西都会转/滚

提问 － 圆形的东西都会转吗？

－ 圆形和球体转起来有什么不一样？

指导 － "一家人"自由探索圆形和球体。

－ 探索中教师提醒幼儿注意观察圆形和球体转起来有什么不一样。

指导语

圆形在旋转时，旋转轴（即通过圆心的直线）是固定的。而球体在旋转时，旋转轴是空间中任意一条通往球心的直线，所以方向也是任意的。

· 你看到的圆形和球体

提问 － 你们见过的物品哪些是圆形的，哪些物品是球体的呢？

指导 － 根据幼儿的讲述，教师在白板上分类。

－ 注意先请小年龄段幼儿讲述，再请大年龄段幼儿进行补充。

指导语

根据记录，请幼儿再次确认圆形和球体的分类内容。

· 摸摸圆形和球体

提问 － 圆形和球体都是圆的，这句话对不对？

－ 用"抛接球"的形式让幼儿充分辩答：圆形和球体哪里一样，哪里不一样。

指导 － 体验把硬币和圆珠放在手心里玩的感觉。

－ 体验把硬币和圆珠放在口袋里，手从口袋外面摸硬币和圆珠的感觉。

指导语

硬币放在口袋里感觉平平的；圆珠放在口袋里感觉鼓鼓的。

· 圆形和球体有什么不一样

提问 — 圆形和球体哪里不一样?

— 我们身边的哪些物体是球体的?

指导 — 请幼儿讲述圆形和球体的异同。

— 先请小年龄段幼儿讲述,再请大年龄段幼儿补充。

— 碰到比较难的问题可直接请大年龄段幼儿讲述。

指导语

什么是圆形:圆形是在一个平面内,一动点以一定点为中心,以一定长度为距离旋转一周形成的封闭曲线。或者在同一平面内,到定点的距离等于定长的点的集合。

同圆内,半径有无数条,
长度都相等。

什么是球体:球体是一个连续曲面的立体图形,这个连续曲面被称为球面。

▶▶ **活动延伸**

在户外活动的时候,幼儿拿着圆形和球体的物体在教室外的台阶上玩滚动游戏,进一步感受圆形和球体的不同。

泡泡排队

设计思路

吹泡泡是孩子们最喜欢的事情之一，每次看到吹出来的五颜六色、大小不一的泡泡，孩子们就会非常开心。因此，我利用孩子们感兴趣的泡泡来引导他们学会区分物体的大小和颜色，能够将物品按照大小和颜色排序。对于小班的孩子，只让他们根据一个特征来给物体排序；对于中班的孩子，要求他们根据两个特征来排序。

活动目标

① 能感知和区分物体的大小和颜色。

② 能按照物体大小或颜色两个特征排序。

③ 对数学活动感兴趣。

活动准备

① 前期经验准备：在区域里玩橡皮泥的游戏，能区分大小、颜色。

② 教具学具准备：各种大小一样，颜色为红、黄、蓝的泡泡；各种颜色一样、大小不一的泡泡；人手一份蜡笔、画有泡泡的纸。

活动流程

吹泡泡→排列比赛→涂一涂。

活动过程

·吹泡泡

提问 - 这些泡泡有什么不一样？

指导 - 教师出示大小不一，颜色为红、黄、蓝的泡泡，请幼儿观察有什么不同。

- 教师给孩子们吹泡泡，让幼儿观察泡泡的不同。

指导语

泡泡有大有小，有红、黄、蓝不同的颜色。

· 排列比赛

提问 - 你是怎么给泡泡排队的?

指导 - 全班幼儿分成两组，中班孩子一组，小班孩子一组。让中
班孩子给不同颜色/大小的泡泡排序，区分两个特征;让小
班孩子给大小不一的泡泡排序，区分一个特征。

指导语

每个图形宝宝都有自己的特征，并且有着不一样的本领。它们可以
两两组合，也可以一个一个组合。

· 涂一涂

指导 - 幼儿用蜡笔给泡泡涂色，看谁涂得既有规律又漂亮。

- 请个别幼儿讲一讲"我的泡泡规律在哪里"。

指导语

我们可以两个颜色交替给泡泡排队，也可以三个颜色交替给泡泡
排队。

▶▶ **活动延伸**

继续给泡泡排队。

艺术·美术活动

"一家人"的"海底世界"

设计思路

大年龄段幼儿经过前两年跟着"老大"学习,对海洋世界主题内容已相对熟悉,尤其是对"带着问题去探索"的思维方式有所领悟。因此,"一家人"绘制命题想象画"海底世界"时,我们完全可以相信哥哥姐姐能带领弟弟妹妹完成作画任务。

活动目标

① 小年龄段幼儿能用简单的线条画出自己熟悉的鱼类,并进行水彩涂色;大年龄段幼儿能用较丰富的线条、形状画出自己熟悉的海洋生物,并用彩笔涂色。

② "一家人"能协商分工合作用笔墨画一个海底故事,小年龄段幼儿可以画局部,大年龄段幼儿能合理安排整个画面。

活动准备

① 前期经验准备:"一家人"有画海报的经验;对海洋生物、海水海浪有一定认知。

② 教具学具准备:广告宣传纸;记号笔、铅笔、蜡笔、水彩颜料;下载背景音乐《大海啊故乡》;洗笔桶;小毛巾。

活动流程

悄悄"密谋"定调子→"各自为政"挥笔墨→海的故事讲得好。

阅读指导

阅读绘本《海底世界》。

活动过程

· 悄悄"密谋"定调子

提问 ——"一家人"想画一个关于海底世界的什么样的故事？

指导 ——先请"一家人"共同商量，给自己"家庭"想画的画定一个名字，如海底世界的鱼、海底世界的植物、海底世界的动物、大海上的渔船、海滩等。

——定好名字以后，就要围着故事名字和内容来画。

——请老大组织"一家人"好好商量以下问题：想画什么？想画在海报纸的什么位置？想用什么工具画？

指导语

"一家人"商量沟通时，教师巡回指导，主要观察各"家庭"是否遇到了问题，了解他们定的主题和想法，可肯定，也可给建议。

· "各自为政"挥笔墨

指导 ——幼儿作画，教师巡回观察指导，可以根据他们的故事提出建议，但不替代。

——如幼儿需要帮助，教师可以给予适当的物质帮助或技术指导。

——教师要敢于让幼儿尝试，可以通过提问引导幼儿去寻找问题所在。

——提醒"一家人"作画后注意材料的整理归类。

· 海的故事讲得好

提问 ——有哪个"家庭"愿意上来和大家讲讲你们"家庭"画的"海底世界"是什么名字？讲了一个什么故事？

指导 ——请能力较强的老大讲述，树立榜样。

——教师可以用简短的句子总结故事主要内容，最好用排比句或者词序句。

指导语

教师根据每个"家庭"的画作，捕捉他们各自的亮点。评价：一是名字取得好（好在哪里）；二是"一家人"协作得好（好在哪里）；三是老大组织指导得好（好在哪里）；四是画面布局好（好在哪里）；五是颜色运用得好（好在哪里）。

▶▶ **活动延伸**

教师把每个"家庭"的画作拍下来，转发给"家庭孩子王"，请"家庭孩子王"晚上听自己"家庭"的孩子讲一讲"一家人"画了什么故事。

美丽的珊瑚礁

▶▶ **设计思路**

在进行"海洋的世界"主题活动的初期,幼儿收集了许多关于海底的资料和实物。有的幼儿从家里带来了珊瑚礁、海螺、海带、贝壳等,幼儿对这些海底世界的生物极感兴趣,尤其是对珊瑚礁的不同模样感到不可思议。其中,一张漂亮的珊瑚礁图片引起了孩子们的兴趣,他们你一句我一句展开了激烈的讨论:"我们平常见到的珊瑚礁不是这样的!只有海水退潮的时候我才在马尔代夫海洋里看见过这样的珊瑚礁。"珊瑚礁的造型千奇百怪,幼儿比划着、讲述着,兴致勃勃。

▶▶ **活动目标**

① 学会仔细观察珊瑚礁的造型,喜欢珊瑚礁;让大年龄段幼儿展开丰富想象,尝试运用不同颜色的点、线、面组合来画独一无二的美丽珊瑚礁。

② 能够积极地参加活动,再次体验"一家人"合作完成作品、兄弟姐妹合作带来的快乐。

▶▶ **活动准备**

① 前期经验准备:幼儿对珊瑚礁有所认识,感受过珊瑚礁的造型、色彩的美丽,他们大多数人对白色的珊瑚礁认识多一点儿;有"一家人"一起作画的经验。

② 教具学具准备:自制视频《美丽的珊瑚礁》;多种绘画工具,如颜料、蜡笔和白色海报纸;在海洋主题启动之初,就在阅读区域提供有关珊瑚礁的各种绘本。

▶▶ **活动流程**

海洋里的珊瑚礁→"一家人"笔下的珊瑚礁→美丽的珊瑚礁。

阅读指导

阅读绘本《珊瑚王国》《我爱海洋生物——珊瑚》《珊瑚王国》。

活动过程

　　·海洋里的珊瑚礁

　　提问　- 谁见过珊瑚礁？你在哪里见到的？

　　指导　- 请大年龄段幼儿描述珊瑚礁的模样。

　　　　　　- 播放自制视频《美丽的珊瑚礁》。

　　指导语

　　珊瑚礁是海洋里的瑰宝，它们以独特的形态和绚丽的色彩吸引着我们的目光。就像我们小朋友一样，每一尊珊瑚礁都有独特的样貌，都是独一无二的。

　　·"一家人"笔下的珊瑚礁

　　提问　- 你们"一家人"能商量一下怎样构图画珊瑚礁海报吗？

　　指导　- 鼓励老大组织"一家人"商量，如谁构图、谁涂色、什么地方用蜡笔、什么地方用水彩、什么地方画大珊瑚礁、什么地方画小珊瑚礁、要不要在珊瑚礁周边添画海洋中的其他生物等（时间3分钟左右）。引导幼儿欣赏图片，了解海洋世界的生物。

　　　　　　- 提醒老大注意分配任务，提示"一家人"要商量和合作。

　　　　　　- 教师巡回指导。要点：1. 观察幼儿商量时的状态、有无困难；2. 观察幼儿作画时的情况、是否需要帮助，鼓励他们大胆地在老大的带领下作画。

　　指导语

　　根据收集的现场信息，重点表扬"一家人"作画时的合作和老大的组织能力，也可以提示一些问题予以指导。

　　·美丽的珊瑚礁

　　提问　- 你们最喜欢哪一张珊瑚礁海报？

指导 — 请幼儿根据画面构图、画面色彩和添画内容评析。

— 请被大家喜欢的画作的小画家们上前介绍画面上哪些是老三画的、哪些是老二画的、哪些是老大主导的。

指导语

"一家人"作画,老大要发挥好"小老师"作用,能听弟弟妹妹的意见。一旦商量确定,大家都要全力完成,如果中间遇到了困难,应该听老大的指挥。

▶▶ **活动延伸**

继续调整和完成作品"美丽的珊瑚礁";完成后,将作品张贴在幼儿园艺术走廊内以供欣赏。

命题画·生气的海洋生物

设计思路

这些天，幼儿讲新闻时好几次提到日本不顾全世界的反对，把核废水倒进海里一事。我们的海洋遭到了很严重的污染，海洋污染面积仍在不断扩大，很多鱼类都丧失了生命。孩子们看了视频、听了新闻，都很生气。他们说："要保护海洋生物，不然我们的海洋生物要生气了!"生气的海洋生物到底是什么样子的呢? 幼儿笔下"生气的海洋生物"和我们成人想象与表达的一样吗? 我们"家庭孩子王"拭目以待。

活动目标

① 小年龄段幼儿能表现自己学习过的海洋生物的简单形象和动态; 大年龄段幼儿用他们自己的感悟呈现海洋生物生气的情境。

② 提示大年龄段幼儿注意远近与物体大小的关系，能合理安排画面。

活动准备

① 前期经验准备: 幼儿都知道或熟悉海洋, 也多少阅读过关于海洋的绘本, 尤其是绘本《我们制造的垃圾》。

② 教具学具准备: 自制视频《我们制造的垃圾》; 下载音乐《海洋摇篮曲》; 人手一张 A4 纸; 记号笔、油画棒若干。

活动流程

我们的海洋被污染了→我说, 海洋里的小动物生气了→欣赏《海洋摇篮曲》。

阅读指导

阅读绘本《海底层的房子》《北极熊报告》《深海的秘密我知道》《我们制造的垃圾》。

活动过程

· 我们的海洋被污染了

提问 － 海洋是谁的家？

－ 家应该是干净的还是臭熏熏、很脏的呢，为什么？

－ 看见海洋里的很多小生命因为人类制造的垃圾而被毒害了，你们是怎么想的呢？

指导 － 播放自制视频《我们的海洋被污染了》。

－ 根据视频，教师可以"抛球"给幼儿，让幼儿思考，如海洋里的小动物是怎么生气的，它生气的表情是怎样的，等等。

指导语

海洋不仅是地球的水库，还是海洋动物的家。现在日本人把核废水倒进海洋里，海洋里很多小生命都死了，日本这种不保护海洋的做法对不对？当然不对，应该禁止！

· 我说，海洋里的小动物生气了

提问 － 生气的海洋生物是什么样子的？

－ 怎样画出生气的海洋生物呢？你们想画哪些生气的海洋生物？

－ "一家人"只有一张纸，你要如何安排才能把想画的都画上去呢？

指导 － 海洋生物的生气主要体现在它的表情、动作上。

－ "一家人"在构图时，要商量讨论"我想画哪些小动物"。

－ 要先想好自己准备画什么，给自己要画的物体安排好位置，注意画面的比例。

－ 教师巡回指导，主要指导画面比例。

指导语

刚才我们讨论了生气的海洋生物，它们的表情和动作很特别，比如瞪大眼睛、张开大嘴巴。大家也说了想画的海洋生物，"一家人"还商量着在一张纸上安排位置，注意画面比例。相信大家能画出充满生气模样的海洋生物，让画面又整齐又有趣！

· 欣赏海浪摇篮曲

指导 – 播放视频《海浪摇篮曲》。

▶▶ **活动延伸**

在幼儿园艺术走廊活动室，继续画海洋生物，并传递给幼儿园其他伙伴或"家庭孩子王"，也告诉他们，我们要保护好海洋资源。

艺术·音乐活动

歌曲《小螺号》

▶ **设计思路**

《小螺号》是一首经典的、具有民族风情的儿童歌曲。歌词描绘了渔家儿童生活的场景，表达了儿童对渔家生活的热爱和对大自然的赞美之情。歌曲的旋律欢快活泼，深受一代又一代孩子的喜欢。

▶ **活动目标**

① 感受不同的螺号有不同的美，喜欢用小螺号做道具，帮助自己愉快学唱歌；喜欢《小螺号》欢快的曲调，培养幼儿倾听歌曲前奏和间奏的习惯，唱准 2/4 拍（强弱）的节奏；不仅自己会唱，还会带着弟弟妹妹一起用小螺号做道具，边唱边演。

② 在"一家人"快乐的歌声中，感受在海边吹小螺号的小孩和海浪、海鸥、船儿、爸爸对话时的温暖愉悦心情。

▶ **活动准备**

① 前期经验准备：大多数幼儿去海边游玩过，认识小螺号，也有人有小螺号；熟悉大海、海浪、海鸥、船只。

② 教具学具准备：下载歌曲《小螺号》；教师事先请家长帮助一起收集海螺（每个幼儿有一只海螺）；每人一份笔和纸。

▶ **活动流程**

画一个小螺号→会唱歌的小螺号→我们都是小螺号。

▶ **阅读指导**

阅读《小螺号》歌词：

小螺号嘀嘀嘀吹，海鸥听了展翅飞。

小螺号嘀嘀嘀吹，浪花听了笑微微。

小螺号嘀嘀嘀吹，声声唤船归啰。

小螺号嘀嘀嘀吹，阿爸听了快快回啰。

茫茫的海滩，蓝蓝的海水，吹起了螺号，心里美耶。

活动过程

·画一个小螺号

提问　– 你们去海边旅游和大海嬉戏时，见过小螺号吗？

　　　　– 小螺号是什么样子的呢？

　　　　– 小螺号是不是都长得一样呢？

　　　　– 能不能把小螺号画下来呢？

指导　– 鼓励幼儿讲述自己印象中的小螺号。

　　　　– 出示小螺号（每个幼儿一只），把玩一会儿。

　　　　– "一家人"互相讲述自己手中的小海螺是什么样子的，仔细观察小海螺的外形特征和色彩。

　　　　– 引导幼儿把自己手中的小海螺画下来。

指导语

刚才大家分享了对小螺号的印象，还亲手把玩了小螺号，"一家人"互相说着手中螺号的样子、颜色。现在大家要把小螺号画下来，相信你们一定能画出它们特别的模样！

·会唱歌的小螺号

提问　– 小螺号怎么吹的？（嘀嘀嘀吹）

　　　　– 小螺号吹了四次，分别是吹给谁听的？

指导　– 海鸥（展翅飞）。

　　　　– 浪花（笑微微）。

　　　　– 船儿（归）。

　　　　– 阿爸（快快回）。

指导语

那个吹螺号的小朋友，他爱大海，爱大海里的海鸥，爱大海里的浪花，爱大海里的船儿，更爱他的阿爸。浪花、海鸥、船儿、阿爸听到他的螺号声都回来了，他看着茫茫的大海、蓝蓝的海水，心里美美的。

> ·我们都是小螺号
>
> **提问** – 我们手里都有小海螺吗？
>
> – 我们现在要扮演谁呢？
>
> **指导** – 邀请"小螺号们"拿着螺号，听着音乐一起跟唱，弟弟妹妹可以一边跟着哥哥姐姐唱一边跳舞，哥哥姐姐边跟唱边想着编动作。
>
> – 一遍之后，教师可以讲解大年龄段幼儿哪几个动作编得好。重点是吹螺号动作，浪花动作，船儿动作，阿爸回来的动作。
>
> **指导语**
>
> 我们都有小海螺，大家扮演"小螺号"跟着音乐唱跳，老三跟着哥哥姐姐动起来，老大老二还编了动作，吹螺号、浪花、船儿和阿爸回来的动作都很不错！

▶▶ **活动延伸**

游戏：寻找自己的小海螺。

教师事先把小海螺埋进幼儿园的沙池里，午餐散步时请幼儿去沙池里寻找自己的小海螺。

儿童歌曲《大海的秘密》(第一课时)

设计思路

随着"海洋的世界"主题的不断深入，幼儿大脑海马体系统被唤醒了。大脑海马体在记忆的形成和储存中起着关键作用。因此，从各学科的角度围绕"海洋的秘密"，结合幼儿日常与大海的互动情境，话题也就越来越多。这首《大海的秘密》能进一步激发出幼儿心驰神往地潜入神秘的海洋中继续探究的兴趣。

活动目标

① 能哼唱，情绪表达与音乐旋律融合；喜欢歌曲旋律，结合画面感受音乐的美好；能跟上歌曲节奏，听懂歌词意境。

② 喜欢《大海的秘密》这首歌的旋律，更喜欢感受歌声中的快乐气息。

提示：幼儿养成倾听前奏和间奏的最后一节音符的习惯；1 = F　4/4 拍（有附点连音）；歌曲时长 3 分 02 秒。

活动准备

① 前期经验准备：幼儿都有与沙滩和大海嬉戏游玩的经验。

② 教具学具准备：下载"我和大海有个约定——游青岛"、儿童歌曲《大海的秘密》；请"家庭孩子王"帮助孩子模仿《大海的秘密》做一个自家孩子在与大海嬉戏的照片组合，背景音乐必须是儿童歌曲《大海的秘密》。

活动流程

欣赏《大海的秘密》歌曲旋律→欣赏自制作品《大海的秘密》→哼哼旋律节奏，快乐打节奏。

▶▶ **阅读指导**

阅读《大海的秘密》歌词：

让我们荡起知识的双桨，来到大海这蔚蓝的课堂。海水呀为什么这样蓝？能不能当墨水写文章？大海呀大海，有多少秘密在波浪中躲藏？未来和希望，浪花上闪烁着金色光芒。

让我们插上科学的翅膀，飞向大海这蔚蓝的课堂。大海呀你究竟有多深？水底下有没有海龙王？大海呀大海，有多少秘密在波浪中躲藏？未来和希望，浪花上闪烁着金色光芒。

让我们跨上智慧的骏马，奔向大海这蔚蓝的课堂。海水呀为什么这样咸？能不能烧饭做蛋汤？大海呀大海，有多少秘密在波浪中躲藏？未来和希望，浪花上闪烁着金色光芒，金色光芒。

▶▶ **活动过程**

· **欣赏《大海的秘密》歌曲旋律**

提问 － 你们会边听歌曲边欣赏画面吗？

－ 眼睛要看视频，耳朵要听歌曲，怎么办呢？

指导 － 引导幼儿讨论学会同时应用眼睛和耳朵的本领。

－ 第一遍播放原作品。

指导语

注意力要集中，心里要藏有歌曲旋律，眼睛要看着视频，我们试试看。

· **欣赏自制作品《大海的秘密》**

提问 － 刚才听到的歌曲《大海的秘密》的旋律好听吗？你们认识视频里的小哥哥吗？

指导 － 反复播放家长自制的《大海的秘密》视频（背景歌曲不变）。

－ 幼儿会有两种心情，一种是看到自己的视频兴奋不已，另一种是急切等待自己的视频，环境中会充满快乐、期望和音乐的旋律。

－播放 1~2 组"家庭"成员的自制作品《大海的秘密》，连续播放的旋律渗透幼儿记忆。

指导语

在播放视频的过程中，教师始终用语言和动作进行协助，还可以轻轻哼唱。

教师重点：双桨—来到，翅膀—飞向，骏马—奔向；要把每一段的问句唱出来。如"大海呀大海……"，又或"海水呀……"。

· 哼哼旋律节奏，快乐打节奏

提问　－你们熟悉《大海的秘密》这首歌的旋律了吗？能听出这是几几拍的歌曲吗？

指导　－这是一种 4/4 拍（强—弱—次强—弱）的音乐节奏，我们听着歌曲（没有视频）随着旋律一起用拍手打节奏。

－教师清唱，幼儿欣赏。

指导语

我们一起听了《大海的秘密》这首歌，慢慢熟悉了它的旋律。这是一首 4/4 拍的歌，节奏是强—弱—次强—弱，大家跟着旋律拍手打节奏，还认真欣赏了老师的清唱，都很投入。

活动延伸

在日常活动中，经常播放歌曲《大海的秘密》，帮助幼儿继续熟悉旋律与歌词，为第二课时做好准备。

儿童歌曲《大海的秘密》(第二课时)

▶▶ 设计思路

在第一教时的基础上,幼儿对《大海的秘密》的旋律已经耳熟能详了,第二教时重点放在歌词解读上。

▶▶ 活动目标

① 能哼唱,音乐旋律与歌词融合;喜欢歌曲旋律,会哼哼唱唱,唱出大部分歌词;能跟上歌曲节奏连贯地歌唱。

② 喜欢《大海的秘密》这首歌的旋律,更喜欢歌声中的快乐气息。

提示:幼儿养成倾听前奏和间奏的最后一节音符的习惯;1 = F　4/4 拍(有附点连音);歌曲时长 3 分 02 秒。

▶▶ 活动准备

① 前期经验准备:幼儿都有与沙滩和大海嬉戏游玩的经验。

② 教具学具准备:下载"我和大海有个约定——游青岛"、儿童歌曲《大海的秘密》;请家长帮助为孩子模仿《大海的秘密》做一个自家孩子在与大海嬉戏的照片组合,背景音乐必须是儿童歌曲《大海的秘密》。

▶▶ 活动流程

跟着《大海的秘密》的旋律拍节奏→念读《大海的秘密》歌词→歌唱《大海的秘密》。

▶▶ 阅读指导

儿童歌曲《大海的秘密》歌词:

让我们荡起知识的双桨,来到大海这蔚蓝的课堂。海水呀为什么这样蓝?能不能当墨水写文章?大海呀大海,有多少秘密在波浪中躲藏?未来和希望,浪花上闪烁着金色光芒。

让我们插上科学的翅膀，飞向大海这蔚蓝的课堂。大海呀你究竟有多深？水底下有没有海龙王？大海呀大海，有多少秘密在波浪中躲藏？未来和希望，浪花上闪烁着金色光芒。

让我们踏上智慧的骏马，奔向大海这蔚蓝的课堂。海水呀为什么这样咸？能不能烧饭做蛋汤？大海呀大海，有多少秘密在波浪中躲藏？未来和希望，浪花上闪烁着金色光芒，金色光芒。

活动过程

·跟着《大海的秘密》的旋律拍节奏

提问 － 你们会跟着歌曲旋律拍 4/4 拍节奏吗？（强—弱—次强—弱）

指导 － 第 1 拍响，第 1 节拍很轻，第 3 拍子比第 1 拍子轻一点点，第 4 节拍和第 2 节拍一样轻轻地拍。

－ 播放《大海的秘密》歌曲，教师带领幼儿练习，发现问题可暂停，示范后继续练习。

－ 第 1 节拍和第 3 节拍可以拍手，第 2 节拍和第 4 节拍可以拍膝盖、拍肩膀。

指导语
我们学唱歌一定要学会拍节奏，跟着节奏唱歌，就不会跑调啦！

·念读《大海的秘密》歌词

提问 － 跟着歌曲旋律的节奏念歌词的本领你们会不会？

－ 荡起什么的双桨？（知识的双桨）

指导 － 播放歌曲，教师念读第一段歌词。

－ 请大年龄段幼儿跟着教师念读歌词（第一段），请小年龄段幼儿欣赏。

－ 提示："荡起知识的双桨，来到……"是重点句。

－ 继续练习念读第一段的歌词。

－ 鼓励"一家人"全部加入，学习念读第一段歌词（可重复几次），可以分别以男孩/女孩、个别/集体等形式反复练习。

-播放歌曲，教师示范打节拍第二段歌词念读，并反复带领幼儿边打节拍边念读。

-播放歌曲，教师示范打节拍第三段歌词念读，并反复带领幼儿边打节拍边念读。

-播放歌曲，教师带领幼儿边打节拍边念读歌词。

指导语

重点：念读歌词时要注意联想。

双桨—来到：蓝蓝的大海，大海的颜色蓝得像墨水，可不可以写文章？

翅膀—飞向：蓝蓝的大海变成课堂，海水有多深，水底下有没有龙王？

骏马—奔向：蓝蓝的大海，海水怎么这么咸，能不能做一碗鸡蛋汤？

·歌唱《大海的秘密》

提问 -你们中间有谁能跟着歌曲旋律哼哼唱唱？

指导 -播放整首歌曲，教师指挥，观察大/小年龄段幼儿的哼唱情况。

-教师根据大/小年龄段幼儿歌唱情况决定是否继续集体再练习一遍。

-大年龄段幼儿站起来唱歌给弟弟妹妹听。

指导语

刚才我们一起练习跟着歌曲旋律念歌词。老大老二跟着老师念了第一段歌词，老三认真欣赏，之后"一家人"都加入进来，通过男孩、女孩分组，个别和集体等形式反复练习，还重点学习了"荡起知识的双桨，来到……"这句词。

念读的时候，我们还想着蓝蓝的大海能像墨水那样写文章，海水咸咸的能不能做鸡蛋汤，这样的联想让念歌词更有趣啦。大家在练习中越来越熟练，表现都很棒！

▶▶ **活动延伸**

《大海的秘密》稍作改变，加上念白和动作就可以排练成集体演出节目，在"六一"儿童节、毕业典礼时演出。

"海洋的世界"主题 智力大冲浪

动力定型·温故而知新

智力大冲浪的意义

温故而知新。经过 40 天左右"海洋的世界"主题学习活动，根据《上海市幼儿园办园质量评价指南》判断 3~6 岁幼儿认知是否达到基本水平，因人而异的教学目标是否达成，幼儿学习习惯和认知动因是否符合其年龄标准。"智力大冲浪"这种新型的集体活动，"一家人"都喜欢参与。活动的意义在于积极参与、互相影响、互相交流、互相学习，促使幼儿大脑神经系统的神经元（突厥）再次对接即将被遗忘的经验，在集体温习知识和经验的过程中得到新的理解与体会。

▶▶ 活动目标

① 通过"智力大冲浪"的必答题、抢答题、操作题、演艺题等题型，帮助幼儿复习"海洋世界"主题中的小知识。

② 愿意参加"智力大冲浪"，并能在活动中体验共同答题、合作完成作品的乐趣。

▶▶ 活动准备

① 前期经验准备：幼儿对"海洋的世界"小知识具备一定经验；熟悉"智力大冲浪"中的各类音乐；亲子复习"海洋的世界"小知识；熟悉音乐《疯狂的青蛙》及相应动作；带领孩子熟悉"智力大冲浪"的大口号及班级小口号（大口号：智力大冲浪——冲关我们最最棒）。

② 教具学具准备：视听题 PPT、找错题 PPT、主题音乐 MP3、必答题、抢答题、演艺题、操作题；各队队服、奖品；与队服颜色相同的皱纹纸若干；每班 1 个计分牌；摄影摄像机；每班邀请 1 名爸爸当评委。

组织形式

　　各组以红、黄、蓝、紫为队名，一个班一个方阵，每队以"家庭"为单位轮流上场竞赛。（备注：以下方阵根据班级的实际人数和服装调整）

红队班级座位		黄队班级座位		蓝队班级座位		紫队班级座位	
"家庭"参赛选手组座位	计分牌	"家庭"参赛选手组座位	计分牌	"家庭"参赛选手组座位	计分牌	"家庭"参赛选手组座位	计分牌
主持人位置（这里是舞台）							

活动过程

冲关准备

- 主持人通过音乐《澎湖湾》进行全场互动。

- "智力大冲浪"口号互动："智力大冲浪"大口号，班级口号，"家庭"口号。

- 介绍评委嘉宾——各班家长。

- 播放奖项PPT，主持人介绍奖项：聚精会神奖、能说会道奖、专注倾听奖、动手动脑奖、家庭奖、个人奖。

答题形式

基础必答题

- 以"家庭"为单位答题，可以互相补充。

- 3个年龄段分别进行一对一答题和多项选择答题。

- 主持人提出口述答题的要求。

音乐必答题

根据音乐师给出的音乐前奏说出歌曲名称，每班2首乐曲轮换。

找错必答题

根据所呈现的PPT答题，每班2道题轮换。

试听抢答题

- 包括"海洋生物""海洋杀手"等小主题问题。

- 每班由抢答选手负责按灯，3个年龄段分别答题。

操作题

"一家人"合作完成《海洋世界》颜料画，最先完成的"家庭"得分。

演艺题

各班选派代表上台看题,通过台上代表表演、台下幼儿猜的形式（"我演你猜"）答题,在规定的时间内回答正确的班级得分。

获奖啦

评委（爸爸代表）点评并公布奖项。

播放颁奖音乐,小评委颁奖,获奖代表发表获奖感言。

在《疯狂的青蛙》舞曲中结束活动。

▶▶ 活动反馈与反思

活动结束后回到各班级,邀请各班家长评委和孩子互动,并做出点评。

为每个"家庭"打印一张活动照片,发给幼儿,回家和爸爸妈妈分享在"智力大冲浪"中"我们家庭"的故事（表现、合作情况等）。

后 记

一、依霖"家庭式"混龄"抛接球问题导向"的教育教学符合国家育人目标

2025 年全国教育工作会议传递出鲜明信号：强调要围绕实干为先，做有理想、负责任的行动主义者；强调教育要锚定国家重大战略急需，深入推动教育科技人才良性循环；强调要有求真务实作风，干字当头，助力教育数字化、教学深层次变革的科学教育目标使命感。我们认为，要完成党中央关于我国科学教育的目标，学前教育教学的重点也要转移到启蒙孩子寻找问题、发现问题、提出问题，然后再解决问题的童心的好奇、好问、好玩、好发现、好探索等客观发展轨道上。

"依霖'家庭式'混龄'抛接球问题导向'"的教育教学方法极其符合提升学龄前幼儿科学思维养成的要求，是实现学前教育主体目标或核心目标的途径，对儿童的生存和发展具有突出且重要的长远影响。

二、依霖"家庭式"混龄"抛接球问题导向"的教育教学研究的重要依据是"没有调查，没有发言权"

毛泽东主席 1930 年 5 月在《反对本本主义》一文中提出"没有调查，没有发言权"的著名论断。他指出："你对于某个问题没有调查，就停止你对于某个问题的发言权。"并在后来的文献中提出"不做正确的调查同样没有发言权"。依霖"家庭式"混龄"抛接球问题导向"课程研究严格遵循"没有调查，没有发言权"的原则，以混龄"一家人"主题教学形式展开家园同步教学活动。以"提问—问题"为底盘依据，设计具体实施方案和计划，同频共振地推动幼儿"提问—推理—思考—发现问题—解决问题"的思维方式，促进师生共同成长。

年复一年，我们不断开展主题教学前的调查研究活动。二十年来，我们发现，变的是幼儿每年的问题和提问方式，社会在变化和进步，孩子们所感受到的社会环境、看到的社会现象都不尽相同；不变的则是一如既往的探究兴趣。二十年前，我们站在社会发展角度思考学前教育课程；二十年后，我们依然以"社会需要什么样的人才"为出发点，愈发深思熟虑地以"家庭式"混龄"抛接球问题导向"为研究方向，求索不息。

翻开《十万个为什么》《千万个为什么》等书，其实就是不同时代孩子们提出的由他们感到好奇却又迷惑不解的各种社会现象、自然现象、生态现象等引发的问题。因此，教师在设计课程方案之前，一定要听听不同年龄段孩子的想法，了解他们对某个事物的认识程度或者他们想知道却还未涉及的新内容、新知识。

在这里，我们想告诉大家，本书收集的所有问题全是基于十年前依霖混龄班老大、老二和老三在第一次提问活动中提问的原始资料（基本保留）；还想告诉大家，无论十年前、二十年前还是十年以后，甚至更远的将来，孩子们好奇、好问、好探究的天性都是一样的。探究事物，在学习和社会实践活动中观察、探索、积极主动去发现问题的过程，永远立足于当时的社会环境。

教师在实施主题教学前，对幼儿前期认知经验进行调查研究，就能有的放矢地选取和采用幼儿感兴趣的、适应性强的教学内容、教学途径和教学方法，避免在"一家人"共同学习中老大"吃不饱"、老三"消化不良"等顾此失彼的窘态。

三、依霖"家庭式"混龄"抛接球问题导向"的研究重视发挥教师的创新精神

教师劳动的特征是什么？是"创造"。如果我们的教育都采用统一模板，都局限于上传下达、一句百行的严管体制，那么机器人取代人类、人类"躺平"后的世界将会一片荒芜。

在"家庭式"混龄"抛接球问题导向"研究中，依霖的教师们根据幼儿提问的兴趣点来确定分主题，制订并实施具体的行动计划。如，提问时，幼儿兴趣都围绕海底世界的动植物，那么教师就可以把主题基调定位为"海洋世界之海底世界""海洋世界之夏天的海洋""海洋世界之动物世界"等。

本书中的大主题由幼儿园确定，各班可自选分主题。幼儿园的要求是"五不限定"，即名称不限定、内容不限定、时间不限定、教学途径方法不限定、方案计划书写模式不限定，关键在于围绕国家学前教育纲要和上海市学前教育指南目标来归纳幼儿提出的问题，筛选出幼儿最感兴趣的问题，然后根据设定的主题设计教学方案,选择教学内容,确定教学途径和方法,达成教育目标。幼儿园以"抛接球问题导向"的形式促进教学中的师生互动、生生互动,更好地开展家园延伸活动。

亲爱的老师们,在当前世界第四次工业革命创新技术迅速发展的竞争时代,中国已跻身世界科创第一梯队,培养一批会提问、会质疑、会发现问题、会思考且会动手解决问题的人才不仅是当务之急,而且是长远大计。在这样的时代,学前教育的教学改革方向在哪里?学前教育从业者的教育教学观念该如何转变?家园同步教育网络的切入又如何深入持续?依霖"家庭式"混龄"抛接球问题导向"的研究和实践与现代教育目标和国家对科技人才的需要高度契合,可谓与时俱进。

让我们一起在孩子们更多的提问声中齐头并进,共同寻求未知答案,做会创造的新时代幼儿教师!